勘定科目別

# 不正・誤謬を見抜く
# 実証手続と監査実務 [三訂]

EY新日本有限責任監査法人 [編]

清文社

# 刊行にあたって

　本書は、外部監査人が実施する様々な監査手続のうち、勘定残高の妥当性検証のための実証手続をテーマとして、その目的や実施内容、手続実施上のポイント、さらには監査を受ける会社側における業務効率化のための留意点などについて、監査現場での豊富な実務経験を有する公認会計士の視点から、わかりやすく解説するものです。

　前版を発刊した平成27年以降も、様々な企業において会計不祥事が発生しており、企業の財務情報開示の妥当性を担保する財務諸表監査の役割は、わが国の資本市場の安定のためにますます重要なものとなっています。
　財務諸表監査はリスクアプローチに基づき、まず企業内外のリスク要因の評価を行い、当該リスクを防止・発見する機能を有する内部統制の整備・運用状況の評価に重きをおきます。しかし、企業が構築する内部統制には一定の限界があることから、外部監査人が財務諸表項目の妥当性を検証するためには、程度の差こそあれ、財務諸表項目に対してその妥当性を直接立証する手続である実証手続を実施する必要があります。外部監査人の意見形成過程においてもっとも重要であるのは、やはりこの実証手続であると言えます。

　本書では、外部監査人が実施すべき一般的な実証手続について、主要な勘定科目別に解説しています。勘定科目や関連する取引に「どのようなリスクがあるのか」また「どのような内部統制を構築すべきなのか」をまず十分に示すことで、「なぜそのような実証手続を実施するのか」という目的を示すとともに、実務上留意すべき点についても、「監査手続上のポイント」として十分に盛り込むよう工夫しました。
　あわせて、経理担当者目線による「業務効率化のためのポイント」も解説することにより、より効率的・効果的に監査が受けられる一助となるような

準備・対応についても記述しています。

　このように、本書は具体的な監査手続の解説を通して、監査手続を実施する外部監査人のみならず、企業における内部監査部門や監査役、ひいては監査を受ける経理担当者まで監査実務に関わるすべての方々に役立つものとなることを意図しています。財務諸表監査は適正な財務情報開示が行われることを担保するものです。その視点を知ることは財務情報作成者たる企業側にとっても有益なものであり、また適切なコーポレートガバナンス構築にも資するものであると確信しています。

　今回、前版を改訂し第3版として発刊するにあたり、より実情に即した記載内容とするとともに、各種基準の改正などへの対応を図っています。

　本書が監査の現場における公認会計士や、企業側で監査に携わる内部監査部門担当者・監査役、ひいては経理部門担当者の皆様の実務の一助となれば、これに勝る喜びはありません。

　最後に、本書の発刊にあたって、㈱清文社企画室の皆様には多大なるご尽力をいただきましたこと、あらためて御礼申し上げます。

平成31年3月

執筆者一同

刊行にあたって
本書の構成

## 第1章 共通的手続項目

## 第2章 貸借対照表

●第1節 現金及び預金 ·································································· 13
   1-1 勘定科目の特性とリスク　　13
   1-2 リスクとアサーション　　14
      (1)架空の現金または預金が計上される／(2)現金または預金の計上が漏れる／(3)現金または預金が適切な金額で計上されない／(4)外貨換算を誤る／(5)表示・開示を誤る
   1-3 主な監査手続　　19
      (1)分析的手続／(2)預金利息のオーバーオール・テスト／(3)実査／(4)残高確認／(5)銀行勘定調整表の検証／(6)期間帰属の妥当性の検証／(7)外貨換算の検証／(8)表示・開示の妥当性に関する手続

●第2節 受取手形 ·································································· 38
   2-1 勘定科目の特性とリスク　　38
   2-2 リスクとアサーション　　39

(1)架空の受取手形が計上される／(2)受取手形の計上が漏れる／(3)期末評価を誤る／(4)受取手形が適切な金額で計上されない／(5)外貨換算を誤る／(6)表示・開示を誤る

### 2-3 主な監査手続　42

(1)分析的手続／(2)期末残高明細の通査／(3)実査／(4)金融機関に対する残高確認／(5)手形振出会社に対する残高確認／(6)期末日後の回収状況の検証／(7)外貨換算の検証／(8)割引手形、裏書譲渡手形などの会計処理の検証／(9)表示・開示の妥当性に関する手続

## ●第3節　売掛金 ……50

### 3-1 勘定科目の特性とリスク　50

### 3-2 リスクとアサーション　51

(1)架空の売掛金が計上される／(2)売掛金の計上が漏れる／(3)売掛金が適切な金額で計上されない／(4)返品、値引、割引及び割戻の処理を誤る／(5)外貨換算を誤る／(6)表示・開示を誤る

### 3-3 主な監査手続　54

(1)分析的手続／(2)残高確認／(3)期末日後の回収状況の検証／(4)期末日前後の売上取引の妥当性の検証／(5)売掛金に対するその他の修正の妥当性の検証／(6)期末残高明細の通査／(7)外貨換算の検証／(8)表示・開示の妥当性に関する手続

## ●第4節　有価証券・投資有価証券、出資金（関係会社含む）……72

### 4-1 勘定科目の特性とリスク　72

(1)有価証券の保有目的／(2)保有目的に応じた評価基準／(3)減損基準

### 4-2 リスクとアサーション　77

(1)有価証券が適切な金額で計上されない／(2)架空の有価証券が計上される／(3)期末帳簿価額の計算を誤る／(4)保有目的の不当な決定・変更／(5)期末評価を誤る／(6)関連損益の会計処理を誤る／(7)外貨換算を誤る／(8)表示・開示区分を誤る

### 4-3 主な監査手続　82

(1)分析的手続／(2)期中取引の検証／(3)実査／(4)残高確認／(5)保有目的及び評価の妥当性の検証／(6)関連損益の妥当性の検証／(7)リスクの高

い取引の検証／(8)外貨換算の検証／(9)表示・開示の妥当性に関する手続

## ●第5節 棚卸資産・原価計算 ……………………………………… 98

**5-1 棚卸資産** 98
(1)勘定科目の特性とリスク／(2)リスクとアサーション／(3)主な監査手続

**5-2 原価計算** 116
(1)特性とリスク／(2)リスクとアサーション／(3)主な監査手続

## ●第6節 前払費用・長期前払費用 ……………………………… 121

**6-1 勘定科目の特性とリスク** 121

**6-2 リスクとアサーション** 122
(1)架空の前払費用が計上される／(2)前払費用の計上が漏れる／(3)期間配分を誤る／(4)表示・開示を誤る

**6-3 主な監査手続** 124
(1)分析的手続／(2)証憑突合／(3)期間配分の妥当性の検証／(4)表示・開示の妥当性に関する手続

## ●第7節 その他流動資産 …………………………………………… 128

**7-1 勘定科目の特性とリスク** 128

**7-2 リスクとアサーション** 130
(1)架空の資産が計上される／(2)資産の計上が漏れる／(3)資産が適切な金額で計上されない／(4)期末評価を誤る／(5)利息計算を誤る／(6)表示・開示を誤る

**7-3 主な監査手続** 136
(1)分析的手続／(2)証憑突合／(3)期間配分の妥当性の検証／(4)期末評価の妥当性の検証／(5)受取利息のオーバーオール・テスト／(6)表示・開示の妥当性に関する手続

## ●第8節 有形固定資産・リース会計 …………………………… 141

**8-1 有形固定資産** 141
(1)勘定科目の特性とリスク／(2)リスクとアサーション／(3)主な監査手続

**8-2 リース会計** 156
(1)勘定科目の特性とリスク／(2)リスクとアサーション／(3)主な監査手続

## ●第9節　無形固定資産 ……………………………………………………… 166

### 9-1　勘定科目の特性とリスク　166

### 9-2　リスクとアサーション　167
(1)架空の無形固定資産が計上される／(2)費用処理すべき支出が資産計上される／(3)資産計上すべき支出が費用処理される／(4)期末評価を誤る／(5)ソフトウェア仮勘定から本勘定への振替えが漏れる／(6)減価償却の計算を誤る／(7)表示・開示を誤る

### 9-3　主な監査手続　171
(1)分析的手続／(2)減価償却費の検討／(3)期中取引の検証／(4)取得原価の妥当性の検証／(5)償却年数の妥当性の検証／(6)減損の検討／(7)ソフトウェア仮勘定の滞留調査／(8)表示・開示の妥当性に関する手続

## ●第10節　投資その他の資産 ……………………………………………… 179

### 10-1　差入保証金・敷金　180
(1)勘定科目の特性とリスク／(2)リスクとアサーション／(3)主な監査手続

### 10-2　保険積立金　185
(1)勘定科目の特性とリスク／(2)リスクとアサーション／(3)主な監査手続

### 10-3　ゴルフ会員権・施設利用会員権　189
(1)勘定科目の特性とリスク／(2)リスクとアサーション／(3)主な監査手続

### 10-4　投資不動産　195
(1)勘定科目の特性とリスク／(2)リスクとアサーション／(3)主な監査手続

### 10-5　破産更生債権等　202
(1)勘定科目の特性とリスク／(2)リスクとアサーション／(3)主な監査手続

## ●第11節　繰延資産 …………………………………………………………… 206

### 11-1　勘定科目の特性とリスク　206

### 11-2　リスクとアサーション　207
(1)繰延資産が過大に計上される／(2)期間配分を誤る／(3)表示・開示を誤る

### 11-3　主な監査手続　209
(1)分析的手続／(2)証憑突合／(3)期間配分の妥当性の検証／(4)表示・開示の妥当性に関する手続

# 目次 CONTENTS

- **第12節 支払手形** ················································ 212
  - **12-1** 勘定科目の特性とリスク　212
  - **12-2** リスクとアサーション　213
    - (1)支払手形の計上が漏れる／(2)架空の支払手形が計上される／(3)支払手形が適切な金額で計上されない／(4)外貨換算を誤る／(5)表示・開示を誤る
  - **12-3** 主な監査手続　215
    - (1)分析的手続／(2)期末残高明細の通査／(3)手形帳の実査／(4)外貨換算の検証／(5)表示・開示の妥当性に関する手続

- **第13節 買掛金** ·················································· 221
  - **13-1** 勘定科目の特性とリスク　221
  - **13-2** リスクとアサーション　222
    - (1)買掛金の計上が漏れる／(2)架空の買掛金が計上される／(3)買掛金が適切な金額で計上されない／(4)外貨換算を誤る／(5)表示・開示を誤る
  - **13-3** 主な監査手続　224
    - (1)分析的手続／(2)期末残高明細の通査／(3)期間帰属の妥当性の検証／(4)外貨換算の検証／(5)未計上債務の有無の検証／(6)残高確認／(7)表示・開示の妥当性に関する手続

- **第14節 借入金・社債** ············································ 232
  - **14-1** 借入金　232
    - (1)勘定科目の特性とリスク／(2)リスクとアサーション／(3)主な監査手続
  - **14-2** 社　債　241
    - (1)勘定科目の特性とリスク／(2)リスクとアサーション／(3)主な監査手続

- **第15節 未払金・未払費用** ········································ 251
  - **15-1** 勘定科目の特性とリスク　251
  - **15-2** リスクとアサーション　252
    - (1)未払金・未払費用の計上が漏れる／(2)架空の未払金・未払費用が計上される／(3)未払金が適切な金額で計上されない・未払費用の期間配分を誤る／(4)外貨換算を誤る／(5)表示・開示を誤る

15-3 主な監査手続　255
(1)分析的手続／(2)期間配分の妥当性の検証／(3)残高確認／(4)未計上債務の有無の検証／(5)残高明細の通査／(6)外貨換算の検証／(7)表示・開示の妥当性に関する手続

● 第16節 **引当金** ……………………………………………………………… 262

16-1 貸倒引当金　262
(1)勘定科目の特性とリスク／(2)リスクとアサーション／(3)主な監査手続

16-2 賞与引当金　268
(1)勘定科目の特性とリスク／(2)リスクとアサーション／(3)主な監査手続

16-3 退職給付引当金（退職給付に係る負債）　274
(1)勘定科目の特性とリスク／(2)リスクとアサーション／(3)主な監査手続

● 第17節 **資産除去債務** ……………………………………………………… 285

17-1 勘定科目の特性とリスク　285

17-2 リスクとアサーション　287
(1)資産除去債務の計上が漏れる／(2)架空の資産除去債務が計上される／(3)資産除去債務が適切な金額で計上されない／(4)減価償却の計算を誤る／(5)時の経過による資産除去債務の調整額の計算を誤る／(6)資産除去債務の履行に伴う損益の計算を誤る／(7)表示・開示を誤る

17-3 主な監査手続　290
(1)分析的手続／(2)資産除去債務を計上する根拠となる義務の調査／(3)資産除去債務の計上額の妥当性の検証／(4)減価償却の妥当性の検証／(5)時の経過による資産除去債務の調整額の検証／(6)資産除去債務の履行処理の検証／(7)表示・開示の妥当性に関する手続

● 第18節 **その他の負債** ……………………………………………………… 297

18-1 勘定科目の特性とリスク　297

18-2 リスクとアサーション　299
(1)債務の計上が漏れる／(2)架空の債務が計上される／(3)期間配分を誤る／(4)表示・開示を誤る

18-3 主な監査手続　302
(1)分析的手続／(2)証憑突合／(3)期間配分の妥当性の検証／(4)表示・開

示の妥当性に関する手続

## ●第19節 税金・税効果 ……………………………………………………… 305
### 19-1 法人税等　305
(1)勘定科目の特性とリスク／(2)リスクとアサーション／(3)主な監査手続
### 19-2 税効果会計　319
(1)勘定科目の特性とリスク／(2)リスクとアサーション／(3)主な監査手続

## ●第20節 消費税及びその他の税金 ……………………………………… 330
### 20-1 消費税　330
(1)勘定科目の特性とリスク／(2)リスクとアサーション／(3)主な監査手続
### 20-2 その他の税金　340
(1)勘定科目の特性とリスク／(2)リスクとアサーション／(3)主な監査手続

## ●第21節 純資産 ……………………………………………………………… 344
### 21-1 勘定科目の特性とリスク　344
### 21-2 リスクとアサーション　346
(1)架空の資本金及び資本剰余金が計上される／(2)資本金及び資本剰余金の計上が漏れる／(3)資本金及び資本剰余金が適切な金額で計上されない／(4)資本剰余金と利益剰余金の区分を誤る／(5)ストック・オプションの評価を誤る／(6)表示・開示を誤る
### 21-3 主な監査手続　349
(1)登記簿との突合／(2)期中取引の検証／(3)ストック・オプション発行時の評価額の妥当性の検証／(4)ストック・オプションの期末評価額の妥当性の検証／(5)配当金額の妥当性の検証／(6)1株当たり情報の妥当性の検証／(7)表示・開示の妥当性に関する手続

# 第3章 損益計算書

## ●第1節 売上高 …………………………………………………………………… 357
### 1-1 勘定科目の特性とリスク　357
### 1-2 リスクとアサーション　360

(1)架空の売上が計上される／(2)売上の計上が漏れる／(3)売上が適切な金額で計上されない／(4)売上戻り（返品）、売上値引、売上割戻、売上割引の会計処理を誤る／(5)外貨換算を誤る／(6)表示・開示を誤る

### 1-3 主な監査手続　363

(1)分析的手続／(2)証憑突合及びカットオフ手続／(3)返品及び関連する引当金の分析／(4)決算整理仕訳の妥当性の検証／(5)外貨換算の検証／(6)表示・開示の妥当性に関する手続

### 1-4 収益認識基準　370

(1)商品、製品などの一般的な収益認識基準／(2)役務提供の一般的な収益認識基準／(3)特殊な販売形態に適用される収益認識基準

## ●第2節 売上原価 ……………………………………………………… 375

### 2-1 売上原価合計　376

(1)特性とリスク／(2)リスクとアサーション／(3)主な監査手続

### 2-2 仕入高　381

(1)特性とリスク／(2)主なリスクとアサーション／(3)主な監査手続

## ●第3節 販売費及び一般管理費 ……………………………………… 387

### 3-1 勘定科目の特性とリスク　387

### 3-2 リスクとアサーション　388

(1)費用の計上が漏れる／(2)架空の費用が計上される／(3)費用が適切な金額で計上されない／(4)表示・開示を誤る

### 3-3 主な監査手続　390

(1)分析的手続／(2)証憑突合／(3)人件費のオーバーオール・テスト／(4)研究開発費の検証／(5)プロフェッショナルフィーの検証／(6)未計上費用の有無の検証／(7)表示・開示の妥当性に関する手続

## ●第4節 営業外損益・特別損益 ……………………………………… 396

### 4-1 勘定科目の特性とリスク　396

### 4-2 リスクとアサーション　397

(1)架空の収益または費用が計上される／(2)収益または費用の計上が漏れる／(3)収益または費用が適切な金額で計上されない／(4)表示・開示を誤る

4-3 主な監査手続　399

　　(1)分析的手続／(2)証憑突合／(3)表示・開示の妥当性に関する手続

## 第4章　その他の項目

### ◉第1節　キャッシュ・フロー計算書 …………………………………… 405

1-1 キャッシュ・フロー計算書の特性とリスク　405

1-2 リスクとアサーション　407

　　(1)「現金及び現金同等物」の範囲を誤る／(2)不正確なデータを使用する／(3)キャッシュ・フロー精算表への転記を誤る／(4)在外子会社のキャッシュ・フロー計算書の換算を誤る（連結─原則法）／(5)連結会社相互間のキャッシュ・フロー相殺消去額を誤る（連結─原則法）／(6)為替レート変動による影響額の計算を誤る／(7)表示・開示を誤る

1-3 主な監査手続　411

　　(1)「現金及び現金同等物」の範囲の検討／(2)入手データの検証／(3)キャッシュ・フロー精算表の検証／(4)在外子会社のキャッシュ・フロー計算書の外貨換算の検証（連結─原則法）／(5)連結間キャッシュ・フロー相殺仕訳の検証（連結─原則法）／(6)為替レート変動による影響額の検証／(7)他の財務諸表数値との整合性の検証／(8)分析的手続／(9)表示・開示の妥当性に関する手続

### ◉第2節　継続企業の前提 …………………………………………………… 420

2-1 継続企業の前提の特性とリスク　420

2-2 リスクとアサーション　421

　　(1)継続企業の前提に重要な疑義を生じさせるような事象または状況が適切に認識されない／(2)継続企業の前提に重要な疑義を生じさせるような事象または状況を解消するための経営計画等が適切に作成されない／(3)継続企業の前提に関する重要な不確実性の評価を誤る／(4)継続企業の前提に関する重要な疑義の開示を誤る

2-3 主な監査手続　425

⑴継続企業の前提に重要な疑義を生じさせるような事象または状況の把握／⑵継続企業の前提に重要な疑義を生じさせるような事象または状況を解消するための経営計画等の検討／⑶継続企業の前提に関する重要な不確実性の評価の検討／⑷後発事象の検討／⑸表示・開示の妥当性に関する手続／⑹経営者確認書の入手

## ●第3節 偶発債務 ……………………………………………………… 432

### 3-1 偶発債務の特性とリスク　432

### 3-2 リスクとアサーション　433
⑴偶発債務の認識が漏れる／⑵引当金を計上すべきか否かの判断を誤る／⑶引当金の計上金額、注記する偶発債務の金額を誤る／⑷表示・開示を誤る

### 3-3 主な監査手続　435
⑴会社への質問／⑵関連証憑の閲覧／⑶関連する勘定科目の補助元帳等の検証／⑷残高確認／⑸弁護士への確認／⑹後発事象の検討／⑺引当金の計上要否及び計上金額の検討／⑻分析的手続／⑼表示・開示の妥当性に関する手続

## ●第4節 デリバティブ取引 …………………………………………… 444

### 4-1 デリバティブ取引の特性とリスク　444

### 4-2 リスクとアサーション　445
⑴会計方針の適用を誤る／⑵デリバティブ取引の認識が漏れる／⑶期末評価額、関連損益の計上を誤る／⑷ヘッジの有効性判定を誤る／⑸表示・開示を誤る

### 4-3 主な監査手続　448
⑴稟議書・議事録などの閲覧、質問／⑵残高確認及び関連証憑との突合／⑶デリバティブ取引内容と適用される会計方針の妥当性の検証／⑷ヘッジの有効性の検討／⑸分析的手続／⑹表示・開示の妥当性に関する手続

## ●第5節 会計上の見積り ……………………………………………… 455

### 5-1 会計上の見積りの特性とリスク　455

### 5-2 リスクとアサーション　457

(1)会計上の見積りの識別が漏れる／(2)会計上の見積りに利用する仮定が妥当でない／(3)会計上の見積りの計上方法を誤る／(4)表示・開示を誤る

### 5-3 主な監査手続　459
(1)会計上の見積りが必要となる取引、事象、状況を把握する／(2)前年度の見積りの確定額の検証／(3)仮定の合理性の検証／(4)基礎データの検証／(5)見積り金額の再計算／(6)見積り方法の継続性と変更の根拠の検討／(7)表示・開示の妥当性に関する手続

## ◉第6節 セグメント情報 ……………………………………………………………466

### 6-1 セグメント情報の特性とリスク　466

### 6-2 リスクとアサーション　468
(1)報告セグメントの識別を誤る／(2)集計計算を誤る／(3)開示を誤る

### 6-3 主な監査手続　469
(1)質問及び資料の閲覧／(2)報告セグメント決定方法の妥当性の検証／(3)計算シートと根拠資料の突合・再計算／(4)分析的手続／(5)開示の妥当性に関する手続

## ◉第7節 関連当事者取引 ……………………………………………………………473

### 7-1 関連当事者取引の特性とリスク　473

### 7-2 リスクとアサーション　474
(1)すべての関連当事者が把握されない／(2)関連当事者との間のすべての取引が把握されない／(3)関連当事者取引の分類が適切に行われない／(4)取引条件の判断を誤る／(5)開示を誤る

### 7-3 主な監査手続　477
(1)役員等に対する調査票の入手／(2)株主総会議事録、取締役会議事録、株主名簿等の閲覧／(3)補助元帳や取引先マスタ等の検証／(4)識別された関連当事者取引の検討／(5)分析的手続／(6)開示の妥当性に関する手続

## ◉第8節 後発事象 ……………………………………………………………………482

### 8-1 後発事象の特性とリスク　482

### 8-2 リスクとアサーション　483
(1)後発事象の認識が漏れる／(2)修正後発事象による見積り等の修正が

適切に行われない／(3)開示を誤る

 **8-3 主な監査手続** 484

  (1)取締役会等の議事録の閲覧／(2)経営管理者に対する質問／(3)連結子会社からの報告資料の閲覧／(4)決算日後の試算表などの検討／(5)弁護士への確認／(6)表示・開示の妥当性に関する手続

### ●第9節 連結会計 ……490

 **9-1 連結会計の特性とリスク** 490

 **9-2 リスクとアサーション** 492

  (1)連結の範囲の決定／(2)各社からのデータの収集／(3)子会社財務諸表の個別修正／(4)在外子会社の財務諸表項目の換算／(5)投資と資本の相殺消去／(6)取引高及び債権債務の消去／(7)未実現損益の消去／(8)持分法の適用／(9)税効果会計の適用

 **9-3 主な監査手続** 498

  (1)「連結の範囲の決定」に関する手続／(2)「各社からのデータの収集」に関する手続／(3)「子会社財務諸表の個別修正」に関する手続／(4)「在外子会社の財務諸表項目の換算」に関する手続／(5)「投資と資本の相殺消去」に関する手続／(6)「取引高及び債権債務の消去」「未実現損益の消去」に関する手続／(7)「持分法の適用」に関する手続／(8)「連結税効果会計の適用」に関する手続／(9)分析的手続／(10)表示・開示の妥当性に関する手続

## 第5章 財務諸表監査の全体像

### ●第1節 財務諸表監査とは ……517

 **1-1 財務諸表監査の目的** 517

 **1-2 財務諸表監査の種類** 517

 **1-3 監査証明を行うことができる者** 518

 **1-4 監査において求められる要件** 518

  (1)監査人に求められる要件／(2)監査の実施にあたって求められる要件

1-5 不正リスク対応基準　523
　　(1)不正リスク対応基準とは／(2)適用対象／(3)基準の内容
◉**第2節　財務諸表監査実施の基本的な流れ** ……………………………… 525
　2-1 財務諸表監査の基本的アプローチ　525
　2-2 リスクアプローチに基づく監査　526
　　(1)リスクとは／(2)リスクアプローチの基本的な考え方／(3)監査上の重要性について／(4)具体的なリスクアプローチに基づく監査の進め方
◉**第3節　内部統制と実証手続** …………………………………………………… 540
　3-1 内部統制監査制度と内部統制の限界　540
　3-2 内部統制監査と財務諸表監査の関係（実証手続の重要性）　541

## ■COLUMUN

監査対応　9
架空売上の計上（架空循環取引）　359
新収益認識基準　373
デリバティブにおける内部統制の重要性　454
事後判明事実　489
監査対応　506
海外子会社における不正　514
未来の監査に向けての取組み　539

# 本書の構成

　財務諸表監査は、リスクアプローチを基礎として実施されます（リスクアプローチについては第5章第2節「財務諸表監査実施の基本的な流れ」参照）。

　リスクアプローチに基づく監査においては、監査人は企業の内外にあるリスクを評価し、そのリスクの程度に応じて、監査手続を設計・実施します。

　したがって、本書ではすべての監査手続を漏れなく解説するのではなく、一般的な製造業を念頭に置き、通常の企業環境下で想定されるリスクとそれに対応する一般的な監査手続について、具体的に解説することを主眼としています。

　まず、勘定科目にはそれぞれ固有の特性があるのが通常です。たとえば、「現金及び預金」勘定であれば、流動性が極めて高いといった特性や、企業活動の様々な場面に関連する勘定科目であるという特性があります。本書では、勘定科目ごとにまずはその特性を説明します。

　各勘定科目には、その特性ゆえに生じる固有の財務報告リスクがあります。「現金及び預金」勘定を例に挙げれば、その流動性の高さゆえに、流用・横領といったリスクが一般的にあることから、仮に現金が横領された場合、横領されたはずの現金が財務諸表に計上されているとすれば、その財務諸表上の現金勘定は「実際には存在しない現金が財務諸表に計上されている」、すなわち実在性がないという財務報告リスクがあることになります。

　このようなリスクに起因する財務諸表上の誤りを未然に防ぐ、もしくは事後的に発見することを目的として、企業はまずは自ら内部統制を構築することが求められます。本書では、勘定科目ごとにどのようなリスクが一般的に考えられるのかを解説し、またそのリスクに対して、企業がどのような内部統制を構築すべきと考えられるのかも解説します。

　ただし、企業が構築する内部統制は、財務報告リスクを一定程度低減することが想定されてはいますが、内部統制はあくまでも相互牽制を基礎とした

企業内部の仕組みであり、勘定残高の妥当性を完全に担保するものではありません（第5章第3節「内部統制と実証手続」参照）。

そのために、財務諸表監査においては、企業の内部統制が有効に機能しているかどうかを評価することに加え、勘定残高の妥当性を直接的に立証する監査手続が必要となります。これを一般的に「実証手続」といいます。

既述のように、勘定科目にはその特性から導かれる固有の財務報告リスクがありますが、監査人はアサーション（アサーションについては第5章第2節「財務諸表監査実施の基本的な流れ」を参照）ごとに当該リスクを評価し、その勘定科目に関連したアサーションを利用して監査要点（実在性・網羅性・権利と義務の帰属・評価の妥当性・期間配分の適切性・表示の妥当性等）を設定し、その監査要点を立証するための監査手続を設計し、実施します。

「現金及び預金」勘定を例にとれば、財務諸表に計上されている「現金及び預金」勘定の実在性を立証するための実証手続として、監査人が自ら現金残高に対して現物実査を実施する、取引先金融機関に対して残高確認状を発送し、預金残高を確かめるなどの監査手続を設計し、実施します。

本書では、特に監査手続がどのような監査要点を立証するために実施されるものなのかという点を明らかにしながら、各監査手続について、その具体的な方法や留意点などを解説します。

なお、「監査要点」という表現は監査基準上で示されている監査人が立証すべき目標のことですが、監査実務においては「監査要点」と「アサーション」はほぼ同義のものとして扱われていることから、本書においては表現を「アサーション」に統一しています。

# 【凡　例】

■ 法令等の略記

| | |
|---|---|
| 財務諸表等規則 | 財務諸表等の用語、様式及び作成方法に関する規則 |
| 財規ガイドライン | 「財務諸表等の用語、様式及び作成方法に関する規則」の取扱いに関する留意事項について |
| 連結財務諸表規則 | 連結財務諸表の用語、様式及び作成方法に関する規則 |
| 会 | 会社法 |
| 金商法 | 金融商品取引法 |
| 会原 | 企業会計原則 |
| 会原注 | 企業会計原則注解 |
| 監査基準 | 企業会計審議会「監査基準」 |
| 外貨建取引等会計基準 | 外貨建取引等会計処理基準 |
| 外貨建取引等会計基準注解 | 外貨建取引等会計処理基準注解 |
| 外貨建取引実務指針 | 会計制度委員会報告第4号「外貨建取引等の会計処理に関する実務指針」 |
| 金融商品会計基準 | 企業会計基準第10号「金融商品に関する会計基準」 |
| 金融商品実務指針 | 会計制度委員会報告第14号「金融商品会計に関する実務指針」 |
| 金融商品Q&A | 金融商品会計に関するQ&A |
| 金融商品時価開示基準 | 企業会計基準適用指針第19号「金融商品の時価等の開示に関する適用指針」 |
| 純資産会計基準 | 企業会計基準第5号「貸借対照表の純資産の部の表示に関する会計基準」 |
| 包括利益会計基準 | 企業会計基準第25号「包括利益の表示に関する会計基準」 |
| 研究開発費等会計基準 | 企業会計審議会「研究開発費等に係る会計基準」 |
| 工事契約会計基準 | 企業会計基準第15号「工事契約に関する会計基準」 |
| 減損会計基準 | 企業会計審議会「固定資産の減損に係る会計基準」 |
| リース会計基準 | 企業会計基準第13号「リース取引に関する会計基準」 |
| 退職給付会計基準 | 企業会計基準第26号「退職給付に関する会計基準」 |
| 資産除去債務会計基準 | 企業会計基準第18号「資産除去債務に関する会計基準」 |
| 税効果会計基準 | 企業会計審議会「税効果会計に係る会計基準」 |
| 税効果会計適用指針 | 企業会計基準適用指針第28号「税効果会計に係る会計基準の適用指針」 |
| 法人税会計基準 | 企業会計基準第27号「法人税、住民税及び事業 |

| | |
|---|---|
| | 税等に関する会計基準」 |
| 繰延税金資産適用指針 ……… | 企業会計基準適用指針第26号「繰延税金資産の回収可能性に関する適用指針」 |
| ストック・オプション会計基準 … | 企業会計基準第8号「ストック・オプション等に関する会計基準」 |
| CF基準 ……………………… | 企業会計審議会「連結キャッシュ・フロー計算書等の作成基準」 |
| CF実務指針 ………………… | 会計制度委員会報告第8号「連結財務諸表等におけるキャッシュ・フロー計算書の作成に関する実務指針」 |
| 電子記録債権の取扱い ……… | 実務対応報告第27号「電子記録債権に係る会計処理及び表示についての実務上の取扱い」 |
| 複合金融商品に関する会計処理 … | 企業会計基準適用指針第12号「その他の複合金融商品(払込資本を増加させる可能性のある部分を含まない複合金融商品)に関する会計処理」 |
| 関連当事者会計基準 ………… | 企業会計基準第11号「関連当事者の開示に関する会計基準」 |
| 連結会計基準 ………………… | 企業会計基準第22号「連結財務諸表に関する会計基準」 |
| 監委76号 …………………… | 監査・保証実務委員会報告第76号「後発事象に関する監査上の取扱い」 |
| 監委78号 …………………… | 監査・保証実務委員会実務指針第78号「正当な理由による会計方針の変更等に関する監査上の取扱い」 |
| 監基報315 …………………… | 監査基準委員会報告書315「企業及び企業環境の理解を通じた重要な虚偽表示リスクの識別と評価」 |
| 監基報320 …………………… | 監査基準委員会報告書320「監査の計画及び実施における重要性」 |
| 監基報330 …………………… | 監査基準委員会報告書330「評価したリスクに対応する監査人の手続」 |
| 監基報505 …………………… | 監査基準委員会報告書505「確認」 |
| 監基報540 …………………… | 監査基準委員会報告書540「会計上の見積りの監査」 |
| 監基報560 …………………… | 監査基準委員会報告書560「後発事象」 |
| 監基報570 …………………… | 監査基準委員会報告書570「継続企業」 |
| 監基報620 …………………… | 監査基準委員会報告書620「専門家の業務の利用」 |

■ 条数等の略記

| | |
|---|---|
| 会135③ …………………… | 会社法第135条第3項 |
| 金融商品会計基準9(1) ……… | 金融商品に関する会計基準第9項(1) |
| 外貨建取引等会計基準一2(1)② … | 外貨建取引等会計処理基準「一 外貨建取引」の「2 決算時の処理」の「(1)換算方法」の「② 外貨建金銭債権債務」 |
| 監基報570 ⑮(5) …………… | 監査基準委員会報告書570「継続企業」第15項(5) |

本書は、平成30年12月1日現在の情報をもとに作成されています。

# 第1章

# 共通的手続項目

監査手続は各勘定科目の特性に基づき、勘定科目単位・アサーション単位で設計・実施されることが通常です。しかし、財務諸表監査における最低限の基本的な手続として、いずれの勘定科目に係る手続を実施する際にも共通して実施されると考えられる手続があります。

　これらは、特定の科目・アサーションに限定される手続というよりはむしろ、勘定科目固有の監査手続を実施する際の基礎となる、全般的・一般的な監査手続といえます。

　監査委員会研究報告第11号『監査マニュアル作成ガイド「財務諸表項目の監査手続編」（中間報告）』（平成12年9月4日、日本公認会計士協会）の例示を参考にすると、たとえば以下のような手続が挙げられます。

| 実施する手続 |
| --- |
| ①　前期以前の問題点の把握 |
| ②　会計方針及び表示方法の把握 |
| ③　会計方針等の変更の確認 |
| ④　法令改正・実態の確認 |
| ⑤　監査計画の理解・変更の必要性の検討 |
| ⑥　繰越記帳の妥当性検証 |
| ⑦　残高明細と各元帳類との突合 |
| ⑧　全般的な分析的手続の実施 |
| ⑨　決算整理の検証 |
| ⑩　所見等の監査調書への記載 |

これらの手続は、一般的なものであり、特定のアサーションと結びつけることは通常難しいと考えられます。

> ① 前期以前の問題点の把握
> その勘定科目に関する前期の監査調書を査閲し、前期以前の監査で認識された内部統制上及び会計処理上の問題点を把握する。

監査は通常毎期継続して実施されています。当期の監査をより有効かつ効果的に実施するために、前期以前の監査において認識されている問題点などを十分に把握したうえで監査をすることが求められます。

> ② 会計方針及び表示方法の把握
> 前期の監査調書の査閲または経理規程・マニュアルなどの閲覧により、その勘定科目に関して会社が採用する会計方針及び表示方法を把握する。

会計方針とは「財務諸表の作成に当たって採用した会計処理の原則及び手続」であり、また表示方法とは「財務諸表の作成に当たって採用した表示の方法」を指します（財務諸表等規則8㊹㊺）。たとえば、有価証券の評価基準・評価方法などが会計方針の一例ですが、複数の会計方針が認められている場合、会社は自社の実態を最も適切に表すと考えられる方法を選択することができます。

したがって、監査を実施するにあたっては、その勘定科目に関連して会社が採用している会計方針及び表示方法（以下、会計方針等）を把握する必要があります。

> ③ 会計方針等の変更の確認
> その勘定科目（関連損益を含む）の計上に関する会計方針等が、所定の基準に準拠し継続して適用されているか否かを質問する。変更があった場合には、正当な理由があることを確かめる。あわせて、当該変更の旨、理由及び影響額が適切に開示されていることを確かめる。

会計方針等は正当な理由がある場合を除き、原則として毎期継続して適用

する必要があります。なぜなら会計方針等が正当な理由なく変更されると、同一の会計事実に対して異なる利益額が算出され、財務諸表の期間比較を著しく困難にし、財務諸表利用者の判断を誤らせるおそれがあるためです。

したがって、監査人は、会計方針等が継続して適用されているか、仮に会計方針等が変更されている場合には、それが正当な理由に基づくものであるかどうかを確かめます。

なお、会計方針等の変更における正当な理由とは、会計基準などの改正に伴う変更のほか、①企業の事業内容または企業内外の経営環境の変化に対応して行われること、②会計事象を財務諸表により適切に反映するために行われるものであること、③変更後の会計方針等が一般に公正妥当と認められる会計基準に照らして妥当であること、④利益操作などを目的としていないこと、⑤当該事業年度に変更することが妥当であることという要件を満たしたものである必要があります（監委78号Ⅲ）。

また、あわせて当該変更理由や変更に伴う影響額が過不足なく注記により開示されていることを確かめます。

---

④　法令改正・実態の確認

会計方針等に影響を及ぼす会計事実の変化の有無や、法令・税制等の改正による影響の有無について質問する。

---

法令・税制などの改正や、会計事実の変化は、会計処理に影響を及ぼしえます。監査人は、このような影響を正確に把握したうえで監査手続を実施する必要があります。

---

⑤　監査計画の理解・変更の必要性の検討

監査計画において決定されたアサーションごとに、実施すべき監査手続、実施時期及び試査の範囲について理解するとともに、監査計画立案時以降における状況の変化に対応して、監査計画を変更する必要性の有無を検討する。

---

監査計画はリスクアプローチを基礎として策定されますが、監査人は有効

かつ効率的な監査を実施するために、計画された監査手続について十分に理解したうえで監査を実施することが求められます。また、企業環境などに大きな変化があれば監査計画にも影響を及ぼすことが考えられるため、監査人は企業の状況変化に応じて、適宜監査計画を最適なものに変更する必要があります。

> ⑥ 繰越記帳の妥当性検証
> 
> 総勘定元帳等の前期末残高と当期首残高を突合し、繰越記帳の妥当性を確かめる。

前期末残高と当期首残高が整合している、すなわち繰越記帳が適正に行われていることを確認することは非常に重要です。仮に期首残高に誤りがある場合には、期中の記帳がすべて正しかったとしても、期末残高の正確性は担保されません。

──〈会計方針等の変更と過年度遡及〉──────────────

　会計方針の変更、表示方法の変更または過去の誤謬の訂正があった場合には、原則としてあたかも新たな会計方針や表示方法等を過去の財務諸表にさかのぼって適用していたかのように会計処理または表示を変更することになります。いわゆる遡及処理といわれるものです。

　この結果、遡及処理が行われた場合には、表示する期間のうち最も古い期間の期首の資産・負債・純資産の金額に当該遡及処理が反映されます。ただし、総勘定元帳に当該遡及修正をどのように反映させるかは、実務上、会社によって様々な方法が存在します。したがって、繰越記帳の妥当性を検証する場合にはこのような遡及修正の有無や会社の処理の方針について十分に確認する必要があります。

| ⑦　残高明細と各元帳類との突合 |
|---|
| その勘定科目の残高明細表を入手し、合計調べのうえ、補助元帳、総勘定元帳及び試算表と突合する。 |

　必ずしもすべての勘定科目で残高明細表が作成されるわけではありませんが、残高明細表を基礎として監査手続を実施する場合には、合計調べのうえ、各種元帳との整合性を十分に確認したうえで監査手続を実施することが必要です。

| ⑧　全般的な分析的手続の実施 |
|---|
| 期末残高について期間比較等の分析的手続を実施し、著しい増減の有無及びその理由が、会社の経営環境等に照らして合理的であることを確かめる。 |

　勘定科目ごと、または複数の勘定科目間の相互関係などに着目して、対前期比較・対予算比較・回転期間分析などの全般的な分析的手続を実施します。企業の事業環境や、勘定科目間の関連性に照らして、その増減などが合理的なものであるか否かを確認します。

　勘定科目に対応したより詳細な分析手法については、次章以降をご参照ください。

　なお、分析的手続とは「財務データ相互間又は財務データと非財務データとの間に存在すると推定される関係を分析・検討することによって、財務情報を評価すること」と定義されていますが（監基報520③）、監査人による「実証手続」としての分析的手続は「分析的実証手続」といい、この両者は区別されます。実証手続とはアサーション・レベルの重要な虚偽表示を看過しないよう立案し実施する監査手続であり（監基報330③ (2)）、分析的実証手続を実施する場合には、実証手続としての適合性と証明力のある監査証拠を入手する事が求められます。例えば、アサーションに対する手続の適切性や、データの信頼性、分析による推定（値）の精度などを評価するともに、財務情報と監査人の推定値との間の差異について、追加的な調査を行わなくても

監査上許容できる金額を決定することなどが必要になります。

> ⑨　決算整理の検証
> 決算整理に係る資料を閲覧し、その勘定科目の処理の妥当性・継続性を確かめる。

　勘定科目によっては、決算整理手続を経て残高が確定する科目があります。たとえば、外貨建項目の本邦通貨への換算や有価証券の期末時価評価などが挙げられます。決算整理についても、監査人は処理の妥当性・継続性を確認する必要があります。

> ⑩　所見等の監査調書への記載
> 監査手続の実施結果、検出事項及びそれに対する所見等を要約する。

　監査人は、「監査計画及びこれに基づき実施した監査の内容並びに判断の過程及び結果を記録し、監査調書として保存しなければならない」とされています（監査基準第二5）。

　監査人は、各監査手続の実施結果や所見などを適切に要約・記録し、調書化する必要があります。

## COLUMN　監査対応

　経理業務担当者にとっては、監査対応は負担の大きい業務です。

　往査時の会議室の手配、監査人による関連部署からのヒアリング時の社内連絡や日程調整、期中監査・決算監査における様々な資料準備、質問事項に対する対応など、日々の業務に加えた追加的な負担が多く発生します。

　また、監査人は複数人のチーム編成をとるのが一般的であることから、複数人からの多様な内容の依頼・質問を同時に受けることもあり、非常に負担の大きい業務といえます。

　このように監査対応は煩雑かつ広範囲に及ぶことから、会社に過度の負担をかけないためには、監査人の窓口も一本化する、あるいは協議事項などの履歴を残して監査チーム内で共有することによって同じ質問を繰り返すことを防ぐなど、監査人側でも工夫すべき点がたくさんあります。

　たとえば、監査において必要となる会社の資料は、必ずしも毎期同じというわけではありませんが、毎年必ず使用する定型的な資料や、事前に使用が予想されるような資料については、依頼資料一覧として前もって依頼をしておくことにより、経理担当者が資料を準備する時間を十分に確保することができ、結果的に効率的な監査を実施することができます。

　監査人は十分な事前準備を行い、会社担当者と積極的にコミュニケーションをとり、協力して監査を進めていくことが望ましい形です。

# 第2章

# 貸借対照表

# 第1節

# 現金及び預金

## 1-1 勘定科目の特性とリスク

■勘定科目の範囲

「現金及び預金」には、以下の項目が含まれます。
- 現金：小口現金、手元にある当座小切手、送金小切手、送金為替手形、預金手形、郵便為替証書及び振替貯金払出証書等（財規ガイドライン15－1①）
- 預金：金融機関に対する預金、貯金及び掛金、郵便貯金並びに郵便振替貯金（財規ガイドライン15－1②）

なお、国内通貨のみでなく、外国通貨及び外貨建預金なども含まれます。

会社ではその事業活動遂行のために、通貨や預金が必要となることから、「現金及び預金」はほとんどの会社の財務諸表において計上される勘定科目です。現金については流動資産の部に計上されますが、預金については1年基準の適用を受け、満期日までの期間が貸借対照表日の翌日から起算して1年以内であれば流動資産の部に、1年を超える場合には固定資産の部の中の投資その他の資産として計上されます。

■勘定科目の特性とリスク

「現金及び預金」は、通貨・預金という決済資金としての性質を有するため、売掛金の回収、買掛金の決済、諸経費の支払といった会社の日々の取引のな

かで頻繁に変動し、他の勘定科目との関連性が強いという特性があります。たとえば、売掛金（売上）・未収入金の回収時、買掛金（仕入）・未払金の決済時、有価証券などの取得に伴う代金支払時または売却・償還時の代金受取時に資金取引が発生します。「現金及び預金」は、他の勘定科目との関連性が高いため、関連する勘定科目における誤った仕訳計上が、最終的に「現金及び預金」に影響を与えている場合もあります。

　また、関連する勘定科目における不正な会計処理を隠ぺいする目的で、「現金及び預金」の帳簿金額が意図的に操作されるといった状況も考えられます。

　さらに、「現金及び預金」は、通貨である点及びその流動性の高さから、それ自体が不正の対象となることが多いという特性があります。小口現金の流用、レジ金の持出し、架空経費請求による現金・預金の横領といった不正事例は多く見受けられます。

　このように「現金及び預金」には、他の勘定科目の影響を大きく受け、不正の対象となりやすいという特性があります。そのため、「現金及び預金」は、一般的に会計処理の誤り・不正な会計処理を発見する糸口になると考えられています。監査上も「現金及び預金」は、重要性の高い勘定科目であり、通常証拠力の強い監査証拠が得られる厳格な監査手続（実査・確認）が実施されます。

## 1-2　リスクとアサーション

　「現金及び預金」に関する主なリスクとしては、以下のものが考えられます。

| 主なリスク | 主なアサーション |
|---|---|
| （1）架空の現金または預金が計上される | 実在性 |
| （2）現金または預金の計上が漏れる | 網羅性 |
| （3）現金または預金が適切な金額で計上されない | 評価の妥当性、期間配分の適切性 |
| （4）外貨換算を誤る | 評価の妥当性 |
| （5）表示・開示を誤る | 表示の妥当性 |

## 1　架空の現金または預金が計上される

### 1 小口現金の流用

　日々の業務の中で使用する少額決済用の資金である小口現金について、担当者が小口現金を私的に流用する不正が発生した結果、実際には存在していない小口現金が資産として計上される、すなわち架空の資産が計上されるリスクがあります（実在性）。

　特に小口現金の管理を1人の担当者が行っている場合、特段の承認を必要とせずに、自由に小口現金を出し入れできるため、当該リスクが高まります。

　このようなリスクに対しては、日々の実査、実査結果と会計上の残高との照合及び上長による承認、適切な職務分掌、担当者のローテーションなどの内部統制を構築することが有用です。また、保管金庫の鍵を出納担当者とは別の者が管理する、小口現金の保管を必要最小限の金額に留めるなどの対応もリスクを抑えるために有用です。

### 2 預金の流用

　普通預金や当座預金について、担当者が会社の普通預金口座から預金を引き出し私的に流用する不正や、小切手を無断で振り出し、会社の資金を着服する不正が発生した結果、実際には存在していない預金が計上される、すな

わち架空の資産が計上されるリスクがあります（実在性）。小口現金同様、預金口座の管理を１人の担当者が行っている場合には、当該リスクが高まると考えられます。

このようなリスクに対しては、小口現金同様、月次など定期的な当座勘定照合表・預金通帳と会計上の残高との照合及び上長による承認、適切な職務分掌、担当者のローテーションなどの内部統制を構築することが有用です。なお、小切手の場合、振出人の銀行届出印が必要となるため、銀行届出印の管理を小切手帳保管担当者とは別にする、押印記録簿を作成するといった対応もリスクを抑えるために有用です。

### 2 現金または預金の計上が漏れる

会社に所有権が帰属する現金の計上が漏れている場合や預金残高がある会社名義口座が帳簿上預金として認識されていない場合など、現金または預金の計上が漏れるリスクが考えられます（網羅性）。一般的にその発生可能性は低いですが、現金不足で損失処理した後に現金が発見された場合で、実際に現金は社内金庫に保管しているものの、帳簿上の現金として認識されていない場合や、帳簿上預金残高として認識されていない長期間使用実績のない会社名義口座がある場合などが考えられます。

このようなリスクに対しては、社内外金庫の管理方法の明確化（金庫内保管物リストの作成など）、定期的な社内外金庫内の実査などの内部統制を構築することが有用です。

### 3 現金または預金が適切な金額で計上されない

#### 1 預金口座間の資金移動による残高操作が行われる

期末日に銀行口座間で資金移動することで、預金残高の水増しを行うなど、現金または預金が適切な金額で計上されないリスクが考えられます（評価の

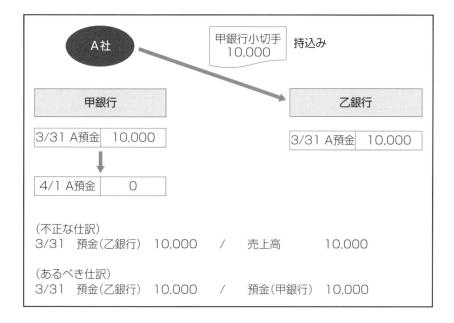

妥当性)。たとえば、上の図表のとおり期末日に小切手を振り出して（甲銀行）、別の銀行（乙銀行）に即日持ち込むことで、甲銀行では期末日翌日に振替えが行われる一方、乙銀行では期末日に預金として取り扱われる場合、同額の預金が二重計上される可能性があります。

このようなリスクに対しては、特に期末日における残高照合及び上長による承認、小切手振出時の適切な承認体制などの内部統制を構築することが有用です。

### 2 振出小切手の会計処理が漏れる

小切手を振り出したものの、帳簿上の預金の減額処理が漏れる場合、現金または預金が適切な金額で計上されないリスクがあります（期間配分の適切性）。

このようなリスクに対しても、特に期末日における残高照合及び上長による承認、小切手振出時の適切な承認体制などの内部統制を構築することが有用です。

### 3 不正隠ぺいのための残高操作が行われる

　小口現金・会社預金口座からの流用や他の勘定での不正が行われた結果、当該事実を隠ぺいする目的で会計帳簿が改ざんされるなど、現金または預金が不適切な金額で計上されるリスクがあります（評価の妥当性、期間配分の適切性）。たとえば、架空売上に対する売掛金の回収を装って、期末日付近に預金口座間の資金移動を行うことや架空仕入に対する買掛金の支払いを装って、会社の預金口座から払込みを行うことなどが考えられます。

　このようなリスクに対しては、記帳担当者と出納担当者を明確に区分し、互いに牽制し合う適切な職務分掌や定期的な残高照合及び上長による承認、担当者のローテーションなどの内部統制を構築することが有用です。

### 4 外貨換算を誤る

　外貨建取引等会計基準では、外国通貨及び外貨建預金については決算時の為替相場（以下、決算日レート（CR：Current Rate））による円換算額を付すことが求められますが（外貨建取引等会計基準一2(1)①②）、換算レートの適用誤り、換算漏れ、または換算計算の誤りによって、当該円換算額を誤るリスクがあります（評価の妥当性）。

　このようなリスクに対しては、担当者以外の第三者による換算レートのチェックや換算計算の再計算、計算結果についての上長による承認などの内部統制を構築することが有用です。

### 5 表示・開示を誤る

　現金及び預金に関して、財務諸表上の金額表示や長期性預金に係る1年基準による長短分類表示を誤るリスク、及び定期預金を借入金の担保として金融機関などに差し入れる場合の担保提供に関する注記などの開示事項を誤る、または漏れるリスクが考えられます（表示の妥当性）。

このようなリスクに対しては、担当部署内での表示・開示事項に関する確認及び承認、財務諸表に対するIR部門での内容確認や、経理部上長の承認などの内部統制を構築することが有用です。

## 1-3　主な監査手続

　「現金及び預金」に関連する主な監査手続は、以下のとおりです。

| 主な監査手続 | 主なアサーション |
| --- | --- |
| (1) 分析的手続 | 各アサーション |
| (2) 預金利息のオーバーオール・テスト | 実在性（発生）、網羅性、期間配分の適切性 |
| (3) 実　査 | 実在性、網羅性、権利と義務の帰属 |
| (4) 残高確認 | 実在性、網羅性、権利と義務の帰属 |
| (5) 銀行勘定調整表の検証 | 実在性、網羅性、期間配分の適切性 |
| (6) 期間帰属の妥当性の検証 | 期間配分の適切性 |
| (7) 外貨換算の検証 | 評価の妥当性 |
| (8) 表示・開示の妥当性に関する手続 | 表示の妥当性 |

## 1 分析的手続

### 1 手続の目的

監査人が、「現金及び預金」の残高を分析することによって、当該残高が会社の経営環境に照らして合理的であることを概括的に確かめるための監査手続です（各アサーション）。

### 2 手続の具体的な内容

監査人は、期末残高と推定値（前期末残高などを基に設定した金額）を比較・分析し、増減の有無や乖離の程度を把握して、当該増減や乖離の内容が会社の経営環境に照らして合理的なものであることを質問や関連証憑の閲覧によって確かめます。

また、「現金及び預金」の増減は、キャッシュ・フロー計算書に集約されるため、試算表を基に金額的重要性の高いキャッシュ・フロー項目を把握し、簡易的なキャッシュ・フロー分析表を作成のうえ、勘定残高の妥当性を確認する場合もあります。

そのほか、会社の資金繰表を入手し、実際の資金繰り状況が、予算と大きく乖離していないことを確認する場合もあります。予算と乖離が大きい場合には、特別な変動要因が考えられるため、その内容を調査することが必要です。

### 監査手続上のポイント

「現金及び預金」の増減は、他の勘定科目における増減との関連が大きいことが特徴です。他の勘定科目での監査手続の漏れ、監査手続の重複を防止するために、「現金及び預金」勘定で異常な増減が識別された場合には、他の勘定科目の監査担当者との情報共有を図るとともに増減理由を十分に調査することが重要です。

## 2 預金利息のオーバーオール・テスト

### 1 手続の目的

監査人が、預金利息計上額の妥当性を概括的に検証するための監査手続です（実在性（発生）、網羅性、期間配分の適切性）。

### 2 手続の具体的な内容

オーバーオール・テストとは、概括的な分析的手続を広く指す言葉です。

預金利息の妥当性検証において、監査人は以下のようなオーバーオール・テストを行います。

たとえば、預金種類別の月次平均残高と利息額を用いて算定された推定利率と実際の利率を比較する方法や、預金種類別に実際の利率から利息額を推定計算し、実際の利息計上額と比較検討する方法などがあります。

推定値との乖離が大きい場合は、実際の利率の推移の確認や担当者への質問などを通じて、推定値との乖離が合理的な要因に基づくものであることを確かめます。

## 3 実　査

### 1 手続の目的

監査人が現金、預金通帳、預金証書、小切手などの現物資産を自ら実際に数えて確かめることで、会計帳簿に計上されている「現金及び預金」が実在し会社に権利が帰属していること、保有している「現金及び預金」が漏れなく会計帳簿に計上されていることなどを確かめるための監査手続です（実在性、網羅性、権利と義務の帰属）。監査人が自ら数えることから、証拠力が強い監査証拠を入手することができます。

## 2 手続の具体的な内容

　勘定残高に影響を与える会社保管物を、監査人自ら確かめ、同時に会社の管理簿との照合を実施します。期末日時点で帳簿に計上されている項目を対象とするため、通常、期末日もしくは期末日に近い時点で行います。一般的な実査対象物としては、現金、小切手、預金証書、預金通帳、受取手形、有価証券、収入印紙、切手、小切手帳、手形帳などがあります。

　実査は、会社内に保管されている資産の現物を実際に確かめる手続であるため、すべての実査対象物を網羅的に確認する必要がある点に特に注意が必要です。

　また、実査対象物と管理台帳の照合のみならず、管理台帳の通査を行うこともあります。期末日時点での実査結果と管理簿の一致が確かめられていても、期中での管理が適切に行われていない場合、なんらかの不正や処理の誤りが発生しており、結果として期末残高が不適切な金額となっている可能性が考えられるためです。管理台帳の通査においては、特に期末日前の異常な変動に注意が必要です。

　なお、実査にあたっては特に以下に留意します。

① 　換金性の高いものは同時に実査する

　預金証書、受取手形、有価証券といった換金性の高いものについては、特定の資産の不足を他の資産を換金することによって補充可能であることから、これを防止するために、同時に実査する必要があります。

② 　すべての実査対象物を監査人の管理下においたうえで実査する

　実査は監査人の管理下で行い、実査対象物が網羅されていることを確認することが必要です。そのため、可能な限り実査対象物の保管場所で実査を行うことが望まれます。実査対象物の保管場所以外の別の場所で実査を行う場面も考えられますが、この場合には、実際に実査対象物の保管場所（金庫など）を視察し、簿外になっている実査対象物がないことを確かめる必要があります。

③　会社側担当者の立会いの下で実施する

　実査中及び実査後に、仮に実査対象物と管理簿との間に過不足が発生した場合の、会社側と監査人側の責任を明確にするために、必ず会社担当者の立会いを求めます。また、現物返還後には、実査対象物の返還に対して会社側の担当者の受領サインまたは受領印のある受領書を入手し、監査調書として保管することが重要です。

④　同一物認定

　同一物認定とは、「実査対象物が会計帳簿記載内容と同一であることを確認すること」をいいます。現金に含まれる貨幣は、同一物認定は必ずしも要しませんが、預金証書、受取手形、有価証券などは、それ自体の固有性が重要となるので、同一物認定が必要です。同一物認定が必要なものの場合、実査に際しては金額のみでなく銀行名・営業店名、証書番号、預入日、満期日、期間、利率などについても管理帳票との照合を行います。

⑤　期間帰属の妥当性の検証手続用の資料を入手する

　実査後、期間帰属の妥当性の検証（カットオフテスト）において、使用する情報を入手しておくことが必要です。全取引銀行の小切手帳控の使用最終頁や期末日前後の重要な振出し、手形帳の使用最終頁や期末日前後の重要な振出しなどを記録しておき、カットオフテストに使用します。

### 監査手続上のポイント

- 会社所有外の他社名義の預金通帳・証書・有価証券などを預かり保管している場合には、それらも実査し、管理簿と照合します。また預かりの理由の合理性を確かめます。従業員から集めた社内行事用の現金等が保管されている事例がよく見られます。
- 実査表（25頁参照）は、ボールペンまたは万年筆によって記入します。現物を確かめる証拠力の強い手続であることから、事後の修正を防止しその証拠力を保つ必要があるためです。

- 受取手形については金額のみならず、手形要件を満たしていることも確かめます。

 なお、他社振出小切手の振出日が先日付の場合（先日付小切手）、会計上は受取手形として処理するため、振出日には特に注意が必要です。
- 購入時に費用処理され、資産計上されていない切手・収入印紙などであっても、担当者による流用といった不正発見の糸口となることがあるため、実査対象に含めたうえで、管理簿と照合することが考えられます。

### ●業務効率化のためのポイント

- 監査人往査日にすべての実査対象物を同時に漏れなく確認できる状態にすることが、効率的な手続の実施につながります。
- 実査対象物を網羅的に記載したリストを作成することで、実査準備が容易になるとともに、実査時のスムーズな手続の実施が可能となります。
- 実査後、監査人は実査対象物が実査時点の会計帳簿（補助元帳・総勘定元帳）と一致していることを確認するため、会計帳簿の該当箇所を事前に準備しておくとスムーズな手続の実施が可能となります。
- 現金実査直前に現金出納があると、当該取引の現金出納帳・会計帳簿への反映が間に合わず、現金現物との照合に手数を要します。可能な限り実査直前の現金出納は停止しておくことが効率化につながります。
- 立会者がいないと実査は行うことができないため、特に実査対象物が多い場合、会社の立会担当者のスケジュールを事前に調整しておくことが重要です。
- 期末日後に現金実査を行う場合には、監査人は期末日から実査日までの現金出納取引を追跡する必要があるため、事前に関連帳票（現金出納帳など）を準備しておくとスムーズに手続が進みます。期末日前の実査実施の場合も、事後に同様の対応が必要です。
- 期末日にすべての現金を預金口座に預けるなど、実査対象物を減少させると、実査手続の省力化が可能となる場合があります。

## 現金実査表の例

| 会社名・事業場名 | | 調書番号 | |
|---|---|---|---|
| 事業年度 第 期 (自 年 月 日 / 至 年 月 日) | | 作成者 | 年 月 日 |
| | | 査閲者 | 年 月 日 |

現 金 実 査 表

| （通貨） 金　種 | @ | 数　量 | 金　額 |
|---|---|---|---|
| 紙　幣　　10,000　円 | 10,000 円 | | 円 |
| 5,000 | 5,000 | | |
| 1,000 | 1,000 | | |
| 500 | 500 | | |
| コインロール　500 | 25,000 | | |
| 100 | 5,000 | | |
| 50 | 2,500 | | |
| 10 | 500 | | |
| 5 | 250 | | |
| 1 | 50 | | |
| 硬　貨　　500 | 500 | | |
| 100 | 100 | | |
| 50 | 50 | | |
| 10 | 10 | | |
| 5 | 5 | | |
| 1 | 1 | | |
| | | 通 貨 計 | |

| （現金等価物） 摘　　要 | 金　額 |
|---|---|
| | 円 |
| | |
| | |
| | |
| | |
| | |
| | |
| | |
| | |
| 現金等価物計 | |
| 現金勘定合計 | |

実査担当者＿＿＿＿＿＿＿＿＿＿＿　実査日時＿＿＿＿年　月　日　時

　貴事務所による上記の手持現金の実査に際し、私の責任において保管しているすべての手持現金を監査人に提示し、実査終了後すべてのものが私に返還されたことを確認します。

　　　部署名＿＿＿＿＿＿＿＿＿　氏　名＿＿＿＿＿＿＿＿＿＿　㊞

出所　日本公認会計士協会　実務補習指導要領適用教材

第1節　現金及び預金

## 4 残高確認

### 1 手続の目的

　監査人が会社の勘定残高やその明細に関連する情報について、会社外部の第三者に対して文書により問い合わせ、回答を直接入手し、評価することによって、残高や契約などが実在すること、漏れなく認識・計上されていることなどを確かめるための監査手続です（実在性、網羅性、権利と義務の帰属）。監査人のコントロールの下、会社外部の第三者から直接回答を入手するため、比較的証拠力の強い監査証拠を入手することができます。

### 2 手続の具体的な内容

　監査人は、勘定残高について、金融機関、債権者、債務者などの取引先に対して、文書により問合せを行い、その回答を直接入手し、勘定残高の妥当性（処理漏れ、二重計上、不正などの有無）を検討します。

　一般的に確認状の対象となる勘定科目としては、預金、手形、借入金、有価証券（株式・債券）、債権債務（売掛金、買掛金など）、棚卸資産（外部保管在庫）、退職給付債務、年金資産などがあります。契約内容の確認対象としては、債務保証、担保契約、リース契約、デリバティブなどがあります。

　なお、確認の詳細については、本章第3節「売掛金」において解説していますので、ここでは預金等に関する確認（金融機関への残高確認）についての留意点を解説します。

　金融機関残高確認で確認できる主な事項は、以下のとおりです。

- 預金種類、残高
- 担保設定の状況
- 債務保証の状況、残高
- 割引手形、取立依頼手形の枚数、金額
- 借入金残高（当座借越）、返済期間、利率
- デリバティブ取引に関する情報

金融機関に対する確認にあたっては、以下に留意します。
① 会社が金融機関との取引を網羅的に認識していることを検証するために、残高確認状には項目のみ記載し、回答金額はすべて金融機関側に記入を依頼することが必要です。

　不正な会計処理は、預金残高の操作を伴うことが多く、さらには各種取引は金融機関を通じて決済されることが多いため、金融機関との取引は重要性が高いと考えられることから、全項目について金融機関側の回答を入手する、また該当する事項がない場合でも、「該当がない旨」の回答を入手することが必要です。

② たとえ帳簿上の口座残高がゼロであっても、口座の不正使用の可能性があるため、会社が口座を保有しているすべての取引金融機関に対して、残高確認を行う必要があります。また、期中解約口座についても、解約した年度については、残高確認を行う、ないし解約通知書など関連証憑の閲覧を行い、解約の事実を確かめることが必要です。

　取引銀行に対して、漏れなく確認状を送付していることを検証するために、実査時に確かめた預金通帳、預金証書などと残高確認書の発送先の照合などの手続を実施します。

③ 預金口座は日々の取引での変動が大きく、特に期末日に不正などによる操作の可能性が高いことから、確認状の基準日は通常「期末日」とします。

④ 定期預金などの長期性預金については、預入期間の満期が、貸借対照表日の翌日から起算して1年超である場合には長期性預金として固定資産の部の中の投資その他の資産に計上する必要があります。残高確認によって、定期預金の預入期間を確かめることができる場合もあるため、預金の長短分類の検証資料として使用することもあります。

## 金融機関残高確認書の様式例

〒□□□-□□
_____
_____ 御中

No.____
　　年　月　日

(住　所)_____
(会社名)_____
(届出名)_____㊞

### 残高確認ご依頼の件

拝啓　時下ますますご清栄のこととお慶び申し上げます。
　今般、当社の会計監査に当たり、_____監査法人は、　年　月　日現在（確認基準日）における当社の貴行に対する取引残高等の確認を望んでおります。
　つきましては、添付用紙にご記入ご証明の上、一通を同封の返信用封筒にて、直接、監査法人宛に　年　月　日までにご返送くださいますよう、お願い申し上げます。ご記入に当たっては、下記の「ご記入上の注意」をご参照ください。
　また、残高証明に関する手数料等（消費税等（地方消費税）含む。）は依頼者であります当社にご請求ください。

敬　具

---

当座勘定照合表同封の要・不要
　□必要（　月　日から　月　日までの照合表を同封して下さい。）
　□不要

---

連絡先：　　　　　監査法人　担当者　　　　　　電話　　　（　　　）
　　　　　　　　　　　　　メールアドレス

**ご記入上の注意**

① 添付の用紙の記入欄に手書きでご記入いただくか、別紙に記入の上、添付してください。別紙を添付される場合、次のいずれかにてお願いいたします。
　・別紙添付により一括してご回答いただく場合
　　　別紙にて一括回答いただく場合の記載枠に別紙枚数をご記入ください。
　・項目によって手書き記入と別紙添付が混在する場合
　　　項目ごとに、該当がない場合には「該当なし」に〇印を、別紙を添付する場合には「別紙参照」に〇印をご記入ください。また、別紙を添付する場合、〇印の隣の枠に別紙の枚数をご記入いただくか、割印の押印をお願いいたします。
② 通貨の単位（日本円を含む。）を忘れずに記入してください。外貨建の取引残高がある場合には、項目ごと、通貨の種類別に記入してください。
③ 貴営業店を窓口として、貴行本部にて記帳されている取引（他の代表者又は代理人の名義による取引を含む。）等についても回答してください。
④ 「1. 預金等残高」の種類の欄の「その他」の隣の括弧には、預金の種類を記入してください。「9. 当行に差し入れられている保証及び担保」の種類の欄には、債務保証、債務保証予約、指導念書、担保、その他のうちから該当するものを記入してください。
⑤ 貴行と当社（他の代表者又は代理人の名義による取引を含む。）との間において、上記以外に、現在、当社に対して有する請求権、将来、当社の負担が生じる可能性を有する契約等がある場合には、その内容について「14. その他」の箇所に記入してください。
⑥ 通貨スワップ、金利スワップ利率欄の括弧内には、変動利率の指標名（LIBOR、TIBOR、短期プライムレート等）を記入してください。

以　上

# 確　認　書

　　　　　　　　　　　　　　　　　　　　　　　　　　　　　年　　月　　日

_____監査法人　御中

　　　　　　　　　　　　　　　　　　　　　銀　行　名_____㊞
　　　　　　　　　　　　　　　　　　　　　役職名及び氏名_____

　当行と_____との　年　月　日現在における取引残高、契約内容等は、下記のとおりであることを証明いたします。

　　　　　　　　　　　　　　　　　記

※別紙にて一括回答いただく場合、下枠内に別紙枚数をご記入ください。
　この場合、以降の記載は不要です。

> 詳細は別紙をご参照ください。別紙が添付されていない項目は該当がございません。
> 別紙枚数：　　枚

1. 預金等残高（外貨預金及び金取引等を含む。）

| 該当欄に○印（及び別紙枚数）記入 | 該当なし | |
|---|---|---|
| | 別紙参照 | 　　　枚 |

| 種類 | 金　額 |
|---|---|
| 当座預金 | |
| 普通預金 | |
| その他（　　　） | |
| その他（　　　） | |
| その他（　　　） | |

上記のうち、担保差入その他引出制限のある預金等の種類_____金額_____

2. 特定金銭信託及び指定金外信託（ファンドトラスト）の信託元本残高

| 該当欄に○印（及び別紙枚数）記入 | 該当なし | |
|---|---|---|
| | 別紙参照 | 　　　枚 |

| 種類 | 契約番号 | 元本残高 | 担保差入、引出制限の有無 | 直近信託決算日 | 同日の時価 |
|---|---|---|---|---|---|
| | | | 有・無 | | |
| | | | 有・無 | | |

上記の信託資産にデリバティブ取引残高が含まれる場合、その概要及び時価
_____
_____

3. 現先取引残高

| 該当欄に○印（及び別紙枚数）記入 | 該当なし | |
|---|---|---|
| | 別紙参照 | 　　　枚 |

| 銘柄 | 数量又は券面額 | 当行の売買の別 | 約定日 | 受渡日 | | 単　価 | | 金額 | |
|---|---|---|---|---|---|---|---|---|---|
| | | | | スタート | エンド | スタート | エンド | スタート | エンド |
| | | 売・買 | | | | | | | |
| | | 売・買 | | | | | | | |

第1節　現金及び預金

4. 貸付金残高（外貨貸付を含む。）及び当座貸越残高

| 該当欄に○印（及び別紙枚数）記入 | 該当なし | | |
|---|---|---|---|
| | 別紙参照 | | 枚 |

| 種類 | 金額 | 貸付年月日 | 返済期日 | 貸付金利率 | 直近利払日 | 担保物件 |
|---|---|---|---|---|---|---|
| | | | | % | | |
| | | | | | | |

当座貸越契約限度額及びその担保・保証の明細

| 該当欄に○印（及び別紙枚数）記入 | 5. | 該当なし | | |
|---|---|---|---|---|
| | | 別紙参照 | | 枚 |
| | 6. | 該当なし | | |
| | | 別紙参照 | | 枚 |
| | 7. | 該当なし | | |
| | | 別紙参照 | | 枚 |

| | 枚数 | 金額 | 担保物件又は不渡手形等の内容 |
|---|---|---|---|
| 5. 割引手形残高 | | | |
| 6. 取立依頼手形残高（輸出手形を含む。） | | | |
| 7. 担保として預かっている手形残高 | | | |

8. 支払承諾見返勘定

| 該当欄に○印（及び別紙枚数）記入 | 該当なし | | |
|---|---|---|---|
| | 別紙参照 | | 枚 |

(1) 支払保証残高（当行が会社の債務などについて保証している残高）

| 種　類 | 保証極度額 | 保証残高 | 保証期間 |
|---|---|---|---|
| | | | |
| | | | |

(2) 信用状未使用残高 ＿＿＿＿＿＿＿＿
(3) その他 ＿＿＿＿＿＿＿＿

9. 当行に差し入れられている保証及び担保
① 当行から会社に対する債権等に関するもの

| 該当欄に○印（及び別紙枚数）記入 | 該当なし | | |
|---|---|---|---|
| | 別紙参照 | | 枚 |

| 種類 | 保証人・物上保証人 | 被保証債権等（貸出債権・支払承諾見返勘定・デリバティブ等） | | | | 保証残高 | 保証極度額（根保証・根担保の場合） | 保証期間 |
|---|---|---|---|---|---|---|---|---|
| | | 種類 | 金額 | 実行年月日 | 期間 | | | |
| | | | | | | | | |

② 当行から会社以外の第三者に対する債権等に関して会社が差し入れている保証及び担保

| 該当欄に○印（及び別紙枚数）記入 | 該当なし | | |
|---|---|---|---|
| | 別紙参照 | | 枚 |

| 種類 | 被保証債権等（貸出債権・支払承諾見返勘定・デリバティブ等） | | | | 保証残高 | 保証極度額（根保証・根担保の場合） | 保証期間 |
|---|---|---|---|---|---|---|---|
| | 種類 | 金額 | 実行年月日 | 期間 | | | |
| | | | | | | | |

10. 預り有価証券等

| 該当欄に○印（及び別紙枚数）記入 | 該当なし | |
| --- | --- | --- |
| | 別紙参照 | 枚 |

| 種類 | 銘柄 | 数量 | 区分 | 摘要 |
| --- | --- | --- | --- | --- |
| | | | | |

11. 外国為替残高

| 該当欄に○印（及び別紙枚数）記入 | 該当なし | |
| --- | --- | --- |
| | 別紙参照 | 枚 |

（1）買入外国為替（L/C 付）　_____
（2）買入外国為替（L/C 無）　_____
（3）取立外国為替　_____
（4）その他　_____

12. 貸付・借入有価証券残高

| 該当欄に○印（及び別紙枚数）記入 | 該当なし | |
| --- | --- | --- |
| | 別紙参照 | 枚 |

| 貸付・借入の別 | 銘柄 | 数量（又は券面額） | 約定日 | 受渡日 | 返還期日 | 消費貸借・使用貸借の別 | 品貸（借）料率 | 担保 | 担保金額 | 担保金利率 |
| --- | --- | --- | --- | --- | --- | --- | --- | --- | --- | --- |
| 貸付・借入 | | | | | | 消費貸借・使用貸借 | | 有・無 | | ％ |
| 貸付・借入 | | | | | | 消費貸借・使用貸借 | | 有・無 | | ％ |

13. デリバティブ取引の契約額等
  （1）市場取引
    ① 先物取引残高

| 該当欄に○印（及び別紙枚数）記入 | 該当なし | |
| --- | --- | --- |
| | 別紙参照 | 枚 |

| 取引市場 | 取扱商品 | 限月 | 当行の売付・買付の別 | 約定日 | 約定価格 | 建玉（枚数） | 契約額 | 確認基準日の時価 |
| --- | --- | --- | --- | --- | --- | --- | --- | --- |
| | | | 売付・買付 | | | | | |
| | | | 売付・買付 | | | | | |

    ② オプション取引残高

| 該当欄に○印（及び別紙枚数）記入 | 該当なし | |
| --- | --- | --- |
| | 別紙参照 | 枚 |

| 取引市場 | 取扱商品 | 限月 | コール・プットの別 | 当行の売付・買付の別 | 権利行使価格（為替相場・利率等） | 約定価格 | 建玉（枚数） | 契約額 | 確認基準日の時価 |
| --- | --- | --- | --- | --- | --- | --- | --- | --- | --- |
| | | | コール・プット | 売付・買付 | | | | | |
| | | | コール・プット | 売付・買付 | | | | | |

    ③ 上記①及び②にかかる受入証拠金残高（代用有価証券を含む。）_____
  （2）市場取引以外の取引
    ① 先渡取引（金利先渡取引・為替先渡取引）残高

| 該当欄に○印（及び別紙枚数）記入 | 該当なし | |
| --- | --- | --- |
| | 別紙参照 | 枚 |

| 契約No. | 種類 | 約定日 | 契約期間 | | 通貨種類 | 当行の売買の別 | 想定元本 | 約定利率又は為替相場 | 確認基準日の時価 |
| --- | --- | --- | --- | --- | --- | --- | --- | --- | --- |
| | | | スタート | エンド | | | | | |
| | | | | | | 売・買 | | | |
| | | | | | | 売・買 | | | |

    ② 為替予約取引残高

| 該当欄に○印（及び別紙枚数）記入 | 該当なし | |
| --- | --- | --- |
| | 別紙参照 | 枚 |

第2章 ▼ 貸借対照表

| 契約No. | 約定日 | 実行期日 | 当行の買 || 当行の売 || 予約為替相場 | 確認基準日の時価 |
|---|---|---|---|---|---|---|---|---|
| | | | 通貨 | 金額 | 通貨 | 金額 | | |
| | | | | | | | | |
| | | | | | | | | |

③ オプション取引残高

該当欄に○印（及び別紙枚数）記入　｜　該当なし　／　別紙参照　　枚

| 契約No. | 種類 | 約定日 | 行使期日 | 通貨種類 | コール・プットの別 | 当行売買の別 | 契約額（想定元本） | 権利行使価格（為替相場・利率等） | オプション料 | オプション料の決済日 | 確認基準日の時価 |
|---|---|---|---|---|---|---|---|---|---|---|---|
| | | | | | コール・プット | 売・買 | | | | | |
| | | | | | コール・プット | 売・買 | | | | | |

（注）キャップ、フロアー、カラー、スワップション等の取引を含みます。

④ スワップ取引残高
　ア　通貨スワップ

該当欄に○印（及び別紙枚数）記入　｜　該当なし　／　別紙参照　　枚

| 契約No. | 種類 | 約定日 | 契約期間 || 直近利息受渡日 | 当行の受取 || 当行の支払 || 確認基準日の時価 |
|---|---|---|---|---|---|---|---|---|---|---|
| | | | スタート | エンド | | 元本 | 適用利率 | 元本 | 適用利率 | |
| | | | | | | 通貨金額 | 固・変　％（　） | 通貨金額 | 固・変　％（　） | |
| | | | | | | 通貨金額 | 固・変　％（　） | 通貨金額 | 固・変　％（　） | |

　イ　金利スワップ

該当欄に○印（及び別紙枚数）記入　｜　該当なし　／　別紙参照　　枚

| 契約No. | 種類 | 約定日 | 契約期間 || 直近利息受渡日 | （想定）元本 | 当行の受取 || 当行の支払 || 確認基準日の時価 |
|---|---|---|---|---|---|---|---|---|---|---|---|
| | | | スタート | エンド | | | 通貨 | 利率 | 通貨 | 利率 | |
| | | | | | | | | 固・変　％（　） | | 固・変　％（　） | |
| | | | | | | | | 固・変　％（　） | | 固・変　％（　） | |

⑤ その他のデリバティブ取引残高（上記①〜④に類似する取引又は複合取引）

該当欄に○印（及び別紙枚数）記入　｜　該当なし　／　別紙参照　　枚

| 契約No. | 種類 | 約定日 | 取引の概要 | 契約額・想定元本 | 確認基準日の時価 |
|---|---|---|---|---|---|
| | | | | | |
| | | | | | |

⑥ 上記①から⑤にかかる受入証拠金残高（代用有価証券を含む。）　_____

14. その他（上記1〜13以外の直接債務・偶発債務等に関する事項）

該当欄に○印（及び別紙枚数）記入　｜　該当なし　／　別紙参照　　枚

_____
_____
_____

出所　監査・保証実務委員会研究報告第6号「銀行等取引残高確認書及び証券取引残高確認書の様式例」（日本公認会計士協会）

### 監査手続上のポイント

残高確認は、全件回収することが原則ですが、監査期間中に全件の回収が困難な場合には、未回収分について代替的手続の実施が求められます。預金であれば、会社が自ら入手した残高証明書との照合、預金通帳との照合、当座勘定照合表との照合など、会社が入手している外部資料と突合することが考えられます。ただし、金融機関との取引は、他の取引に比べ相対的に質的重要性が高いため、安易に代替的手続を実施するのではなく確認状を全件回収するよう最大限努めることが求められます。

### ●業務効率化のためのポイント

口座残高がゼロであっても、監査人は原則として確認状を発送します。また、不要口座は不正使用の可能性があることに鑑みれば、管理上閉鎖することが望ましいと考えられます。不要口座の閉鎖により、結果として確認状の発送件数が削減され、残高確認のコストの減少につながる場合があります。

また、確認状には口座名義者の記名及び押印が必要ですが、届出印と押印が異なる場合、回答を入手できず、確認状の再発送が必要となることがあります。複数の取引口座がある場合、取引口座ごとに届出印を十分に確認しておくことが、再発送などの余計な業務を発生させないためにも有用です。

## 5　銀行勘定調整表の検証

### 1 手続の目的

監査人が銀行勘定調整表の調整項目を検証することを通じて、期末日において預金残高が実際に存在すること、計上すべき預金取引がすべて計上され

ていることを確かめるための監査手続です(実在性、網羅性、期間配分の適切性)。

### 2 手続の具体的な内容

監査人は、会計帳簿残高と金融機関預金残高が相違している場合、会社が作成した差異要因の説明資料である「銀行勘定調整表」を入手し、当該差異について、関連証憑の閲覧や担当者への質問などによって、差異の内容が合理的な理由に基づくものであることを確かめます。

銀行勘定調整表の例

| 銀行勘定調整表 | | (単位:円) |
|---|---|---:|
| 銀行残高 | | 100,000,000 |
| 未取付小切手 | | |
| ABC㈱ | ×月×日 | △100,000 |
| DEF㈱ | ×月×日 | △ 50,000 |
| 銀行未入金小切手 | | |
| GHI㈱ | ×月×日 | 200,000 |
| 会計帳簿残高 | | 100,050,000 |

一般的に、帳簿上の預金残高と金融機関の預金残高の差異原因としては下記のようなものがあります。

- 未取付小切手
  会社が振り出した小切手について、会社では預金を引き落とす会計処理を行ったが、相手先が金融機関に取立依頼していない場合に、金融機関の預金残高が大きくなり、差異が発生します。
- 未達取引
  金融機関への振込みなどがあったが、会社側にその情報が届いていない場合、会計帳簿の処理が遅れるため、差異が発生します。

- 処理誤り・不正

  金融機関または会社での処理漏れ、記帳漏れといったなんらかのミスが発生している場合や不正などによっても差異が発生します。

## 6 期間帰属の妥当性の検証

### 1 手続の目的

監査人が、期末日前後の小切手発行・預金口座振替取引を検証することによって、現金及び預金の会計処理の期間帰属が妥当であることを確かめるための監査手続です（期間配分の適切性）。この手続をカットオフテストといいます。

### 2 手続の具体的な内容

主に以下のような手続を実施します。

① 小切手振出に係る会計処理の期間帰属の妥当性の検証

期末日前後に使用された小切手について、適切な会計期間に会計処理されていることを確かめるための監査手続です。実査時に小切手帳の控え（ミミ）から期末日前後の小切手使用取引を把握し、領収書などの証憑及び会計帳簿と照合することによって、適切な会計期間に会計処理されていることを確かめます。

② 預金口座間振替取引の検証

複数の預金口座を保有している場合に期末日前後に預金口座間の異常な振替取引がないこと、また期末日前後の一定期間内に行われたすべての取引が適切な会計期間に計上されていることを確かめます。具体的には、すべての取引銀行の当座勘定照合表・普通預金通帳を通査し、期末日付近の資金移動状況を把握します。これは、以下のような会計処理を発見するための手続です。

- 期末日に預金口座間振替を行い、一方の預金口座のみ通帳記入を行う

ことによる預金の二重計上（資産の過大計上）
- 期末日にある金融機関の小切手を振り出し、別の金融機関に持込預入を行うことによる預金の二重計上（資産の過大計上）

## 7 外貨換算の検証

### 1 手続の目的
監査人が外国通貨及び外貨建預金について、適用した為替レートの検証及び換算過程の再計算などによって、外国通貨及び外貨建預金に係る外貨換算の妥当性を確かめるための監査手続です（評価の妥当性）。

### 2 手続の具体的な内容
監査人は、金融機関などが公表している為替相場情報と会社が換算に用いた為替レートの整合性を確かめるとともに、換算過程のレビューまたは再計算などを実施し、会社の外貨換算が適切に行われていることを確かめます。

監査人は、たとえば以下の手順で手続を実施します。

① 会社が適用している決算日レートを、担当者への質問、規程の閲覧などにより確かめます。外貨建取引等会計基準注解8では、決算日レートとして、「決算日の直物為替相場のほか、決算日の前後一定期間の直物為替相場に基づいて算出された平均相場を用いることができる」とされており、会社が適用している決算日レートが当該基準に準拠したレートであること及び過年度からの継続性を確かめます。

② 会社が外貨換算に適用しているレートについて、金融機関からの情報（金融機関ウェブサイトなどのインターネット情報等）や該当日付の日刊新聞などで確認し、会社が適用している決算日レートの妥当性を確かめます。

③ 会社が実施した外貨換算計算について監査人が再計算を実施し、会社の計算の妥当性を確かめます。

## 8 表示・開示の妥当性に関する手続

### 1 手続の目的

　監査人が、現金及び預金に関する表示及び注記について関連資料や関連調書と照合することによって、財務諸表上の表示・開示の妥当性を確かめるための監査手続です（表示の妥当性）。

### 2 手続の具体的な内容

　監査人は、会社が自ら入手した残高証明書、監査人が入手した残高確認書等によって、預金の預入期間を検討し、満期日までの期間が貸借対照表日の翌日から起算して1年以内の預金であれば流動資産の部に、1年を超える預金であれば固定資産の部の中の投資その他の資産として計上されていることを確かめます（財務諸表等規則15一）。

　また、定期預金などを借入金の担保として金融機関に差し入れている場合、担保提供資産として注記を行う必要がありますが（財務諸表等規則43）、当該注記の記載内容や金額について、関連資料や確認状と突合することによって検証します。

第 2 節

# 受取手形

## 2-1 勘定科目の特性とリスク

■**勘定科目の範囲**

　受取手形とは、得意先との間に発生した営業取引に関する手形債権であり（財規ガイドライン15-2）、支払義務のある債務者が受取人である債権者に対して、その支払期日に額面金額を支払うことを示した債権です。

　手形法上は、手形の振出人が名宛人に対して支払いの約束をする約束手形と、手形の振出人が名宛人に対して、支払いの期日に支払いを依頼する為替手形の2つに区分されますが、会計処理上は得意先から営業取引に関して受け取った手形については受取手形勘定で処理し、正常営業循環基準に基づいて流動資産の部に計上します。正常営業循環基準とは、主目的たる営業取引により発生した正常な営業取引サイクルの中にある債権及び債務は、流動資産または流動負債に属すると捉える考え方です。

　なお、売上代金の回収以外のたとえば固定資産の売却に際して受け取った手形については営業外受取手形として、手形振出先の資金調達のために受け取る融通手形については貸付金として、それぞれ処理する必要があります。

　受取手形の貸借対照表価額は、取得価額から貸倒見積高に基づいて算定された貸倒引当金を控除した金額となります（金融商品会計基準14）。

■**勘定科目の特性とリスク**

　会社の受取手形に係るビジネス上の最大のリスクは、回収可能性に係るリ

スクであると考えられますが、財務報告上のリスクは主に過大計上のリスクが考えられます。受取手形は営業取引から生じる債権であることから、経営者や営業担当者が業績の仮装を意図して売上高及び受取手形や売掛金を過大に計上する可能性があるためです。

また、受取手形は割引などにより即時に現金化が可能な現物資産であり、「現金及び預金」に準ずる重要項目です。そのため、「現金及び預金」と同様、他の資産と比べて偽造、盗難及び横領の被害に遭いやすいといえます。

## 2-2 リスクとアサーション

「受取手形」に関する主なリスクとしては、以下のものが考えられます。

なお、回収可能性に関するリスクについては、本章第16節 **16-1**「貸倒引当金」において詳述します。

| 主なリスク | 主なアサーション |
| --- | --- |
| (1) 架空の受取手形が計上される | 実在性 |
| (2) 受取手形の計上が漏れる | 網羅性、期間配分の適切性 |
| (3) 期末評価を誤る | 評価の妥当性 |
| (4) 受取手形が適切な金額で計上されない | 実在性、網羅性、評価の妥当性 |
| (5) 外貨換算を誤る | 評価の妥当性 |
| (6) 表示・開示を誤る | 表示の妥当性 |

### 1 架空の受取手形が計上される

受取手形について、盗難や横領などにより実際には存在していない受取手

形が資産として計上される、すなわち架空の受取手形が計上されるリスクがあります（実在性）。また、偽造された受取手形を受け入れ、会計帳簿に計上されている場合、偽造された受取手形については換金することができないことから、換金価値のない架空の受取手形が計上されるリスクもあります（実在性）。

このようなリスクに対しては、職務分掌上、現物の保管担当者と受取手形記入帳の記帳担当者を分け、定期的に現物を数え帳簿残との一致を検証し、上長が承認するといった内部統制を構築することが有用です。

### 2 受取手形の計上が漏れる

取引先から受取手形を受け取っているにもかかわらず、営業担当者から財務担当者または経理担当者に適時に受取手形が回付されない場合や会計処理が漏れた場合など、受取手形の計上が漏れるリスクが考えられます（網羅性、期間配分の適切性）。

このようなリスクに対しては、営業債権の回収期限の管理や、手形に関する管理台帳や受払簿を整備し、財務担当者や経理担当者への情報の伝達を適時に行う体制を整備するなどの内部統制を構築することが有用です。

### 3 期末評価を誤る

振出人の信用力の低下などにより、受取手形の回収可能性が低下した場合、受取手形が適切な金額で計上されないリスクが生じます（評価の妥当性）。手形振出人の経営状況が変化し、振出人の信用リスクが懸念される場合、当該受取手形に対して貸倒引当金の計上を検討しますが、計上された貸倒引当金が振出人の信用リスクを適切に反映していない場合、受取手形の貸借対照表価額が実際の資産価値から乖離することになります。

このようなリスクに対しては、適切な与信管理体制を整備するとともに、与信情報が適時適切に経理担当者に伝達される仕組みを整備し、リスクに応

じた貸倒引当金の計算及び会計処理などについて上長が承認を行うなどの内部統制を構築することが有用です。

### 4 受取手形が適切な金額で計上されない

金融機関に取立依頼を行ったものの決済が未了の手形について誤って決済が行われた仕訳を起票する、割引手形や裏書譲渡手形に関する会計処理が漏れるなど、受取手形が適切な金額で計上されないリスクが考えられます（実在性、網羅性、評価の妥当性）。

このようなリスクに対しては、財務担当者が管理台帳を作成し、上長が定期的にチェックを行うことや、経理担当者に受取手形に関する情報が適時適切に伝達される体制を整備する、会計処理について上長が承認を行うなどの内部統制を構築することが有用です。

### 5 外貨換算を誤る

外貨建取引等会計基準では、外貨建債権債務については決算日レートによる円換算額を付すことが求められますが（外貨建取引等会計基準一2(1)②）、換算レートの適用誤り、換算漏れ、または換算計算の誤りによって、当該円換算額を誤るリスクがあります（評価の妥当性）。

このようなリスクに対しては、担当者以外の第三者による換算レートのチェックや換算計算の再計算、計算結果についての上長による承認などの内部統制を構築することが有用です。

### 6 表示・開示を誤る

受取手形に関して、財務諸表上の金額表示を誤るリスク、裏書譲渡手形・割引手形に関する注記や担保に差し入れた受取手形に関する注記、期末日が

休日の場合の期末日満期手形に関する注記などの開示事項を誤る、または漏れるリスクが考えられます（表示の妥当性）。

このようなリスクに対しては、担当部署内での表示・開示事項に関する確認及び承認、財務諸表に対するIR部門での内容確認や、経理部上長の承認などの内部統制を構築することが有用です。

## 2-3 主な監査手続

「受取手形」に関する主な監査手続は、以下のとおりです。

なお、回収可能性に関する監査手続については、本章第16節 **16-1**「貸倒引当金」において詳述します。

| 主な監査手続 | 主なアサーション |
| --- | --- |
| （1）分析的手続 | 各アサーション |
| （2）期末残高明細の通査 | 実在性、網羅性、評価の妥当性 |
| （3）実　査 | 実在性、網羅性 |
| （4）金融機関に対する残高確認 | 実在性、網羅性 |
| （5）手形振出会社に対する残高確認 | 実在性、網羅性 |
| （6）期末日後の回収状況の検証 | 評価の妥当性 |
| （7）外貨換算の検証 | 評価の妥当性 |
| （8）割引手形、裏書譲渡手形などの会計処理の検証 | 実在性、網羅性、表示の妥当性 |
| （9）表示・開示の妥当性に関する手続 | 表示の妥当性 |

## 1 分析的手続

### 1 手続の目的

監査人が、受取手形残高を分析することによって、当該残高が会社の経営環境に照らして合理的であることを概括的に確かめるための監査手続です（各アサーション）。

### 2 手続の具体的な内容

監査人は、期末残高と推定値（前期末残高などを基に設定した金額）を比較・分析し、増減の有無や乖離の程度を把握して、当該増減や乖離の内容が会社の経営環境に照らして合理的なものであることを、質問や関連証憑の閲覧によって確かめます。

たとえば、前年同期実績との比較や得意先別などの残高比較、回転率分析または回転期間分析、受取手形年齢別構成比率の年次比較、予算比較などの分析的手続を実施し、著しい変動や異常な増減があれば、質問などの追加手続により原因を明らかにします。

売上債権に関連する主な財務関連指標

| 計算式 | 分析目的 |
| --- | --- |
| 売上債権回転期間<br>　売上債権＊÷売上高×365日 | 売上債権の回収状況（売上債権が何日で代金回収されるか）から、企業の資金繰りを判断する |

＊　売上債権＝受取手形＋割引高＋裏書譲渡高＋売掛金

### 監査手続上のポイント

回転期間が著しく長期化している場合、売掛債権の架空計上や回収不能な債権が含まれている可能性もあるため、より懐疑心を持って追加の手続を実施する必要があるか否かを検討する必要があります。

## 2 期末残高明細の通査

### 1 手続の目的

　監査人が、残高明細表・期日別管理表などを通査することによって、異常な残高の有無や受取手形の評価の妥当性について検証するための監査手続です（実在性、網羅性、評価の妥当性）。

### 2 手続の具体的な内容

　監査人は残高明細表を入手し、合計調べのうえ、補助元帳、総勘定元帳及び試算表と突合し、それぞれが一致していることを確かめ、残高について通査を行いマイナス残高など異常な残高の有無について検証します。

　また、期日別管理表の査閲により、決済期日経過手形、長期手形、不渡手形などの有無を把握し、その発生理由などを確かめます。また、これらの手形に対して計上されている貸倒引当金の金額の妥当性を検討するとともに、貸倒引当金の追加計上の要否を確かめます。

## 3 実　査

### 1 手続の目的

　監査人が、受取手形の現物を自ら実際に数えて確かめることで、会計帳簿に計上されている受取手形が実在すること、保有している受取手形が漏れなく会計帳簿に計上されていることなどを確かめるための監査手続です（実在性、網羅性）。監査人が自ら数えることから、比較的証拠力が強い監査証拠を入手することができます。

### 2 手続の具体的な内容

　期末日時点で、会社が手許に保管している受取手形の現物を監査人自らが数え、帳簿残高と突合します。残高に差異がある場合は、質問などにより帳

簿残高に誤りがないことを確かめます。

なお実査に関する詳細な手続は、本章第1節「現金及び預金」を参照してください。

## 4 金融機関に対する残高確認

### 1 手続の目的

監査人が、取立依頼手形について、依頼先の金融機関に対して、文書により期末残高に関する問合せを行い、回答を直接入手して評価することによって、取立依頼手形の期末残高の妥当性を確かめるための監査手続です（実在性、網羅性）。

### 2 手続の具体的な内容

取立依頼中の手形については、取立依頼を行った金融機関に対し監査人自ら直接確認を行い、回答を入手して残高明細表と突合します。また、取立手形台帳や預り証との突合などにより、取立依頼手形の残高が妥当であることを確かめます。

なお、金融機関への確認手続の詳細は、本章第1節「現金及び預金」を参照してください。

## 5 手形振出会社に対する残高確認

### 1 手続の目的

監査人が、受取手形の確認基準日（通常期末日。期末日以外を確認基準日とする場合は当該基準日）における残高について、必要と認めた得意先に対して文書による問合せを行い、回答を直接入手して評価することによって、受取手形の確認基準日時点の残高の妥当性を確かめるための監査手続です（実在性、網羅性）。

## 2 手続の具体的な内容

　監査人は、受取手形の確認基準日における残高について、必要と認めた得意先に対して残高確認を行い、受取手形の確認基準日時点の残高の妥当性を確かめます。

　受取手形の残高確認は、売掛金の残高確認と合わせて行うことが効率的です。確認手続の詳細は、本章第3節「売掛金」を参照してください。

## 6　期末日後の回収状況の検証

### 1 手続の目的

　監査人が、受取手形の期末残高のうち期末日後の回収状況を検証することによって、期末日現在の帳簿残高の妥当性を確かめるための監査手続です（評価の妥当性）。

### 2 手続の具体的な内容

　主たる期末残高について、決算日後の回収状況を質問や明細通査などによって検討し、入金予定日以降も未回収となっている場合には、その理由を確かめます。受取手形については支払期日に決済がされない場合には不渡りとなることから、支払期日を超えた受取手形の保有がある場合には、その評価について特に慎重な判断が必要となります。

## 7　外貨換算の検証

### 1 手続の目的

　監査人が外貨建受取手形について、適用した為替レートの検証及び換算過程の再計算などによって受取手形に係る外貨換算の妥当性を確かめるための監査手続です（評価の妥当性）。

### 2 手続の具体的な内容

　監査人は、金融機関などが公表している為替相場情報と会社が換算に用いた為替レートの整合性を確かめるとともに、換算過程のレビューまたは再計算などを実施し、会社の外貨換算が適切に行われていることを確かめます。

## 8　割引手形、裏書譲渡手形などの会計処理の検証

### 1 手続の目的

　監査人が、割引手形、裏書譲渡手形、受取手形の流動化などの会計処理の妥当性を検証するための監査手続です（実在性、網羅性、表示の妥当性）。受取手形を割引に付し、または債務の弁済のために裏書譲渡した金額は、受取手形割引高または受取手形譲渡高の名称を付して注記する必要があります（財規ガイドライン58②）。

### 2 手続の具体的な内容

　監査人は、割引手形、裏書譲渡手形などについて、残高明細表と銀行残高証明書、金融機関に対する残高確認状、手形割引依頼書などの各種証憑を突合します。

　また、手形割引による手形売却損の金額の妥当性をオーバーオール・テストなどの分析的手続によって確かめ、必要と認めた場合には証憑突合を行います。

　受取手形の流動化については、金融商品会計基準を参照し、オフバランス要件を充足したうえで、金融資産の消滅の認識に係る会計処理を行っていることを確かめます。

## 9 表示・開示の妥当性に関する手続

### 1 手続の目的
 監査人が、受取手形に関する表示及び注記について関連資料や関連調書と照合することによって、財務諸表上の表示・開示の妥当性を確かめるための監査手続です（表示の妥当性）。

### 2 手続の具体的な内容
 会社が作成している管理用の明細の閲覧や、会社担当者への質問、関連する監査調書との照合を実施し、関係会社受取手形、設備等売却手形及び破産更生債権等が貸借対照表上、適切に区分表示されていること、及び受取手形に関連する注記が適切に行われていることを以下の留意点に基づき確かめます。

 通常の取引に基づいて発生した手形債権は、通常、流動資産の区分に受取手形として表示されますが、破産更生債権等で1年以内に回収されないことが明らかなものは、貸借対照表上、受取手形に含めて表示できません（財務諸表等規則15二）。また、受取手形として表示される手形債権は、得意先との間に発生した営業取引に関する手形債権をいう（財規ガイドライン15-2）ため、設備等売却手形は受取手形に含めて表示することはできません。なお、電子記録債権については、「電子記録債権」等の科目をもって、受取手形とは区分して表示する必要がありますが、重要性が乏しい場合には受取手形に含めて表示することができます（電子記録債権の取扱い）。これらについては、適切な区分をもって網羅的に表示されているかを検討する必要があります。

 また、振出日が期末日よりも先の日付となっている先日付小切手については、期日到来までは受取手形勘定に計上されます。

 関係会社との取引に基づいて発生した受取手形及び売掛金の合計額が資産の総額の100分の5を超える場合には、当該受取手形及び売掛金の金額をそれぞれ注記しなければならないとされています（財務諸表等規則39）。そのため、関係会社受取手形の残高について、財務諸表における表示・開示の妥当

性を確かめます。

　資産が担保に供されているときは、その旨を注記しなければならないとされています（財務諸表等規則43）。担保に供されている受取手形の有無を質問や関連文書の閲覧などにより確かめるとともに、担保に供されている受取手形があるときには、関連する内容が正しくかつ網羅的に開示されていることを確かめます。

　また、割引手形、裏書譲渡手形についても、受取手形割引高・受取手形裏書譲渡高として注記が求められます（財規ガイドライン58②）。

# 第3節

# 売掛金

## 3-1　勘定科目の特性とリスク

■勘定科目の範囲

　売掛金とは、得意先との間の通常の取引に基づいて発生した営業上の未収入金をいい、役務の提供による営業収益で未収のものを含むとされています（財規ガイドライン15-3）。

　建設業における完成工事未収入金なども売掛金という名称を使用しないものの、性質としては同じ営業上の未収入金となります。

　売掛金は、正常営業循環基準により、流動資産の部に区分されます。これに対し、通常の取引に基づいて発生した債権であっても、経営破綻または実質的に経営破綻に陥っている債務者に対する債権である破産更生債権等は、正常な営業循環から外れていることから、貸借対照表日の翌日から起算して1年以内に回収されないことが明らかなものは、固定資産の部の投資その他の資産に区分されることになります。

　売掛金は金銭債権としての性質から流通市場がない場合が多く、客観的な時価を測定することが困難であると考えられることから、金融商品会計基準では原則として債権を時価評価せず、取得価額から貸倒見積高に基づいて算定された貸倒引当金を控除した金額をもって貸借対照表価額とするとされています（金融商品会計基準14）。

### ■ 勘定科目の特性とリスク

売掛金は、会社にとっての利益の源泉となる売上高とともに計上される営業取引に係る代金請求権であり、会社の運転資金の重要な源となります。そのため、一般的に会社の事業活動上非常に重要な勘定科目といえます。

売掛金に関するビジネス上の最大のリスクは、受取手形と同様に、回収可能性に係るリスクであると考えられますが、財務報告上のリスクとしては主に過大計上のリスクが考えられます。売掛金は営業取引から生じる債権であることから、経営者や営業担当者が業績の仮装を意図して売上高及び売掛金を過大に計上する可能性があるためです。また、営業取引は会社の主たる業務であることから、通常年間の取引発生件数が膨大となるため、会計処理の件数も膨大なものとなり、営業または経理担当者による意図しないミスによって会計上の誤謬が生じることも想定されます。売掛金の特性とリスクは売掛金の相手勘定である売上高の特性及びリスクと共通事項が多いため、相互に関連させて理解することが重要です。

## 3-2 リスクとアサーション

「売掛金」に関する主なリスクとしては、以下のものが考えられます。

なお、回収可能性に関するリスクについては、本章第16節 **16-1**「貸倒引当金」において詳述します。

| 主なリスク | 主なアサーション |
| --- | --- |
| (1) 架空の売掛金が計上される | 実在性 |
| (2) 売掛金の計上が漏れる | 網羅性 |
| (3) 売掛金が適切な金額で計上されない | 評価の妥当性、期間配分の適切性 |

| (4)返品、値引、割引及び割戻の処理を誤る | 実在性、評価の妥当性、期間配分の適切性 |
|---|---|
| (5)外貨換算を誤る | 評価の妥当性 |
| (6)表示・開示を誤る | 表示の妥当性 |

## 1 架空の売掛金が計上される

　売掛金は売上高の計上に伴って計上されますが、売上高は会社にとって利益・資金の源泉であり、事業活動の成果を示す主要な指標であることから粉飾決算に利用されることがあります。架空売上の計上という粉飾決算が行われた際に、併せて架空の売掛金が計上されるリスクがあります（実在性）。また、売掛金の入金に対して横領という不正が行われた結果、実態のない架空の売掛金が残存してしまうリスクもあります（実在性）。

　このようなリスクに対しては、会社の取引実態に応じた収益認識基準を経理規程や売上計上マニュアルなどによって明確にしたうえで、適切な債権管理を行い、取引の受注から商製品の引渡しまたは役務の提供、会計上の売上計上に至るまで取引の各段階において担当者以外の第三者が証憑のダブルチェックを行い、上長が承認するなどの内部統制を構築することが有用です。また、売掛金の回転期間分析や出荷データと検収データのマッチングなども有用です。

## 2 売掛金の計上が漏れる

　税金の支払額を抑えるための利益調整の目的や入金を着服する目的などに起因して、計上すべき売上高が計上されず、併せて売掛金の計上が漏れるリスクがあります（網羅性、期間配分の適切性）。
このようなリスクに対しては、得意先別売上高の月次推移のレビューや売掛

金の回転期間分析、出荷データと得意先の検収データとのマッチング、販売取引に関する承認体制の構築、特定の得意先からの定期的な入金や重要な入金の上長による確認、仕訳伝票に対する上長の承認などの内部統制を構築することが有用です。

### 3 売掛金が適切な金額で計上されない

受注価格の登録誤り、売価や数量、契約金額の入力誤り・起票誤りなどにより、売掛金が適切な金額で計上されないリスクが考えられます（評価の妥当性）。また、会社が採用する収益認識基準を充足していない時点で売上を計上してしまうなど売上の計上日を誤ることにより、売掛金が適切な金額で計上されないリスクが考えられます（期間配分の適切性）。

このようなリスクに対しては、受注登録や売価のマスタ登録時・売上計上時の第三者によるダブルチェック及び上長による承認、適切な債権管理により長期未精算などの債権の有無を定期的に検証するなどの内部統制を構築することが有用です。

### 4 返品、値引、割引及び割戻の処理を誤る

得意先に納品した商品や製品に係る返品や売上値引、売上割戻などについて、会計処理を誤るリスクがあります（実在性、評価の妥当性、期間配分の適切性）。

このようなリスクに対しては、返品や売上値引、売上割戻などに関する適切な管理体制を整備し、営業部門から経理部門に対して返品や売上値引、売上割戻などに関する適時適切な報告を行う、返品や売上値引、売上割戻に関する仕訳について経理部上長が承認を行うなどの内部統制を構築することが有用です。

## 5 外貨換算を誤る

　外貨建取引等会計基準では、外貨建債権債務については決算日レートによる円換算額を付すことが求められますが（外貨建取引等会計基準一2(1)②）、換算レートの適用誤り、換算漏れ、または換算計算の誤りによって、当該円換算額を誤るリスクがあります（評価の妥当性）。

　このようなリスクに対しては、担当者以外の第三者による換算レートのチェックや換算計算の再計算、計算結果についての上長による承認などの内部統制を構築することが有用です。

## 6 表示・開示を誤る

　売掛金に関して、財務諸表上の金額表示や破産更生債権等に関する区分表示を誤るリスク、及び関係会社債権に関する注記などの開示事項を誤る、または漏れるリスクが考えられます（表示の妥当性）。

　このようなリスクに対しては、担当部署内での表示・開示事項に関する確認及び承認、財務諸表に対するIR部門での内容確認や、経理部上長の承認などの内部統制を構築することが有用です。

## 3-3　主な監査手続

　「売掛金」に関する主な監査手続は、以下のとおりです。

　なお、回収可能性に関する監査手続については、本章第16節 **16-1**「貸倒引当金」において詳述します。

| 主な監査手続 | 主なアサーション |
|---|---|
| （1）分析的手続 | 各アサーション |
| （2）残高確認 | 実在性、網羅性 |
| （3）期末日後の回収状況の検証 | 実在性、評価の妥当性 |
| （4）期末日前後の売上取引の妥当性の検証 | 実在性、評価の妥当性、期間配分の適切性 |
| （5）売掛金に対するその他の修正の妥当性の検証 | 評価の妥当性、表示の妥当性 |
| （6）期末残高明細の通査 | 評価の妥当性、表示の妥当性 |
| （7）外貨換算の検証 | 評価の妥当性 |
| （8）表示・開示の妥当性に関する手続 | 表示の妥当性 |

## 1　分析的手続

### 1　手続の目的

　監査人が、売掛金残高を分析することによって、当該残高が会社の経営環境に照らして合理的であることを概括的に確かめるための監査手続です（各アサーション）。

　貸借対照表に計上されている売掛金残高は、膨大な量の売上取引及び決済取引が集積した結果として記録されたものです。したがって、実在性や正確性を確かめるために、売掛金残高の内訳のすべてを1つひとつ詳細に検討することは、監査資源の制約を考慮すると困難であることから、大局的な分析の実施が有用です。

### 2　手続の具体的な内容

　監査人は、期末残高と推定値（前期末残高などを基に設定した金額）を比較・

分析し、増減の有無や乖離の程度を把握して、当該増減や乖離の内容が会社の経営環境に照らして合理的なものであることを、質問や関連証憑の閲覧によって確かめます。

具体的には、たとえば、販売部門別、得意先別などの残高について、残高比較、回転率分析、回転期間分析、売掛金年齢別構成比率の年次比較、予算比較などの分析を実施します。著しい増減がある場合は、質問などにより、その理由が会社の経営環境などに照らして合理的であることを確かめます（前節参照）。

### 監査手続上のポイント

- 受取手形も含めた売掛債権の増減分析の際には、回収サイトも十分に考慮します。たとえば、ある得意先に対する回収サイトが60日であれば売上債権の期末残高は直近2か月間の売上高に相当することが想定されるため、単純な前年比較ではなく、売上高の月次推移分析等との整合性にも注意が必要です。
- 回転期間分析は回収サイトの変動を分析する指標であることから売上高の増減などには大きくは左右されないことが想定されます。回収サイトの変更がないにもかかわらず回転期間が徐々に長期化している場合には、売掛金の架空計上や過大評価のリスクなどに注意が必要です。

## 2　残高確認

### 1 手続の目的

監査人が、会社外部の取引先等に対して売掛金残高や取引条件等について文書による問合せを行い、回答を直接入手し評価することによって、売掛金の実在性や金額の妥当性を確かめるための監査手続です（実在性、網羅性）。

一般的に売掛金は重要な財務諸表項目とされ、固有リスクの程度が高いと判断されることから、証明力の強い監査証拠を入手するために、残高確認を

実施します。一般的に確認は、立証すべきアサーションに適合し、その実施の時期及び範囲が適切である場合、証明力の強い監査証拠を入手できる監査手続とされています。

### 2 手続の具体的な内容

監査人は、主として監査基準委員会報告書505「確認」に従い、確認手続を実施します。

| 項　目 | 規　定 |
|---|---|
| 1．確認手続 | |
| 　①　確認または依頼すべき情報の決定 | 監基報505：6、A1 |
| 　②　適切な確認回答者の選定 | 監基報505：6、A2 |
| 　③　確認依頼の立案 | 監基報505：6、A3-A7 |
| 2．確認依頼の送付に対する経営者の不同意 | 監基報505：7-8、A8-A10 |
| 3．確認手続の結果 | |
| 　①　確認依頼への回答の信頼性 | 監基報505：9-10、A11-A17 |
| 　②　未回答時の検討 | 監基報505：11、A18-A19 |
| 　③　積極的確認の回答が必要である場合 | 監基報505：12、A20 |
| 　④　確認差異 | 監基報505：13、A21-A22 |
| 4．入手した証拠の評価 | 監基報505：15、A24-A25 |
| 5．確認基準日とロール・フォワード手続 | 監基報330：21、A54-A55 |

#### ① 確認手続

監査人は、確認手続を実施する場合、以下の点に留意する必要があります。

①　確認または依頼すべき情報の決定

確認手続により確かめる情報を決定します。確認手続は売掛金などの勘定残高に関する情報を確認するために実施されることが多いですが、企業と第三者との間の合意や契約など一定の条件の有無を確認するために実施されることもあります。

② 適切な確認回答者の選定

一般的に、確認すべき情報に精通していると監査人が考える確認回答者に送付すると、その回答は適合性と証明力のある監査証拠となります。

③ 確認依頼の立案

確認の回答率、回答から得られる監査証拠の証明力は、確認依頼の立案内容に影響を受けるため、以下の点に留意し立案を行います。

- 確認の種類

    積極的確認：確認回答者が、確認依頼の情報に同意するか、または不同意かを示したり、依頼された情報を提供することにより、監査人に直接回答する方法

    消極的確認：確認回答者が確認依頼で提供された情報に同意しない場合にのみ、監査人に直接回答する方法

　積極的確認は、通常、証明力のある監査証拠を提供するとされていますが、確認回答者が情報の信頼性を検討せずに確認依頼に回答するリスクがあります。当該リスクを抑えるため、確認依頼に金額や情報を記載せずに、確認回答者に記入を依頼する積極的確認（ブランク確認依頼）を利用することがあります。

　一方、消極的確認から入手する監査証拠は、積極的確認から入手する監査証拠と比べ証拠力が弱いため、固有リスクと統制リスクの総合的な程度が低い場合を除き、単独の実証手続として実施することはできないとされています（監基報505⑭、A23）。

- 対応するアサーション

　一般的な、残高確認手続と売掛金のアサーションとの対応関係は、以下のとおりです。なお、確認の対象となる勘定科目が買掛金などの場合には、以下とは異なる可能性があります。

| アサーション | | アサーションとの適合の状況 |
|---|---|---|
| 実在性 | ◎ | 特定日現在の残高の実在性に関する証明力の強い監査証拠を入手できる。 |
| 期間配分の適切性 | ○ | 多くの場合、期間配分の適切性に関する監査証拠も入手できる。 |
| 評価の妥当性 | × | 通常、評価の妥当性に関する監査証拠は入手できない（確認によって支払能力に関する詳細な情報を得ることはできないため）。 |
| 網羅性 | △ | 網羅性に適合する監査証拠を確認によって入手する場合には、留意が必要（他の方法が効果的なことがあるため）。<br>ブランク確認状を用いて確認先に金額または他の情報の記入を求める方法は、網羅性の監査に関しては有効ではあるが、確認先に手数をかけることになるため、回答率が低下する場合が多いことに留意が必要。 |

- 不正リスクを含む、特定の識別した重要な虚偽表示リスク
- 確認状の構成と表現

    回答率を高めるため、確認先が容易に回答できるような形式にするといった対応が考えられます。

    > 例）残高合計額ではなく、たとえば支店単位や個々の取引・請求書単位の金額について回答を要求する。

- 監査業務等における過去の経験
- コミュニケーションの方法（紙媒体、電子媒体、その他の媒体選択等）
- 経営者による確認回答者に対する監査人への回答の承諾または協力依頼

    確認状に経営者が確認への回答を承諾している旨を記載することにより、回答が得やすくなる場合があります。

- 依頼された情報を確認回答者が確認または提供する権限と能力

### ❷ 確認依頼の送付に対する経営者の不同意

経営者が監査人の確認依頼の送付に同意しない場合には、不正や誤謬の兆候を示していないかどうかを検討するため、以下の手続を実施します。

- 経営者が同意しない理由について質問し、その正当性と合理性に関する監査証拠を求める
- 不正リスクを含む、関連する重要な虚偽表示リスクに関する監査人の評価や、その他の監査手続の種類、時期及び範囲に及ぼす影響を評価する

不同意の理由が正当なものであると判断した場合には、代替的な手続を実施します。一方、合理性がないと判断した場合には、監査役、監査役会または監査委員会への報告を行う必要があり、監査意見への影響も検討します。

### ❸ 確認手続の結果

#### ① 確認依頼への回答の信頼性

確認は回答の信頼性が確保されてはじめて、確認の手続によって入手した監査証拠の高い証明力が担保されます。以下のような場合、回答の信頼性に疑義がある状況となるため、監査手続の変更または追加実施の必要性について検討します。

- 監査人が回答を間接的に受け取った場合

  回答が会社に直接送付され監査人が間接的に入手した場合などには、確認先に電話し回答の詳細について問い合わせ、直接監査人に文書により回答するよう依頼するなどの追加的な監査手続を実施します。

- 当初想定した確認回答者以外の者が回答したと疑われる場合
- ファックスや電子メールで回答を受領した場合

  回答期限の兼ね合いなどを理由にファックスや電子メールで回答を受信した場合、原則として、後日に確認状の原本を入手します。

なお、回答の信頼性がないと判断する場合、重要な虚偽表示リスクの評価

への影響を検討する必要があります。

② 未回答時の検討

積極的確認の回答期限に回答が入手できない場合や未記入のまま返送された場合、原則として再発送などにより確認先に適切な回答を要請しますが、なお回答がない場合には、未回答の場合となり、確認により入手しようとしたアサーションに適合する監査証拠を入手するために代替的な手続を実施します。代替的な手続の例として次のようなものが挙げられます。

売掛金残高：売掛金の回収状況の検討、出荷書類との突合、及び期末近くの売上取引の調査

買掛金残高：支払状況の検討、または納品書等の記録の調査

また、不正リスクに対応する手続として積極的確認を実施する場合において、回答がないまたは回答が不十分なときには、以下の点などを含む、より慎重な判断が必要とされています（不正リスク対応基準 第二7）。

- 代替的な手続により十分かつ適切な監査証拠が入手できるか否か
- 代替的な手続を監査証拠として、企業及び当該企業の子会社等が作成した情報のみを利用するときの情報の信頼性に関する慎重な検討

③ 積極的確認の回答が必要である場合

アサーションを裏付けるための利用可能な情報が、企業外部でのみ入手可能である場合や、経営者が内部統制を無効化するリスクの存在などから監査人が企業から入手する監査証拠に依拠できない場合などは、代替的な手続を実施しても、十分かつ適切な監査証拠が入手できないと判断されるため、積極的確認の回答が必要となります。

この場合において回答が入手できない際には、必要とする監査証拠が入手できないことになるため、監査意見への影響を検討する必要があります。

④ 確認差異

確認依頼した情報や企業の記録に含まれる情報と確認回答者の提供した情報との間に差異がある場合、虚偽表示またはその可能性を示していることが

あります。そこで、差異調整などにより確認差異の原因を調査、検討します。

この検討の結果、確認差異が重要な虚偽の表示の兆候を示していると認められる場合、実際に虚偽の表示であるかどうかを確かめるため、追加的な監査手続を立案し、実施する必要があります。

なお、確認差異が出荷基準などを採用している場合の得意先の未検収や先方の事務処理上の誤りなどに起因している場合には、必ずしも虚偽表示を意味するとは限らないことに留意が必要です。調査の結果、虚偽表示が識別された場合には当該虚偽表示が不正の兆候であるかどうかを評価する必要があります。また、確認差異は企業の財務報告に係る内部統制上の不備を示していることもあります。

❹ **入手した証拠の評価**

確認手続の結果、十分かつ適切な監査証拠が入手できたかどうかを評価します。この評価により、追加的な監査証拠の入手が必要になる場合があります。

### 監査手続上のポイント

① 確認状発送時のポイント
- 債権管理の方法（本社集中管理、営業所単位での管理等）は会社によって様々であることから、確認状の宛先の妥当性を会社担当者に十分に確かめてもらう必要があります。
- 先方の回答のしやすさを考慮し、残高のみ記載するのではなく明細書を添付するなどの工夫が必要です。
- 発送及び回収状況を総括的に管理するためのコントロールシートを作成し、適時更新する必要があります。
- 同一の取引先に対して前期以前も残高確認を実施している場合、前期以前の結果を見直し、そこから得た経験を十分に当期の残高確認に生かすことが肝要です。

② 差異調整に係るポイント
- 抽出された項目は、監査人が意見形成のために必要と判断したものであるため、すべての抽出された確認対象に対して、差異調整を含む手続まで完全に完了させる必要があります。
- 差異調整は、監査意見形成時までにすべて完了させることが求められます。
- また差異調整は、会社や得意先に追加的な作業負担を生じさせるものであるため、手続の趣旨説明を含めた会社担当者との十分なコミュニケーションが必要です。

### 5 確認基準日とロール・フォワード手続
① 確認基準日の決定

監査人は確認手続について、期末日ないしは期末日前の一時点を基準日として決定します。売掛金の確認手続は確認の依頼から回答まで時間を要する上に、❹入手した証拠の評価に記載した差異調整などの追加的な手続が必要になることが多いため、確認基準日を期末日とした場合、決算・監査スケジュール上対応が難しくなるケースもあります。その場合、期末日前の一時点を基準日として確認手続を実施し、確認基準日から期末日までの残余期間について追加的な実証手続を実施することが考えられます。ただし、期末日前の一時点を基準日とする場合、期末日に存在する誤謬を監査人が発見できないリスクを増大させる可能性があることから、監査人は期末日前の一時点を基準日として決定する際には、たとえば次のような要因を考慮する必要があります。

- 統制環境や関連する内部統制の状況
- 勘定に関連する虚偽表示リスク
- 残余期間に係る実証手続、等

② ロール・フォワード手続

　ロール・フォワード手続とは、期末日前における実証手続の結果を期末日まで更新し利用するために、その後の期間について実施する手続の総称ですが、売掛金の確認の基準日を期末日前とした場合の、期末日までの残余期間に係る追加的な実証手続についてもロール・フォワード手続と呼ばれます。

　売掛金の確認手続のロール・フォワード手続として、たとえば確認基準日と期末日の残高について、得意先別に比較する分析的手続を実施します。分析的手続によって通常でない取引の存在が識別された場合には通常当該取引に対して追加的な調査が必要になります。さらに、残余期間の取引（売掛金の計上及び回収）について、金額的に重要な取引やランダム抽出したサンプルなどに対して売上関連の証憑や入金証憑を入手するなどの追加的な実証手続を実施することが考えられます。

　なお、確認手続によって期末日前の残高に誤謬が発見された場合、監査人は誤謬の性質や原因、企業の対応などを評価し、期末日の勘定残高に同様の誤謬が含まれていないことについても検討する必要があります。

## 3 期末日後の回収状況の検証

### 1 手続の目的

監査人が、期末日の売掛金残高に係る期末日後の回収状況について検証することによって、期末日現在の帳簿残高を検証するための監査手続です(実在性、評価の妥当性)。

### 2 手続の具体的な内容

監査人は売掛金の主な期末残高について、期末日後の回収状況を検討し、回収予定日以降も未回収となっている場合はその理由を確かめます。

未回収の理由として、たとえば次のようなものが考えられます。

- 期末日現在の売掛金に関する売上取引が実在しない

    この場合、得意先との共謀などによって実在しない取引を偽装していることが考えられるため、監査意見に与える影響について慎重に検討するとともに、追加的な手続を実施する必要性について検討します。

- 回収額の消込が適切に行われていない

    この場合、債権回収管理体制に不備があることも考えられるため、内部統制の整備も含めた対応について検討します。

- 得意先の財政状態の悪化などのため長期間未回収となっている

    この場合、回収可能性について検討し、必要に応じて貸倒引当金を追加計上する、あるいは売掛金から破産更生債権等に振り替えるなどの処理を検討します。

なお、貸倒引当金に関する監査手続は、本章第16節 **16-1**「貸倒引当金」にて詳述します。

## 売掛金残高確認状のフォーム

```
〒□□□-□□□□                           No.
                                     平成　年　月　日
                            （住　所）
                            （会社名）
                  御中        （責任者）              ㊞
```

### 勘定残高確認ご依頼の件

拝　啓　時下ますますご清祥のこととお喜び申し上げます。
　さて，当社の会計監査に当たり，＿＿＿＿＿＿＿＿＿＿監査事務所は，当社の貴社（殿）に対する下記の勘定残高について，貴社（殿）の確認を望んでおります。
　つきましては，ご多忙中のところ誠に恐縮に存じますが，当社の記録による下記勘定残高について，貴社（殿）の記録とご照合いただき，所定欄にご記入，ご捺印の上，同封の返信用封筒にて平成　　年　　月　　日までに，直接，＿＿＿＿＿＿＿＿＿＿＿＿監査事務所宛ご返送くださいますようお願い申し上げます。
　もし，下記の勘定残高が，貴社（殿）の記録と相違している場合には，ご面倒ですが，末尾所定欄又は別紙に，貴社（殿）の当該金額をご記入の上，相違の内容等を併せお示しくださいますようお願い申し上げます。
　なお，本状は，貴社（殿）に対する支払の督促ではありませんので，念のため申し添えます。

平成　年　月　日

### 確　認　書

```
                                  （住　所）
＿＿＿＿＿＿＿＿監査事務所御中       （会社名）
                                  （責任者）              ㊞
```

　平成　年　月　日現在の＿＿＿＿＿＿＿＿＿＿に対する残高は下記のとおりであることを確認いたします。

| 照　　　　　会 | | 回　　　　　答 | |
|---|---|---|---|
| 項　　　　目 | 金　額 | 項　　　　目 | 金　額 |
| 売　　掛　　金 | 円 | 買　　掛　　金 | 円 |
| | | | |
| | | | |
| | | | |
| | | | |
| | | | |

| 備　考 |
|---|
| |
| |

出所　監査第一委員会研究報告第1号「監査マニュアル」（日本公認会計士協会）

## 4 期末日前後の売上取引の妥当性の検証

### 1 手続の目的

　会社が売上を架空に計上し、翌期に当該売上を取消すという不正によって、粉飾決算が行われる可能性があります。このような不適切な会計処理は通常期末日前後に集中するケースが多いため、監査人は期末日前後の売上取引に関して得意先元帳や総勘定元帳などを通査し関連証憑と照合することで、期末日前後の売上取引及び売掛金残高の妥当性を確かめる監査手続を実施します（実在性、評価の妥当性、期間配分の適切性：カットオフテスト）。

### 2 手続の具体的な内容

　監査人は得意先元帳や総勘定元帳の通査など、以下のような手続を実施し、期末日前後の異常な売上・返品などの有無を調査します。

- 期中の売上金額に比して期末日直前に計上している売上高が著しく高額な得意先が存在する場合、監査人は主な期末日付近の売上取引について、売上関連証憑（契約書、注文書、出荷書類、請求書控など）を入手し売上計上額と照合します。
- 期末日後（翌期）に売上高の取消（マイナス売上）が計上されており、その金額や内容に重要性があると判断した場合、監査人はマイナス売上計上の理由を確かめます。返品を理由としたマイナス売上の場合、返品に係る証憑（得意先からの依頼文書や社内で発行・処理・承認された返品伝票など）を閲覧し、返品事実が確かに存在していることや処理の妥当性を検討し、期末日現在の売掛金の実在性や期間配分の妥当性について検証します。一方、返品を伴わないマイナス売上の場合は、期末日までに売上取引が実在しない可能性について、会社への質問や売上関連証憑の閲覧などにより、慎重に検討します。

## 5 売掛金に対するその他の修正の妥当性の検証

### 1 手続の目的

　大量の購入があった得意先に対しては、売上代金の一部を戻す売上割戻（リベート）が行われることがあります。また、得意先に対して値引、返品及び割引などが行われることもあります。このような売上高や売掛金に対する事後的な修正が会計上適切に処理され、表示されていることを確かめるための監査手続です（評価の妥当性、表示の妥当性）。

　なお、売上値引、返品、割戻は売上高のマイナスとして、売上割引は営業外費用として会計処理します。

### 2 手続の具体的な内容

　前期以前の実際の水準などに基づき、売上割戻や値引、返品及び割引に関する推定値を算出します。推定値を月次ごとの実績値と比較した結果、推定値と実績値との間に重要な乖離が生じた場合は、経理担当者などに質問し、乖離の内容に異常がないか検討します。売上割戻などの計算方法に係る社内ルールが改訂されていないかについても留意が必要です。

　得意先からの苦情や請求内容に対する事後的な変更などにより、売掛金に事後的な修正の必要が生じる場合があります。稟議書の閲覧や質問を通じそのような事象の有無を把握し、当該事実が存在した場合は適切な修正がなされていることを確認します。

## 6 期末残高明細の通査

### 1 手続の目的

監査人が、売掛金残高明細表を通査し、貸方残高などの異常項目の有無を把握し検討することによって、売掛金残高の妥当性を確かめるための監査手続です（評価の妥当性、表示の妥当性）。

### 2 手続の具体的な内容

監査人は売掛金残高明細表を通査し、貸方残高などの異常項目の有無及びその発生原因を質問や関連証憑の閲覧により確かめます。

売掛金が貸方残高になっている場合、何らかの特殊な理由や原因があることが想定されます。異常な要因に基づく貸方残高に関しては、貸方残高を解消するよう適切な修正を行う必要があります。

なお、売掛金が貸方残高となる主な原因と必要となる対応は、以下のとおりです。

| 売掛金の貸方残高の主な原因 | 必要となる対応 |
|---|---|
| 回収に伴う売掛金の消込みが適切に行われていない | たとえば、得意先A社の売掛金残高60千円を、得意先B社からの回収額100千円をもって入金処理してしまった場合、A社の売掛金補助元帳上、40千円の貸方残高が残ることになります。このような場合、期末決算処理が完了するまでの間に、B社の売掛金に対する回収金額となるように修正仕訳を起票します |
| 売上未計上の取引について、得意先から先に入金があった場合に、売掛金勘定で会計処理したため貸方残高となっている | この場合、売掛金ではなく前受金で入金額を処理する必要があります |

## 7 外貨換算の検証

### 1 手続の目的
　監査人が外貨建売掛金について、適用した為替レートの検証及び換算過程の再計算などによって売掛金に係る外貨換算の妥当性を確かめるための監査手続です（評価の妥当性）。

### 2 手続の具体的な内容
　監査人は、金融機関などが公表している為替相場情報と会社が換算に用いた為替レートの整合性を確かめるとともに、換算過程のレビューまたは再計算などを実施し、会社の外貨換算が適切に行われていることを確かめます。

## 8 表示・開示の妥当性に関する手続

### 1 手続の目的
　監査人が、売掛金に関する表示及び注記について関連資料や関連調書と照合することによって、財務諸表上の表示・開示の妥当性を確かめるための監査手続です（表示の妥当性）。

### 2 手続の具体的な内容
　会社が作成している管理用の明細の閲覧や会社担当者への質問、関連する監査調書との照合を実施し、関係会社売掛金や破産更生債権等が貸借対照表上、適切に区分表示されていること及び売掛金に関連する注記が適切に行われていることを確かめます。
　通常の取引に基づいて発生した営業上の未収入金は、通常、流動資産の区分に売掛金として表示されますが、営業上の未収入金であっても、破産更生債権等で1年以内に回収されないことが明らかなものは、貸借対照表上、売掛金に含めて表示できません（財務諸表等規則15三）。これらの特殊な債権に

ついては、適切な区分に表示されているかを検討する必要があります。

　また、担保に供されている売掛金、債権譲渡されている売掛金などの有無を質問や関連文書の閲覧などにより確かめるとともに、借入金などの債務との対応関係などの開示の妥当性を確かめます。

　債権譲渡されている売掛金でオフバランス処理されているものについては、金融商品会計基準を参照し、オフバランス要件を充足した上で、金融資産の消滅の認識に係る会計処理を行っていることを確かめるとともに、注記が求められるものについては適切に開示されていることを確かめます。

# 第4節

# 有価証券・投資有価証券、出資金（関係会社含む）

## 4-1 勘定科目の特性とリスク

■**勘定科目の範囲**

　有価証券とは、財産的価値を有する私法上の権利を表象する証券であり、以下のようなものが含まれます。

| 主な有価証券 | 主な規制 |
| --- | --- |
| ①約束手形・小切手 | 手形法・小切手法 |
| ②貨物引換証・船荷証券 | 商　法 |
| ③商品券 | 資金決済に関する法律 |
| ④株券・債券 | 金融商品取引法 |

　上記のうち、企業会計上の有価証券に含まれるのは、主に「④株券・債券」です。

　企業会計上の有価証券は、金融商品会計基準Ⅱ1（注1-2）において、「有価証券の範囲は、原則として、金融商品取引法に定義する有価証券に基づくが、それ以外のもので、金融商品取引法上の有価証券に類似し企業会計上の有価証券として取り扱うことが適当と認められるものについても有価証券の範囲に含める。なお、金融商品取引法上の有価証券であっても企業会計上の有価証券として取り扱うことが適当と認められないものについては、本会計

基準上、有価証券としては取り扱わないものとする」と規定されています。

なお、金商法2条1項は、有価証券の範囲として、国債証券、地方債証券、社債券、株券、投資信託の受益証券などを限定列挙しています。

企業会計上の有価証券と金商法上の有価証券はおおむね一致しますが、完全には一致しません。金商法上の有価証券ではないが、企業会計上の有価証券となるものの例としては、国内CDがあります（金融商品会計実務指針8）。

また、金商法上の有価証券であるものの、企業会計上の有価証券ではないものの例としては、信託受益権（特定の場合を除く）があります（金融商品Q&A Q1）。

売掛債権の信託受益権については、企業会計上の有価証券としては扱われず、開示上も売掛金または信託受益権として開示されます（ただし、信託受益権が優先劣後等のように質的に分割されており、信託受益権の保有者が複数である場合など、有価証券とみなして取り扱われる場合もある（金融商品実務指針58））。

以下、この節では企業会計上の有価証券を対象とします。

### ■勘定の特性とリスク

有価証券は、一般的に流動性が高く、また換金可能性が高いことから、盗難・紛失のリスクや担当者による横領という不正リスクが想定されます。

また、有価証券の取引所相場は日々変動すること、また投資先の関係会社の財政状態も常に変動することなどから、有価証券についてはその期末評価が会計上の重要な問題となります。有価証券についてはその分類や評価方法について、金融商品会計基準に詳細な定めがあることから、以下のように金融商品会計基準に準拠した会計処理を行う必要があります。

## 1 有価証券の保有目的

会社が有価証券を保有する目的としては、①余剰資金を運用する、②出資を通じて他の会社を支配する、③事業提携の証とする、④相互に安定株主と

なる、などが考えられます。有価証券は銘柄ごとに会社の保有目的に応じて、取得原価（償却原価を含む）で評価するか、時価で評価するか、その評価基準が定められています（金融商品会計基準15～18）。有価証券の保有目的は、以下のように4つに区分されます。

| 保有目的による区分 | 定　義 |
|---|---|
| ①売買目的有価証券 | 時価の変動により短期的な利益を得ることを目的として保有する有価証券 |
| ②満期保有目的の債券 | 満期まで所有する意図をもって保有する社債券その他の債券 |
| ③子会社株式及び関連会社株式 | 発行会社が保有会社の子会社または関連会社である株式 |
| ④その他有価証券 | ①～③以外の有価証券（長期的な時価の変動により利益を得ることを目的として保有する有価証券や業務提携等の目的で保有する有価証券を含む） |

　なお、会社が保有する自社の株式（自己株式）については、自己株式等会計基準によって上記と異なる取扱いが定められており、取得原価で評価します。

### 2　保有目的に応じた評価基準

　有価証券の貸借対照表価額は、保有目的に応じた区分に従って以下のように算定されます。

| 保有目的による区分 | 貸借対照表価額 | 評価差額の処理 |
|---|---|---|
| ①売買目的有価証券 | 時　価 | 当期の損益 |

| | | |
|---|---|---|
| ②満期保有目的の債券 | 取得原価(一定の債券については償却原価) | — |
| ③子会社株式及び関連会社株式 | 取得原価 | — |
| ④その他有価証券 | 時　価* | 原則として全部純資産直入法(税効果会計を適用) |

＊：市場価格のない有価証券の貸借対照表価額の場合は以下のように評価します

| ④　その他有価証券のうち市場価格のないもの | 貸借対照表価額 |
|---|---|
| 社債その他債券 | 債権の貸借対照表価額に準じて、取得原価または償却原価 |
| 社債その他債券以外の有価証券 | 取得原価 |

## 3 減損基準

### 1 時価のある有価証券

売買目的有価証券以外の有価証券のうち時価のある有価証券について時価が著しく下落したときは、回復する見込みがあると認められる場合を除き、以下のように評価します(金融商品会計基準20、22)。

| 保有目的による区分 | 株式の評価 | 債券の評価 |
|---|---|---|
| ②満期保有目的の債券 | ●時価をもって貸借対照表価額とし、評価差額は当期の損失として処理(減損処理)<br>●当該時価を翌期首の取得原価とする | |
| ③子会社株式及び関連会社株式 | | |
| ④その他有価証券 | | |

## 2 時価を把握することが極めて困難と認められる株式

　非上場株式など、売買目的有価証券以外の有価証券のうち時価を把握することが困難と認められる株式について、当該株式の発行会社の財政状態の悪化により実質価額が著しく低下したときは、以下のように評価します（金融商品会計基準21、22）。

| 保有目的による区分 | 株式の評価 |
|---|---|
| ③子会社株式及び関連会社株式 | ●帳簿価額について相当の減額を行い、評価差額は当期の損失として処理（減損処理）<br>●当該実質価額を翌期首の取得原価とする |
| ④その他有価証券 | |

## 3 時価を把握することが極めて困難と認められる債券

　売買目的有価証券以外の有価証券のうち時価を把握することが極めて困難と認められる債券については、貸倒引当金の設定を検討し、以下のように評価します。

| 保有目的による区分 | 債券の評価 |
|---|---|
| ②満期保有目的の債券 | 償却原価法を適用したうえで、信用リスクに応じた回収不能見積高を算定 |
| ④その他有価証券 | |

　以上のように、保有目的、種類（株式か債券か）、時価の有無によって、有価証券の評価基準は異なります。また、時価が著しく下落したか否か、回復する見込みがあるか否か、実質価額が著しく低下したか否か、貸倒引当金の設定が必要か否かについて判断を伴います。

## 4-2 リスクとアサーション

「有価証券」に関する主なリスクとしては、以下のものが考えられます。

| 主なリスク | 主なアサーション |
|---|---|
| (1) 有価証券が適切な金額で計上されない | 評価の妥当性 |
| (2) 架空の有価証券が計上される | 実在性 |
| (3) 期末帳簿価額の計算を誤る | 実在性、網羅性、評価の妥当性 |
| (4) 保有目的の不当な決定・変更 | 評価の妥当性 |
| (5) 期末評価を誤る | 評価の妥当性 |
| (6) 関連損益の会計処理を誤る | 実在性（発生）、網羅性、期間配分の適切性 |
| (7) 外貨換算を誤る | 評価の妥当性 |
| (8) 表示・開示区分を誤る | 表示の妥当性 |

### 1 有価証券が適切な金額で計上されない

　有価証券の購入や売却等においては、銀行や証券会社といった金融機関、一般事業会社、個人（役員や従業員を含む）などとの取引が行われます。取引について社内の承認が得られた後、購入・売却の申込みを行い、約定・決済が実行されます。その証憑としては、金融機関などが発行する取引報告書、一般事業会社や個人との間で取引する場合の売買契約書などがあります。

　これらの証憑をもとに会計伝票を作成する際に、起票担当者の入力ミスなどにより不一致が生じ、会計帳簿への記録を誤るリスクが生じることが考えられます（評価の妥当性）。

　このようなリスクに対応するためには、仕訳起票者とは別の第三者による

証憑と会計帳簿間の整合性のチェックや、仕訳伝票を上長が承認するといった内部統制を構築することが有用です。

## 2 架空の有価証券が計上される

　有価証券の現物の盗難・紛失などにより会社の予期せぬ名義書換が行われた場合など、既に会社に権利が帰属しない有価証券が資産として計上される、すなわち架空の有価証券が計上されるリスクがあります（実在性）。

　このようなリスクに対応するためには、職務分掌上、現物の保管担当者と現物管理台帳への記入担当者を分け、定期的に現物をカウントし帳簿残高との一致を検証し、上長が承認するなどの内部統制を構築することが有用です。

　なお、上場会社の株券は電子化によりペーパーレス化され、盗難・紛失のリスクは極めて低くなりました（社債、株式等の振替に関する法律）。

## 3 期末帳簿価額の計算を誤る

　有価証券の期末残高として、銘柄ごとに、数量（株数、口数）、取得価額、帳簿価額を集計します。前期末の残高をもとに期中の購入・売却などの記録を漏れなく反映したものが、当期末の残高と一致していなければなりません。この集計過程において期末帳簿価額の計算を誤るリスクがあります（実在性、網羅性、評価の妥当性）。

　このようなリスクに対応するためには、期末残高の計算チェック、管理台帳及び金融機関等が発行した残高証明書と期末残高の突合、複数の担当者による計上額のチェック、残高明細の上長の承認などの内部統制を構築することが有用です。

## 4 保有目的の不当な決定・変更

　有価証券の銘柄ごとの保有目的は、会計処理の基礎となることから取引の実態に合っている必要があり、また正当な理由なく変更してはなりません。保有目的の不当な決定・変更は、利益操作につながるおそれがあります（評価の妥当性）。

　このようなリスクに対応するためには、有価証券の取得時に、会計基準及び会社の経理規程に準拠して保有目的を決定し、財務・経理責任者などの決裁権限者の承認を得るといった内部統制を構築することが有用です。

## 5 期末評価を誤る

　有価証券の期末評価の過程において、有価証券の評価基準を誤って選定する、誤った時価を参照するなど誤った評価額で貸借対照表に計上されるリスクがあります（評価の妥当性）。

　このようなリスクに対応するためには、保有目的に応じた評価基準に従って正しく計算するチェック体制の構築や、評価計算シート及び仕訳伝票について上長の承認を得るといった内部統制の構築が有用です。

## 6 関連損益の会計処理を誤る

　有価証券に関連して発生する損益としては、以下の①から③があります。これらの損益計算を誤るリスクがあります（実在性（発生）、網羅性、期間配分の適切性）。

| 有価証券に関連して発生する損益 | 損益の主な発生時点 |
|---|---|
| ①売却損益・償還損益 | 売却または償還時点 |
| ②売買目的有価証券の評価損益・売買目的有価証券以外の有価証券の評価損（減損処理など） | 決算期末時点 |
| ③有価証券利息（償却原価法を含む）・受取配当金 | 利息または配当金の確定時点<br>決算期末時点 |

　このようなリスクに対応するためには、利息または配当金計算書（償却原価法や未収計上の場合には、会社が作成した計算シートを含む）、通帳の入金記録、仕訳伝票といった証憑間の整合性をチェックし、上長の承認を得るなどの内部統制を構築することが有用です。

## 7　外貨換算を誤る

　外貨建取引等会計基準では、外貨建有価証券については決算日において以下のように換算を行うことが求められますが（外貨建取引等会計基準一2(1)③）、換算レートの適用誤り、換算漏れ、または換算計算の誤りによって、当該円換算額を誤るリスクがあります（評価の妥当性）。

　このようなリスクに対しては、担当者以外の第三者による換算レートのチェックや換算計算の再計算、計算結果についての上長による承認などの内部統制を構築することが有用です。

| 保有目的による区分 | 外貨換算の方法 |
|---|---|
| 売買目的有価証券<br>その他有価証券 | 外国通貨による時価を決算時の為替相場により円換算した額 |
| 子会社株式及び関連会社株式 | 取得時の為替相場による円換算額 |

| 満期保有目的の外貨建債券 | 決算時の為替相場による円換算額 |
|---|---|
| 外貨建有価証券について減損処理を行う場合 | 外国通貨による時価または実質価額を決算時の為替相場により円換算した額 |

## 8 表示・開示区分を誤る

有価証券の開示区分の例としては、財務諸表等規則に従うと、以下のような区分・科目が考えられます。

| 開示区分 | 開示科目 | 内容 |
|---|---|---|
| 流動資産 | ①有価証券 | 売買目的有価証券、1年内に満期の到来する有価証券 |
| | ②親会社株式 | 1年内に処分されると認められる親会社株式 |
| 投資その他の資産 | ③投資有価証券 | ①、②、④～⑨を除く有価証券 |
| | ④親会社株式 | ②以外の親会社株式 |
| | ⑤関係会社株式 | 子会社株式、関連会社株式（いずれも売買目的有価証券に該当する株式を除く） |
| | ⑥関係会社社債 | 子会社または関連会社が発行した社債 |
| | ⑦その他の関係会社有価証券 | 関係会社有価証券のうち、⑤と⑥以外のもの |
| | ⑧出資金 | 株式形態をとらない会社に対する持分証券（⑨を除く） |
| | ⑨関係会社出資金 | 株式形態をとらない子会社または関連会社に対する持分証券 |

なお、自己株式については、純資産の部の株主資本の末尾に自己株式として一括して控除する形式で表示されます（企業会計基準第1号「自己株式及び準

備金の額の減少等に関する会計基準」8）。

また、親会社株式については相当の時期に処分することが求められます（会135③）。区分表示されない場合には、各表示区分別の金額を注記する必要があります（会計計算規則103⑨）。

このほか、金融商品に関する注記や有価証券に関する注記などが求められます（財務諸表等規則8の6の2、8の7）。

このような有価証券の表示区分や有価証券注記及び金融商品の時価に関する注記などの開示事項を誤る、または漏れるリスクが考えられます（表示の妥当性）。

このようなリスクに対しては、担当部署内での表示・開示事項に関する確認及び承認、財務諸表に対するIR部門での内容確認や、経理部上長の承認などの内部統制を構築することが有用です。

## 4-3 主な監査手続

「有価証券」に関する主な監査手続は、以下のとおりです。

| 主な監査手続 | 主なアサーション |
| --- | --- |
| （1）分析的手続 | 各アサーション |
| （2）期中取引の検証 | 実在性、網羅性、権利と義務の帰属、評価の妥当性 |
| （3）実　査 | 実在性、網羅性、権利と義務の帰属 |
| （4）残高確認 | 実在性、網羅性、権利と義務の帰属 |
| （5）保有目的及び評価の妥当性の検証 | 評価の妥当性、表示の妥当性 |
| （6）関連損益の妥当性の検証 | 実在性（発生）、期間配分の適切性 |

| （7）リスクの高い取引の検証 | 各アサーション |
| --- | --- |
| （8）外貨換算の検証 | 評価の妥当性 |
| （9）表示・開示の妥当性に関する手続 | 表示の妥当性 |

## 1 分析的手続

### 1 手続の目的

監査人が、期末残高及び関連損益・評価差額の分析によって、残高や期中の推移が会社の経営環境に照らして合理的であることを確かめるための監査手続です（各アサーション）。

### 2 手続の具体的な内容

監査人は、期末残高（合計金額、銘柄別金額、保有目的別金額など）及び関連損益・評価差額と推定値（前期末金額などを参考に、事前に設定した金額）を比較し、乖離の程度及びその理由を質問などにより分析して、期末残高が合理的であることを確かめます。有価証券の分析的手続においては、日経平均株価の推移等との包括的な比較も有用です。推定値と実績値の乖離が大きい場合、より詳細な手続を実施するか否か検討します。また、借方の評価差額の金額が大きい場合、減損処理が漏れている可能性があるため、**5** の「保有目的及び評価の妥当性の検証」を慎重に行う必要があります。

## 2 期中取引の検証

### 1 手続の目的

監査人が、期中の取引及び受払計算の妥当性を検討することによって、取引が会計帳簿に適切に記録されていることを確かめるための監査手続です

(実在性、網羅性、権利と義務の帰属、評価の妥当性)。

### 2 手続の具体的な内容

監査人は、有価証券の取得・売却等の取引において、各種証憑を入手し相互に突合することによって、社内的な承認が得られていること、取引が正しく記録され、適切な会計処理が行われていることなどを確かめます。

社内的な承認については、稟議書または取締役会の議事録などを閲覧して、決裁権限者による承認の有無を確かめます。

取引の検証については、取引報告書または売買契約書と仕訳伝票、入出金の事実を示す通帳などと会計帳簿の記録を突合します。

また、期中の受払計算が正しく期末残高に反映されていることを再計算により確かめます。

なお、有価証券の帳簿価額は移動平均法などによって算定されるため、取得・売却等の取引を検討するに当たっては、取得当初からの繰越記帳(銘柄名、株数、原始取得価額、帳簿価額など)の妥当性を確かめていることも重要となります。

#### 監査手続上のポイント

- 有価証券は保有目的ごとに会計処理が異なるため、新規取得時には保有目的を検討するために、その取引を行う理由を確かめることも必要です。
- 期末監査に業務が集中することを防ぐため、期中に発生した有価証券取引については、できるだけ期中監査時に検討を完了させておくことが望ましいといえます。

## 3 実 査

### 1 手続の目的

　監査人が、有価証券の現物を自ら実際に数えて確かめることで、会計帳簿に計上されている有価証券が実在すること、保有している有価証券が漏れなく会計帳簿に計上されていることなどを確かめるための監査手続です（実在性、網羅性、権利と義務の帰属）。監査人が自ら実施することから、比較的証拠力が強い監査証拠を入手することができます。

### 2 手続の具体的な内容

　期末日現在、会社が手許に保管している株券、債券、出資証券などの現物を監査人自らがカウントし、内容及び数量（株数、口数等）を確かめ、帳簿残高と突合します。内容に差異がある場合には、質問などを実施し、帳簿残高に誤りがないことを確かめます。なお、実査に関する詳細な手続は本章第1節「現金及び預金」を参照してください。

#### 監査手続上のポイント

① 手許保管している有価証券については、監査人が現物を確かめたうえで封緘することが翌期以降の監査の効率化に役立ちます。監査人は内容物の名称・数量・封緘日付を封筒に明記し、封緘部分に押印またはサインをすることによって翌期以降は中身のカウントを行わずに封緘部分の確認を行うことで、内容物の実査に代えることが可能です。

② 他人名義の有価証券を保管している場合、実査を行ったうえでその保管理由を十分に確かめます。取引先からの担保物として提供を受けている場合以外に、会計処理に影響を及ぼしうるような名義書換が出来ない何らかの不当な理由がないことを、十分に確かめます。

③ 保護預けの有価証券や株券不所持株式などについては、実査の代わ

りに残高確認によってその実在性を確かめることを検討します。

> ●業務効率化のためのポイント
>
> 会社は有価証券の現物が手許や貸金庫にあるもの、また有価証券を金融機関に預けているものなどのリストをあらかじめ作成しておき、現物を実査するもの、残高確認を実施するものを事前に明確にしておくことで、内部管理上も現物管理を徹底できるほか、監査人は漏れなく効率的に監査手続を実施することができます。

## 4 残高確認

### 1 手続の目的

監査人が、有価証券の勘定残高やその明細に関連する情報について、会社外部の第三者に対して文書により問合せを行い（次頁参照）、回答を直接入手し評価することによって、有価証券が実在すること、有価証券が漏れなく認識・計上されていること、有価証券を保有する権利が会社に帰属していることを確かめるための監査手続です（実在性、網羅性、権利と義務の帰属）。

監査人のコントロールの下、会社外部の第三者から直接回答を入手するため、比較的証拠力の強い監査証拠を入手することができます。

## 証券取引残高確認書の様式例

```
〒□□□-□□                              No.
_____              年  月  日
_____
              _____御中
                               (住　所)_____
                               (会社名)_____
                               (届出名)_____印
```

### 残高確認ご依頼の件

拝啓　時下ますますご清栄のこととお慶び申し上げます。
　今般、当社の会計監査に当たり、_____監査法人は、　年　月　日現在（確認基準日）における当社の貴社に対する取引残高等の確認を望んでおります。
　つきましては、添付用紙に関しご記入ご証明の上、一通を同封の返信用封筒にて、直接、監査法人宛に　年　月　日までにご返送くださいますよう、お願い申し上げます。ご記入に当たっては、下記の「ご記入上の注意」をご参照ください。
　また、残高証明に関する手数料等（消費税等（地方消費税）含む。）は依頼者であります当社にご請求ください。

敬具

連絡先：　　　　　監査法人　担当者_____　電話　　（　　　）_____
　　　　　　　　　　　　　　メールアドレス_____

### ご記入上の注意

① 添付の用紙の記入欄に手書きでご記入いただくか、別紙に記入の上、添付してください。別紙を添付される場合、次のいずれかにてお願いいたします。
・別紙添付により一括してご回答いただく場合
　　別紙にて一括回答いただく場合の記載枠に別紙枚数をご記入ください。
・項目によって手書き記入と別紙添付が混在する場合
　　項目ごとに、該当がない場合には「該当なし」に○印を、別紙を添付する場合には「別紙参照」に○印をご記入ください。また、別紙を添付する場合、○印の隣の枠に別紙の枚数をご記入いただくか、割印の押印をお願いいたします。
② 通貨の単位（日本円を含む。）を忘れずに記入してください。外貨建の取引残高がある場合には、項目ごと、通貨の種類別に記入してください。
③ 貴営業店を窓口として、貴社本部にて記帳されている取引（他の代表者又は代理人の名義による取引を含む。）等についても回答してください。
④ 確認書の約定日ベースでの作成
　　当面の間、約定日ベースでの作成は任意といたします。
⑤ ISINコード又は証券コードの記載
　　当面の間、ISINコード又は証券コードの記載は任意といたします。ただし、貴社において把握できているものについては記入してください。
⑥ 預り有価証券等
　　区分欄には、①保護、②信用取引代用、③発行日取引代用、④債券先物取引代用、⑤株式先物取引代用、⑥オプション取引代用、⑦その他、の区分を記入してください。
⑦ 通貨スワップ、金利スワップ
　　利率欄の括弧内には、固定・変動の別と、変動の場合には変動利率の指標名（LIBOR、TIBOR、短期プライムレート等）を記入してください。
⑧ 貴社と当社（他の代表者又は代理人の名義による取引を含む。）との間において、上記以外に、現在、当社に対して有する請求権、将来、当社の負担が生じる可能性を有する契約等がある場合には、その内容について「10．その他」の箇所に記入してください。

以　上

# 確　認　書

　　　　　　　年　　月　　日

　　　　　　　　　監査法人 御中

証券会社　　　　　　　　　　　印
役職名及び氏名　　　　　　　　

　当社と　　　　　　　　との　　年　　月　　日現在における取引残高、契約内容等は、下記のとおりであることを証明いたします。

記

※別紙にて一括回答いただく場合、下枠内に別紙枚数をご記入ください。
　この場合、以降の記載は不要です。

| 詳細は別紙をご参照ください。別紙が添付されていない項目は該当がございません。 |
| --- |
| 別紙枚数：　　　　枚 |

1. 取引残高（顧客勘定元帳残高）

| 該当欄に○印（及び別紙枚数）記入 | 該当なし | |
| --- | --- | --- |
| | 別紙参照 | 　　枚 |

| 勘　定　名 | 金額 | 摘要 |
| --- | --- | --- |
| 立　替　金 | | |
| 預　り　金 | | |
| そ　の　他 | | |

2. 現先取引残高

| 該当欄に○印（及び別紙枚数）記入 | 該当なし | |
| --- | --- | --- |
| | 別紙参照 | 　　枚 |

| 銘柄 | ISINコード又は証券コード | 数量又は券面額 | 当社の売買の別 | 約定日 | 受渡日 | | 単価 | | 金額 | |
| --- | --- | --- | --- | --- | --- | --- | --- | --- | --- | --- |
| | | | | | スタート | エンド | スタート | エンド | スタート | エンド |
| | | | 売・買 | | | | | | | |
| | | | 売・買 | | | | | | | |

3. 預り有価証券等

| 該当欄に○印（及び別紙枚数）記入 | 該当なし | |
| --- | --- | --- |
| | 別紙参照 | 　　枚 |

| 種類 | 銘柄 | ISINコード又は証券コード | 数量 | 区分 | 摘要 |
| --- | --- | --- | --- | --- | --- |
| | | | | | |

4. 投資信託・商品ファンド等残高

| 該当欄に○印（及び別紙枚数）記入 | 該当なし | |
| --- | --- | --- |
| | 別紙参照 | 　　枚 |

| 種類 | 金額 | 数量・口数 | 約定日 | 受渡日 | 備考 | 確認基準日の時価 |
| --- | --- | --- | --- | --- | --- | --- |
| | | | | | | |

5. 貸付・借入有価証券残高

| 該当欄に○印（及び別紙枚数）記入 | 該当なし | |
| --- | --- | --- |
| | 別紙参照 | 　　枚 |

| 貸付・借入の別 | 銘柄 | ISINコード又は証券コード | 数量（又は券面額） | 約定日 | 受渡日 | 返還期日 | 消費貸借・使用貸借の別 | 品貸（借）料率 | 担保 | 担保金額 | 担保金利率 |
| --- | --- | --- | --- | --- | --- | --- | --- | --- | --- | --- | --- |
| 貸付・借入 | | | | | | | 消費貸借・使用貸借 | | 有・無 | | ％ |
| 貸付・借入 | | | | | | | 消費貸借・使用貸借 | | 有・無 | | ％ |

6. 融資残高

| 該当欄に○印（及び別紙枚数）記入 | 該当なし | |
|---|---|---|
| | 別紙参照 | 枚 |

| 種類 | 金額 | 金利 | 満期日 | 摘要 |
|---|---|---|---|---|
| | | | | |
| | | | | |

7. 信用取引・発行日取引建玉残高

| 該当欄に○印（及び別紙枚数）記入 | 該当なし | |
|---|---|---|
| | 別紙参照 | 枚 |

| 信用取引・発行日取引の別 | 約定日 | 銘柄 | ISINコード又は証券コード当社の売買の別 | 数量 | 単価 | 金額 | 確認基準日の時価 |
|---|---|---|---|---|---|---|---|
| 信用・発行日 | | | 売・買 | | | | |
| 信用・発行日 | | | 売・買 | | | | |

上記にかかる受入証拠金残高（代用有価証券を含む。）＿＿＿＿＿＿

8. デリバティブ取引の契約額等
   (1) 市場取引
      ① 先物取引残

| 該当欄に○印（及び別紙枚数）記入 | 該当なし | |
|---|---|---|
| | 別紙参照 | 枚 |

| 取引市場 | 取扱商品 | 限月 | 当社の売付・買付の別 | 約定日 | 約定価格 | 建玉（枚数） | 契約額 | 確認基準日の時価 |
|---|---|---|---|---|---|---|---|---|
| | | | 売付・買付 | | | | | |
| | | | 売付・買付 | | | | | |

   ② オプション取引残高

| 該当欄に○印（及び別紙枚数）記入 | 該当なし | |
|---|---|---|
| | 別紙参照 | 枚 |

| 取引市場 | 取扱商品 | 限月 | コール・プットの別 | 当社の売付・買付の別 | 権利行使価格（為替相場・利率等） | 約定価格 | 建玉（枚数） | 契約額 | 確認基準日の時価 |
|---|---|---|---|---|---|---|---|---|---|
| | | | コール・プット | 売付・買付 | | | | 円 | 円 | 円 |
| | | | コール・プット | 売付・買付 | | | | | | |

   ③ 上記①及び②にかかる受入証拠金残高（代用有価証券を含む。）＿＿＿＿＿

   (2) 市場取引以外の取引
      ① 先渡取引（金利先渡取引・為替先渡取引）残高

| 該当欄に○印（及び別紙枚数）記入 | 該当なし | |
|---|---|---|
| | 別紙参照 | 枚 |

| 契約No. | 種類 | 約定日 | 契約期間 | | 通貨種類 | 当社の買売の別 | 想定元本 | 約定利率又は為替相場 | 確認基準日の時価 |
|---|---|---|---|---|---|---|---|---|---|
| | | | スタート | エンド | | | | | |
| | | | | | | 売・買 | | | |
| | | | | | | 売・買 | | | |

      ② 為替予約取引残高

| 該当欄に○印（及び別紙枚数）記入 | 該当なし | |
|---|---|---|
| | 別紙参照 | 枚 |

| 契約No. | 約定日 | 実行期日 | 当社の買 | | 当社の売 | | 予約為替相場 | 確認基準日の時価 |
|---|---|---|---|---|---|---|---|---|
| | | | 通貨 | 金額 | 通貨 | 金額 | | |
| | | | | | | | | |
| | | | | | | | | |

第4節　有価証券・投資有価証券、出資金（関係会社含む）

③ オプション取引残高

| 該当欄に○印（及び別紙枚数）記入 | 該当なし | |
| --- | --- | --- |
| | 別紙参照 | 枚 |

| 契約No. | 種類 | 約定日 | 行使期限 | 通貨種類 | コール・プットの別 | 当社売買の別 | 契約額（想定元本） | 権利行使価格（為替相場・利率等） | オプション料 | オプション料の決済日 | 確認基準日の時価 |
| --- | --- | --- | --- | --- | --- | --- | --- | --- | --- | --- | --- |
| | | | | | コール・プット | 売・買 | | | | | |
| | | | | | コール・プット | 売・買 | | | | | |

（注）キャップ、フロアー、カラー、スワップション等の取引を含みます。

④ スワップ取引残高
　ア　通貨スワップ

| 該当欄に○印（及び別紙枚数）記入 | 該当なし | |
| --- | --- | --- |
| | 別紙参照 | 枚 |

| 契約No. | 種類 | 約定日 | 契約期間 | | 直近利息受渡日 | 当社の受取 | | 当社の支払 | | 確認基準日の時価 |
| --- | --- | --- | --- | --- | --- | --- | --- | --- | --- | --- |
| | | | スタート | エンド | | 元本 | 適用 | 元本 | 適用 | |
| | | | | | | 通貨金額 | 固・変（　）% | 通貨金額 | 固・変（　）% | |
| | | | | | | 通貨金額 | 固・変（　）% | 通貨金額 | 固・変（　）% | |

　イ　金利スワップ

| 該当欄に○印（及び別紙枚数）記入 | 該当なし | |
| --- | --- | --- |
| | 別紙参照 | 枚 |

| 契約No. | 種類 | 約定日 | 契約期間 | | 直近利息受渡日 | （想定）元本 | 当社の受取 | | 当社の支払 | | 確認基準日の時価 |
| --- | --- | --- | --- | --- | --- | --- | --- | --- | --- | --- | --- |
| | | | スタート | エンド | | | 通貨 | 利率 | 通貨 | 利率 | |
| | | | | | | | | 固・変（　）% | | 固・変（　）% | |
| | | | | | | | | 固・変（　）% | | 固・変（　）% | |

⑤ その他のデリバティブ取引残高（上記①～④に類似する取引又は複合取引）

| 該当欄に○印（及び別紙枚数）記入 | 該当なし | |
| --- | --- | --- |
| | 別紙参照 | 枚 |

| 契約No. | 種類 | 約定日 | 取引の概要 | 契約額・想定元本 | 確認基準日の時価 |
| --- | --- | --- | --- | --- | --- |
| | | | | | |
| | | | | | |

⑥ 上記①から⑤にかかる受入証拠金残高（代用有価証券を含む。）＿＿＿＿＿＿

9. 未決済約定

| 該当欄に○印（及び別紙枚数）記入 | 該当なし | |
| --- | --- | --- |
| | 別紙参照 | 枚 |

基準日以降の受渡となる取引

| 銘柄 | ISINコード又は証券コード | 取引種類 | （貴社の） | 約定日 | 受渡日 | 数量 | 単価 | 金額 | 備考 |
| --- | --- | --- | --- | --- | --- | --- | --- | --- | --- |
| | | | 委託・自己（売・買） | | | | | | |
| | | | 委託・自己（売・買） | | | | | | |

10. その他（上記1～9までに該当しない取引残高及びその内容）

| 該当欄に○印（及び別紙枚数）記入 | 該当なし | |
| --- | --- | --- |
| | 別紙参照 | 枚 |

＿＿＿＿＿＿＿＿＿＿＿＿＿＿＿＿＿＿＿＿＿＿＿＿＿＿＿＿＿＿＿＿＿＿＿＿
＿＿＿＿＿＿＿＿＿＿＿＿＿＿＿＿＿＿＿＿＿＿＿＿＿＿＿＿＿＿＿＿＿＿＿＿

以　上

出所　監査・保証実務委員会研究報告第6号「銀行等取引残高確認書及び証券取引残高確認書」の様式例（日本公認会計士協会）

### 2 手続の具体的な内容

　監査人は、有価証券の保護預け先である金融機関や有価証券の発行会社などに対して、確認状を送付し、有価証券の銘柄名、数量、時価などを問い合わせます。

　監査人は、回答を直接入手したうえで、会社が作成した残高明細と確認状を突合し、有価証券の内容、保有数量（株数、口数など）、有価証券の担保設定の状況などの事項を確かめます。また、確認状の回答によって、有価証券の価格（取得価額、時価評価額、理論価値など）を入手することもあります。

　また、担保に提供されている有価証券がある場合は、対応する債務が計上されているか、債務計上の網羅性にも留意します。

## 5　保有目的及び評価の妥当性の検証

### 1 手続の目的

　監査人が、会社が決定した有価証券の保有目的及び評価基準を検証したうえで、有価証券の保有目的に応じた分類・区分、評価及び会計処理が妥当であることを確かめるための監査手続です（評価の妥当性、表示の妥当性）。

### 2 手続の具体的な内容

　監査人は、会社への質問などによって、有価証券の発行会社との関係及びその保有目的を確かめます。また、保有目的の変更の有無を確かめます。監査人は、保有目的の設定に不合理な点はないと判断したら、保有目的に応じた有価証券の評価基準にしたがって、評価が正しく行われていることを確かめます。

　その際、以下の点に留意します。

　①　保有目的の決定・変更

　有価証券は保有目的により会計処理が異なることから、その決定・変更には慎重な判断が必要です。たとえば、満期保有目的の債券の一部を売買目的

有価証券またはその他有価証券に振り替えたり、償還期限前に売却を行った場合は、満期保有目的の債券に分類された残りのすべての債券についても、保有目的の変更があったものとして売買目的有価証券またはその他有価証券に振り替える必要があります。

さらに、保有目的の変更を行った事業年度を含む2事業年度においては、取得した債券を満期保有目的の債券に分類することはできません（金融商品実務指針83）。

② 有価証券の時価検証

時価評価を行う有価証券については、日刊新聞やインターネット、証券会社の報告書など外部の情報源から銘柄ごとに期末時点における時価を入手し、帳簿上の評価額と照合します。

③ 時価のある有価証券の減損処理

売買目的有価証券以外の有価証券のうち時価のある有価証券について時価が著しく下落したときは、回復可能性が認められる場合を除き、減損処理を行うため、減損処理の要否について、時価の下落程度や下落期間などを考慮して検討する必要があります。

会社が決定する合理的な基準には一定の幅があるため、減損を逃れようとして評価方法をみだりに変更していないかについて十分留意します。

④ 時価を把握することが極めて困難と認められる株式の減損処理

時価を把握することが極めて困難と認められる株式について、実質価額が著しく低下した場合は、回復可能性が十分な証拠によって裏づけられる場合を除き減損処理を行う必要があるため、上記③と同様に減損処理の要否を十分に確かめます。実質価額は主に直近の財務データを用いて判定します。

回復可能性に関する見積りについては慎重な検討が必要となることに加え、過年度の見積り（業績見込等）とその確定額の比較分析を実施し、会社の見積りの精度や偏向の有無を検証します。確定額との比較分析については、第4章第5節 **5-3**「主な監査手続」**2** を参照してください。

⑤ 投資損失引当金の計上

市場価格のない子会社・関連会社株式に対して減損処理を行わなかった場合に、投資損失引当金を計上する場合があります。

投資損失引当金については会計基準に具体的な数値基準が明記されていないことから、会社が合理的と考える基準を経理規程などに明記し、これに従って会計処理を行うことが求められます。

⑥ 外貨建有価証券の留意点

外貨建有価証券の換算については、外貨建取引等会計基準・同注解が適用されます。売買目的有価証券及びその他有価証券については、外国通貨による時価を決算時の為替相場により円換算した額を付します。満期保有目的の債券については、償却原価法を適用のうえ決算時の為替相場により円換算した額を付します。子会社株式及び関連会社株式については、取得時の為替相場により円換算した額を付します。

また、株式の減損処理にあたっては、外貨建ての取得原価と外国通貨による時価または実質価額を比較して外貨ベースで減損処理の要否を判断します。

⑦ 他の勘定科目との関連

株式を減損処理した出資先に対して貸付金を保有している場合、財務内容が悪化している場合があるため、貸倒引当金の設定の要否を検討します。また、出資先の債務について第三者に対して債務保証契約をしている場合は、債務保証損失引当金の設定要否にも留意します。

## 6 関連損益の妥当性の検証

### 1 手続の目的

監査人が、有価証券の関連損益を検証することによって、関連損益の妥当性を確かめるための監査手続です（実在性（発生）・期間配分の適切性）。

## 2 手続の具体的な内容

監査人は、以下のような監査手続を実施して、関連損益が適切に計上されていることを確かめます。なお、売却損益、償還損益や評価損益については2や5の監査手続において同時に実施されます。

- 有価証券利息

　債券のクーポン利息については、金融機関が発行した利息計算書、通帳の入金状況、仕訳伝票などの整合性を確かめます。債券の償却原価の計算については、会社が作成した利息計算資料の妥当性を検討し、仕訳伝票などと突合します。また未収利息の計上額の妥当性にも留意が必要です。

- 受取配当金

　受取配当金について、配当金計算書等と突合します。また、以下の2点に留意が必要です。

（ⅰ）収益計上とならない配当金の受領

　　売買目的有価証券以外の有価証券において、その他資本剰余金の処分による配当を受けた場合、原則として配当受領額を配当の対象である有価証券の帳簿価額から減額します（企業会計基準適用指針第3号「その他資本剰余金の処分による配当を受けた株主の会計処理」3）。

（ⅱ）配当金計上のタイミング

　　受取配当金の計上基準において、発生主義または実現主義の観点から株主総会決議の効力発生日基準を採用しているにもかかわらず、入金日によって受取配当金を計上した場合は、期間帰属の観点から計上日の誤りとなります。海外からの受取配当金について、決議の効力発生日と入金日のズレが大きい場合には、海外における決議情報の伝達の遅れが計上漏れにつながるため、前期比較や配当通知書の閲覧などにより、おおよその決議の効力発生日について把握しておく必要があります。

## 7 リスクの高い取引の検証

### 1 手続の目的

監査人が、有価証券に関連する固有リスクの高い取引について慎重に検証することによって、有価証券の会計処理の妥当性を全般的に確かめる監査手続です（各アサーション）。

### 2 手続の具体的な内容

監査人は、たとえば、以下のような取引については、形式面での妥当性のみならず実質面での妥当性にも留意して、有価証券の会計処理の妥当性を確かめます。

① クロス取引

クロス取引とは、同一銘柄の売り注文と買い注文を同時に行って売買取引を成立させる取引です。クロス取引については売買取引として処理しないため、有価証券の取得・売却取引について、クロス取引に該当するものであるかどうか、その会計処理は適切であるかどうかを確かめます。特に該当する取引があるか否かに留意します。

② 損失先送り取引・飛ばし取引

有価証券取引を用いた損失先送り取引や含み損失を一時的に簿外処理する飛ばし取引の有無に留意します。これらの取引がある場合にはその会計処理の妥当性について十分に検討します。

③ 期末日前後に行われる異常な取引

期末日前後に行われる取引は、決算対策や利益操作の目的の有無に留意します。

たとえば、その他有価証券における時価のある銘柄について、時価が取得原価より著しく下落しており、減損の可能性が高いと見込まれる場合に、期末日直前の低い価格で買い増しして簿価の平均単価を下げることによって減損を回避するというナンピン買いと呼ばれる手法があります。形式的には問

題ないようにも見えますが、取引目的の合理性の評価や、その評価額の計算方法の妥当性について検討します。

④　期末日後の保有有価証券の時価の急落、出資先の倒産

期末日後に保有している有価証券の時価が急落したり、出資先の倒産の情報を入手した場合は留意します。売買目的有価証券や、時価のあるその他有価証券については、原則的には期末日時点の時価で評価しますが、時価の回復可能性や回収可能性の判断に関連して、修正後発事象または開示後発事象としての取扱いが必要となるか検討します。

## 8　外貨換算の検証

### 1　手続の目的

監査人が外貨建有価証券について、適用した為替レートの検証及び換算過程の再計算などによって有価証券に係る外貨換算の妥当性を確かめるための監査手続です（評価の妥当性）。

### 2　手続の具体的な内容

監査人は、金融機関などが公表している為替相場情報と会社が換算に用いた為替レートの整合性を確かめるとともに、換算過程のレビューまたは再計算などを実施し、会社の外貨換算が適切に行われていることを確かめます。

## 9　表示・開示の妥当性に関する手続

### 1　手続の目的

監査人が、有価証券に関する表示及び注記について関連資料や関連調書と照合することによって、財務諸表上の表示・開示の妥当性を確かめるための監査手続です（表示の妥当性）。

## 2 手続の具体的な内容

　監査人は、会社が作成している管理用の明細の閲覧や、会社担当者への質問、関連する監査調書との照合を実施し、有価証券に関連する項目が貸借対照表及び損益計算書上適切に区分表示されていること、及び有価証券に関連する注記が適切に行われていることを確かめます。

　監査人は、有価証券に係る重要な会計方針（財務諸表等規則8の2　一）、有価証券に関する注記（財務諸表等規則8の7）及び金融商品に関する注記（財務諸表等規則8の6の2）について、開示内容が会計基準に準拠していることを確かめます。

# 第5節

# 棚卸資産・原価計算

本節においては、棚卸資産と原価計算を対象として扱います。

## 5-1 棚卸資産

### 1 勘定科目の特性とリスク

#### ■勘定科目の範囲

　棚卸資産は、「棚卸資産の評価に関する会計基準（企業会計基準第9号）」において「商品、製品、半製品、原材料、仕掛品等の資産であり、企業がその営業目的を達成するために所有し、かつ、売却を予定する資産のほか、売却を予定しない資産であっても、販売活動及び一般管理活動において短期間に消費される事務用消耗品等も含まれる。なお、売却には、通常の販売のほか、活発な市場が存在することを前提として、棚卸資産の保有者が単に市場価格の変動により利益を得ることを目的とするトレーディングを含む」とされ（同3項）、また「未成工事支出金等、注文生産や請負作業についての仕掛中のものも含まれる」とされています（同31項）。

#### ■勘定科目の特性とリスク

　棚卸資産のうち商品・製品などの現物が存在するものは可視性がありますが、棚卸資産は通常各地に分散し、様々な場所（ロケーション）で大量に保管されることもあることから、監査人自らすべての現物を数えて実在性を立証

することは困難であり、実査・確認での対応が容易な銀行預金・有価証券などと比して架空の在庫が計上されるリスクは相対的に高くなると考えられます。

また、棚卸資産のうち未成工事支出金については、通常の商製品のように現物を1点ずつ数えてその実在性を立証することが困難であることに加え、工事進行基準における工事収益の操作に利用されるリスクがあります。たとえば、工事収益を前倒し計上することを意図した未成工事支出金の原価への振替処理や、工事収益を繰り延べることを意図した未成工事支出金の過大計上が考えられます。また、工事損失引当金の計上を回避するために他の案件に工事原価の付替え処理を行うことも考えられます。

## 2 リスクとアサーション

「棚卸資産」に関する主なリスクとしては、以下のものが考えられます。

| 主なリスク | 主なアサーション |
| --- | --- |
| (1) 架空の棚卸資産が計上される | 実在性 |
| (2) 棚卸資産の計上が漏れる | 網羅性、期間配分の適切性 |
| (3) 棚卸資産が適切な金額で計上されない | 評価の妥当性 |
| (4) 期末評価を誤る | 評価の妥当性 |
| (5) 表示・開示を誤る | 表示の妥当性 |

### 1 架空の棚卸資産が計上される

売上高に対する売上原価は、通常期首棚卸資産に当期仕入高及び当期製造原価を加算し、期末棚卸資産を控除することにより算出されます（第3章第2節「売上原価」参照）。利益を増加させる粉飾を行うことを意図し期末棚卸資

産を水増し計上する、売上済みの商製品について棚卸資産から売上原価への振替処理が漏れるなどにより、また、他社からの預かり在庫を自社保有の棚卸資産として認識することで、架空の棚卸資産が計上されるリスクがあります（実在性）。

このようなリスクに対しては、定期的な実地棚卸と管理部門による立会い、預かり在庫に対する預かり依頼書の入手を義務づける、経理部における在庫や利益率などの増減分析などの内部統制を構築することが有用です。

### ② 棚卸資産の計上が漏れる

買掛債務の不計上などを意図して仕入高を計上しないなど棚卸資産の計上が漏れるリスクがあります。また、売上計上後に返品により在庫が返送されたにも関わらず返品処理がなされない場合や、外部保管棚卸資産について、自社製品としての把握が漏れ棚卸差異として処理してしまう場合、検収基準採用時に受入済物品について検収が漏れる場合などに、結果的に棚卸資産の計上が漏れることが考えられます（網羅性）。

さらに、工事契約において売上の早期計上を意図し、未完成の工事に係る未成工事支出金を売上原価へ振り替えることで未成工事支出金が過少計上となるリスクがあります（期間配分の適切性）。

このようなリスクに対しては、受入・検収の手続の明確化、定期的な実地棚卸と管理部門による立会い、発注済未検収リストの確認、仕訳伝票について上長が承認を行うなどの内部統制を構築することが有用です。

### ③ 棚卸資産が適切な金額で計上されない

棚卸資産は、原材料や商品の購入、製造工程の各段階における原価からの振替えなどにより増加し、原材料や仕掛品の次工程への投入による製造費用への振替えや売上に伴う売上原価への振替えにより減少しますが、購入単価の設定・記録の誤りや振替伝票の起票誤り、仕掛品の進捗率の設定誤りなどにより、棚卸資産が適切な金額で計上されないリスクがあります（評価の妥

当性)。

このようなリスクに対しては、証憑間の整合性のチェックや、仕訳伝票について上長が承認を行うなどの内部統制を構築することが有用です。

### 4 期末評価を誤る

「棚卸資産の評価に関する会計基準（企業会計基準第9号）」に基づき、収益性の低下が認められる棚卸資産については正味売却価額まで簿価を切下げる必要がありますが、収益性の低下が適切に棚卸資産の期末評価に反映されないリスクがあります（評価の妥当性）。

このようなリスクに対しては、管理部門による評価損計上額の前期比較、資料作成者の上長による計算処理過程及び仕訳伝票のチェックなどの内部統制を構築することが有用です。

### 5 表示・開示を誤る

棚卸資産に関して、財務諸表上の金額表示を誤るリスク、収益性の低下に基づく簿価切下額に関する注記などの開示事項を誤る、または漏れるリスクが考えられます（表示の妥当性）。

このようなリスクに対しては、担当部署内での表示・開示事項に関する確認及び承認、財務諸表に対するIR部門での内容確認や、経理部上長の承認などの内部統制を構築することが有用です。

## 3 主な監査手続

「棚卸資産」に関する主な監査手続は、以下のとおりです。

| 主な監査手続 | 主なアサーション |
|---|---|
| (1) 分析的手続 | 各アサーション |
| (2) 棚卸立会 | 実在性、網羅性、権利と義務の帰属、評価の妥当性 |
| (3) 外部保管棚卸資産の残高確認 | 実在性、網羅性、権利と義務の帰属 |
| (4) 実地棚卸による金額集計資料と総勘定元帳との調整内容の検討 | 実在性、網羅性、評価の妥当性 |
| (5) ロール・フォワード手続 | 実在性、網羅性 |
| (6) 期間帰属の妥当性の検証 | 期間配分の適切性 |
| (7) 証憑突合 | 実在性、網羅性、評価の妥当性 |
| (8) 期末評価の妥当性の検証 | 評価の妥当性 |
| (9) 販売用不動産に固有の監査手続 | 実在性、権利と義務の帰属、評価の妥当性 |
| (10) 未成工事支出金に固有の監査手続 | 実在性、網羅性、評価の妥当性 |
| (11) 表示・開示の妥当性に関する手続 | 表示の妥当性 |

## 1 分析的手続

### ① 手続の目的

　監査人が、勘定科目残高を分析することによって、当該残高が会社の経営環境に照らして合理的であることを概括的に確かめるための監査手続です（各アサーション）。

　なお、棚卸資産は売上高・売上原価・買掛金といった重要な勘定と密接な関係にあるため、各勘定との整合性を確かめることも大変有用です。

### ② 手続の具体的な内容

　監査人は、期末残高（品目別、部門別、工場別、倉庫別など）と推定値（前期

末残高などを基に設定した金額)を比較・分析し、増減の有無や乖離の程度を把握して、当該増減や乖離の内容が会社の経営環境に照らして合理的なものであることを、質問や関連証憑の閲覧によって確かめます。

また、棚卸資産の回転期間分析を実施するとともに、他の科目との関連性を考慮し、たとえば買掛金の回転期間分析や売上高の増減分析の結果との整合性についても検討します。棚卸資産の仕入時には買掛金が計上され、また棚卸資産の販売時には売上高と売上原価が計上されます。そのため、買掛金や売上高・売上原価などの変動と棚卸資産の変動については相互に関連する要因が含まれることが想定されることからその関係に着目して分析を実施します。

### 監査手続上のポイント

分析は、業界や会社全体の動向を踏まえたうえで実施します。たとえば、会社がある事業からの数年以内の撤退を予定している、ある製品の販売中止を予定しているなどの場合は、売上高は前年と同程度でも棚卸資産は減少する傾向を示しているはずである、という推測をすることが肝要です。分析結果について、まずは監査人としての知識や経験に基づき十分に検討を行った後に、監査人としての見解を裏づけるための質問を行うことが望ましいといえます。

### 2 棚卸立会

#### ① 手続の目的

監査人が、会社の行う棚卸資産の実地棚卸に立ち会い、その場で抜取検査を実施することで、棚卸資産の計上額が妥当であることを確かめるための監査手続です（実在性、網羅性、権利と義務の帰属、評価の妥当性）。

## ❷ 手続の具体的な内容

監査人は、会社の実地棚卸に立ち会い、棚卸の実施状況の観察、抜取検査（テスト・カウント）の実施、棚札の回収状況の確認などによって、実地棚卸が適切に行われていることを確かめます。

なお、「特定項目の監査証拠（監査基準委員会報告書501）」A2において、実地棚卸立会の手続として以下が示されています。

- 棚卸資産の実在性を確かめ、かつ、状態を評価するために棚卸資産を実査し、テスト・カウントを実施すること
- 実地棚卸結果を記録して管理するために、経営者が定めた指示と手続の実施に関する遵守状況を観察すること
- 実施されている棚卸手続の信頼性に関する監査証拠を入手すること

実地棚卸方法には、一般的にはリスト方式や棚札方式などがあります。リスト方式とは、棚卸資産の継続記録（棚卸リスト）を棚卸直前に作成し、当該リストに沿って現物を確かめる方法です。棚札方式とは、棚卸対象品を数えた際にその数量を記入した棚札（タグともいう）を現物に貼り、すべての棚卸が完了後に連番管理された棚札をすべて回収し、棚卸の網羅性を確かめる方法です。

監査人は、会社がいずれの方法を採用した場合においても、棚卸資産の実在性、網羅性を確かめる必要があります。そのため抜取検査として、リスト方式の場合は実在性の観点から実地棚卸記録（リスト）から抽出した品目について現物数量との一致を確かめるとともに、網羅性の観点から現物在庫を基に抽出した品目を数えリストと照合します。一方、棚札方式では、網羅性の観点からは棚札が貼付されていない在庫がないことを確かめるために、現場にて抽出した品目を実際に数え、棚札が漏れなく貼付されるとともに貼られた棚札に記載された数量と現物数量が一致していることを確かめます。また、実在性の観点からは在庫の裏づけがない棚札がないことを確かめるために、まず棚札がすべての棚卸対象品に適切に貼られていることを確かめたう

えで棚札の回収後、棚札を基にして抽出した品目の数量と現物数量の一致を確かめる、といった手法で抜取検査を実施することが考えられます。

具体的な実地棚卸の方法は、会社の属する業界・業種、棚卸資産の種類などによって様々な方法があることから、監査人の棚卸立会の方法も、実務上、様々な方法があります。

### 監査手続上のポイント

> 実地棚卸立会は棚卸資産の実在性を立証するにあたり重要な監査手続であり、また事後的に手続をあらためてやり直すことが困難であることから、棚卸スケジュールの確認・立会場所の選定・会社の棚卸マニュアルの閲覧などの事前の準備が極めて重要となります。

### 3 外部保管棚卸資産の残高確認

#### ① 手続の目的

監査人が外部保管の棚卸資産について、文書により期末残高に関する問合せを行い（次頁参照）、回答を直接入手して評価することによって、棚卸資産の期末残高の妥当性を確かめるための監査手続です（実在性、網羅性、権利と義務の帰属）。

#### ② 手続の具体的な内容

監査人は、金額的重要性などを踏まえ、実地棚卸日ないしは期末日に第三者が保管している棚卸資産について残高確認を行い、回答数量と棚卸資産集計資料との整合性を確かめます。

実地棚卸立会は主に自社保管の棚卸資産を対象に実施しますが、外部保管の棚卸資産は、実地棚卸立会に代えて通常確認手続を実施するケースが多いと考えられます。

## 残高確認書の様式例

```
┌─────────────────────────┐          No.
│ 〒□□□-□□□□            │      平成　　年　　月　　日
│ ─────────────────       │
│ ─────────────────       │     （住　　所）_____
│                  御中   │     （会 社 名）_____
└─────────────────────────┘     （責任者名）_____㊞
```

<u>　　保管棚卸資産　確認ご依頼の件　　</u>

拝啓　時下ますますご清祥のこととお慶び申し上げます。
　今般、当社の会計監査に当たり、＿＿＿監査法人は、平成　　年　　月　　日現在における当社の貴社に対する預け棚卸資産等の確認を望んでおります。
　つきましては、下記事項に関しご記入ご証明の上、一通を同封の返信用封筒にて、直接、＿＿＿監査法人宛平成　　年　　月　　日までにご返送くださいますよう、お願い申し上げます。

敬　具

確　　認　　書

平成　　年　　月　　日

＿＿＿監査法人　御中
　　　　　　　　　　　　　　（住　　所）_____
　　　　　　　　　　　　　　（会 社 名／又は氏名）_____
　　　　　　　　　　　　　　（責任者名）_____㊞

　当社の平成　　年　　月　　日現在における預り棚卸資産等は、下記のとおりであることを確認いたします。

記

| 名　　称 | 保管数量 | 保管場所 | そ の 他 |
|---|---|---|---|
|  |  |  |  |
|  |  |  |  |
|  |  |  |  |

注　監査・保証実務委員会研究報告第6号「銀行等取引残高確認書及び証券取引残高確認書」の様式例（日本公認会計士協会）に基づいたイメージ

> **監査手続上のポイント**
>
> 　外部保管の棚卸資産に関する資産保全手続に不備がある、または高額の棚卸資産を外部保管している場合などで、監査人が重要性の観点などから外部保管先の実地棚卸の立会いを実施する必要があると判断する場合もあります。

### 4 実地棚卸による金額集計資料と総勘定元帳との調整内容の検討

#### ① 手続の目的

　監査人が、実地棚卸結果に基づく金額集計資料と総勘定元帳を照合することで、実地棚卸の結果が会計帳簿に正確に反映されていることを確かめるための監査手続です（実在性、網羅性、評価の妥当性）。

#### ② 手続の具体的な内容

　監査人は、実地棚卸結果に基づく金額集計資料を入手し、総勘定元帳の棚卸資産勘定残高などとの調整項目を通査し、また高額で異常な調整項目はその内容を吟味することで、不適切な調整が行われていないことを確かめます。

　たとえば、原価差額や固定製造間接費の配賦などの調整が行われている場合、その調整方法や調整結果について、質問や再計算などにより調整の妥当性を確かめます。

### 5 ロール・フォワード手続

#### ① 手続の目的

　監査人が、棚卸実施日から期末日まで棚卸結果を更新（ロール・フォワード）し、期末の棚卸資産金額が妥当であることを確かめるための監査手続です（実在性、網羅性）。

　監査人の監査意見の対象は期末の棚卸資産残高となることから、期末日前に実地棚卸を実施している場合には当該手続が必要となります。

### ❷ 手続の具体的な内容

監査人は、期中に棚卸が実施された場合、棚卸日から期末日までの棚卸資産の入出庫（増減）について、増減分析、仕入伝票・出荷伝票及び関連証憑のチェック、異常項目の吟味などによりその処理の妥当性を確かめます。

#### ▌監査手続上のポイント

> たとえば3月決算の会社で1月末に棚卸を実施した場合には、3月末までの2か月分についてロール・フォワード手続を実施することとなりますが、まず2月までの動きを3月中に検証してしまうことで、4月の決算作業が最も忙しい時期の当該更新に係る手続を実施する時間を分散することができると考えられます。

### 6 期間帰属の妥当性の検証

#### ❶ 手続の目的

監査人が、期末日及び棚卸基準日前後における入出庫の証憑書類と会計帳簿を突合することで、棚卸資産の期間帰属の妥当性を確かめるための監査手続です（期間配分の適切性）。これは棚卸資産のカットオフテストとも呼ばれます。

#### ❷ 手続の具体的な内容

監査人は、期末日及び棚卸基準日前後の入出庫記録を閲覧し、当該入出庫記録から抽出した棚卸資産の移動について、入出庫伝票などの証憑書類と会計記録を突合し、検収または出荷などの事実に基づき適切な会計期間に入出庫処理がなされていることを確かめます。

### 7 証憑突合

#### ❶ 手続の目的

監査人が、金額的重要性のある項目などを中心に関連証憑と会計帳簿を突

合することによって、棚卸資産の計上額の妥当性を確かめるための監査手続です（実在性、網羅性、評価の妥当性）。

### 2 手続の具体的な内容

監査人は、金額的重要性などを踏まえ棚卸資産の中から手続対象とするものを決定し、仕入先からの請求書、工事契約書などの関連証憑との突合を実施し、会計帳簿と整合していることを確かめます。必要があれば会社が保管している関連証憑との突合にとどまらず、監査人から相手先へ確認状を発送・回収し、回答を評価することによって、取引内容などを確かめます。

また、棚卸資産のうち未成工事支出金などは棚卸立会にそぐわないため、証憑突合が重要となります。

#### 監査手続上のポイント

原価の繰延べなどを意図して、すでに売上計上済の棚卸資産に係る原価を、他の販売前の製品などの原価に付け替える可能性があるため、単純に金額を関連証憑と突合をするのみではなく、棚卸資産として計上されていることが正しいか、売上原価に振り替えるべきものではないか、といった視点で、計上されている棚卸資産の内容と関連証憑の記載内容との整合性にも留意する必要があります。

### 8 期末評価の妥当性の検証

### 1 手続の目的

監査人が、棚卸資産の評価が、会社が採用する評価基準に準拠していることを検証することによって、棚卸資産が適切に評価されていることを確かめるための監査手続です（評価の妥当性）。

### 2 手続の具体的な内容

監査人は、棚卸資産について、個別法・先入先出法・平均原価法・売価還元法といった棚卸資産の評価に関する会計基準において認められた評価方法

が採用され、実際に適用されていることを再計算などによって確かめます。

次に、収益性の低下の有無を検証し、収益性の低下がある場合には当該事実に基づき棚卸資産の帳簿価額が切り下げられていることを確かめます。この収益性の低下については、通常は取得原価と正味売却価額（売価（購買市場と売却市場とが区別される場合における売却市場の時価）から見積追加製造原価及び見積販売直接経費を控除したものをいう）を比較することとなるため、当該正味売却価額の妥当性を直近の売上伝票などを使用し検証して評価損計上の要否を検討する必要があります。

また、会社が作成する滞留状況調査表の閲覧などにより、入出庫の動きがなく長期間滞留しているものについて、収益性の低下の有無が適切に判断されていることを確かめます。

さらに、棚卸立会時に入手した情報（滞留資産など）が適切に会計処理に反映されているかについても留意が必要です。

あわせて、過年度の収益性の低下に関する見積りとその確定額の比較分析を実施し、会計上の見積りの精度と偏向の有無を検証します。確定額との比較分析については、第4章第5節 5-3 「主な監査手続」 2 を参照してください。

### 監査手続上のポイント

会社が採用する個別法・先入先出法・平均原価法・売価還元法などの評価方法について過年度との継続性に留意する必要があります。仮に当期から新たに採用しようとする会計方針が会計基準上で認められているものであっても、それが不当な利益操作などを目的として行われるものであれば、当該会計方針の変更は認められません。また収益性の低下の有無を確かめる際に利用する正味売却価額についても、その金額の決定方法について正当な理由がなければ変更は認められないため、同様に注意が必要です。

なお、棚卸資産の評価について、損失を過大計上することによる逆粉

飾が行われる可能性にも留意する必要があります。特に会社の来期見込が厳しくなることが予想されている場合などには、翌期の業績を良く見せることを目的に当期の損失を過大計上する可能性もあります。

### 9 販売用不動産に固有の監査手続

#### 1 現場視察

① 手続の目的

監査人が現場視察をすることによって、販売用不動産が実際に存在すること、仕掛中の開発不動産であれば工事進捗度などを確かめるための監査手続です（実在性）。

② 手続の具体的な内容

監査人は、販売用不動産（仕掛中のものを含む）の明細を入手し、販売用不動産の現場視察を行い、資産が実際に存在すること、工事の進捗状況、テナントの入居状況、物件の状態などを確かめます。

実在性や進捗状況を確かめるための視察は、事後的にやり直すことが困難な手続であることから、工事スケジュールの確認・視察場所の選定などの事前準備が重要です。

#### 2 登記簿の閲覧

① 手続の目的

監査人が登記簿を閲覧することによって、販売用不動産の所有権が実際に会社に帰属していることを確かめるための監査手続です（権利と義務の帰属）。

② 手続の具体的な内容

監査人は、販売用不動産の登記の状況については、通常、期末に多数の登記簿の現況を確かめるのではなく、期中に会社の登記に関する内部統制の整備状況・運用状況を評価したうえで、金額的重要性のあるもの、関連当事者取引に係るものなどについて必要に応じて、期末に登記簿を閲覧し、権利と義務の帰属を確かめます。

### ❸ 販売用不動産の評価

① 手続の目的

監査人が販売用不動産に係る会社の評価資料・不動産鑑定士の鑑定評価書などを検討することによって、販売用不動産が適切に評価されていることを確かめるための監査手続です(評価の妥当性)。

販売用不動産は他の資産と異なり、「不動産」という特性ゆえに、その評価における正味売却価額の見積りには主観的な判断に依拠する場合が多いという特徴があります。

なお、販売用不動産の評価において監査実務上で考慮すべきものとして「販売用不動産等の評価に関する監査上の取扱い(監査・保証実務委員会報告第69号)」が、「棚卸資産の評価に関する会計基準(企業会計基準第9号)」とは別途定められています。

② 手続の具体的な内容

監査人は、販売用不動産の評価に係る正味売却価額の算定にあたっての見積りや、主観的な判断の合理性を検討します。特に前同69号2(3)で示されているように、開発計画及び販売計画において採用した仮定の適切性、その実現可能性ならびに開発主体及び販売主体の実績などについて慎重に検討する必要があります。また、販売用不動産の評価に係る監査証拠を入手するにあたって、専門家である不動産鑑定士の業務を利用することも考えられます。

なお、販売用不動産を固定資産に振り替えるなど保有目的を変更する場合には、それが評価損の計上を回避する目的で行われる可能性もあるため、変更時点において取締役会等によって承認された具体的かつ確実な事業計画が存在していることを確かめるとともに、その変更理由に経済的合理性があるか否かを不動産の保有目的の実態を考慮して検討する必要があります(前同69号7)。

また、評価に関する過年度の見積りとその確定額の比較分析を実施し、会計上の見積りの精度や偏向の有無について検証します。確定額との比較分析については、第4章第5節 **5-3**「主な監査手続」**❷** を参照してください。

**監査手続上のポイント**

　監査人が不動産鑑定士による鑑定評価を監査証拠として利用する場合には、不動産鑑定士の適性、能力及び業務の客観性を評価するとともに、不動産鑑定士の業務の理解と鑑定評価が監査証拠として十分かつ適切であるか否かを検討しなければなりません（監基報620）。

　また、不動産の評価は、主観的判断を伴う会計上の見積りであるため、不動産の評価方法について、会社の評価資料や鑑定評価書を閲覧して仮定の適切性、情報の適切性及び計算の正確性を検討します（監基報540）。なお、このような見積りには絶対的な確定値があるのではなく、概算としての許容範囲があるという性質から、会社が利用した不動産の評価額が監査人の許容範囲内に収まる場合に、監査人は当該評価額が合理的であると判断します。

**●業務効率化のためのポイント**

　不動産鑑定士から鑑定評価書を入手した後に、監査人から当該鑑定評価の前提条件が不適切であり結果として鑑定評価額も不当であると指摘されるケースが考えられます。費用対効果・決算スケジュールなどの観点からも、鑑定評価を依頼する前や鑑定評価中に、適時に監査人と協議を行うことが有用と考えられます。

## 10 未成工事支出金に固有の監査手続

### ① 現場視察

**①　手続の目的**

　監査人が、現場視察を実施し、未成工事支出金にかかる工事が実際に存在することや工事の進捗状況などを確かめるための監査手続です（実在性）。

② 手続の具体的な内容

監査人は、工事契約の明細を入手し、未成工事支出金に係る工事契約の現場視察を行い、工事が実際に行われていること、工事の概括的な進歩状況（完成済か否かを含む）などを確かめます。棚卸立会と同様に、当該手続のやり直しは通常困難なため、工事スケジュールの確認・視察場所の選定などの事前準備が重要です。

### ❷ 工事進行基準の検討

① 手続の目的

監査人が、工事進行基準の適用に係る資料を閲覧し再計算することなどによって、未成工事支出金の計上額の妥当性を確かめるための監査手続です（実在性、網羅性、評価の妥当性）。

通常、資産科目で重視されるアサーションは「実在性」「評価の妥当性」ですが、未成工事支出金は工事進行基準を採用している場合に、工事進捗度の操作による売上の不当な早期計上に伴い、不当に早いタイミングで売上原価に振り替えられるという可能性があるため「網羅性」にも留意が必要です。

② 手続の具体的な内容

監査人は、会社が工事進行基準を採用している場合に、工事進捗率の算定資料の閲覧・再計算などによって、未成工事支出金の計上額の妥当性を確かめます。特に原価比例法（決算日までに実施した工事に関して発生した工事原価が工事原価総額に占める割合をもって決算日における工事進捗度とする方法）を採用している場合に、期末日近くに原価計上されているもの、当初見込よりも早期に原価計上されているものについては慎重に検討する必要があります。

### ❸ 未成工事支出金の評価

① 手続の目的

監査人が、各工事案件別に内容を検討することにより、未成工事支出金の評価の妥当性を確かめるための監査手続です（評価の妥当性）。未成工事支出金は、関連する工事契約の観点から評価を行います。未成工事支出金の計上方法は主に次の２つに分けられます。

- 工事進行基準:発生した工事原価のうち、未だ損益計算書に計上されていない部分(工事契約会計基準14)
- 工事完成基準:工事の完成・引渡しまでに発生した工事原価(工事契約会計基準18)

工事契約の観点からの評価について、工事契約会計基準19項において次のように定められています。

「工事契約について、工事原価総額等(工事原価総額のほか、販売直接経費がある場合にはその見積額を含めた額)が工事収益総額を超過する可能性が高く、かつ、その金額を合理的に見積ることができる場合には、その超過すると見込まれる額(以下「工事損失」という。)のうち、当該工事契約に関して既に計上された損益の額を控除した残額を、工事損失が見込まれた期の損失として処理し、工事損失引当金を計上する。」

② 手続の具体的な内容

監査人は、工事契約のプロジェクト管理表などを入手し、各案件別に見積工事原価総額等が見込みの工事収益総額を超過していないことを、閲覧・再計算などにより確かめます。超過している場合は、工事損失引当金が適切に計上されていることを確かめます。また、工事完成予定時期が当初計画より著しく遅延している場合などは未成工事支出金の評価に与える影響を検討します。

さらに工事総原価などの過年度の見積りとその確定額を比較分析し、会計上の見積りの精度や偏向の有無について検証します。確定額との比較分析については、第4章第5節 5-3 「主な監査手続」 2 を参照してください。

### ●業務効率化のためのポイント

工事進行基準における工事進捗率の妥当性は、会計上の見積りとして主観的な判断を伴うため毎期重要な監査上の検討項目となると考えられ

ます。したがって、各工事契約に係る進捗率の算定資料ごとに、当該資料数値の根拠帳票（特に外部帳票が存在するものは外部帳票）を監査人の対応窓口である部署で常に現場から収集・整理・保管しておくことが業務の効率化に役立ちます。

### 11 表示・開示の妥当性に関する手続

#### ① 手続の目的

監査人が、棚卸資産に関する表示及び注記について関連資料や関連調書と照合することによって、財務諸表上の表示・開示の妥当性を確かめるための監査手続です（表示の妥当性）。

#### ② 手続の具体的な内容

監査人は、会社が作成している管理用の明細の閲覧や、会社担当者への質問、関連する監査調書との照合を実施し、棚卸資産に関連する項目が貸借対照表上適切に区分表示されていること、及び棚卸資産に関連する注記が適切に行われていることを確かめます。

重要な会計方針（棚卸資産の評価基準及び評価方法、工事契約に係る収益及び費用の計上基準）、担保提供資産・担保付債務に関する注記、収益性の低下に基づく簿価切下額に関する注記についても、作成した監査調書、検証した会社作成の注記用資料との突合を行い、表示・開示の妥当性を確かめます。

## 5-2 原価計算

### 1 特性とリスク

原価計算には様々な目的がありますが、財務報告の観点からは、主に当期製品製造原価及び期末棚卸資産の金額を算定するために行われる手続といえ

ます。

　通常、原価計算は複雑な計算過程を経るため、直接費・間接費の区分誤り、費用の集計誤り、間接費の配賦誤り、仕掛品の進捗率の見込誤り、標準原価の設定誤り、原価差異の配賦誤りなどの様々なリスクが内在します。そのため期末の棚卸資産の金額を検討するうえで、原価計算は特に重要と考えられることから、本書では別項目として取り上げています。

　また、配賦率の設定などにおいて手作業で行われる業務については、容易に利益操作を行う可能性があるため、特に留意する必要があります。

### 2　リスクとアサーション

「原価計算」に関する主なリスクとしては、以下のものが考えられます。

| 主なリスク | 主なアサーション |
| --- | --- |
| 直接費・間接費の区分を誤る | 評価の妥当性、期間配分の適切性 |
| 費用の集計を誤る | 評価の妥当性、期間配分の適切性 |
| 間接費の配賦を誤る | 評価の妥当性、期間配分の適切性 |
| 仕掛品の進捗率の見込を誤る | 評価の妥当性、期間配分の適切性 |
| 標準原価の設定を誤る | 評価の妥当性、期間配分の適切性 |
| 原価差異の配賦を誤る | 評価の妥当性、期間配分の適切性 |
| 原価の付替えがされる | 評価の妥当性、期間配分の適切性 |
| 表示・開示を誤る | 表示の妥当性 |

　原価計算は複雑な「計算」過程を経るため、上記のような各種の計算を誤るリスクがあります。このようなリスクに対しては、管理部門による各種数値・指標などの前期比較、担当者以外の第三者による計算チェックなどの内

部統制を構築することが有用です。

　この他、原価計算に関連して財務諸表上の金額表示を誤るリスク、製造原価明細書を開示する場合の当該注記などの開示事項を誤るリスクが考えられます（表示の妥当性）。このようなリスクに対しては、担当部署内での表示・開示事項に関する確認及び承認や経理部上長の承認などの内部統制を構築することが有用です。

## 3　主な監査手続

「原価計算」に関する主な監査手続は以下のとおりです。

| 主な監査手続 | 主なアサーション |
| --- | --- |
| (1) 分析的手続 | 各アサーション |
| (2) 原価差額の原因分析 | 評価の妥当性、期間配分の適切性 |
| (3) 原価差額の配賦計算の妥当性の検証 | 評価の妥当性、期間配分の適切性 |
| (4) 表示・開示の妥当性に関する手続 | 表示の妥当性 |

### 1　分析的手続

#### ① 手続の目的

　監査人が異常項目の有無を確認することによって、原価付替えなどの恣意的な操作、また計算誤りなどがないことなどを確かめるための監査手続です（各アサーション）。

#### ② 手続の具体的な内容

　監査人は、次のような視点からの分析的手続を実施することにより、原価計算が適切に行われていることを確かめます。

- 当期発生の材料費・労務費・経費の前期比較（品目別、所在地別など）
- 直接費割合・間接費割合の前期比較
- 各種の配賦率の前期比較
- 上記それぞれの予算との比較

## 2 原価差額の原因分析

### 1 手続の目的

監査人が原価差額の原因分析を行うことによって、原価差額の発生額に決算上で重要な問題事項となるものが含まれていないことを確かめるための監査手続です（評価の妥当性）。

また標準原価計算制度を採用する場合には、原価差額の原因分析を通して、標準原価の設定に重要な誤りがないことも検討します。

### 2 手続の具体的な内容

監査人は、まず、前期末に棚卸資産に配賦された原価差額が当期首に適切に繰り越されていることを前期調書と突合して確かめます。次に、当期の原価差額の発生額について、項目ごとに前期数値・予算数値などと比較を行います。また、当期に発生した原価差額の内容分析も同時に行い、異常なものがあればその内容を関連資料の閲覧などにより検討することで、原価差額の発生額に決算上で重要な問題事項となるものがないことを確かめます。

標準原価計算制度を採用している会社において、原価差額が多額に発生している場合は、標準原価設定の前提条件に大きな変更があった可能性や標準原価の設定方法が誤っている可能性があるため異常なものか否か検討します。

## 3 原価差額の配賦計算の妥当性の検証

### 1 手続の目的

監査人が原価差額の配賦計算について、再計算などを行うことによって原価差額が適切に配賦されていることを確かめるための監査手続です（評価の妥当性）。

### ❷ 手続の具体的な内容

監査人は、原価差額の棚卸資産と売上原価への配賦処理を再計算して、その処理の妥当性を確かめます。また原価差額の配賦処理に係る関連資料を閲覧し、会社の方針が継続して適用されていることを確かめます。なお、配賦方法の変更などがあった場合には、その変更に合理性が認められるか否かについても検討する必要があります。

### 4 表示・開示の妥当性に関する手続

#### ❶ 手続の目的

監査人が、原価計算に関する表示及び注記について関連資料や関連調書と照合することによって、財務諸表上の表示・開示の妥当性を確かめるための監査手続です（表示の妥当性）。

#### ❷ 手続の具体的な内容

監査人は、会社が作成している管理用の明細の閲覧や、会社担当者への質問、関連する監査調書との照合を実施し、原価計算に関連する項目が貸借対照表及び損益計算書上適切に表示されていること、及び原価計算方法や該当する場合には製造原価明細書に関連する記載が適切に行われていることを確かめます。また、会社が開示している原価計算の方法が毎期継続して適用されているか、継続して適用されていない場合にはそれが正当な理由に基づき変更されていることを確かめます。

# 第6節

# 前払費用・長期前払費用

## 6-1 勘定科目の特性とリスク

■**勘定科目の範囲**

　前払費用とは、一定の契約に従い、継続して役務の提供を受ける場合、いまだ提供されていない役務に対し支払われた対価をいいます。このような役務に対する対価は時間の経過とともに翌期以降の費用となるものであるため、これを当期の損益計算から除去するとともに貸借対照表の資産の部に計上しなければなりません（会原注5）。このうち貸借対照表日の翌日から起算して1年を超えてから費用となる部分は長期前払費用として表示します。

　前払費用の主な例としては、未経過支払利息、未経過保険料、未経過家賃、未経過リース料などがあります。長期前払費用の主な例としては、長期前払いされた火災保険料、地代、家賃や法人税法上独自の繰延資産である資産を賃借しまたは使用するために支出する権利金、立退料や役務提供を受けるために支出する権利金などがあります。

　前払費用は、上記のような役務提供契約以外の契約等による前払金とは区別して処理しなければならないことが企業会計原則注解において規定されています。

■**勘定の特性とリスク**

　前払費用は経過勘定項目であるため、当期の費用となるか翌期以降の費用となるのかの区分が重要なポイントです。契約書や請求書を基に契約額、契

約開始日、契約期間、取引内容、取引先を把握して適切に期間配分額を算定する必要がありますが、この計算を誤るリスクがあります。

また、前払費用は費用の計上を翌期以降に繰り延べるものであるため、当期の費用の圧縮を意図した不適切な前払費用が計上されるリスクがあります。

## 6-2 リスクとアサーション

「前払費用・長期前払費用」に関するリスクとしては、以下のものが考えられます。

| 主なリスク | 主なアサーション |
| --- | --- |
| (1)架空の前払費用が計上される | 実在性 |
| (2)前払費用の計上が漏れる | 網羅性 |
| (3)期間配分を誤る | 評価の妥当性、期間配分の適切性 |
| (4)表示・開示を誤る | 表示の妥当性 |

### 1 架空の前払費用が計上される

当期に計上すべき費用を圧縮することを意図して、本来費用処理するべき金額を前払費用として資産計上することによって、不当に費用を繰り延べるリスクがあります（実在性）。

このようなリスクに対しては、仕訳伝票につき、根拠資料と照合し、支出の内容について上長が確認や承認を行う、期末に前払費用の明細を上長が確認するなどの内部統制を構築することが有用です。

## 2 前払費用の計上が漏れる

施設負担金や建物等を賃借する際の権利金などの法人税法上の繰延資産や、スポンサー契約や保険など継続的に役務提供を受ける一定の契約に基づく支出について、支出時に全額費用処理することにより、前払費用の計上が漏れるリスクがあります（網羅性）。

このようなリスクに対しても、仕訳を起票する際に支出の内容について上長が確認し承認するなどの内部統制を構築することが有用です。

## 3 期間配分を誤る

前払費用は経過勘定としての期間配分の計算が必要となりますが、この期間配分計算を誤るリスクがあります（評価の妥当性、期間配分の適切性）。

このようなリスクに対しては、前払費用を費用化する期間の合理性の確認や担当者以外の第三者による期間配分の再計算、上長による承認などの内部統制を構築することが有用です。

## 4 表示・開示を誤る

前払費用は、1年基準による長短分類表示を行う必要がありますが（財務諸表等規則16、31の2）、長期前払費用から短期項目への振替漏れにより、前払費用と長期前払費用に係る表示区分を誤るリスクがあります（表示の妥当性）。

このようなリスクに対しては、担当部署内での長短振替のチェックや表示事項に関する確認及び承認、財務諸表に対するIR部門での内容確認や、経理部上長の承認などの内部統制を構築することが有用です。

## 6-3　主な監査手続

「前払費用・長期前払費用」に関する主な監査手続は以下のとおりです。

| 主な監査手続 | 主なアサーション |
|---|---|
| (1)分析的手続 | 各アサーション |
| (2)証憑突合 | 実在性、網羅性、評価の妥当性 |
| (3)期間配分の妥当性の検証 | 期間配分の適切性 |
| (4)表示・開示の妥当性に関する手続 | 表示の妥当性 |

### 1　分析的手続

#### 1 手続の目的

監査人が勘定科目残高を分析することによって、当該残高が会社の経営環境に照らして合理的であることを概括的に確かめるための監査手続です（各アサーション）。

#### 2 手続の具体的な内容

監査人は、期末残高と推定値（前期末残高などを基に設定した金額）を比較・分析し、増減の有無や乖離の程度を把握して、当該増減や乖離の内容が会社の経営環境に照らして合理的なものであることを、質問や関連証憑の閲覧によって確かめます。

前払費用が大幅に増加している場合は、当期に新たな契約を締結している可能性があるため、会社の経営環境などを踏まえて異常がないことを確認し、必要に応じて契約書などの証憑を入手し、検証します。

一方、大幅に減少している場合は、前期までの契約が終了した可能性があります。終了した取引がない場合には、条件を変更していることも考えられるため、質問などにより契約内容の変更状況を確認します。特に変更がないにもかかわらず、残高が減少しているような場合は、経過勘定処理が漏れている可能性もあります。

残高の前年同期比較だけでなく、前払費用と関連する費用項目に対する残高割合を前年同期と比較することや関連する費用明細の分析またはレビューの実施も有用です。

## 2 証憑突合

### 1 手続の目的

監査人が、金額的重要性のある項目などを中心に請求書や契約書などの関連証憑との突合を実施することによって、前払費用の計上額の妥当性を確かめるための監査手続です（実在性、網羅性、評価の妥当性）。

### 2 手続の具体的な内容

監査人は計上されている前払費用のうち、金額的重要性が高い項目など、必要と認めたものについて、契約書の主たる内容（取引相手、契約期間、契約額、契約日、役務内容、特記事項など）を閲覧し、請求書や実際の出金証憑と照合し前払費用の計上額の妥当性を確かめます。必要と認めた場合には、残高確認を実施して、計上額の妥当性を検証することもあります。

契約書の閲覧の際には、翌期以降に実際に役務の提供があるかどうかを検討します。翌期以降に役務の提供を受けることが想定されない場合は前払費用として資産計上することが不適切であるため、費用処理する必要があります。

## 3 期間配分の妥当性の検証

### 1 手続の目的

　監査人が前払費用の期間按分が適切に行われているかどうか検証することにより、前払費用の計上額の妥当性を確かめるための監査手続です（期間配分の適切性）。

### 2 手続の具体的な内容

　監査人は、会社が作成した経過項目の期間配分の計算資料を入手し、契約書や請求書との照合や再計算により期間配分計算が適切に行われていることを確かめます。期間配分の方法については、日割りもしくは月割り、片端入れもしくは両端入れなどが契約により異なるため、契約実態に即して適切に計算されていることを確かめます。

　なお、法人税法上で繰延資産として処理している項目で、会計上は繰延資産として認められていないものを実務上、長期前払費用として処理している場合があります。法人税法上は繰延資産を均等償却しなければならないと定めていますが、会計上は、収益費用対応の観点から、効果の及ぶ範囲に対応して償却する必要があります。よって、契約書の内容や実際の状況を勘案して、償却方法を決定する必要があります。会計上と税務上で処理が異なる場合は適切に税務調整を行います。

#### 監査手続上のポイント

　税法独自の繰延資産として、たとえば契約時に一括して支払うロイヤリティーがあります。税法では均等償却することが規定されていますが、会計上は使用料に応じて償却することが実態に整合する場合があり、償却計算の基礎が異なるケースがあります。

## 4 表示・開示の妥当性に関する手続

### 1 手続の目的

監査人が、前払費用に関する表示及び注記について関連資料や関連調書と照合することによって、財務諸表上の表示・開示の妥当性を確かめるための監査手続です（表示の妥当性）。

### 2 手続の具体的な内容

監査人は期間配分資料、契約書及び関連する監査調書などと照合することにより、契約期間が1年超の部分については適切に長期前払費用に区分計上されていることを確かめます。また、契約書の通査などによって、継続的役務提供に関する前払いか否か、すなわち、前払金として処理すべきものではないことを確かめ、勘定科目の妥当性について検証します。また、前払費用項目の明細をレビューし、各項目の残高の内容を確認して他の科目によって表示すべきものがないことも確かめます。

# 第7節 その他流動資産

## 7-1 勘定科目の特性とリスク

■勘定科目の範囲

### 1 貸付金

貸付金とは、金銭消費貸借契約などに基づく金銭貸付取引から生じた金銭債権をいいます。貸借対照表日の翌日から起算して1年以内に返済期限が到来するものを短期貸付金として、1年超のものを長期貸付金として表示します。

たとえば、下請会社に対する一時的運転資金の貸付、従業員に対する福利厚生の一環としての資金援助、関係会社への資金援助や資金管理のためのもの、取引先に対する資金援助目的のものなどがあります。

### 2 未収収益

未収収益とは、一定の契約に従い、継続して役務の提供を行う場合、すでに提供した役務に対していまだその対価の支払を受けていないものをいいます。これは役務提供契約以外の契約等による 3 未収入金とは区別しなければなりません（会原注5）。主な例として未収利息、未収家賃、未収手数料などがあります。

### 3 未収入金

未収入金とは、継続的な役務提供契約以外の取引に基づいて発生した金銭債権です（会原注5）。継続的役務提供契約に関する債権である未収収益と区

別されるとともに通常の営業取引により発生した債権である売掛金とも区別されます。主な例として固定資産や有価証券の売却により発生した債権、配当金の未収分などがあります。

### 4 前渡金

前渡金は、通常の商取引に基づいて商品、原材料などの納品に先だって仕入先に支払った金額を処理する勘定科目です。前渡金は実際に取引が発生したときに他勘定への精算振替を行うことから、どの取引に結びついた前渡金であるのかを明確にしておくことが必要です。

### 5 仮払金

仮払金とは、実際に処理すべき勘定科目や最終的な金額が確定しない状況で、金銭の支出に対して一時的に処理される項目です。取引確定時にはあるべき勘定科目への振替処理を行う必要があります。

長期的に滞留している仮払金は、精算漏れや費用への振替処理漏れなどの可能性があることから特に留意する必要があります。

## ■勘定の特性とリスク

### 1 貸付金

貸付金の貸付目的は様々です。関係会社に対する貸付金の場合、グループ内の効率的な資金運用の観点から実行されるものもあれば、子会社の資金繰り支援のための貸付もあります。

貸付金の主たるリスクは、貸倒リスクですが、貸倒リスクの程度は、貸付先の財政状態や貸付先との関係性、貸付事由などにより相対的に異なります。個々の貸付金の信用リスクを把握して回収可能性を検討することが重要です。

また関連項目である貸付金利息のリスクとして単純な利息計算の誤りや異常な利率での貸付による税務上の問題などがあります。

### 2 未収収益

　未収収益は経過勘定項目であるため、期間按分計算を誤るリスクが主なリスクです。

### 3 未収入金

　未収入金は金銭債権であることから貸倒リスクがあります。また、未収入金は通常の営業取引以外の取引から発生する債権であり、未収入金勘定を用いて処理する取引には様々なものがあることから、売掛金や未収収益との混同により表示を誤るリスクもあります。

### 4 前渡金

　前渡金は実際の取引が発生した段階で他の勘定との精算をすべき項目ですが、精算漏れにより前渡金勘定として残高が残ってしまい、資産が過大計上となるリスクがあります。

### 5 仮払金

　仮払金は適切な時期に適切な金額で精算する必要があります。長期間未精算となっている残高があるなど、資産の過大計上のリスクや本来振替えすべき勘定科目があるにもかかわらず未精算となっているため表示を誤るリスクなどがあります。

　また、資金流用などの不正が行われた場合、流用額を仮払金として処理することが考えられます。

## 7-2　リスクとアサーション

　「その他流動資産」に関する主なリスクとしては、以下のものが考えられます。

| 主なリスク | 主なアサーション |
| --- | --- |
| （1）架空の資産が計上される | 実在性、権利と義務の帰属 |
| （2）資産の計上が漏れる | 網羅性 |
| （3）資産が適切な金額で計上されない | 評価の妥当性 |
| （4）期末評価を誤る | 評価の妥当性 |
| （5）利息計算を誤る | 実在性（発生）、網羅性、期間配分の適切性 |
| （6）表示・開示を誤る | 表示の妥当性 |

## 1　架空の資産が計上される

　貸付金については、金銭消費貸借契約に基づき実行・計上されますが、金銭消費貸借契約がないにもかかわらず、架空の貸付金が会計帳簿に計上されるリスクがあります（実在性、権利と義務の帰属）。このようなリスクに対しては、重要な貸付に係る稟議書や取締役会による承認、仕訳伝票について上長が承認を行うなどの内部統制を構築することが有用です。

　未収収益については、たとえば未収利息について債務者から契約上の利払日を相当期間経過しても利息の支払いを受けていない債権及び破産更生債権等については、すでに計上されている未収利息を当期の損失として処理するとともに、それ以後の期間に係る利息を計上してはならないとされていますが（金融商品会計基準注9）、未収利息を会計システムにより自動的に計算する方法を採用している会社もあるため、本来計上できない未収利息が未収収益として計上され続けるリスクがあります（実在性、権利と義務の帰属）。このようなリスクに対しては、貸付金などの関連する金銭債権と未収収益を一括管理する他、滞留債権リストの作成などを含む債権管理や未収収益について担当者が計上の可否を毎期確認するなどの内部統制を構築することが有用

です。

　未収入金については、たとえば、未だ支給が確定していない助成金・補助金に対する未収入金を計上してしまうなど、架空の未収入金が計上されるリスクがあります（実在性、権利と義務の帰属）。このようなリスクに対しては、長期にわたって未回収となっている滞留債権の調査、仕訳伝票について上長が承認を行うなどの内部統制を構築することが有用です。

　前渡金については、取引先別に債権債務の管理ができていない場合、買掛金の支払いを誤って前渡金として処理してしまうことにより、架空の前渡金が計上されるリスクがあります（実在性、権利と義務の帰属）。このようなリスクに対しては、前渡金の支出目的の明確化、契約書等の根拠資料との照合、前渡金や買掛金について取引先別に管理するほか、仕訳伝票について上長が承認を行うなどの内部統制を構築することが有用です。

　仮払金については、未精算勘定であることから、当期において費用化すべきものなどが含まれている場合、仮払金が架空に計上されるリスクがあります（実在性、権利と義務の帰属）。このようなリスクに対しては、支出目的の明確化、支出時の承認、仮払金の残高明細を作成するとともに、その内容を上長がチェックし、仮払金から他の勘定に振り替える必要があるか定期的に検討するなどの内部統制を構築することが有用です。

## 2　資産の計上が漏れる

　貸付金については、金銭消費貸借契約に従い貸付を実行したにもかかわらず、貸付金が会計帳簿に計上されないリスクがあります（網羅性）。このようなリスクに対しては、債権管理、重要な貸付に係る稟議書や取締役会による承認、雑勘定科目の通査、長期滞留の売掛金の検討により実質的に貸付金として処理すべき項目の有無を確認する、仕訳伝票について上長が承認を行うなどの内部統制を構築することが有用です。

　未収収益は経過勘定項目ですが、未収収益が発生しているにもかかわらず、

計上が漏れるリスクがあります（網羅性）。このようなリスクに対しては、債権管理とともに計上すべき未収収益がないことをチェックリストなどで担当者が確認するなどの内部統制を構築することが有用です。

　未収入金については、たとえば廃棄資産を第三者に売却したにもかかわらず、売却処理が行われずに未収入金の計上が漏れるほか、支給が確定した助成金・補助金などに係る未収入金の計上が漏れるリスクなどがあります（網羅性）。このようなリスクに対しては、固定資産の売却取引について稟議書や取締役会の承認を求める、助成金・補助金などの申請後の支給確定に関する情報収集、仕訳伝票について上長が承認を行うなどの内部統制を構築することが有用です。

　前渡金は仕入に関する先払いであり、商品などの納入時において充当され、残額は買掛金が計上されます。しかし、取引先ごとに前渡金が管理されていない場合、異なる取引先に対する買掛金と前渡金が相殺されてしまうリスクがあります。また、買掛金の一部がマイナス残高となっている場合には、前渡金の計上が漏れている可能性もあります（網羅性）。このようなリスクに対しては、前渡金や買掛金について取引先別に管理するほか、上長による買掛金のマイナス残のチェックなどの内部統制を構築することが有用です。

### 3　資産が適切な金額で計上されない

　たとえば貸付金について、貸付取引の実施にあたって作成された金銭消費貸借契約書等をもとに取引日及び金額が会計帳簿に記録されますが、この会計帳簿への記録を誤るリスクがあります（評価の妥当性）。このようなリスクに対しては、仕訳伝票について上長が承認を行うなどの内部統制を構築することが有用です。

## 4 期末評価を誤る

貸付先について回収可能性に応じた貸倒引当金の見積りを誤るリスクがあります（評価の妥当性）。

このようなリスクに対しては、約定に基づく元利金の回収状況の確認、返済が遅延している貸付金の管理、担保・保証による保全を貸付実行の条件とする、定期的な貸付先の財務状況・信用状況のモニタリング、貸倒引当金の計算結果及び仕訳伝票について上長が承認を行うなどの内部統制を構築することが有用です。

未収入金についても回収可能性に応じた貸倒引当金の見積りを誤るリスクがあります（評価の妥当性）。このようなリスクに対しては、回収スケジュールの作成、滞留債権の調査、取引先の財政状態に関する情報の適時な入手や与信限度額の設定、貸倒引当金の計算結果及び仕訳伝票について上長が承認を行うなどの内部統制を構築することが有用です。

## 5 利息計算を誤る

貸付金の利息計算にあたって、経過項目として計上すべき利息の処理が漏れるリスクや、利率の適用誤り・利息計算の誤りにより利息の金額を誤るリスクがあります（実在性（発生）、網羅性、期間配分の適切性）。このようなリスクに対しては、担当者以外の者によるダブルチェックなどにより、未収利息の計上の漏れや、利率のチェックを含めた計算の正確性を確かめるなどの内部統制を構築することが有用です。なお、利率が異常に高いまたは低い場合には、計算上の利率の誤りのほか、税務上の問題が生じる可能性もあるため、その理由を確かめることが有用です。

## 6　表示・開示を誤る

　貸付金は、1年基準による長短分類表示や（財規ガイドライン15－12⑤）、債務者が実質的に経営破綻の状態にある場合には破産更生債権等に振り替える必要があります。そのため、短期項目や破産更生債権等への振替漏れにより表示区分を誤るリスクがあります（表示の妥当性）。また、期中に仮払金として処理したままで、費用や他の資産などの本来の勘定に振り替えられない場合にも表示を誤るリスクがあります（表示の妥当性）。一方、関係会社への貸付金や役員・従業員等への貸付金については、性質上別掲表示または注記する必要があるため、当該表示または開示を誤るリスクがあります（表示の妥当性）。

　未収収益は、流動資産として表示されますが（財務諸表等規則16）、表示区分を誤るリスクがあります（表示の妥当性）。

　未収入金は、1年基準による長短分類表示が必要となるため（財規ガイドライン15－12③）、短期項目への振替漏れにより表示区分を誤るリスクがあることに加え、役員・従業員などに対する未収入金で別掲表示または注記すべきものがある場合に、表示または開示を誤るリスクがあります（表示の妥当性）。

　前渡金は、流動資産として表示する必要がありますが（財務諸表等規則17①十）、同一の相手先に対して買掛債務がある場合、契約等の実態に応じて当該債務との相殺表示の要否を判断します。この相殺の判断を誤ることで表示を誤るリスクがあります（表示の妥当性）。

　仮払金その他の未決算勘定でその金額が資産の総額の100分の1を超えるものについては、当該未決算勘定の内容を示す名称を付した科目をもって掲記する必要がありますが（財規ガイドライン19③）、この区分表示を誤るリスクがあります（表示の妥当性）。

　これらのリスクに対しては、経理部門での勘定残高明細の内容のレビュー、担当部署内での長短振替のチェックや表示事項に関する確認及び承認、財務

諸表に対する IR 部門での内容確認や、経理部上長の承認などの内部統制を構築することが有用です。

## 7-3 主な監査手続

「その他流動資産」に関する主な監査手続は以下のとおりです。

| 主なリスク | 主なアサーション |
| --- | --- |
| (1) 分析的手続 | 各アサーション |
| (2) 証憑突合 | 実在性、網羅性、評価の妥当性 |
| (3) 期間配分の妥当性の検証 | 期間配分の適切性 |
| (4) 期末評価の妥当性の検証 | 評価の妥当性 |
| (5) 受取利息のオーバーオール・テスト | 実在性（発生）、網羅性、期間配分の適切性 |
| (6) 表示・開示の妥当性に関する手続 | 表示の妥当性 |

### 1 分析的手続

#### 1 手続の目的

　監査人が、勘定科目残高を分析することによって、当該残高が会社の経営環境に照らして合理的であることを概括的に確かめるための監査手続です（各アサーション）。

#### 2 手続の具体的な内容

　監査人は、期末残高と推定値（前期末残高などを基に設定した金額）を比較・分析し、増減の有無や乖離の程度を把握して、当該増減や乖離の内容が会社

の経営環境に照らして合理的なものであることを、質問や関連証憑の閲覧によって確かめます。

未収入金については、特に長期滞留しているものがないことを確かめます。長期滞留している場合には回収可能性に問題があるか、または精算処理が漏れていることも考えられるため追加的な手続の実施を検討します。

また、仮払金については未精算の仮勘定であることから、通常は決算において何らかの他の勘定科目への振替処理が行われます。残高が残っている場合には、その内容を把握し、振替処理漏れがないことを確かめ、仮払金勘定で計上しておくことの妥当性について検証します。

## 2　証憑突合

### 1 手続の目的

監査人が、金額的重要性のある項目などを中心に稟議書、請求書、契約書などの関連証憑との突合を実施することによって、勘定残高の妥当性を確かめるための監査手続です（実在性、網羅性、評価の妥当性）。

### 2 手続の具体的な内容

監査人は残高明細書などを入手し、金額的重要性が高い項目など必要と認めたものについて、稟議書、請求書、契約書などの記載内容と会計処理の内容が一致していることを確かめ、会計帳簿への計上額の妥当性を確かめます。

たとえば貸付金については、貸付金明細表を入手し、当期の増減額を把握したうえで、当期新たに発生した貸付金については、稟議書にて適切な社内承認を得ていること、契約書が適切に作成され契約どおりの金額で貸付が実行されていることを確かめるとともに、相手先の名称、貸付期間、利率など、他の監査手続（表示・開示に関する監査手続等）で必要となる情報もあわせて入手します。また、必要と認めた場合には、残高確認を実施して、計上額の妥当性を検証することもあります。

## 3 期間配分の妥当性の検証

### 1 手続の目的

　監査人が経過勘定項目である未収収益について期間按分が適切に行われているかどうか検証することにより、未収収益の計上額の妥当性を確かめるための監査手続です（期間配分の適切性）。

### 2 手続の具体的な内容

　監査人は、会社が作成した経過項目の期間配分の計算資料を入手し、契約書や請求書との照合や再計算により期間配分計算が適切に行われていることを確かめます。期間配分の方法については、日割りもしくは月割り、片端入れもしくは両端入れなどが契約により異なるため、契約実態に即して適切に計算されていることを確かめます。

## 4 期末評価の妥当性の検証

### 1 手続の目的

　監査人が、勘定残高の評価の妥当性を検証することによって、期末残高が妥当であることを確かめるための監査手続です（評価の妥当性）。

### 2 手続の具体的な内容

　監査人は、その他流動資産の各項目に対して、回収状況や今後の精算予定などに関して関連資料を基に確かめ、期末残高が妥当な金額であるか否か検証します。

　たとえば、貸付金であれば契約条件どおりの入金があることなどの回収状況を確かめるとともに、必要に応じて貸付先の財政状態なども検討し、今後の回収可能性を評価します。その際、利息の減免や貸付期間の延長などの条件変更が行われていないことも確かめます。仮にこのような条件変更が行わ

れた場合などには、貸倒引当金の修正についても検討します（詳細は本章第16節 **16-1**「貸倒引当金」参照）。

## 5　受取利息のオーバーオール・テスト

### 1 手続の目的

監査人が、受取利息計上額の妥当性を概括的に検証するための監査手続です（実在性（発生）、網羅性、期間配分の適切性）。

### 2 手続の具体的な内容

オーバーオール・テストとは、概括的な分析的手続を広く指す言葉です。受取利息の妥当性検証において監査人は以下のようなオーバーオール・テストを実施します。

たとえば、貸付金についてその貸付目的別に月次平均残高を算出し、当該平均残高と推定利率を用いて計算した推定利息額と、実際の利息計上額を比較検討する方法などが考えられます。推定値との乖離が大きい場合には、担当者への質問や実際の貸出利率を用いた再計算などによって推定値との乖離が合理的な要因に基づくものであることを確かめます。

なお、オーバーオール・テストに代えて個々の利息計上額に対する証憑突合を実施することもあります。

## 6　表示・開示の妥当性に関する手続

### 1 手続の目的

監査人が、その他流動資産に関する表示及び注記について関連資料や関連調書と照合することによって、財務諸表上の表示・開示の妥当性を確かめるための監査手続です（表示の妥当性）。

## 2 手続の具体的な内容

　監査人は、会社が作成している管理用の明細の閲覧や、会社担当者への質問、関連する監査調書との照合を実施し、その他流動資産に関連する項目が貸借対照表上適切に区分表示されていること、及び注記による開示が求められる場合にはその他流動資産の各項目に関する注記が適切に行われていることを確かめます。

# 第8節

# 有形固定資産・リース会計

本節においては、有形固定資産及びリース会計を対象として扱います。

## 8-1 有形固定資産

### 1 勘定科目の特性とリスク

■**勘定科目の範囲**

有形固定資産とは、実体価値のある資産で物理的にその存在を確かめることができ、比較的長期にわたり事業に使用する目的で保有する資産です。具体的には、建物、構築物、機械装置、工具器具備品及び車両運搬具のような償却性資産と土地及び建設仮勘定のような非償却性資産に分類されます。

■**勘定の特性とリスク**

有形固定資産は、一般的に1件あたりの金額が高額で保有件数が多いという特徴があり、また以下のプロセスに関連して主に架空資産の計上、資産の計上漏れ、資産を過大または過小に評価するというリスクが存在します。

有形固定資産は、建設または外部から取得することによって増加し、稼働に伴い建設仮勘定から本勘定へと科目を振り替えると同時に、減価償却計算を開始します。一方、外部への売却または廃棄処理によって減少します。そのため、そのプロセスは取得取引（増加）、売却・廃棄などの処分取引（減少）、減価償却、資産の評価（評価）に大きく区分でき、それぞれにつきリスクが

潜在的に存在します。

これらのフローを詳細に見てみると、有形固定資産の取得では、取引先への発注に基づき現物を受け入れ、検収を行い有形固定資産（建設仮勘定）として会計帳簿に計上されます。

一方、売却・廃棄などの処分取引は、売却と廃棄で区分されますが、一般的に売却先または処分先の選定を行ったうえで、売却または処分の稟議を経て、売却または廃棄業者に現物を引き渡し、当該業者から受領した証跡に基づいて会計処理が行われます。

また、減価償却計算は、固定資産の件数が膨大である場合には固定資産システム内で自動計算を行うことが一般的です。

さらに資産の評価については減損会計基準に基づき減損処理の要否を検討する必要があります。

## 2 リスクとアサーション

「有形固定資産」の主なリスクとしては、以下のものが考えられます。

| 主なリスク | 主なアサーション |
| --- | --- |
| （1）架空の有形固定資産が計上される | 実在性、権利と義務の帰属 |
| （2）有形固定資産の計上が漏れる | 網羅性 |
| （3）資産計上すべき支出が費用処理される | 網羅性 |
| （4）期末評価を誤る | 評価の妥当性 |
| （5）費用処理すべき支出が資産計上される | 実在性 |
| （6）建設仮勘定から本勘定への振替えが漏れる | 表示の妥当性 |

| (7)すでに稼働しているにもかかわらず、減価償却が開始されない | 評価の妥当性、期間配分の適切性 |
|---|---|
| (8)減価償却の計算を誤る | 評価の妥当性、期間配分の適切性 |
| (9)表示・開示を誤る | 表示の妥当性 |

### 1 架空の有形固定資産が計上される

　実際には行っていない工事に関して、実態のない資産が架空に会計帳簿に計上されるリスクがあります（実在性、権利と義務の帰属）。また、実際には資産が廃棄・売却されたにもかかわらず、除売却の処理が漏れるなどにより、帳簿上に架空の資産が計上されるリスクがあります（実在性）。

　このようなリスクに対しては、購入手続の不備や異常の有無の検証、未払債務の滞留状況の調査、売買契約書や登記などの権利書の確認、取得時における購入者と他部門の担当者による現物確認、定期的な有形固定資産の現物確認、売却や廃棄時における外部の第三者（売却相手または廃棄業者）への物品の引渡し・受領といった事実の確認を複数の担当者にて実施するなどといった内部統制を構築することが有用です。

### 2 有形固定資産の計上が漏れる

　実際に有形固定資産を取得したものの、会計処理が漏れ、資産が適切に計上されないリスクがあります（網羅性）。また、保有する資産について、実際は廃棄していないにもかかわらず帳簿上で廃棄処理をしてしまうリスクがあります（網羅性）。

　このようなリスクに対しては、購入時の稟議など会社内部の承認手続、売買契約書や登記などの権利書の確認、取得時における購入者と他部門の担当者による現物確認、物品の受入れ及び検収をする際の証憑との照合手続、定期的な有形固定資産の現物確認などの他、廃棄処理の際は廃棄予定の資産に貼付された固定資産番号シールを剥がし、廃棄伝票に添付し固定資産台帳と

### 3 資産計上すべき支出が費用処理される

　有形固定資産を取得した場合、その取得原価には、その代価と取得に要した付随費用が含まれます。取得原価に算入される付随費用の範囲には、明確なルールがあるわけではなく、あくまで会社の会計方針に基づいて判断されるものであるため、誤って取得に関連する付随費用を取得原価に含めずに、費用処理してしまうリスクがあります。また、資産取得後の支出にかかる資本的支出と収益的支出の区分も、会社の会計方針に基づいて判断されるため、誤って資産として計上すべき支出を費用処理してしまうリスクがあります（網羅性）。

　また税務の観点からは、課税所得を抑えるために早期に損金経理するインセンティブが働き、取得原価に含めるべき付随費用を費用処理するリスクが高いため、注意が必要となります。

　このようなリスクに対しては、資産計上と費用計上の区分の判断に関する具体的な経理マニュアルやチェックリストなどを作成し、それに基づいて担当者が処理を行い、上長がその処理の妥当性を確かめて承認するという内部統制を構築することが有用です。

### 4 期末評価を誤る

　有形固定資産は、減損会計基準に従い、収益性の低下により固定資産の投資額の回収が見込めなくなった場合には、一定の条件の下で回収可能性を反映させるように帳簿価額を減額させなければなりませんが、本来減損処理すべき資産に対して減損処理が行われないリスクがあります（評価の妥当性）。

　このようなリスクに対しては、減損会計基準に従って作成された会社の減損に係る方針に基づき、減損の兆候チェックリスト、割引前キャッシュ・フローと帳簿価額を比較するための計算シートなど、減損の検討シートを作成し、それに従って担当者が検討し、上長が承認するといった内部統制を構築

することが有用です。

### 5 費用処理すべき支出が資産計上される

上記 3 のリスクと反対のリスクです。本来費用処理すべき支出を固定資産の取得原価に含めてしまうリスクがあります（実在性）。このようなリスクに対しては 3 と同様の内部統制を構築することが有用です。

### 6 建設仮勘定から本勘定への振替えが漏れる

設備の現物管理部門と経理処理部門は異なることもあるため、有形固定資産の完成の事実が経理担当部署に適時に伝達されず、資産が稼働したにもかかわらず、帳簿上建設仮勘定から本勘定への振替えが行われないリスクがあります（網羅性、表示の妥当性）。

このようなリスクに対しては、製造中または建設中の有形固定資産がある場合、完成後に完成報告書などを作成して経理担当部署に適時に報告する仕組みをつくるほか、経理担当部署が定期的に建設仮勘定の滞留調査を実施するといった内部統制を構築することが有用です。

### 7 すでに稼働しているにもかかわらず、減価償却が開始されない

減価償却計算は、資産の稼働に伴い開始します。上記 6 の「建設仮勘定から本勘定への振替えが漏れる」場合、減価償却計算が帳簿上適切に開始されない可能性が高まります（評価の妥当性、期間配分の適切性）。

このようなリスクに対しては上記 6 と同様の内部統制を構築することに加え、固定資産の現物確認において未稼働の有形固定資産の調査を実施するという内部統制を構築することが有用です。

### 8 減価償却の計算を誤る

有形固定資産の多くは、使用しても数量的に減少しませんが、その価値は使用や時の経過により低下していき、またその価値の低下パターンは資産に

よって異なることから、毎期当該価値低下分を各資産ごとに減価償却として認識します。減価償却費は、償却方法の選択、耐用年数、残存価額によって計算結果が異なるため、これらの減価償却の計算要素を適切に設定することが必要となりますが、これらの計算要素の設定を誤ることにより、減価償却の計算を誤るリスクがあります（評価の妥当性、期間配分の適切性）。

このようなリスクに対しては、減価償却計算要素となる情報（取得価額、耐用年数及び残存価額など）を固定資産管理システムなどに入力する際に、入力担当者とは別の第三者が基礎資料を基に入力内容を確かめることに加え、その内容の妥当性を上長が承認するという内部統制を構築することが有用です。

### 9 表示・開示を誤る

有形固定資産は、貸借対照表上、建物、構築物、機械及び装置、工具、器具及び備品、土地またはリース資産などの項目ごとに区分されます（財務諸表等規則23）。そして、これらに対する減価償却累計額は、当該各資産科目に対する控除科目として掲記する間接控除方式のほか、減価償却累計額を当該各資産の金額から直接控除し、その控除残高を各資産の金額として表示する直接控除方式があります。また、開示の基礎となる法規にしたがい、会計方針として減価償却方法について記載するとともに（財務諸表等規則8の2①三）、附属明細表において有形固定資産等明細表を作成します（財務諸表等規則121①二）。そのため、当該表示や開示事項を誤る、または漏れるリスクがあります（表示の妥当性）。

このようなリスクに対しては、担当部署内での表示・開示事項に関する確認及び承認、財務諸表に対するIR部門での内容確認や、経理部上長の承認などの内部統制を構築することが有用です。

## 3 主な監査手続

「有形固定資産」に関する主な監査手続は、以下のとおりです。

| 主な監査手続 | 主なアサーション |
|---|---|
| (1)分析的手続 | 各アサーション |
| (2)減価償却費の検討 | 実在性、網羅性、評価の妥当性、期間配分の適切性 |
| (3)期中取引の検証 | 実在性、網羅性、権利と義務の帰属、評価の妥当性 |
| (4)取得原価の妥当性の検証 | 実在性、網羅性、評価の妥当性 |
| (5)耐用年数の妥当性の検証 | 評価の妥当性、期間配分の適切性 |
| (6)現物視察 | 実在性、網羅性、権利と義務の帰属、評価の妥当性 |
| (7)減損の検討 | 評価の妥当性、期間配分の適切性 |
| (8)建設仮勘定の滞留調査 | 実在性、評価の妥当性、期間配分の適切性 |
| (9)表示・開示の妥当性に関する手続 | 表示の妥当性 |

## 1 分析的手続

### ① 手続の目的

監査人が、有形固定資産及び関連損益を分析することによって当該残高及び損益の金額が会社の経営環境に照らして合理的であることを概括的に確かめるための監査手続です（各アサーション）。

### ② 手続の具体的な内容

監査人は、有形固定資産の当期末残高及び当期に発生した減価償却費などの関連損益について、それぞれ推定値（前期末残高や前年同期金額などを基に設定した金額）と比較・分析し、増減金額及び増減率を算出して、それら財務情報の変動に係る矛盾または異常な変動の有無を識別します。この際、著しい増減の有無及びその理由が、会社の経営環境に照らして合理的であることを質問や関連証憑の閲覧によって確かめます。

たとえば、景気後退期では、通常企業は資本的支出を伴う投資水準を下げることが予想されますが、この期待に反する状況が見られる場合、特にその増減についての原因を調査することなどが考えられます。

### 2 減価償却費の検討
#### ① 手続の目的
監査人が減価償却費計上額の妥当性を概括的に検証するための監査手続です（実在性、網羅性、評価の妥当性、期間配分の適切性）。

#### ② 手続の具体的な内容
監査人は、減価償却計算の基礎となる減価償却方法や耐用年数などの適用の継続性を確かめるとともに、以下のようなオーバーオール・テストや、サンプリングによる詳細テストを行います。

《オーバーオール・テスト》

オーバーオール・テストとは、概括的な分析的手続を広く指す言葉ですが、減価償却計算の妥当性検証においては、「当期発生減価償却費÷取得原価」で計算した平均償却率について、前期比較などにより検討する方法や、有形固定資産の全体または科目別の取得価額に対して平均償却率を乗じて推定計算された減価償却費と実際に発生した減価償却費を比較・検討する方法など様々な手法が存在します。

たとえば、耐用年数が同じ有形固定資産ごとにグループ化し、グループごとに減価償却資産の残高（増減を含む）、平均耐用年数及び適用している減価償却方法を用いて推定計算を行い、会社の減価償却費計上額と比較し、その差異内容を検討する手続が考えられます。

減価償却資産の残高については、定率法であれば、前期末帳簿価額と当期末帳簿価額の平均値を使用し、定額法であれば、前期末取得価額と当期末取得価額の平均値を使用することが通常です。しかし、期中に重要な有形固定資産の取得または処分などの変動がある場合には、新規取得資産の稼働開始時期や処分資産の処分時期を加味することにより、より精緻な分析を実施することが可能になります。

《サンプリングによる詳細テスト》

サンプリングによる詳細テストとは、監査人がサンプルを抽出し、減価償却計算の再計算を実施することによって、減価償却計算が適切に実施されていることを確かめる手続です。

通常、減価償却費の計算は、システムによる自動計算が採用されることが多いため、適切な計算要素がシステムに登録され、減価償却計算のロジックが適正であれば、反復継続的な処理が期待されることから、サンプリングによる詳細テストは計算ロジックを検証する手続として有用です。

### 3 期中取引の検証

#### ① 手続の目的

監査人が、有形固定資産の重要な取得取引や、サンプルとして抽出した取引について、実際に取得していること、取得資産に対する所有権が会社にあること、取得原価が適切に測定されていることを確かめ、重要な処分については有形固定資産が実際に売却または廃棄されていること、すでに会社に所有権や使用権がないことを確かめるための監査手続です（実在性、網羅性、権利と義務の帰属、評価の妥当性）。

#### ② 手続の具体的な内容

監査人は、有形固定資産の増加及び減少に係る重要な取引や、サンプルとして抽出した取引について、関係記録及び証拠資料を入手し、仕訳金額及び固定資産台帳と突合します。たとえば、見積書、契約書、稟議書、検収通知書、権利証、登記簿謄本などの内容を検討します。

① 増加取引の検証

外部取得の場合、帳簿上資産計上されたものと同じ資産が物理的に受け入れられたことを確かめるため、売買契約書、納品業者の印のある検収通知書や納品書などの関連資料と固定資産台帳の記載内容を照合します。また、購入に関する所定の承認が適切になされたことを示す稟議書、売買契約書や登記簿などの所有権を示す法的書類を閲覧することにより、会社に資産の所有

権が帰属していることを確かめます。

　さらに、見積書ではなく、正式な契約書や請求書に記載された購入価額に基づき、資産の本体価格に購入手数料、引取運賃、据付費などの付随費用を加算して取得原価を算定していることを確かめます。この際に、稟議書における承認額の範囲内の支出であるか否かについて確かめることも考えられます。

　そのほか、以下のように取得形態に応じて適切に取得原価が算定されていることを確かめます。

| 取得形態 | 取得原価の内容 |
|---|---|
| 外部購入 | 購入代金に付随費用を加えた金額 |
| 自家建設 | 適正な原価計算基準に従って計算された製造原価 |
| 現物出資 | 現物出資の目的たる財産の価額（公正な評価額） |
| 同種資産との交換 | 引き渡した固定資産（譲渡資産）の適正な帳簿価額 |
| 異種資産との交換 | 譲渡資産の時価または適正な帳簿価額 |
| 贈　与 | 受入資産の時価などを基準とした公正な評価額 |

　また、新規取得資産については、減価償却の計算要素として耐用年数及び残存価額などを固定資産台帳へ登録する必要があるため、当該計算要素が合理的に決定されていることを稟議書などで確かめるとともに、減価償却開始時期が稼働時期になっていることも確かめます。

② 減少取引の検証

　売却取引では、売却価額の妥当性のほか、実際に売却した資産と帳簿上売却処理した資産が同一であることなど、売却処理の妥当性を確かめるため、所定の承認を得た稟議書、売買契約書などと帳簿上の処理内容を照合します。また、売買契約書などに記載された売却価額から売買に関する諸経費（手数

料など）を控除した金額と売却資産の売却時点の帳簿価額との差額が売却損益として適切に会計処理されていることを確かめます。

廃棄取引では、実際に廃棄した事実を証明する証憑（たとえば、廃棄業者の確認印済みの廃棄書類など）と帳簿上の処理内容を照合することで、廃棄処理の妥当性を検証します。

### 監査手続上のポイント

有形固定資産は、棚卸資産のように短いサイクルで頻繁な払出が行われるものではなく、いったん取得すると１年以上の長期にわたって保有されるため、監査上は、残高に対する直接的な検証ではなく、**3**「期中取引の検証」のようにその増加や減少（フロー）の事実に着目するのが通常です。

一方、一定時点の残高（ストック）に着目する監査手続である**6**「現物視察」は、直接的に現物の存在を監査人が確かめることができますが、一般的には手続の主たる目的は会社が有形固定資産を適切に現物管理しているか否かを確認するものであり内部統制の有効性の評価としての側面が強いといえます。

## 4 取得原価の妥当性の検証
### ① 手続の目的

監査人が有形固定資産について取得原価に算入されている内容及び費用処理されている内容を通査することにより、有形固定資産の取得原価の妥当性を確かめるための監査手続です（実在性、網羅性、評価の妥当性）。

固定資産に関する支出については、上記**2 3**「資産計上すべき支出が費用処理される」リスクと上記**2 5**「費用処理すべき支出が資産計上される」リスクがあるため、取得原価がどのような項目で構成されているか、また関連する費用項目（修繕費・租税公課など）に取得原価に含めるべき項目が

ないか、といった視点で検証を行います。

#### ② 手続の具体的な内容

監査人は、有形固定資産の取得があった場合に、その勘定明細や工事精算書などを入手し、取得原価に含めた項目のほか、取得時に費用処理された項目をレビューし、必要に応じて請求書などの関連証憑などを入手して内容を吟味し、各項目について取得原価に含めるべきか費用処理すべきか検討します。

また、有形固定資産の取得後に関連する修理または改良などの支出があった場合、固定資産（資本的支出）と修繕費の区分に関する会社の処理基準を把握し、その処理基準が妥当であること、当該支出がその処理基準に従い適切に処理されていることを確かめます。

なお、これらの検討の際には、その処理基準を毎期継続的に適用していることが前提となります。

### 5 耐用年数の妥当性の検証

#### ① 手続の目的

監査人が、減価償却の重要な計算要素となる耐用年数について、その妥当性を確かめるための監査手続です（評価の妥当性、期間配分の適切性）。

#### ② 手続の具体的な内容

監査人は、まず会社が採用している耐用年数の決定方法を把握します。耐用年数は、原則として企業が過去の経験、将来の予測、その他それぞれの個別的事情を十分考慮して自主的に決定・適用する経済的使用可能年数（経済的耐用年数）とすべきですが、わが国の会計実務上は、恣意性が介入した耐用年数の決定を防ぐため、法人税法上の法定耐用年数に基づき耐用年数が設定されることもあります。減価償却については、法人税法に規定する普通償却限度額を正規の減価償却費として処理する場合には、企業の状況に照らし、耐用年数または残存価額に不合理と認められる事情のない限り、当面、監査上妥当なものとして取り扱うことができます（監査・保証実務委員会実務指針第

81号「減価償却に関する当面の監査上の取扱い」)。

したがって、会社が法定耐用年数をもって減価償却費計算上の耐用年数として用いている場合、当該法定耐用年数が、経済的耐用年数と比較して、不合理でないことを確かめます。たとえば、耐用年数が到来したにもかかわらず除却処理がされずに稼働している資産の一覧などを入手し、法定耐用年数を使用することが妥当か否か検討することなどが考えられます。

### 6 現物視察

#### ① 手続の目的

監査人が、有形固定資産の現物を視察することにより、有形固定資産に関する会社の現物管理などの内部統制の有効性を確認するとともに、有形固定資産が実際に現物として存在すること、その稼働状況・保管状態などを確かめるための監査手続です（実在性、網羅性、権利と義務の帰属、評価の妥当性）。

#### ② 手続の具体的な内容

監査人は、棚卸資産の実地棚卸と同様に（本章第5節「棚卸資産・原価計算」参照）、基本的には会社が現物確認を実施している場所に赴き、現物確認の実施状況の観察、担当者への質問のほか、サンプルを抽出し、当該サンプルについて直接現物を確かめ、現物が実在していること、稼働状況の異常性の有無、今後の使用予定に基づく耐用年数の合理性などについて検討します。

有形固定資産の現物を確かめることによって、固定資産の実在性や網羅性を確認できます。また、遊休資産の状況に関する監査証拠を入手することができることもあります。

### 監査手続上のポイント

監査人が現物視察を直接行う方法としては、実在性の観点から固定資産台帳を基にサンプリングを行い、現物と固定資産台帳の記録を照合する方法と、網羅性の観点から、保管されている現物から選定した有形固

定資産と固定資産台帳の記録を照合する方法があります。

なお、有形固定資産の現物確認は、会社における財産保全または現物管理の目的で通常会社が自ら実施するものであるため、監査人は会社が実施する現物確認の場に立ち会うことによって、監査を効果的かつ効率的に進めるとともに会社の内部統制の有効性に関する監査証拠を入手することができます。

このように、内部統制の有効性を検証する統制テストとアサーションを直接立証する実証テストの両方の側面を重ね備える手続を「二重目的テスト」と呼びます。

### 7 減損の検討
#### ① 手続の目的
監査人が有形固定資産の収益性の低下の有無を検証し、有形固定資産の期末評価の妥当性を確かめるための監査手続です(評価の妥当性、期間配分の適切性)。固定資産の収益性が低下し、投資額の回収が見込めなくなった場合には、減損会計を適用し、適切に収益性の低下を帳簿価額に反映する必要があります。

#### ② 手続の具体的な内容
監査人は、減損会計基準に準拠した会社の方針に基づき、減損の検討が適切になされていることを確かめ、固定資産の評価の検討を行います。減損の検討は以下の手順を踏むため、監査人は会社が実施している減損の検討のステップについて、資料を入手しその妥当性を検証します。

減損の検討のステップは、まず減損の対象となる資産の範囲及びそのグルーピングの検討を行ったうえで、資産または資産グループごとに減損の兆候を判定します。次に減損の兆候があれば減損の認識の判定へと進みます。そして、減損損失を認識すべきと判定された資産または資産グループについて、帳簿価額を回収可能価額まで減額し、その減少額を減損損失として当期の損失に計上します。

なお、期末日現在稼働していない遊休資産や廃棄すべき資産などについては個別に検討します。

　減損の兆候の把握や認識におけるグルーピングの適切性、見積りにおける各種仮定の合理性、将来キャッシュ・フローの見積りが適切に行われているかについては、特に慎重な判断が必要とされます。

　併せて、減損の兆候の把握や認識における会社が過年度に使用した見積りとその確定額の比較分析を実施し、会計上の見積りの精度や偏向の有無について検証します。確定額との比較分析については、第4章第5節 **5-3**「主な監査手続」**2** を参照してください。

### **8** 建設仮勘定の滞留調査

#### **①** 手続の目的

　監査人が、長期にわたり未稼働となっている建設仮勘定について調査することにより、建設仮勘定の計上の適否、減損の必要性及び本勘定の減価償却計算の妥当性を確かめるための監査手続です（実在性、評価の妥当性、期間配分の適切性）。

#### **②** 手続の具体的な内容

　監査人は、建設仮勘定の明細を入手し、稼働予定時期をレビューし、稼働予定日から現在までの滞留期間を把握します。稼働予定時期をたとえば1か月以上すぎているものを抽出したうえで、滞留理由を調査し、必要に応じて今後の建設計画などについても質問し、建設仮勘定として引き続き計上することが妥当か、またその評価額は妥当か否か検証します。評価額の妥当性の検証については、上記 **7** の「減損の検討」の手続に準じます。

### **9** 表示・開示の妥当性に関する手続

#### **①** 手続の目的

　監査人が、有形固定資産に関する表示及び注記について関連資料や関連調書と照合することによって、財務諸表上の表示・開示の妥当性を確かめるた

めの監査手続です（表示の妥当性）。

### 2 手続の具体的な内容

監査人は、会社が作成している管理用の明細の閲覧や、会社担当者への質問、関連する監査調書との照合を実施し、有形固定資産の各項目が貸借対照表上、適切に区分表示されていることを確かめます。

また、会計方針としての減価償却方法の記載や、担保提供資産、圧縮記帳に係る注記など、様々な注記事項が求められるため、それらの注記についても前期からの開示の継続性を確かめるとともに、会社が採用している方法が適切に開示されていることを、会社への質問や監査調書と照合することによって確かめます。

また、担保注記については、担保提供資産明細表を入手し、金融機関への確認状の回答や必要に応じて登記簿謄本、抵当権設定書類などと照合するとともに、社債・借入金などとの対応関係も確かめます。

---

### ●業務効率化のためのポイント

担保提供資産の注記について、新規借入や社債発行などの際に、有形固定資産を担保として提供する契約を締結する場合があるので、必要な情報を漏れなく収集できる体制を整えておくと表示・開示の基礎資料の作成がスムーズになります。

---

## 8-2 リース会計

### 1 勘定科目の特性とリスク

#### ■勘定科目の範囲

リース会計が対象とするリース取引とは、特定の物件の所有者たる貸手

（レッサー）が、当該物件の借手（レッシー）に対し、合意された期間（リース期間）にわたりこれを使用収益する権利を与え、借手は、合意された使用料（リース料）を貸手に支払う取引です（リース会計基準4）。

リース料を対価とする使用権の移転をその本質的な内容とするリース取引は、法的形式からすれば賃貸借取引ですが、リース物件の使用権の単なる移転に留まらず、リース物件の所有に伴うリスクと経済価値が実質的に借手に移転するような、経済的実態が売買取引に準じているリース取引もあります。ノンキャンセラブルとフルペイアウトの2要件を満たすファイナンス・リース取引は、実質的に割賦売買取引と経済的実態が同じであることから、ファイナンス・リース取引は会計上売買処理されます。一方、それ以外のリース取引はオペレーティング・リース取引に区分され、賃貸借処理されます。

### ■勘定の特性とリスク

リース対象資産についてはファイナンス・リース取引に該当するか、またはオペレーティング・リース取引に該当するかによって、その会計処理が異なります。

このように、リース会計の適用にあたっては、リース契約の実態をどのように判断するかが重要となり、リース会計基準の適用を誤るリスクがあります。

なお、以下はリース資産の借手を念頭に置いています。

## 2 リスクとアサーション

「リース会計」の主なリスクとしては、以下のものが考えられます。

| 主なリスク | 主なアサーション |
| --- | --- |
| （1）ファイナンス・リース取引をオペレーティング・リース取引として処理してしまう | 網羅性 |

| | |
|---|---|
| (2)オペレーティング・リース取引をファイナンス・リース取引として処理してしまう | 実在性 |
| (3)リース資産及びリース債務の計上額を誤る | 評価の妥当性 |
| (4)期末評価を誤る | 評価の妥当性 |
| (5)所有権移転ファイナンス・リース取引と所有権移転外ファイナンス・リース取引の分類を誤る | 評価の妥当性、期間配分の適切性 |
| (6)減価償却費の計算を誤る | 評価の妥当性、期間配分の適切性 |
| (7)表示・開示を誤る | 表示の妥当性 |

### 1 ファイナンス・リース取引をオペレーティング・リース取引として処理してしまう

　リース取引では、ファイナンス・リース取引とオペレーティング・リース取引の区分について、経済的実態に基づいた実質的な判断が求められることから、その区別を誤りファイナンス・リース取引をオペレーティング・リース取引として処理してしまうリスクがあります（網羅性）。

　ファイナンス・リース取引をオペレーティング・リース取引としてオフバランス処理すると、資産規模を圧縮することで収益性を高めることが期待されるというインセンティブがあることから、一般的にリース資産をオフバランスするために、本来ファイナンス・リース取引として処理すべきリース取引について、オペレーティング・リース取引として処理されるリスクが高いと考えられます。

　このようなリスクに対しては、ファイナンス・リース取引とオペレーティング・リース取引の区分に関する会社の方針をリース基準に従い予め定めておき、経理部担当者がその方針に従いリース契約内容と照らして、実質的な判断を行い、上長が承認を行うなどの内部統制を構築することが有用です。

### 2 オペレーティング・リース取引をファイナンス・リース取引として処理してしまう

　上記 1 と逆の処理を行ってしまうリスクです。リース取引では、ファイナンス・リース取引とオペレーティング・リース取引の区分について、経済的実態に基づいた実質的な判断が求められることから、その区別を誤りオペレーティング・リース取引をファイナンス・リース取引として処理してしまうリスクがあります（実在性）。

　このようなリスクに対しては、会社は上記 1 と同様に、新規リース案件についての承認手続などの内部統制を構築することが有用です。

### 3 リース資産及びリース債務の計上額を誤る

　ファイナンス・リース取引では、リース取引開始日に、リース資産及びリース債務が計上されますが（売買処理）、この計上額は原則としてリース契約締結時に合意されたリース料総額から、含まれる利息相当額の合理的な見積額を控除して算定されます。そのため、当該リース料総額や利息相当額などの計算を誤ることでリース資産及びリース債務の計上額を誤るリスクがあります（評価の妥当性）。

　このようなリスクに対しては、リース資産及びリース債務の計上額を算定する会社の方針をリース基準に従い予め定めておき、経理担当者がその算定方法に従いリース契約内容に基づく当該資産及び負債の金額を算定し、上長が承認を行うなどの内部統制を構築することが有用です。

### 4 期末評価を誤る

　貸借対照表に計上されたリース資産については、有形固定資産と同様に、減損会計基準に従い、収益性の低下によりリース資産の投資額の回収が見込めなくなった場合、一定の条件の下で回収可能性を反映させるように帳簿価額を減額させる必要がありますが、適切に減損処理が行われないリスクがあります（評価の妥当性）。

このようなリスクに対しては、減損会計基準に従って作成された会社の減損に係る方針に基づき、減損の兆候チェックリスト、割引前キャッシュ・フローと帳簿価額を比較するための計算シートなど、減損の検討シートを作成し、それに従って担当者が検討し、上長が承認を行うといった内部統制を構築することが有用です。

### 5 所有権移転ファイナンス・リース取引と所有権移転外ファイナンス・リース取引の分類を誤る

ファイナンス・リース取引は、リース契約上の諸条件に照らしてリース物件の所有権が借手に移転すると認められる所有権移転ファイナンス・リース取引と、それ以外の所有権移転外ファイナンス・リース取引に分類されます。いずれに分類されるかにより残存価額、耐用年数及び減価償却方法が異なりますが、当該分類を行うにあたり、実質的な判断が求められるため、その分類を誤るリスクがあります（評価の妥当性、期間配分の適切性）。

このようなリスクに対しては、会社はファイナンス・リース取引のうち、所有権移転型と所有権移転外型の区分に関する会社の方針をリース基準に従い予め定めておき、経理部担当者がその方針に従いリース契約内容と照らして、実質的な判断を行い、上長が承認を行うなどの内部統制を構築することが有用です。

### 6 減価償却費の計算を誤る

リース資産の減価償却について、所有権移転ファイナンス・リース取引の場合は、他の自己所有の固定資産と同様の方法・基準に従って行いますが、所有権移転外ファイナンス・リース取引の場合は、一般的にリース期間を耐用年数として、残存価額をゼロ（リース契約に残価保証の取決めがある場合は当該残価保証額）とする定額法によって算定します。このように、リース取引の契約ごとに減価償却方法が異なるため、当該減価償却費の計算を誤るリスクがあります（評価の妥当性、期間配分の適切性）。

なお、減価償却費の計算は、一般的にシステムによって自動的に行われるアプリケーション統制を採用することが多いものと考えられます。その場合、減価償却の計算要素となる情報（取得価額、耐用年数及び残存価額など）をシステムに入力する際に、入力担当者とは別の第三者が基礎資料を基に入力内容を確かめ、その内容の妥当性を上長が承認するなどの内部統制を構築することが有用です。

### 7 表示・開示を誤る

ファイナンス・リース取引の場合、リース資産は固定資産の中で区分表示し（財務諸表等規則23①八、28①十）、リース債務は1年基準により長短分類表示されます（財務諸表等規則48の2、49①四、51の2、52①四）。また、注記事項としてファイナンス・リース取引またはオペレーティング・リース取引の借手側及び貸手側に、リース資産の内容や減価償却方法、リース投資資産の内容、未経過リース料などについて開示することが求められています（リース会計基準19〜22）。そのため、当該表示や開示事項を誤る、または漏れるリスクが考えられます（表示の妥当性）。

このようなリスクに対しては、担当部署内での表示・開示事項に関する確認及び承認、財務諸表に対するIR部門での内容確認や、経理部上長の承認などの内部統制を構築することが有用です。

## 3　主な監査手続

「リース会計」に関する主な監査手続は、以下のとおりです。

| 主な監査手続 | 主なアサーション |
| --- | --- |
| （1）分析的手続 | 各アサーション |

| (2)減価償却費の検証 | 実在性、網羅性、評価の妥当性、期間配分の適切性 |
|---|---|
| (3)リース区分の検証 | 実在性、網羅性、評価の妥当性 |
| (4)期中取引の検証 | 評価の妥当性 |
| (5)減損の検証 | 評価の妥当性、期間配分の適切性 |
| (6)表示・開示の妥当性に関する手続 | 表示の妥当性 |

## 1 分析的手続

### ① 手続の目的

　監査人が、リース資産及び関連損益を分析することによって当該残高及び損益の金額が会社の経営環境に照らして合理的であることを概括的に確かめるための監査手続です（各アサーション）。

### ② 手続の具体的な内容

　監査人は、リース資産の当期末残高及び当期に発生した減価償却費について、それぞれ推定値（前期末残高や前年同期金額などを基に設定した金額）を比較分析し、増減金額及び増減率を算出して、それら財務情報の変動に係る矛盾または異常な変動の有無を識別します。この際、著しい増減の有無及びその理由が、会社の経営環境に照らして合理的であることを質問や関連証憑の閲覧によって確かめます。

　たとえば、1件ごとのリース取引は重要ではないものの、その取引件数が急増していたり、突然解約が増加していたり、会社の事業内容に大きな変更がないにもかかわらず、リース資産が急激に増減するような異常な状況が見受けられる場合、特にその増減についての原因を調査します。

## 2 減価償却費の検討

### ① 手続の目的

　監査人が減価償却費計上額の妥当性を概括的に検証するための監査手続で

す（実在性、網羅性、評価の妥当性、期間配分の適切性）。

### ② 手続の具体的な内容

監査人は、減価償却計算の基礎となる減価償却方法や耐用年数などの適用の継続性を確かめるとともに、オーバーオール・テスト及びサンプリングによる詳細テストを行います。

所有権移転ファイナンス・リースの減価償却は、他の自己所有の固定資産と同様に行うため、本節 **8-1**「有形固定資産」**3**「主な監査手続」**2** を参照してください。

所有権移転外ファイナンス・リースの場合は、減価償却費は原則として、リース期間を耐用年数とし、残存価値をゼロとしたうえで、償却方法については、定額法、級数法、生産高比例法等の中から企業の実態に応じたものを選択適用して算定します。そのため、償却方法が企業の実態に応じて選択適用されていることを質問や関連証憑の閲覧によって確かめるとともに、リース資産の当初計上額がリース期間にわたり適切に費用配分されていることを再計算によって確かめます。また、法人税法上は、リース期間定額法で償却するため、定額法以外を採用している場合、申告調整がされていることを確かめます。

なお、サンプリングによる詳細テストも同 **3** **2** を参照してください。

## **3** リース区分の検証

### ① 手続の目的

監査人が、重要なリース取引の新規契約分について、リース取引区分の妥当性や会計処理の妥当性を確かめるとともに、重要な解約取引については既に会社に使用権がないことを確かめるための監査手続です（実在性、網羅性、評価の妥当性）。

### ② 手続の具体的な内容

監査人は、期末時点のリース取引明細表を入手し、リース取引の新規発生や解約について把握したうえで、金額的に重要なものなど必要と認めたもの

について会計帳簿と関係記録及び契約書などの証拠資料を突合します。

新規発生分については、リース契約書を入手し、契約内容を吟味して、ファイナンス・リース取引に該当するか否かに関する会社の判断が適切かを検討します。

また、オペレーティング・リース取引として処理しているリース契約のうち、金額的に重要なものやサンプルとして抽出した取引など必要と認めたものについては、契約内容を吟味し、ファイナンス・リース取引に該当しないことを確かめます。

### 監査手続上のポイント

ファイナンス・リース取引とオペレーティング・リース取引との区分に関する判断を検討する際に、現在価値基準や経済的耐用年数基準のような数値基準により検討しますが、形式的に数値基準を満たしているか否かということのみでなく、数値基準と実際の計算値が近似している場合には、その契約内容の吟味や、関連部署の担当者への質問などにより、その経済的実態を十分に検討する必要があります。

### 4 期中取引の検証

#### ① 手続の目的

監査人が、リース契約に基づき再計算を行うとともに期中解約の有無や理由を質問することによって、リース資産及びリース債務の当初計上額や解約処理が妥当であることを確かめるための監査手続です（評価の妥当性）。

#### ② 手続の具体的な内容

監査人は、重要なリース資産の取得について、リース契約書を入手し、当該契約書に記載されたリース料総額から、合理的に見積もった利息相当額を控除してリース資産の取得原価が算定されていることを確かめます。併せて割引計算が妥当であることも再計算により確かめます。また、リース債務の

金額もあわせて確かめます。

なお、リース取引の解約があった場合には、その解約理由を質問などにより確かめます。中途解約により規定損害金が発生した場合は、その会計処理が妥当であることも確かめます。

### 5 減損の検証
#### ① 手続の目的
監査人がリース資産の収益性の低下の有無を検証し、リース資産の期末評価の妥当性を確かめるための監査手続です（評価の妥当性、期間配分の適切性）。

#### ② 手続の具体的な内容
監査人は、減損会計基準に準拠した会社の方針に基づき、減損の検討が適切になされていることを確かめ、リース資産の評価の検討を行います。減損の検討については、監査人は会社が実施している減損の検討のステップについて、資料を入手しその妥当性を検証します（本節 8-1「有形固定資産」3「主な監査手続」7参照）。

### 6 表示・開示の妥当性に関する手続
#### ① 手続の目的
監査人が、リース取引に関する表示及び注記について関連資料や関連調書と照合することによって、財務諸表上の表示・開示の妥当性を確かめるための監査手続です（表示の妥当性）。

#### ② 手続の具体的な内容
監査人は、会社が作成している管理用の明細の閲覧や、会社担当者への質問、関連する監査調書との照合を実施し、リース取引に関連する項目が貸借対照表上、適切に区分表示されていること及びリース取引に関する注記開示などがリース会計基準等に基づいて適切に行われていることを確かめます。

# 第9節

# 無形固定資産

## 9-1 勘定科目の特性とリスク

■**勘定科目の範囲**

　無形固定資産とは、物理的実体を有さず、長期間にわたり事業活動に利用され収益の獲得に貢献する資産です。

　具体的には、特許権などの排他的に利益を享受できる法律上の権利、ソフトウェア制作費（棚卸資産や研究開発費として処理されるものを除く）、収益性の高い企業の買収・合併に伴って計上されるのれんが含まれます。

　借地権など一部の非償却資産を除き、有形固定資産と同様に、各会計期間にわたり償却費として配分されます。

無形固定資産の種類

| 資産の種類 | 勘定科目 |
| --- | --- |
| 法律上の権利 | 特許権、実用新案権、意匠権、商標権、借地権、鉱業権、漁業権など |
| ソフトウェア | ソフトウェア、ソフトウェア仮勘定 |
| 営業権 | のれん |

■**勘定の特性とリスク**

　無形固定資産は物理的実体を有さないことから、減価償却は残存価額をゼロとする定額法の適用が一般的であり、貸借対照表上の表示は、取得原価か

ら減価償却累計額を直接控除した残額のみを表示します（財務諸表等規則30）。

無形固定資産の各科目には、主に架空計上、計上漏れ、過大または過小に評価するというリスクが存在しますが、物理的実体を有さないという特徴からは、架空の資産が計上されるリスクと過大に評価されるリスクについて特に注意する必要があります。

## 9-2 リスクとアサーション

「無形固定資産」に関する主なリスクとしては、以下のものが考えられます。

| 主なリスク | 主なアサーション |
|---|---|
| （1）架空の無形固定資産が計上される | 実在性 |
| （2）費用処理すべき支出が資産計上される | 実在性 |
| （3）資産計上すべき支出が費用処理される | 網羅性 |
| （4）期末評価を誤る | 評価の妥当性 |
| （5）ソフトウェア仮勘定から本勘定への振替えが漏れる | 評価の妥当性、期間配分の適切性、表示の妥当性 |
| （6）減価償却の計算を誤る | 評価の妥当性、期間配分の適切性 |
| （7）表示・開示を誤る | 表示の妥当性 |

### 1 架空の無形固定資産が計上される

通常、無形固定資産は可視性がないため、その実在性を確認することが難しく、架空の資産が計上されるリスクがあります（実在性）。

このようなリスクに対しては、購入から資産計上までの承認手続、無形固定資産管理台帳の管理体制、契約書などの十分な確認体制などの内部統制を構築することが有用です。

## 2 費用処理すべき支出が資産計上される

　無形固定資産のうち、たとえば市場販売目的のソフトウェアについて、製品マスターの製作費（研究開発費に該当する部分を除く）や製品マスターまたは購入したソフトウェアの機能の改良・強化を行う制作活動のための支出は無形固定資産として計上されます。また、自社利用目的のソフトウェアについては、将来の収益獲得または費用削減が確実であると認められる場合のみ、その取得に要した支出が無形固定資産として計上されます。

　このように、無形固定資産の計上を行う際には経済的実態に基づく実質的な判断が求められることがあるため、本来は無形固定資産として処理すべきでない支出が無形固定資産として計上されてしまうリスクがあります（実在性）。

　また、のれん以外の無形固定資産については、その取得原価には、取得の対価に加え取得に要した付随費用が含まれます。当該付随費用の範囲には、明確なルールがあるわけではなく、会社の会計方針に従った判断に基づくため、取得に関連しない費用を取得原価に含めてしまい、取得原価が過大となるリスクがあります（実在性）。

　このようなリスクに対しては、取得原価に含めるべき付随費用の範囲に関する具体的な経理マニュアルやチェックリストなどを作成し、それに基づいて担当者が処理を行い、上長がその処理の妥当性を確かめて承認するという内部統制を構築することが有用です。

### 3 資産計上すべき支出が費用処理される

上記 **2** のリスクと反対のリスクです。本来取得原価に含めるべき支出を費用として処理してしまうリスクがあります（網羅性）。このようなリスクに対しては **2** と同様の内部統制を構築することが有用です。

### 4 期末評価を誤る

無形固定資産は、有形固定資産と同様に、減損会計基準に従い、収益性の低下により無形固定資産の投資額の回収が見込めなくなった場合には、一定の条件の下で回収可能性を反映させるように帳簿価額を減額させなければなりませんが、本来減損処理すべき資産に対して減損処理が行われないリスクがあります（評価の妥当性）。

このようなリスクに対しては、減損会計基準に従って作成された会社の減損に係る方針に基づき、減損の兆候チェックリスト、割引前キャッシュ・フローと帳簿価額を比較するための計算シートなど、減損の検討シートを作成し、それにしたがって担当者が検討し、上長の承認を得るといった内部統制を構築することが有用です。

### 5 ソフトウェア仮勘定から本勘定への振替えが漏れる

無形固定資産のうち、ソフトウェアについてはその制作期間が終了し、利用を開始した場合、ソフトウェア仮勘定から本勘定のソフトウェアに振り替えて、償却を開始します。

しかし、無形固定資産の管理部門と経理処理部門は異なることが通常であるため、利用開始の事実が経理担当部署に報告されず、ソフトウェアの利用が開始しているにもかかわらず仮勘定のまま表示され減価償却が開始されないリスクがあります（評価の妥当性、期間配分の適切性、表示の妥当性）。

このようなリスクに対しては、経理担当部署においてソフトウェア仮勘定の残高明細を作成し、上長が内容を確認する、ソフトウェア作業報告書、最終テスト報告書や利用開始に関する社内通知書などにより、利用開始の事実が経理担当部署に適時に報告されるような内部統制を構築することが有用です。

### 6 減価償却の計算を誤る

無形固定資産のうち、たとえば市場販売目的のソフトウェアについては合理的に見積もった見込販売数量または見込販売収益などに基づいて減価償却費を計算する一方、自社利用のソフトウェアについては合理的に見積もった有効利用可能期間を償却年数とする定額法などにより減価償却費を計算します。

そのため減価償却の計算要素を適切に設定することが必要となりますが、これらの計算要素の設定を誤ることにより、減価償却費の計算を誤るリスクがあります（評価の妥当性、期間配分の適切性）。

このようなリスクに対しては、減価償却計算要素となる情報（取得価額、償却年数など）を固定資産管理システムなどに入力する際に、入力担当者とは別の第三者が基礎資料を基に入力内容を確かめることに加え、その内容の妥当性を上長が承認するという内部統制を構築することが有用です。

### 7 表示・開示を誤る

無形固定資産は、貸借対照表上、のれん、特許権、借地権（地上権含む）、商標権、ソフトウェアなどの項目に区分されます（財務諸表等規則28）。そして、これらの無形固定資産に対する償却累計額は、当該各資産の金額から直接控除し、その控除残高を各資産の金額として表示する直接控除方式により表示します。また、開示の基礎となる法規に従い、会計方針として償却方法

について記載します（財務諸表等規則8の2①三）。そのため、当該表示や開示事項を誤る、または漏れるリスクが考えられます（表示の妥当性）。

このようなリスクに対しては、担当部署内での表示・開示事項に関する確認及び承認、財務諸表に対するIR部門での内容確認や、経理部上長の承認などの内部統制を構築することが有用です。

## 9-3　主な監査手続

「無形固定資産」に関する主な監査手続は、以下のとおりです。

| 主な監査手続 | 主なアサーション |
| --- | --- |
| （1）分析的手続 | 各アサーション |
| （2）減価償却費の検討 | 実在性、網羅性、評価の妥当性、期間配分の適切性 |
| （3）期中取引の検証 | 実在性、網羅性、権利と義務の帰属、評価の妥当性 |
| （4）取得原価の妥当性の検証 | 実在性、網羅性、評価の妥当性 |
| （5）償却年数の妥当性の検証 | 評価の妥当性、期間配分の適切性 |
| （6）減損の検討 | 評価の妥当性、期間配分の適切性 |
| （7）ソフトウェア仮勘定の滞留調査 | 実在性、評価の妥当性、期間配分の適切性 |
| （8）表示・開示の妥当性に関する手続 | 表示の妥当性 |

## 1 分析的手続

### 1 手続の目的

監査人が、無形固定資産及び関連損益を分析することによって当該残高及び損益の金額が会社の経営環境に照らして合理的であることを概括的に確かめるための監査手続です（各アサーション）。

### 2 手続の具体的な内容

監査人は、無形固定資産の当期末残高及び当期に発生した減価償却費などの関連損益について、それぞれ推定値（前期末残高や前年同期金額などを基に設定した金額）と比較・分析し、増減金額及び増減率を算出して、それら財務情報の変動に係る矛盾または異常な変動の有無を識別します。この際、著しい増減の有無及びその理由が、会社の経営環境に照らして合理的であることを質問や関連証憑の閲覧によって確かめます。

## 2 減価償却費の検討

### 1 手続の目的

監査人が減価償却費計上額の妥当性を概括的に検証するための監査手続です（各アサーション）。

### 2 手続の具体的な内容

監査人は、減価償却計算の基礎となる償却方法や償却年数などの適用の継続性を確かめるとともに、オーバーオール・テスト及びサンプリングによる詳細テストを行います。

オーバーオール・テスト及びサンプリングによる詳細テストについては、前節 8-1 「有形固定資産」 3 「主な監査手続」 2 を参照してください。

> **監査手続上のポイント**
>
> 　市場販売目的のソフトウェアの場合は、償却費に一定の制約があるため「見込販売収益・数量に基づき計算された償却費」と「残存有効期間に基づく均等配分額」を比較し、前者が後者を上回っている限りにおいて、前者の償却費を推定償却費として、会社の実際計上額と比較します。

## 3　期中取引の検証

### 1　手続の目的

　監査人が、無形固定資産の重要な取得取引やサンプルとして抽出した取引について、実際に取得していること、取得資産に対する所有権が会社にあること、取得原価が適切に測定されていることを確かめ、重要な処分については無形固定資産が実際に売却されていること、すでに会社に所有権や使用権がないことを確かめるための監査手続です（実在性、網羅性、権利と義務の帰属、評価の妥当性）。

### 2　手続の具体的な内容

　監査人は、無形固定資産の増加及び減少に係る重要な取引や、サンプルとして抽出した取引について、関係記録及び証拠資料を入手し、仕訳金額及び固定資産台帳と突合します。たとえば、予算書、見積書、契約書、稟議書、権利証、登記簿謄本などの内容を検討します。

#### ① 増加取引の検証

　外部取得の場合、帳簿上資産計上されたものと同一の内容の権利を取得したことを確かめるため、契約書などと固定資産台帳の記載内容を照合します。また、購入に関する所定の承認が適切になされたことを証明する稟議書や契約書などの法的書類を閲覧することにより、会社に資産の所有権が帰属していることを確かめます。

無形固定資産は可視的物体が存在しないことから、契約書など相手方との合意書類や支出に関連した請求書に基づいて計上されます。したがって、その内容を十分に吟味することが重要です。

また、新規取得資産については、償却費の計算要素として償却年数などを固定資産台帳へ登録する必要があるため、当該計算要素が合理的に決定されていることを稟議書などで確かめるとともに、償却開始時期が権利の効力発生時期になっていることを確かめます。

### ② 減少取引の検証

売却や除却取引では、売却価額や除却額の妥当性のほか、実際に売却した無形固定資産と帳簿上売却処理した資産が同一であることなど、売却や除却処理の妥当性を確かめるため、所定の承認を得た稟議書、売買契約書や除却申請書などと帳簿上の処理内容を照合します。売却取引については、売買契約書などに記載された売却価額から売買に関する諸経費(手数料など)を控除した金額と売却資産の売却時点の帳簿価額との差額が売却損益として適切に会計処理されていることを確かめます。

なお、無形固定資産については可視的物体が存在しないため、売却処理の妥当性を検証する際には、売却相手との間の契約書など売却の事実を客観的に確かめられる証憑書類が特に重要となります。

### 監査手続上のポイント

ハードウェア(機器)組込としてセット購入するソフトウェアについては、原則としてソフトウェアを機械等と区分することなく、当該機械などの取得原価に含めて処理します。この場合、当該機器とソフトウェアについて、相互に有機的一体として機能すること、両者の経済的耐用年数の相互関連性が高いことを確かめることが重要です。

ただし、当初からソフトウェアの交換(バージョンアップ)が予定され、バージョンアップによる機能向上が革新的であるようなときや、購入時

にソフトウェアの交換が契約により予定され、新旧のソフトウェアの購入価格が明確な場合には、区分処理をすることも考えられます。

## 4 取得原価の妥当性の検証

### 1 手続の目的

監査人が無形固定資産について取得原価に算入されている内容及び費用処理されている内容を通査することにより、無形固定資産の取得原価の妥当性を確かめるための監査手続です（実在性、網羅性、評価の妥当性）。

固定資産に関する支出については、費用処理すべき支出が資産計上されるリスクと資産計上すべき支出が費用処理されるリスクがあるため、取得原価がどのような項目で構成されているか、また関連する費用項目（租税公課など）に取得原価に含めるべき項目がないか、といった視点で検証を行います。

### 2 手続の具体的な内容

監査人は、無形固定資産の取得があった場合に、その勘定明細を入手し、取得原価に含めた項目のほか、取得時に費用処理された項目をレビューし、必要に応じて請求書などの関連証憑などを入手して内容を吟味し、各項目について取得原価に含めるべきか費用処理すべきか検討します。

なお、これらの検討の際には、その処理基準を毎期継続的に適用していることが前提となります。

## 5 償却年数の妥当性の検証

### 1 手続の目的

監査人が、無形固定資産の償却年数が有効利用可能期間内で合理的に決定されていることを確かめるための監査手続です（評価の妥当性、期間配分の適切性）。

### 2 手続の具体的な内容

　監査人は、無形固定資産に係る固定資産台帳を入手し、償却年数が当該無形固定資産の有効利用可能期間として合理的に設定されていることを確かめます。

　たとえば、自社利用のソフトウェアについては、技術革新が早いことを考慮して、原則として5年以内とすることが求められているため、それを超える場合には、合理的な根拠があることを確かめる必要があります。

　当該利用可能期間の見積りは、時の経過に伴う新たな要因の発生などにより適時に見直しを行う必要があります。この場合、見直しを行った期以降の償却計算を適切に補正する必要があります。

## 6 減損の検討

### 1 手続の目的

　監査人が無形固定資産の収益性の低下の有無を検証し、無形固定資産の期末評価の妥当性を確かめるための監査手続です（評価の妥当性、期間配分の適切性）。固定資産の収益性が低下し、投資額の回収が見込めなくなった場合には、減損会計を適用し、適切に収益性の低下を帳簿価額に反映する必要があります。

### 2 手続の具体的な内容

　固定資産の減損の検討対象には、無形固定資産も含まれます。具体的な監査手続については、前節 8-1 「有形固定資産」 3 「主な監査手続」 7 を参照してください。

## 7　ソフトウェア仮勘定の滞留調査

### 1 手続の目的
　監査人が、長期にわたり滞留しているソフトウェア仮勘定について調査することにより、ソフトウェア仮勘定の計上の適否、減損の必要性及び本勘定の減価償却計算の妥当性を確かめるための監査手続です（実在性、評価の妥当性、期間配分の適切性）。

### 2 手続の具体的な内容
　監査人は、ソフトウェア仮勘定の明細を入手し、ソフトウェア仮勘定への計上時期に加え、完成予定時期を記入し、完成予定時期がたとえば1か月以上すぎているものを抽出して、完成予定日から現在までの滞留期間を把握します。そのうえで、滞留理由を調査し、必要に応じて今後の追加支出計画などについても質問し、ソフトウェア仮勘定として引き続き計上することが妥当か、またその評価額は妥当か検証します。
　なお、評価額の妥当性の検証については、具体的には上記 6 「減損の検討」の手続に準じます。

## 8　表示・開示の妥当性に関する手続

### 1 手続の目的
　監査人が、無形固定資産に関する表示及び注記について関連資料や関連調書と照合することによって、財務諸表上の表示・開示の妥当性を確かめるための監査手続です（表示の妥当性）。

### 2 手続の具体的な内容
　監査人は、会社が作成している管理用の明細の閲覧や、会社担当者への質問、関連する監査調書との照合を実施し、無形固定資産の各項目が貸借対照

表上、適切に区分表示されていることを確かめます。

　また、会計方針としての償却方法など、様々な注記事項が求められるため、それらの注記についても前期からの開示の継続性を確かめるとともに、会社が採用している方法が適切に開示されていることを、会社への質問や監査調書と照合することによって確かめます。

# 第10節 投資その他の資産

投資その他の資産に区分される勘定科目は多岐にわたります。

| 投資その他の資産に計上される勘定科目 | 本書の記載箇所 |
| --- | --- |
| （1）投資有価証券・関係会社株式・出資金 | 本章第4節 |
| （2）長期性預金 | 本章第1節 |
| （3）長期貸付金・長期前払費用 | 本章第6節・第7節 |
| （4）繰延税金資産 | 本章第19節 |
| （5）差入保証金・敷金・保険積立金・ゴルフ会員権・施設利用権・投資不動産・破産更生債権等 | 本章第10節 |

　売掛金や棚卸資産といった勘定科目は反復継続的に発生する経常的な取引に基づいて計上されるのに対し、投資その他の資産は一般的に、単発的に発生する非経常的な取引に基づいて計上される勘定科目であるという特徴があり、経常的な取引に比べて発生件数はそれほど多くないのが通常です。

　また、投資その他の資産は、計上後短期間に全額取り崩されるということは少なく、1年超の会計期間にわたって残高が繰り越されていくという特徴があります。

## 10-1 差入保証金・敷金

### 1 勘定科目の特性とリスク

■**勘定科目の範囲**

　差入保証金とは、営業上の必要性から相手方に預託する保証金です。

　たとえば、仕入・販売取引において信用補完として支払う保証金、訴訟事件等において裁判所に支払う供託金、自動車リサイクル法に基づいて自動車購入者が支払うリサイクル預託金といったものがあります。

　なお、敷金は、不動産の賃借人が賃料及び修繕費その他の債務を担保するために、契約時にあらかじめ賃貸人に差入れるものですが、差入保証金との区分は必ずしも明確ではありません。

■**勘定の特性とリスク**

　差入保証金・敷金は、解約時などには原則として返還されるものであり、回収期限が長期にわたる金銭債権です。その特性からは、たとえば差入先の財政状態の悪化により回収が困難となり、貸倒れとなるリスクが考えられます。

### 2 リスクとアサーション

　「差入保証金・敷金」に関する主なリスクとしては、以下のものが考えられます。

| 主なリスク | 主なアサーション |
|---|---|
| （1）架空の差入保証金・敷金が計上される | 実在性、権利と義務の帰属 |
| （2）差入保証金・敷金の計上が漏れる | 網羅性 |
| （3）差入保証金・敷金が適切な金額で計上されない | 評価の妥当性 |
| （4）期末評価を誤る | 評価の妥当性 |
| （5）表示・開示を誤る | 表示の妥当性 |

### 1 架空の差入保証金・敷金が計上される

　保証金を預託していない、または解約などに伴い返還されたにもかかわらず適切に会計処理が行われないなど、架空の保証金が会計帳簿に計上されるリスクがあります（実在性、権利と義務の帰属）。特に、敷金については返還時に敷引きや原状回復費用の減額が行われたにもかかわらず、入金額をもって敷金の返還処理を行ってしまうことで、架空の敷金が残り続けることが考えられます。

　このようなリスクに対しては、保証金の個別管理、仕訳伝票について上長が承認を行うなどの内部統制を構築することが有用です。

### 2 差入保証金・敷金の計上が漏れる

　保証金を預託したにもかかわらず費用として処理してしまうなど、適切に会計処理が行われないことによって保証金が会計帳簿に計上されないリスクがあります（網羅性）。

　このようなリスクに対しては、保証金の預り証などの証憑の管理、出金伝票・仕訳伝票について上長が承認を行うなどの内部統制を構築することが有用です。

### 3 差入保証金・敷金が適切な金額で計上されない

保証金の預託にあたっては、契約書、預り証、出金の事実をもとに、預託先、支払日及び金額などが会計帳簿に記録されますが、この会計帳簿への記録を誤るリスクがあります（評価の妥当性）。

このようなリスクに対しては、証憑間の整合性のチェックや、仕訳伝票について上長が承認を行うなどの内部統制を構築することが有用です。

### 4 期末評価を誤る

差入保証金・敷金については、差入先の財政状態が悪化すると、帳簿価額の現金回収が見込まれない可能性が高まるため、この回収可能性に応じた評価を行う必要がありますが、当該評価を誤るリスクがあります（評価の妥当性）。

このようなリスクに対しては、差入先の財政状態に関する情報の適時な入手や貸倒引当金の計算結果及び仕訳伝票について上長が承認を行うなどの内部統制を構築することが有用です。

### 5 表示・開示を誤る

差入保証金・敷金について、1年基準による長短分類表示を誤るリスクがあります。また、流動資産たる有価証券について営業の必要のため差入保証金の代用として提供し、その金額を有価証券に含めて記載している場合には、その旨及びその金額を注記する必要があるため（財規ガイドライン15-12④）、この注記開示を誤るリスクがあります（表示の妥当性）。

このようなリスクに対しては、担当部署内での表示・開示事項に関する確認及び承認、財務諸表に対するIR部門での内容確認や、経理部上長の承認などの内部統制を構築することが有用です。

## 3 主な監査手続

「差入保証金・敷金」に関する主な監査手続は、以下のとおりです。

| 主な監査手続 | 主なアサーション |
| --- | --- |
| (1) 分析的手続 | 各アサーション |
| (2) 期中取引の検証 | 実在性、網羅性、権利と義務の帰属、評価の妥当性 |
| (3) 期末評価の妥当性の検証 | 評価の妥当性 |
| (4) 表示・開示の妥当性に関する手続 | 表示の妥当性 |

## 1 分析的手続

### 1 手続の目的

　監査人が、期末残高について分析することによって、当該残高が会社の経営環境等に照らして合理的であることを概括的に確かめるための監査手続です（各アサーション）。

### 2 手続の具体的な内容

　監査人は、期末残高と推定値（前期末残高などを基礎として事前に設定した金額）を比較・分析し、増減の有無や乖離の程度を把握して、当該増減や乖離の内容が会社の経営環境に照らして合理的なものであることを、質問や関連証憑の閲覧によって確かめます。

　たとえば、小売業において不動産賃貸借契約を締結して出店している場合には、店舗数の増減と差入保証金・敷金の増減が連動することが想定されます。

　また、リサイクル預託金（自動車リサイクル法に基づき資金管理法人に預託するリサイクル料金）の増減は、車両の保有台数と連動することが想定されます。

## 2 期中取引の検証

### 1 手続の目的

　監査人が、期中取引に関する証憑を入手して検討することによって、期中取引について適切に会計処理がなされ、その結果、期末残高が適切であるこ

とを確かめるための監査手続です（実在性、網羅性、権利と義務の帰属、評価の妥当性）。

### ② 手続の具体的な内容

監査人は、差入保証金・敷金に係る期中取引について、稟議書または取締役会の議事録などを閲覧して、決裁権限者による承認の有無を確かめるとともに、契約書、領収書、仕訳伝票、通帳の入出金状況をそれぞれ相互に突合し、取引が正しく記録され、適切に会計処理がなされていることなどを確かめます。また、期末残高が期中の増加取引・減少取引のすべてを反映した残高となっていることを再計算により確かめます。また、必要と認めた場合には、残高確認を実施して期末残高の妥当性を検証することもあります。

なお、不動産賃貸借契約における礼金や仲介手数料については、通常は返還されないため、資産計上の対象には含めない点にも留意します。

#### 監査手続上のポイント

敷金のうち、敷引きとして返還されない部分がある場合、長期前払費用として計上した上で、賃借期間にわたって償却する必要があるため、新規の敷金計上がある場合には契約内容を十分に検討します。

### ③ 期末評価の妥当性の検証

#### ① 手続の目的

監査人が、差入保証金・敷金の回収可能性を検証することによって、差入保証金・敷金の期末残高が妥当であることを確かめるための監査手続です（評価の妥当性）。

#### ② 手続の具体的な内容

監査人は、差入先の財政状態に関する情報を入手することによって、貸倒引当金の計上の要否を検討し、期末残高の妥当性を確かめます。詳細は、本章第16節 **16-1**「貸倒引当金」を参照してください。

### 4 表示・開示の妥当性に関する手続

#### ① 手続の目的

監査人が、差入保証金・敷金に関する表示及び注記について関連資料や関連調書と照合することによって、財務諸表上の表示・開示の妥当性を確かめるための監査手続です（表示の妥当性）。

#### ② 手続の具体的な内容

監査人は、会社が作成している管理用の明細の閲覧や、会社担当者への質問、関連する監査調書との照合を実施し、差入保証金・敷金に関連する項目が貸借対照表上適切に区分表示されていること、及び注記による開示が求められる場合には差入保証金・敷金に関する注記が適切に行われていることを確かめます。

差入保証金・敷金は、原則として、1年基準により表示区分を判断します。1年内に返還されることが確実な差入保証金・敷金については重要性がない場合を除き流動資産として表示されます。

## 10-2 保険積立金

### 1 勘定科目の特性とリスク

■ 勘定科目の範囲

保険積立金は、養老保険などで支払った保険料のうち、満期返戻金に相当する部分を資産計上するものです。

■ 勘定の特性とリスク

保険料が掛捨てとなる部分は返戻金として受け取ることができないため、保険積立金として資産計上することはできず、費用として処理する必要があります。そのため、保険積立金については費用処理と資産計上の区分を誤る

リスクなどが考えられます。

## 2 リスクとアサーション

「保険積立金」に関する主なリスクとしては、以下のものが考えられます。

| 主なリスク | 主なアサーション |
|---|---|
| （1）掛捨部分を誤って保険積立金に計上してしまう、または積立部分を誤って費用化してしまう | 実在性、網羅性、評価の妥当性 |
| （2）解約したにもかかわらず、保険積立金が取り崩されない | 実在性 |
| （3）表示・開示を誤る | 表示の妥当性 |

### 1 掛捨部分を誤って保険積立金に計上してしまう、または積立部分を誤って費用化してしまう

　保険積立金の取引にあたっては、保険契約に基づく支払保険料のうち、満期返戻金に相当する部分（積立部分）のみを保険積立金として計上します。そのため、掛捨部分についても保険積立金として誤って計上してしまうリスク、または、積立部分を誤って費用化してしまうリスクが考えられます（実在性、網羅性、評価の妥当性）。

　このようなリスクに対しては、保険契約書、約款、商品内容説明書、保険会社が発行した保険料明細などのチェックや仕訳伝票について上長が承認を行うといった内部統制を構築することが有用です。

### 2 解約したにもかかわらず、保険積立金が取り崩されない

　保険積立金の解約にあたっては、該当する契約に係る保険積立金を取り崩し、実際の解約返戻金との差額を損益として計上しますが解約時に解約返戻

金の全額を損益に計上してしまい、保険積立金が取り崩されないリスクが考えられます（実在性）。

このようなリスクに対しては、上記 **1** の統制に加え、保険積立金の期末残高について契約ごとに内容及び金額の妥当性を上長が確認・承認するといった内部統制を構築することが有用です。

### 3 表示・開示を誤る

保険積立金について、1年基準による長短分類表示などを誤るリスクがあります（表示の妥当性）。

このようなリスクに対しては、担当部署内での表示・開示事項に関する確認及び承認、財務諸表に対するIR部門での内容確認や、経理部上長の承認などの内部統制を構築することが有用です。

## 3 主な監査手続

「保険積立金」に関する主な監査手続は、以下のとおりです。

| 主な監査手続 | 主なアサーション |
| --- | --- |
| (1) 分析的手続 | 各アサーション |
| (2) 期中取引の検証 | 実在性、網羅性、権利と義務の帰属、評価の妥当性 |
| (3) 表示・開示の妥当性に関する手続 | 表示の妥当性 |

### 1 分析的手続

#### ① 手続の目的

監査人が、期末残高について分析することによって、当該残高が会社の経営環境等に照らして合理的であることを概括的に確かめるための監査手続で

す（各アサーション）。

### ② 手続の具体的な内容

監査人は、期末残高と推定値（前期末残高などを基礎として事前に設定した金額）を比較・分析し、増減の有無や乖離の程度を把握して、当該増減や乖離の内容が会社の経営環境に照らして合理的なものであることを、質問や関連証憑の閲覧によって確かめます。たとえば、役員や従業員についての保険であれば、毎月の積立額は対象となる役員や従業員の人数と連動することが想定されます。

### 2 期中取引の検証

#### ① 手続の目的

監査人が、期中取引に関する証憑を入手・検証することによって、期中取引について適切に会計処理がなされ、その結果、保険積立金の期末残高が適切であることを確かめるための監査手続です（実在性、網羅性、権利と義務の帰属、評価の妥当性）。

#### ② 手続の具体的な内容

監査人は、支払保険料のうち積立部分に対応する金額及び費用処理された金額の会計処理が適切であることを確かめます。期中取引については、保険契約書、約款、商品内容説明書、保険会社が発行した保険料明細などを入手し、取引記録が適切であることを確かめます。また、期末残高については、保険会社が発行した積立残高明細との突合のほか、必要に応じて保険会社に対して残高確認を実施して、その回答を直接入手して、期末残高と突合して、保険積立金の期末残高が妥当であることを確かめます。

### ■監査手続上のポイント

営業外収益または特別利益に保険解約に関する利益が計上されている場合には、該当する保険の保険積立金の取崩しが漏れていないかどうかに留意します。

### 3 表示・開示の妥当性に関する手続

#### 1 手続の目的

監査人が、保険積立金に関する表示及び注記について関連資料や関連調書と照合することによって、財務諸表上の表示・開示の妥当性を確かめるための監査手続です（表示の妥当性）。

#### 2 手続の具体的な内容

監査人は、会社が作成している管理用の明細の閲覧や、会社担当者への質問、関連する監査調書との照合を実施し、保険積立金に関連する項目が貸借対照表上適切に区分表示されていること、及び注記による開示が求められる場合には保険積立金に関する注記が適切に行われていることを確かめます。

保険積立金は、原則として、1年基準により表示区分を判断します。1年内に返還されることが確実な保険積立金については重要性がない場合を除き流動資産として表示されます。

## 10-3 ゴルフ会員権・施設利用会員権

### 1 勘定科目の特性とリスク

#### ■勘定科目の範囲

ゴルフ会員権・施設利用会員権（以下、会員権等）は、会員制のゴルフ場やリゾート施設などの利用権です。

#### ■勘定の特性とリスク

会員権等は、通常、会員としての権利書（証書）が発行されますが、株式方式を採用している場合もあり、この場合は株券が発行されます。

会員権等を取得するためには、入会金、預託金、名義書換料などを支払う必要がありますが、取得原価に含める範囲を誤るリスクがあります。

会員権等は施設運営会社から取得するほか、会員権等を保有している第三者から相対取引により取得する場合、また、会員権取引市場において取得する場合があります。

なお、会員権等の時価が取得原価より著しく下落している場合にはその評価が適切に行われないリスクがあります。

## 2 リスクとアサーション

「会員権等」に関する主なリスクとしては、以下のものが考えられます。

| 主なリスク | 主なアサーション |
| --- | --- |
| (1)架空の会員権等が計上される | 実在性、権利と義務の帰属 |
| (2)会員権等の計上が漏れる | 網羅性 |
| (3)会員権等が適切な金額で計上されない | 評価の妥当性 |
| (4)期末評価を誤る | 評価の妥当性 |
| (5)表示・開示を誤る | 表示の妥当性 |

### 1 架空の会員権等が計上される

会員権等を取得していないにもかかわらず、架空に会員権等が会計帳簿に計上されるリスクがあります（実在性、権利と義務の帰属）。

このようなリスクに対しては、会員権等の購入についての稟議書や取締役会による承認、仕訳伝票について上長が承認を行うなどの内部統制を構築することが有用です。

### 2 会員権等の計上が漏れる

会員権等を取得したにもかかわらず、適切に会計処理が行われないことに

よって会員権等が会計帳簿に計上されないリスクがあります（網羅性）。

このようなリスクに対しては、会員証や預り証の現物管理、会員権の購入についての稟議書や取締役会による承認、仕訳伝票について上長が承認を行うなどの内部統制を構築することが有用です。

### 3 会員権等が適切な金額で計上されない

会員権等の購入・売却取引にあたっては、預り証、決済精算書、売買契約書、入金・出金を示す証憑などに基づき、取引日及び金額などが会計帳簿に記録されますが、この会計帳簿への記録を誤るリスクがあります（評価の妥当性）。

このようなリスクに対しては、証憑間の整合性のチェックや、仕訳伝票について上長が承認を行うなどの内部統制を構築することが有用です

### 4 期末評価を誤る

会員権等について、株式形態で時価があるものは著しい時価の下落が生じた場合、時価を有しないものは発行会社の財政状態が著しく悪化した場合に、有価証券に準じて減損処理を行います。また、預託保証金方式の場合は、時価が著しく下落した場合のほか、預託保証金の回収可能性に疑義が生じた場合に、債権の評価勘定として貸倒引当金を設定します（金融商品実務指針135、311）。そのため、これらの会員権等の評価を誤るリスクがあります（評価の妥当性）。

このようなリスクに対しては、担当者以外の第三者が会員権等の時価情報と期末評価額を照合するとともに、評価計算シート及び仕訳伝票について上長が承認を行うなどといった内部統制を構築することが有用です。

### 5 表示・開示を誤る

会員権等は、基本的には長期性の資産であり投資その他の資産として表示されますが、1年基準の適用を受けるため、1年基準による長短分類表示を誤

るリスクがあります（表示の妥当性）。

このようなリスクに対しては、担当部署内での財務諸表の表示に関する確認及び承認、財務諸表に対するIR部門での内容確認や、経理部上長の承認などの内部統制を構築することが有用です。

## 3 主な監査手続

「会員権等」に関する主な監査手続は、以下のとおりです。

| 主な監査手続 | 主なアサーション |
| --- | --- |
| （1）分析的手続 | 各アサーション |
| （2）期中取引の検証 | 実在性、網羅性、権利と義務の帰属、評価の妥当性 |
| （3）期末評価の妥当性の検証 | 評価の妥当性 |
| （4）表示・開示の妥当性に関する手続 | 表示の妥当性 |

### 1 分析的手続

#### ❶ 手続の目的

監査人が、期末残高について分析することによって、当該残高が会社の経営環境等に照らして合理的であることを概括的に確かめるための監査手続です（各アサーション）。

#### ❷ 手続の具体的な内容

監査人は、期末残高と推定値（前期末残高などを基礎として事前に設定した金額）を比較・分析し、増減の有無や乖離の程度を把握して、当該増減や乖離の内容が会社の経営環境に照らして合理的なものであることを、質問や関連証憑の閲覧によって確かめます。

会社として会員権等を新規に取得するような状況にあるのかどうか、また

当期に売却する合理的な理由があるのかどうかといった広い視点から推定値を算出します。

### 2 期中取引の検証
#### ① 手続の目的
監査人が、期中取引に関する証憑を入手して検討することによって、期中取引について適切に会計処理がなされ、期末残高が期中に取得・売却したものをすべて反映した残高になっていることを確かめるための監査手続です（実在性、網羅性、権利と義務の帰属、評価の妥当性）。なお売却取引については、売却損益の計上額が妥当であることも確かめます。

#### ② 手続の具体的な内容
監査人は、会員権等に係る期中取引について、稟議書または取締役会の議事録などを閲覧して、決裁権限者による承認の有無を確かめるとともに、契約書、申込書、会員証、預り証、領収書、仕訳伝票、通帳の入出金状況などをそれぞれ相互に突合し、取引が正しく記録され、適切に会計処理がなされていることなどを確かめます。また、期末残高が期中の増加取引・減少取引のすべてを反映した残高となっていることを再計算により確かめます。また、必要と認めた場合には、残高確認を実施して計上額の妥当性を検証することもあります。

なお、会員権等の取得において、一般的には入会金、預託金、名義書換料（取得時）などを資産計上し、年会費、プレー代などは発生した期に費用計上されます。また、取得後に生じた役員等の退任に伴う個人名義の書換料は費用処理されます。

### 3 期末評価の妥当性の検証
#### ① 手続の目的
監査人が、会員権等の回収可能性を検討することによって、会員権等の期末残高が妥当であることを確かめるための監査手続です（評価の妥当性）。

### ❷ 手続の具体的な内容

監査人は、会員権等について、減損損失または貸倒引当金の設定の要否を検討します。会員権等のうち株式または預託保証金から構成されるものは、金融商品会計基準の対象であることから、まず会員権等のうち時価のあるものについては時価情報を入手し、著しく時価が下落しているか否かを確かめます。また、時価のないものについては、質問や関連証憑の閲覧などによりその回収可能性について慎重に確かめます。

#### 監査手続上のポイント

預託保証金方式である会員権等の時価の著しい下落については、預託保証金額を上回る部分は直接評価損を計上し、下回る部分については貸倒引当金を設定することになりますが、貸倒引当金の戻入れは通常行わないものと考えられます。

なお、外貨建の会員権等については、決算日の為替相場で換算替えします。

### 4 表示・開示の妥当性に関する手続

#### ❶ 手続の目的

監査人が、会員権等に関する表示及び注記について関連資料や関連調書と照合することによって、財務諸表上の表示・開示の妥当性を確かめるための監査手続です（表示の妥当性）。

#### ❷ 手続の具体的な内容

監査人は、会社が作成している管理用の明細の閲覧や、会社担当者への質問、関連する監査調書との照合を実施し、会員権等に関連する項目が貸借対照表上適切に区分表示されていること、及び注記による開示が求められる場合には会員権等に関する注記が適切に行われていることを確かめます。

会員権等は原則として１年基準により表示区分を判断しますが、通常、そ

の投資期間は1年を超えますので、ほとんどの場合は、固定資産の投資その他の資産に区分されます。

## 10-4 投資不動産

### 1 勘定科目の特性とリスク

#### ■勘定科目の範囲

投資不動産とは、投資の目的で所有する土地、建物その他の不動産です（財務諸表等規則33）。

投資の目的で所有するとは、会社の営業目的以外の目的で所有し、価格の上昇によるキャピタルゲインまたは賃料の受取によるインカムゲインを目的として所有することを指します。

これに対し、会社の営業目的で所有する土地、建物その他の不動産のうち、販売目的の場合は棚卸資産に、販売目的以外の自社使用等の営業目的の場合は有形固定資産に区分されます。

#### ■勘定の特性とリスク

投資不動産は取得原価評価され、減損会計基準が適用されます。不動産相場の変動の影響を受けて評価額が下落したり、また、賃料や稼働率の下降によって収益性が低下する可能性があります。そのため、このような収益性の低下が投資不動産の帳簿価格に適切に反映されないリスクがあります。

### 2 リスクとアサーション

「投資不動産」に関する主なリスクとしては、以下のものが考えられます。

| 主なリスク | 主なアサーション |
|---|---|
| (1)架空の投資不動産が計上される | 実在性、権利と義務の帰属 |
| (2)投資不動産の計上が漏れる | 網羅性 |
| (3)投資不動産が適切な金額で計上されない | 評価の妥当性 |
| (4)期末評価を誤る | 評価の妥当性 |
| (5)関連損益の会計処理を誤る | 実在性(発生)、網羅性、期間配分の適切性 |
| (6)表示・開示を誤る | 表示の妥当性 |

### 1 架空の投資不動産が計上される

　実際には投資不動産を取得していないにもかかわらず、実態のない資産が架空に会計帳簿に計上されるリスクがあります。また、実際には売却したにもかかわらず、売却処理が漏れるなどにより、帳簿上に資産として計上されたままとなるリスクがあります（実在性、権利と義務の帰属）。

　このようなリスクに対しては、購入手続の不備や異常の有無の検証、未払債務の滞留状況の調査、売買契約書や登記などの権利書の確認といった内部統制を構築することが有用です。

### 2 投資不動産の計上が漏れる

　投資目的で不動産を取得したにもかかわらず投資不動産として計上されないリスクや、会計処理が漏れ資産の計上が漏れるリスクがあります（網羅性）。

　このようなリスクに対しては、不動産の現物管理、購入について稟議書や取締役会による承認、仕訳伝票について上長が承認を行うなどの内部統制を構築することが有用です。

### 3 投資不動産が適切な金額で計上されない

　投資不動産の購入取引にあたっては、売買契約書や出金の事実等をもとに、取引日及び取得金額などが会計帳簿に記録されますが、この会計帳簿への記録を誤るリスクがあります（評価の妥当性）。

　このようなリスクに対しては、証憑間の整合性のチェックや、仕訳伝票について上長が承認を行うなどの内部統制を構築することが有用です。

### 4 期末評価を誤る

　投資不動産は、「賃貸等不動産の時価等の開示に関する会計基準（企業会計基準第20号）」における賃貸等不動産の範囲に含まれ、時価情報を開示する必要がある一方で、有形固定資産と同様に減損会計基準に従い、収益性の低下により投資額の回収が見込めなくなった場合には、一定の条件の下で回収可能性を反映させるように帳簿価額を減額させなければなりません。このように、投資不動産の減損の検討においては、評価減するか否かの判断が入るため、本来減損処理すべき資産に対して減損処理が行われず、投資不動産を過大に評価するリスクがあります（評価の妥当性）。

　このようなリスクに対しては、減損会計基準に従って作成された会社の減損に係る方針に基づき、減損の兆候チェックリスト、割引前キャッシュ・フローや鑑定評価結果と帳簿価額を比較するための計算シートなど、減損の検討シートを作成し、それにしたがって担当者が検討し、上長の承認を得るといった内部統制を構築することが有用です。

### 5 関連損益の会計処理を誤る

　投資不動産の関連損益としては、受取賃料や減価償却費、経費（租税公課など）、固定資産売却損益、減損損失などがありますが、これらの会計処理を誤るリスクがあります（実在性（発生）、網羅性、期間配分の適切性）。

　このようなリスクに対応するためには、契約書や入出金情報など各証憑間の整合性のチェック、4「期末評価を誤る」リスクに対応した統制や仕訳伝

票について上長が承認を行うといった内部統制を構築することが有用です。

### 6 表示・開示を誤る

　投資不動産は投資目的で所有されるものであるため、棚卸資産や有形固定資産ではなく投資その他の資産に区分されます。そのため、投資目的で取得した不動産であるにもかかわらず、投資不動産として表示されないリスクがあります。これに併せて、当該不動産から生じる受取賃料・減価償却費・経費等については、営業外損益に区分されるため、これらの損益が適切に表示されないリスクもあります。また、投資不動産は、「賃貸等不動産の時価等の開示に関する会計基準（企業会計基準第20号）」における賃貸等不動産の範囲に含まれ、その概要や時価情報などについて注記事項として開示する必要があります。そのため、これらの表示・開示を誤るリスクがあります（表示の妥当性）。

　このようなリスクに対しては、担当部署内での表示・開示事項に関する確認及び承認、財務諸表に対するIR部門での内容確認や、経理部上長の承認などの内部統制を構築することが有用です。

## 3 主な監査手続

　「投資不動産」に関する主な監査手続は、以下のとおりです。

　なお、基本的な手続は本章第8節 **8-1** 「有形固定資産」を参照してください。以下、投資不動産の固有の内容を中心に記載します。

| 主な監査手続 | 主なアサーション |
| --- | --- |
| （1）分析的手続 | 各アサーション |
| （2）期中取引の検証 | 実在性、網羅性、権利と義務の帰属、評価の妥当性 |

| （3）減損の検証 | 評価の妥当性、期間配分の適切性 |
|---|---|
| （4）関連損益の妥当性の検証 | 実在性（発生）、網羅性、期間配分の適切性 |
| （5）表示・開示の妥当性に関する手続 | 表示の妥当性 |

### 1 分析的手続

#### ① 手続の目的

監査人が、期末残高について分析することによって、当該残高が会社の経営環境等に照らして合理的であることを概括的に確かめるための監査手続です（各アサーション）。

#### ② 手続の具体的な内容

監査人は、期末残高と推定値（前期末残高などを基として事前に設定した金額）を比較・分析し、増減の有無や乖離の程度を把握して、当該増減や乖離の内容が会社の経営環境に照らして合理的なものであることを、質問や関連証憑の閲覧によって確かめます。

増加・減少が、投資不動産の取得・除売却と対応しているか、また、受取賃貸料・減価償却費・修繕費・租税公課（不動産取得税、固定資産税、登録免許税等）・その他経費等、関連損益の増減との整合性についても確かめます。

### 2 期中取引の検証

#### ① 手続の目的

監査人が、期中取引に関する証憑を入手して検討することによって、期中取引について適切に会計処理がなされ、その結果、投資不動産の期末残高が適切であることを確かめるための監査手続です（実在性、網羅性、権利と義務の帰属、評価の妥当性）。

#### ② 手続の具体的な内容

監査人は、投資不動産に係る期中取引について、稟議書または取締役会の

議事録などを閲覧して、決裁権限者による承認の有無を確かめるとともに、売買契約書、領収書、登記簿謄本、精算書、仕訳伝票、通帳の入出金状況、固定資産台帳などをそれぞれ相互に突合し、取引が正しく記録され、適切に会計処理がなされていることなどを確かめます。

また、関連当事者取引や期末日前後の取引については一般的にリスクが高いことから、取引価格の妥当性や取引の意図、買戻または売戻特約の有無、不動産取引上の適法性などに特に留意します。

なお、新規に不動産賃貸を開始した場合には、ファイナンス・リース取引（貸手）に該当しないかどうかの検討も必要です（リース取引については本章第8節 8-2 「リース会計」参照）。

### 3 減損の検証
#### ❶ 手続の目的
監査人が、投資不動産の損益状況及び市場価格の情報を入手して減損の要否を検証することによって、投資不動産の期末残高が妥当であることを確かめるための監査手続です（評価の妥当性、期間配分の適切性）。

#### ❷ 手続の具体的な内容
監査人は、物件ごとの賃料・経費の実績及び予測に関する情報を入手し、各物件の収益性を調べます。また、会社が入手した不動産鑑定書など時価に関する情報を入手し、評価します。これらの情報をもとに減損の兆候の有無、減損損失の認識の判定の妥当性、減損損失を認識すべき場合における測定額の妥当性について確かめます。

また、過年度に使用した見積りの確定額と過年度に使用した見積りの比較分析を実施し、会計上の見積りの精度や偏向の有無を確かめます。例えば、投資不動産が売却され、確定した売却額と過年度に減損検討で使用した時価情報に乖離がある場合、その理由を確かめ、当期の見積金額が妥当であるか否かを検討する際の参考とします。確定額との比較分析については、第4章第5節 5-3 「主な監査手続」 2 を参照してください。

### 4 関連損益の妥当性の検証

#### ① 手続の目的

監査人が、投資不動産の関連損益を検討することによって、関連損益の妥当性を確かめるための監査手続です（実在性（発生）、網羅性、期間配分の適切性）。

#### ② 手続の具体的な内容

監査人は、たとえば以下のような監査手続を実施して、投資不動産の関連損益が適切な金額で計上されているかどうかを確かめます。

受取賃料については、分析的手続を実施するとともに、サンプリングにより計上額と契約書を突合し、計上額が妥当であることを確かめます。また、減価償却費については、有形固定資産の検証と同時に実施し、固定資産売却損益については、投資不動産の期中取引の妥当性の検証と併せて実施します。

### 5 表示・開示の妥当性に関する手続

#### ① 手続の目的

監査人が、投資不動産に関する表示及び注記について関連資料や関連調書と照合することによって、財務諸表上の表示・開示の妥当性を確かめるための監査手続です（表示の妥当性）。

#### ② 手続の具体的な内容

監査人は、会社が作成している管理用の明細の閲覧や、会社担当者への質問、関連する監査調書との照合を実施し、投資不動産・関連損益に係る項目が貸借対照表上及び損益計算書上、適切に区分表示されていること、及び注記による開示が求められる場合には投資不動産・関連損益に関する注記が適切に行われていることを確かめます。

まず、投資不動産について、棚卸資産や有形固定資産と区分して投資その他の資産として適切に表示されていることを確かめます。併せて受取賃料・減価償却費・経費などの関連損益が営業外損益として表示されていることを確かめます。

また、賃貸等不動産の時価に関する注記として、その概要や時価情報などについて適切に開示されていることを確かめます。

## 10-5 破産更生債権等

### 1 勘定科目の特性とリスク

■勘定科目の範囲

　破産更生債権等とは、経営破綻または実質的に経営破綻に陥っている債務者に対する債権です（金融商品会計基準27 (3)）。経営破綻に陥っている債務者とは、破産、清算、会社整理、会社更生、民事再生、手形交換所における取引停止処分等、法的、形式的な経営破綻の事実が発生している債務者をいいます。

　実質的に経営破綻に陥っている債務者とは、法的、形式的な経営破綻の事実は発生していないものの、深刻な経営難の状態にあり、再建の見通しがない状態にあると認められる債務者をいいます。

■勘定の特性とリスク

　正常な営業循環過程にあった売掛金について、得意先に破産等の事実が生じた場合、もはや通常の回収条件に見合った回収が見込めないと考えられます。このような債権は、貸倒れリスクが相当程度高くなっていることから、通常の債権と区別して、破産更生債権等として計上します。

　破産更生債権等については、債権額から担保の処分見込額及び保証による回収見込額を減額し、その残額を貸倒見積高とするため（金融商品会計基準28）、その評価を誤るリスクがあります。

## 2 リスクとアサーション

「破産更生債権等」に関する主なリスクとしては、以下のものが考えられます。

| 主なリスク | 主なアサーション |
| --- | --- |
| (1)期末評価を誤る | 評価の妥当性 |
| (2)表示・開示を誤る | 表示の妥当性 |

### 1 期末評価を誤る

破産更生債権等の期末評価額は、担保の処分見込額及び保証による回収可能価額となるため、当該処分見込額または回収可能価額の見積りを誤るリスクがあります（評価の妥当性）。

このようなリスクに対しては、滞留債権リストの作成、担保資産や保証に関する情報収集、担保資産の処分見込額や保証による回収可能価額の見積りについて根拠資料を基に適切に評価されていることを上長が確認のうえ承認するといった内部統制を構築することが有用です。

### 2 表示・開示を誤る

受取手形、売掛金、未収入金、貸付金、差入保証金その他の金銭債権について、債務者が経営破綻や実質的に経営破綻に陥っている場合に、破産更生債権等に振り替える必要がありますが、当該振替が漏れ、表示を誤るリスクがあります。また、破産更生債権等は金融商品として時価を開示する必要があります（金融商品時価開示基準）。そのため、当該時価情報の開示が漏れる、または開示を誤るリスクもあります（表示の妥当性）。

このようなリスクに対しては、担当部署内での表示・開示事項に関する確認及び承認、財務諸表に対するIR部門での内容確認や、経理部上長の承認

などの内部統制を構築することが有用です。

## 3 主な監査手続

「破産更生債権等」に関する主な監査手続は、以下のとおりです。

| 主な監査手続 | 主なアサーション |
| --- | --- |
| (1) 期末評価の妥当性の検証 | 評価の妥当性 |
| (2) 表示・開示の妥当性に関する手続 | 実在性、網羅性、表示の妥当性 |

### 1 期末評価の妥当性の検証
#### ① 手続の目的
　監査人が、破産更生債権等の回収可能性を検証することによって、破産更生債権等の期末残高が妥当であることを確かめるための監査手続です（評価の妥当性）。
#### ② 手続の具体的な内容
　監査人は、債権の回収状況に関する情報や、受け入れている担保や保証の状況、債務者の現況などに関する情報を入手し、貸倒引当金の計上額の妥当性を検証し、期末残高の妥当性を確かめます。詳細は、本章第16節を参照してください。

### 1 表示・開示の妥当性に関する手続
#### ① 手続の目的
　監査人が、破産更生債権等に関する表示及び注記について関連資料や関連調書と照合することによって、財務諸表上の表示・開示の妥当性を確かめるための監査手続です（表示の妥当性）。この手続は、破産更生債権等にすべての対象債権が適切に振り替えられていることの検証を含みます（実在性、網羅性）。

### ❷ 手続の具体的な内容

　監査人は、会社が作成している管理用の明細の閲覧や、会社担当者への質問、関連する監査調書との照合を実施し、破産更生債権等に係る項目が貸借対照表上適切に区分表示されていること、及び注記による開示が求められる場合には破産更生債権等に関する注記が適切に行われていることを確かめます。

　具体的には、債権管理に関する証憑を入手し、その回収状況を検討することによって、経営破綻または実質的に経営破綻に陥っている取引先の債権が破産更生債権等に適切に振り替えられていることを確かめます。また、対応する貸倒引当金についても、固定区分に計上されていることを確かめます。あわせて、すでに清算が結了し、清算配当の受領があったにもかかわらず、最終的な貸倒処理が行われずに破産更生債権の取崩処理が漏れているものがないことも質問や帳簿の閲覧などにより確かめます。

# 第11節

# 繰延資産

## 11-1 勘定科目の特性とリスク

■**勘定科目の範囲**

　繰延資産とは、すでに代価の支払いが完了しまたは支払義務が確定し、これに対する役務提供を受けたにもかかわらず、その効果が将来にわたって発現するものと期待される費用と定義されます（会原注15）。

　また、「繰延資産の会計処理に関する当面の取扱い（実務対応報告第19号）」においては、①株式交付費、②社債発行費等、③創立費、④開業費、⑤開発費の5つが列挙されています。なお、法人税法上の繰延資産については会計上で認められる上記5つの繰延資産だけではなく、建物を賃借するための権利金などの計上が認められるため、会計と税務で繰延資産の範囲が異なることとなります。

　なお、繰延資産の具体的な項目については、同取扱いが企業会計原則の定めに優先することになるとされています。

■**勘定の特性とリスク**

　繰延資産として計上される可能性のある、①株式交付費、②社債発行費等、③創立費、④開業費、⑤開発費は、会計上、支出時に費用処理することが原則であり、繰延資産として資産計上する処理は容認という位置づけになっているため、容認処理を採用する場合には、将来に支出の効果が発現することが求められます。この支出の効果を検討しないまま資産計上すると、資産の

過大計上となるリスクがあります。さらに、研究開発費等会計基準の対象となる研究開発費については、発生時に費用として処理しなければならないことに留意する必要があります。

なお、繰延資産について資産計上することは容認されている例外的な処理であることから、網羅性は通常重要なリスクとはなりません。ただし、同一の繰延資産項目については、その会計処理方法は原則として毎期継続して適用する必要があるため、会計処理の継続性に関する手続は実施する必要があります（前章「共通的手続項目」及び本章 11-3 **3**「期間配分の妥当性の検証」参照）。

## 11-2 リスクとアサーション

「繰延資産」に関する主なリスクとしては、以下のものが考えられます。

| 主なリスク | 主なアサーション |
|---|---|
| (1) 繰延資産が過大に計上される | 実在性、評価の妥当性 |
| (2) 期間配分を誤る | 評価の妥当性、期間配分の適切性 |
| (3) 表示・開示を誤る | 表示の妥当性 |

### 1 繰延資産が過大に計上される

繰延資産として計上できるものは限定的であり、その根拠として、将来に支出の効果が期待されることが要求されます。そのため、繰延資産として計上できる項目以外のもので、将来に支出の効果が期待されないものについては繰延資産として計上することは認められず、発生時に費用処理することが求められます。また、繰延資産として計上していたものの、償却が終了する前にもはや将来の支出の効果が期待されなくなった場合には、その未償却残

高を一時の費用として処理する必要があります。これら繰延資産としての要件を充足していない支出について、費用の繰延を目的として、繰延資産に計上するリスクがあります（実在性、評価の妥当性）。

このようなリスクに対しては、上長が繰延資産の効果について継続的に確かめ承認を行う、繰延資産計上時に仕訳伝票について上長が承認を行うなどの内部統制を構築することが有用です。

### 2 期間配分を誤る

繰延資産の償却計算について、計算誤りにより償却額を誤るというリスクがあります（評価の妥当性、期間配分の適切性）。また、償却費の計算要素（支出額、償却期間、償却開始時期など）が不適切な結果、償却額の計算を誤るリスクがあります。

このようなリスクに対しては、**1**に記載した内部統制に加え、会社の経理担当者の計算結果を上長が確認のうえ承認するなどの内部統制を構築することが有用です。

### 3 表示・開示を誤る

繰延資産は、創立費、開業費、株式交付費、社債発行費、開発費として区分表示し、その償却累計額は、繰延資産の金額から直接控除し、その控除残高を表示することが要求されています（財務諸表等規則37、38）。また、繰延資産の処理方法は重要な会計方針として注記する必要があります（財務諸表等規則8の2四）。そのため、これらの記載が漏れる、または誤るというリスクがあります（表示の妥当性）。

このようなリスクに対しては、**1**に記載した内部統制に加え、担当部署内での表示・開示事項に関する確認及び承認、財務諸表に対するIR部門での内容確認や、経理部上長の承認などの内部統制を構築することが有用です。

## 11-3 主な監査手続

「繰延資産」に関する主な監査手続は以下のとおりです。

| 主な監査手続 | 主なアサーション |
|---|---|
| (1) 分析的手続 | 各アサーション |
| (2) 証憑突合 | 実在性、評価の妥当性 |
| (3) 期間配分の妥当性の検証 | 期間配分の適切性 |
| (4) 表示・開示の妥当性に関する手続 | 表示の妥当性 |

### 1　分析的手続

#### 1 手続の目的

監査人が勘定科目残高を分析することによって、当該残高が会社の経営環境に照らして合理的であることを概括的に確かめるための監査手続です（各アサーション）。

#### 2 手続の具体的な内容

監査人は、期末残高と推定値（前期末残高などを基に設定した金額）を比較・分析し、増減の有無や乖離の程度を把握して、当該増減や乖離の内容が会社の経営環境に照らして合理的なものであることを、質問や関連証憑の閲覧によって確かめます。当期新たに繰延資産が計上されている場合、将来に支出の効果が期待されるかどうかについて、稟議書・請求書などの証憑との照合や担当者への質問などにより確かめます。

また、繰延資産は社債発行費を除き均等に償却されるため、償却額の比率

を比較することも分析的手続として有用です。

## 2　証憑突合

### 1 手続の目的

監査人が金額的重要性のある項目などを中心に請求書、契約書などを閲覧し内容を検討することによって、計上されている繰延資産が、「繰延資産の会計処理に関する当面の取扱い（実務対応報告第19号）」に準拠していることを確かめるための監査手続です（実在性、評価の妥当性）。

### 2 手続の具体的な内容

監査人は、金額的重要性などを踏まえ、計上されている繰延資産の中から手続対象とするものを選定し、稟議書などで計上理由を確かめるとともに、支出の内容を関連証憑と突合し、計上されている金額が妥当であること及び将来に支出の効果が期待され繰延資産として計上することが妥当であることを確かめます。

また、償却計算の開始時期や償却年数などの妥当性も併せて確かめます。

## 3　期間配分の妥当性の検証

### 1 手続の目的

監査人が、繰延資産の償却計算が適切に行われているかどうか検証することにより、繰延資産の計上額の妥当性を確かめるための手続です（期間配分の適切性）。

### 2 手続の具体的な内容

監査人は、会社が作成した償却計算資料を入手し、計算が適切であることを再計算により確かめます。なお、当期に計上された繰延資産については、

関連証憑との突合により償却開始時期が適切であることを確かめます。また、各繰延資産の償却方法、償却年数について、過年度からの処理の継続性が保たれていることを前期の監査調書などと照合し確かめます。

## 4 表示・開示の妥当性に関する手続

### 1 手続の目的

監査人が、繰延資産に関する表示及び注記について関連資料や関連調書と照合することによって、財務諸表上の表示・開示の妥当性を確かめるための監査手続です（表示の妥当性）。

### 2 手続の具体的内容

監査人は、会社が作成している管理用の明細の閲覧や、会社担当者への質問、関連する監査調書との照合を実施し、繰延資産に関連する項目が貸借対照表上適切に区分表示されていること、及び注記による開示が求められる場合には繰延資産に関する注記が適切に行われていることを確かめます。繰延資産については、会計方針として償却期間や償却方法が開示されるため、その妥当性を確かめます。

# 第12節

# 支払手形

## 12-1 勘定科目の特性とリスク

### ■勘定科目の範囲

　支払手形とは、仕入先との間に発生した営業取引に関する手形債務であると定義されています（財規ガイドライン47-1）。支払手形には約束手形による支払い、為替手形による支払いのどちらも含まれます。会計処理上は、仕入先との間で営業取引に関して振出を行った手形債務は、正常営業循環基準に従って、支払手形として、流動負債の部に計上します。なお、営業以外の目的、たとえば、固定資産の購入に際して振り出した手形については、営業外支払手形として、資金の融通を受けるために振り出した手形については、借入金としてそれぞれ処理する必要があることに留意が必要です。

### ■勘定の特性とリスク

　手形による支払いが行われた場合には、期日になると当座預金口座から、引落しが行われ、残高が不足していると不渡りとなり、不渡りを2回出すと銀行取引が停止され、事実上、倒産となることから、手形による支払いは掛による支払いよりもビジネスリスクが高いと考えられるため、その管理には留意する必要があります。

　現在においてはインターネットバンキング等の普及により、振込みによる支払が主流となっていますが、手形による支払いも広く行われています。これは、手形を受け取る側での与信管理の側面や、受領した手形の裏書譲渡や

金融機関での割引により資金調達を行うことができる側面があるためです。また、近年では電子記録債務も幅広く使用されるようになってきています。

## 12-2 リスクとアサーション

「支払手形」に関する主なリスクとしては、以下のものが考えられます。

| 主なリスク | 主なアサーション |
| --- | --- |
| (1)支払手形の計上が漏れる | 網羅性 |
| (2)架空の支払手形が計上される | 実在性 |
| (3)支払手形が適切な金額で計上されない | 評価の妥当性、期間配分の適切性 |
| (4)外貨換算を誤る | 評価の妥当性 |
| (5)表示・開示を誤る | 表示の妥当性 |

### 1 支払手形の計上が漏れる

手形の振出しが行われたにもかかわらず、担当者の処理漏れなどによって支払手形の計上が漏れるリスクがあります（網羅性）。支払手形は、支払期日に引き落としができない場合不渡りとなり、会社の存続に大きくかかわるため、管理が重要となります。

このようなリスクに対しては、手形帳における連番管理、管理台帳等による支払期限別の手形管理、手形の振出時及び月末における手形の控えと管理台帳との照合及び承認などの内部統制を構築することが有用です。

なお、支払手形の管理台帳には、日付、手形の振出先、銀行名、手形No.、金額、期日、適用等を記載し、支払期日別に管理する等の管理方法が考えら

れます。

## 2 架空の支払手形が計上される

　支払期日がすぎ、当座預金口座から手形の額面金額が引落されたものの、担当者の処理誤りなどにより出金の事実が会計帳簿に記帳されないなど、架空の支払手形が計上されるリスクがあります（実在性）。この場合、実際の手形残高と総勘定元帳の金額が一致せず、当座預金についても帳簿残高と口座残高が一致しなくなります。

　このようなリスクに対しては、支払手形管理台帳の定期的な承認、預金口座の月末残高と総勘定元帳の口座残高の照合などの内部統制を構築することが有用です。

## 3 支払手形が適切な金額で計上されない

　手形を振り出した際に、担当者が誤って手形の債務金額と異なる金額で会計処理してしまうなど、支払手形が適切な金額で計上されないリスクがあります。また期末日間近に振り出した手形について、経理処理の遅延などの理由によって翌期の支払手形として計上されるリスクがあります（評価の妥当性、期間配分の適切性）。

　このようなリスクに対しては、手形の振出し及び仕訳起票時に担当者以外の第三者が金額及び振出日のチェックを行う、月末などにおいて振り出した手形の控えと管理台帳の照合を行う、仕訳伝票について上長が承認を行うなどの内部統制を構築することが有用です。

## 4 外貨換算を誤る

　外貨建取引等会計基準では、外貨建債権債務については決算日レートによ

る円換算額を付すことが求められますが（外貨建取引等会計基準一2(1)②）、換算レートの適用誤り、換算漏れ、または換算計算の誤りによって、当該円換算額を誤るリスクがあります（評価の妥当性）。

このようなリスクに対しては、担当者以外の第三者による換算レートのチェックや換算計算の再計算、計算結果について上長が承認を行うなどの内部統制を構築することが有用です。

### 5　表示・開示を誤る

支払手形は、財務諸表上流動負債として表示するとともに（財務諸表等規則49①一）、関係会社に対する支払手形の期末残高に重要性がある場合その金額を注記する必要があります（財務諸表等規則55）。これらの財務諸表上の表示や関係会社債務に関する注記、期末日満期手形に関する注記などの表示・開示事項を誤る、または漏れるリスクがあります（表示の妥当性）。

また、固定資産取得などのために振り出した支払手形は営業外支払手形または設備支払手形として、融通手形や金融手形などの金融目的で振り出された支払手形は借入金として表示しますが、支払手形に含めて表示するリスクがあります（表示の妥当性）。

このようなリスクに対しては、手形振出・記帳処理の際に、手形の控えや仕訳伝票の摘要に相手先や振出しの理由について記載し、仕訳伝票について上長が承認を行うほか、担当部署内での表示・開示事項に関する確認及び承認、財務諸表に対するIR部門での内容確認や、経理部上長の承認などの内部統制を構築することが有用です。

## 12-3　主な監査手続

「支払手形」に関する主な監査手続は、以下のとおりです。

| 主な監査手続 | 主なアサーション |
|---|---|
| (1)分析的手続 | 各アサーション |
| (2)期末残高明細の通査 | 実在性、網羅性、評価の妥当性 |
| (3)手形帳の実査 | 実在性、網羅性、期間配分の適切性 |
| (4)外貨換算の検証 | 評価の妥当性 |
| (5)表示・開示の妥当性に関する手続 | 表示の妥当性 |

## 1 分析的手続

### 1 手続の目的

　監査人が、勘定科目残高を分析することによって、当該残高が会社の経営環境に照らして合理的であることを概括的に確かめるための監査手続です（各アサーション）。

### 2 手続の具体的な内容

　監査人は、期末残高と推定値（前期末残高などを基に設定した金額）を比較・分析し、増減の有無や乖離の程度を把握して、当該増減や乖離の内容が会社の経営環境に照らして合理的なものであることを、質問や関連証憑の閲覧によって確かめます。支払手形における分析的手続として、次のような手続が考えられます。
　① 支払期間別残高分析
　② 主要な取引先別残高の前期比較
　③ 仕入債務回転期間分析

　「①支払期間別残高分析」とは、手形の発行時における支払条件ごとの残高の構成比率、前期からの支払期間別の残高の推移について分析する方法で

す。前期と比較し、支払期間別の残高の構成比率や残高が大きく変化しているような場合には、特定の仕入先との取引を中止した場合や大口先について手形による支払いから銀行振込による支払に変更になった場合など、何らかの理由が想定されるため、担当者への質問などにより、その理由の合理性を確かめます。

また、従来に比して長いサイトの手形を発行している場合には金融手形の可能性もあるため、そのような手形については経理担当者に質問し、相手先、金額、仕入れの内容等について、検討を行います。

「②主要な取引先別残高の前期比較」とは、主要な支払手形の振出先ごとの前期末からの残高の増減を比較する分析方法です。主要な原材料の仕入先等であれば、残高としてある程度の金額水準を維持すると考えられることから、仮に急激な増加があった場合には固定資産の取得に係る多額の手形振出などの有無についても、検討を行います。また、毎期残高が発生している仕入先への振出額が急に減少している場合などには、仕入先への支払方法が変更となっている場合などが考えられるため、担当者に質問を行い、減少理由が合理的かどうかを検討します。

「③仕入回転期間分析」とは、本章第13節の「買掛金」の手続と同様の手続となります。手続を行うにあたって、買掛金の残高と支払手形の残高を合算して分析することが考えられます。詳細については、本章第13節を参照してください。

## 2　期末残高明細の通査

### 1　手続の目的

監査人が、支払手形管理台帳や残高明細表などを通査することによって、異常な残高の有無や支払手形の期末残高の妥当性を確かめるための監査手続です（実在性、網羅性、評価の妥当性）。

### 2 手続の具体的な内容

　監査人は、支払手形管理台帳及び残高明細表を入手し、合計調べのうえ、総勘定元帳及び試算表と突合し、それぞれが一致していることを確かめ、残高について通査を行い、異常な残高の有無について検証します。

------------------------------------------------------------
　　　　　　　　●業務効率化のためのポイント

　期末の決算作業の負担を軽減するために総勘定元帳と補助元帳が一致することについて、毎月末に確認するなど、定期的な検証作業を行うことが大切です。約束手形による支払いなど、支出を伴うものについては、資金繰りの点からも、支払期日などが正確かどうかについても検証しておくとより有用と考えられます。
------------------------------------------------------------


## 3　手形帳の実査

### 1 手続の目的

　監査人が、手形帳の発行控えを実際に確かめることで、会計帳簿に計上されている支払手形が実在すること、発行した支払手形が漏れなく会計帳簿に計上されていること、発行した会計期間に適切に計上されていることなどを確かめるための監査手続です（実在性、網羅性、期間配分の適切性）。

### 2 手続の具体的な内容

　監査人は、支払手形自体は振出先へ渡されていることから、その控えとなる手形帳の発行控え（手形のミミ）と支払手形管理台帳の相手先、金額、発行日、支払期日をそれぞれ突合します。また、会社が入手している領収書についても併せて突合を行います。実査においては、手形帳の控えに必要事項の記載が適切に行われていること、また手形の振出日と会計処理日が一致していることも確かめます。

## 4 外貨換算の検証

### 1 手続の目的
監査人が外貨建支払手形について、適用した為替レートの検証及び換算過程の再計算などによって支払手形に係る外貨換算の妥当性を確かめるための監査手続です（評価の妥当性）。

### 2 手続の具体的な内容
監査人は、金融機関などが公表している為替相場情報と会社が換算に用いた為替レートの整合性を確かめるとともに、換算過程のレビューまたは再計算などを実施し、会社の外貨換算が適切に行われていることを確かめます。

## 5 表示・開示の妥当性に関する手続

### 1 手続の目的
監査人が、支払手形に関する表示及び注記について関連資料や関連調書と照合することによって、財務諸表上の表示・開示の妥当性を確かめるための監査手続です（表示の妥当性）。

### 2 手続の具体的な内容
監査人は、会社が作成している管理用の明細の閲覧や、会社担当者への質問、関連する監査調書との照合を実施し、支払手形に関連する項目が貸借対照表上適切に区分表示されていること、及び注記による開示が求められる場合には支払手形に関する注記が適切に行われていることを確かめます。たとえば、融通手形や金融手形が借入金として適切に表示されていることや、期末日満期手形に関する注記、関係会社債務に関する注記などが重要性を考慮のうえ適切に注記開示されていることなどを確かめます。なお、電子記録債務については、「電子記録債務」等の科目をもって、支払手形とは区分して

表示する必要がありますが、重要性が乏しい場合には支払手形に含めて表示することができます（電子記録債権の取扱い）。これらについては、適切な区分をもって網羅的に表示されているかを検討する必要があります。

　また、関連資料の閲覧を通して支払期日をジャンプさせた手形の存在が明らかになった場合は、資金繰りに重要な懸念事項があると考えられることから、継続企業の前提について慎重な検討を行う必要があります（第4章第2節「継続企業の前提」参照）。

# 第13節

# 買掛金

## 13-1 勘定科目の特性とリスク

### ■勘定科目の範囲

　買掛金は、仕入先との間の通常の取引に基づいて発生した営業上の未払金をいい、役務の受入による営業上の未払金を含むものと定義されています（財規ガイドライン47-2）。買掛金は、主な原材料の仕入先のような頻繁に仕入を行う相手先に対する債務、補助的な材料等で頻繁に購入する必要がないため1年に1回あるいは数年に1回程度しか仕入が行われない相手先に対する債務など、営業上の様々な相手先への債務が含まれています。

　また、通常買掛金には複数の支払条件（例：A社は月末締翌月払、B社は月末締翌々月払）が含まれることになります。支払条件は、相手先との過去の取引関係、取引上の立場が優位かどうかといった観点から決定されているケースも多いと考えられます。なお、買掛金の支払いを行う際に現預金ではなく、手形によって支払いを行う場合もあります。

### ■勘定の特性とリスク

　原材料等の仕入を行う場合のみならず、サービス提供を受けるような場合でも買掛金が計上される場合があるなど、会社の営業形態によって買掛金として処理される範囲が変わることに留意が必要です。

　また、海外からの仕入等を行う会社においては、外貨での支払いが必要となる場合もあります。

買掛金については、一般的に取引件数が多いことから、計上が漏れる、消込みが漏れる、帳簿記帳時に金額を誤るなど、会計処理を誤るリスクが考えられます。また、取引先との共謀による不正を行うリスクなども考えられます。

## 13-2 リスクとアサーション

「買掛金」に関する主なリスクとしては、以下のものが考えられます。

| 主なリスク | 主なアサーション |
| --- | --- |
| (1) 買掛金の計上が漏れる | 網羅性 |
| (2) 架空の買掛金が計上される | 実在性 |
| (3) 買掛金が適切な金額で計上されない | 評価の妥当性、期間配分の適切性 |
| (4) 外貨換算を誤る | 評価の妥当性 |
| (5) 表示・開示を誤る | 表示の妥当性 |

### 1 買掛金の計上が漏れる

買掛金については、購入部署から経理部署へ請求書などの買掛金計上根拠資料が未達のために会計処理が漏れる、債務隠しを意図した買掛金の不計上などによって、買掛金の計上が漏れるリスクがあります（網羅性）。

このようなリスクに対しては、社内で請求書の処理の締切日を周知徹底する、毎月継続的に取引が行われるような仕入先からの請求書が未達であるなどの異常な状況を把握する体制を構築する、発注済未検収リストの確認、決算日後の請求書の処理漏れについての第三者によるチェック体制、仕訳伝票について上長が承認を行うなどの内部統制を構築することが有用です。

## 2　架空の買掛金が計上される

　仕入担当者が仕入先と共謀し、仕入代金を着服するために架空の請求書により買掛金を計上する、買掛金の支払を行ったものの消込みを行うべき勘定を誤り前渡金などの買掛金以外の勘定として記録してしまうなどにより、架空の買掛金が計上されるリスクがあります（実在性）。

　このようなリスクに対しては、仕入先への残高確認により買掛金残高を検証する、代金支払に伴う消し込みの際に支払先の名称・支払金額・消込み科目の適切性に留意したうえで別の担当者がチェックを行う、仕訳伝票について上長が承認を行うなどの内部統制を構築することが有用です。

## 3　買掛金が適切な金額で計上されない

　経理担当者や仕入担当者の処理誤りなどにより、仕入先から届いた請求書等と異なる金額で買掛金が会計帳簿に記録されることで買掛金の金額を誤るリスクがあります。また、買掛金の認識時期としては、入荷または検収時などが考えられるため、仕入の計上基準をあらかじめ会社の方針として決定し、継続的に適用する必要があります。この会社が定める計上基準と異なるタイミングで会計帳簿に記録する、入荷・検収を示さない見積書などの証憑書類に基づき買掛金を計上する、検収担当者による検収が漏れるなどにより、買掛金が適切な時期に会計帳簿に計上されないリスクもあります（実在性、網羅性、期間配分の適切性、評価の妥当性）。

　このようなリスクに対しては、購買プロセスの適切な管理、期末実地棚卸時に検収漏れの有無を確認する、発注済未検収リストの確認、期末日付近の仕入取引明細に対する上長によるレビュー、仕訳伝票について上長が承認を行うなどの内部統制を構築することが有用です。

### 4 外貨換算を誤る

　外貨建取引等会計基準では、外貨建債権債務については決算日レートによる円換算額を付すことが求められますが（外貨建取引等会計基準一2(1)②）、換算レートの適用誤り、換算漏れ、または換算計算の誤りによって、当該円換算額を誤るリスクがあります（評価の妥当性）。

　このようなリスクに対しては、担当者以外の第三者による換算レートのチェックや換算計算の再計算、計算結果について上長が承認を行うなどの内部統制を構築することが有用です。

### 5 表示・開示を誤る

　買掛金は、財務諸表上流動負債として表示するとともに（財務諸表等規則49①二）、関係会社に対する買掛金の期末残高に重要性がある場合、その金額を注記する必要があります（財務諸表等規則55）。これらの財務諸表上の表示や関係会社債務に関する注記などの表示・開示事項を誤る、または漏れるリスクがあります（表示の妥当性）。

　このようなリスクに対しては、担当部署内での表示・開示事項に関する確認及び承認、財務諸表に対するIR部門での内容確認や、経理部上長の承認などの内部統制を構築することが有用です。

## 13-3 主な監査手続

　「買掛金」に関する主な監査手続は、次頁以下のとおりです。

| 主な監査手続 | 主なアサーション |
|---|---|
| (1) 分析的手続 | 各アサーション |
| (2) 期末残高明細の通査 | 実在性、網羅性、評価の妥当性 |
| (3) 期間帰属の妥当性の検証 | 期間配分の適切性 |
| (4) 外貨換算の検証 | 評価の妥当性 |
| (5) 未計上債務の有無の検証 | 網羅性 |
| (6) 残高確認 | 実在性、網羅性 |
| (7) 表示・開示の妥当性に関する手続 | 表示の妥当性 |

## 1 分析的手続

### 1 手続の目的

　監査人が、勘定科目残高を分析することによって、当該残高が会社の経営環境に照らして合理的であることを概括的に確かめるための監査手続です（各アサーション）。

### 2 手続の具体的な内容

　監査人は、期末残高と推定値（前期末残高などを基に設定した金額）を比較・分析し、増減の有無や乖離の程度を把握して、当該増減や乖離の内容が会社の経営環境に照らして合理的なものであることを、質問や関連証憑の閲覧によって確かめます。

　買掛金についても売掛金と同様、膨大な量の仕入取引や決済取引の集積結果であるため、買掛金残高のひとつひとつを詳細に検討することは監査資源の制約を考慮すると現実的でないことから、連動する他の勘定科目との関連について、仕入債務回転期間分析等によって分析することが有用と考えられ

ます。

　仕入債務回転期間分析において仕入債務の回転期間は通常買掛金の決済条件に連動します。たとえば、ほとんどの仕入先への支払条件が仕入後2か月である会社において、回転期間が約3か月となっている場合や逆に1か月となっている場合などは当該乖離の理由を把握することが必要です。

　また、会社によっては、期末日付近に生産量が増加するために仕入量が増加する場合や、逆に期末日付近の仕入量が少ない場合など期間を通じて安定的に仕入が行われない場合があります。このような場合はたとえば月次の仕入高と買掛金残高を使用して分析を行うなど、周知の事実による影響を考慮した上で分析的手続を実施することもあります。

## 2　期末残高明細の通査

### 1 手続の目的

　監査人が、買掛金残高明細表や補助元帳などを通査することによって、異常な残高の有無や買掛金の期末残高の妥当性を確かめるための監査手続です（実在性、網羅性、評価の妥当性）。

### 2 手続の具体的な内容

　監査人は、買掛金残高明細表を入手し、合計調べのうえ、総勘定元帳及び試算表と突合し、帳票間の整合性や補助元帳を確かめるとともに、残高明細表の通査を行い、異常な残高の有無について検証します。

　たとえば、新規に多額の残高が発生した取引先や急激に残高が減少した先がないか、マイナスの残高がないかなどに留意します。

　仕入先別の残高に異常な点があれば、経理担当者に質問を行い、また仕入先との取引に関連する証憑を入手し証憑突合を行うなど、追加的な手続を実施します。

> **監査手続上のポイント**
>
> 仕入先名称を確認し、販売先からの仕入の有無について確かめます。「仕入先＝販売先」となっているような場合には、いわゆるＵターン取引（循環取引）が行われている可能性に留意する必要があります。

## 3 期間帰属の妥当性の検証

### 1 手続の目的

監査人が、買掛金が適切な期間に計上されていることを期末日近辺の仕訳伝票と帳票の突合等により検討する手続（カットオフテスト）を実施し、買掛金が計上された期間が適切であることを確かめるための監査手続です（期間配分の適切性）。

### 2 手続の具体的な内容

監査人は、期末日前後の仕入取引から、金額的重要性が高いものなど必要と認めた取引を抽出し、当期に計上された買掛金については当期に計上することが妥当であること、及び翌期に計上された買掛金については翌期に計上することが妥当であることを、関連証憑を入手・照合することにより検証します。

なお、会社が採用している会計方針（たとえば、検収基準、着荷基準等）を把握し、当該会計方針に照らして適切な処理であることを確かめます。たとえば検収基準を採用しているのであれば検収通知書の控えを入手し、検収日と会計処理の日付が整合していることを確かめます。また、着荷基準を採用しているのであれば、着荷伝票などを入手し、着荷日と会計処理の日付が整合していることを確かめます。

## 4 外貨換算の検証

### 1 手続の目的

　監査人が外貨建買掛金について、適用した為替レートの検証及び換算過程の再計算などによって買掛金に係る外貨換算の妥当性を確かめるための監査手続です（評価の妥当性）。

### 2 手続の具体的な内容

　監査人は、金融機関などが公表している為替相場情報と会社が換算に用いた為替レートの整合性を確かめるとともに、換算過程のレビューまたは再計算などを実施し、会社の外貨換算が適切に行われていることを確かめます。

> ●業務効率化のためのポイント
>
> 　外貨建での仕入が多い会社などにおいては、すべての外貨建仕入取引について個別に換算を行うことは実務上煩雑であるため、自動換算を行う会計システムを導入することは有用と考えられます。

## 5 未計上債務の有無の検証

### 1 手続の目的

　監査人が、決算日翌月以降に仕入処理される取引を通査することにより、当期に計上すべき買掛金が漏れなく計上されていることを確かめるための監査手続です（網羅性）。

### 2 手続の具体的な内容

　監査人は、決算日翌月に処理される予定の請求書綴りや決算日翌月の元帳を通査し、当期に計上すべき債務が含まれていないことを確かめます。この

際、請求書の摘要欄・明細や請求書日付などに注意し、当期に計上すべき債務かどうか確かめます。摘要欄や明細の記載から内容が把握できないものについては担当者に質問を行うなど詳細な検討を実施します。

また、会社の処理方針について質問を行い、毎期同様の方針に基づいて計上が行われていることを確かめます。

なお、会社が発注システムによって発注残の管理を行っている場合には、期末日における発注済未検収リストを確認することで、当期に計上すべき債務がすべて計上されているかどうかの検証を行うことができることがあります。

### 監査手続上のポイント

未計上債務の有無の検証の際には、約1か月分の請求書を閲覧する場合などもあるため、会社によっては相当な量があり、比較的時間を要する手続となる場合があります。また、営業所・支社等の拠点が多数に及ぶような会社においては、実施方法について事前に十分協議をしておくことが望ましいといえます。

## 6 残高確認

### 1 手続の目的

監査人が、会社外部の取引先等に対して買掛金残高や取引条件等について文書による問合せを行い、回答を直接入手し評価することによって買掛金の実在性や網羅性を確かめるための監査手続です（実在性、網羅性）。

### 2 手続の具体的な内容

残高確認によって、実在性を確かめる手続については、本章第3節「売掛金」を参照してください。

監査人は、網羅性を検証する場合には、発送対象の抽出方法として残高の

ある仕入先、残高のない仕入先にかかわらず無作為に抽出を行う方法を採用することが考えられます。

たとえば仕入先マスター等の一覧表を入手し、そこからランダムで発送する相手先を抽出します。また、前期末などと比べ著しく残高が減少した取引先や当期末残高がゼロとなった取引先を抽出することも考えられます。抽出された仕入先に対しては、残高がゼロの場合であっても、確認状を送付します。この場合は、残高ゼロとして、残高が有るものと同様の確認状を送付するのではなく、取引の有無を確認するように記載を変更した確認状を発送することが考えられます。

#### 監査手続上のポイント

残高がゼロの仕入先に対して確認状を発送することは、未計上債務の有無の検証として、監査上も有用な手続のひとつですが、会社担当者には目的を理解されにくい手続であるため、実施する場合には発送前に十分な説明をすることが求められます。

## 7 表示・開示の妥当性に関する手続

### 1 手続の目的

監査人が、買掛金に関する表示及び注記について関連資料や関連調書と照合することによって、財務諸表上の表示・開示の妥当性を確かめるための監査手続です（表示の妥当性）。

### 2 手続の具体的内容

監査人は、会社が作成している管理用の明細の閲覧や、会社担当者への質問、関連する監査調書との照合を実施し、買掛金に関連する項目が貸借対照表上適切に区分表示されていること、及び注記開示などが求められる場合に

は買掛金に関する注記が適切に行われていることを確かめます。たとえば関係会社債務に関する注記などが重要性を考慮のうえ、適切に開示されていることなどを確かめます。

第14節

# 借入金・社債

本節においては、借入金及び社債を対象として扱います。

## 14-1 借入金

### 1 勘定科目の特性とリスク

■**勘定科目の範囲**

　借入金とは、金融機関または特定の法人・個人に対して将来の返済及び金利の支払いを約定して調達する資金をいいます。借入金には金銭消費貸借契約に基づいて借入を行う証書借入や借入期日を満期日とした約束手形を振り出して借入を行う手形借入、当座借越契約に基づいて借入を行う当座借越などがあります。

　また、金融機関からの借入の場合、借入極度額を設定しその枠内での借入及び返済を繰り返すことが可能なコミットメント・ライン契約や複数の金融機関が一体となって貸付を行うシンジケート・ローン契約による借入など多様な契約形態があります。

　貸借対照表上、借入金は1年基準に基づき流動負債または固定負債に計上します。返済期限が貸借対照表日の翌日から起算して1年以内であれば短期借入金（流動負債）として、1年を超える場合には長期借入金（固定負債）として貸借対照表に表示され、決算上、長期借入金のうち貸借対照表日の翌日から起算して1年以内に返済期限が到来する金額を一年内返済予定の長期借入

金として流動負債に振り替える会計処理が必要になります。

　借入金は多くの場合、契約によって保有資産の担保差入や保証人を設定しており、会社の借入金返済の履行状況によっては、担保が処分される可能性や保証人による弁済などが生じる可能性があります。また、契約で財務制限条項が締結されており、会社の財政状態が悪化し当該財務制限条項に抵触したことによって、期限の利益を喪失し一括弁済が求められる場合などもあります。このような会社の財政状態及び経営成績に多大な影響を及ぼす可能性がある事項については、財務諸表上、注記などにより利害関係者に対し適切に情報を開示する必要があります。

### ■勘定の特性とリスク

　借入金は、実行時に資金の入金を伴うことから、売上の仮装や営業債権の回収の仮装などの粉飾に利用される可能性があります。また、借入先として金融機関のほか、特定の法人・個人が想定されることから、役員の兼任などの特別な関係にある関係会社が借入先となる場合、関係会社を利用した不正な取引が行われる可能性もあるため留意が必要です。

## 2　リスクとアサーション

　「借入金」の主なリスクとしては、以下のものが考えられます。

| 主なリスク | 主なアサーション |
| --- | --- |
| （1）借入金の計上が漏れる | 網羅性 |
| （2）架空の借入金が計上される | 実在性、権利と義務の帰属 |
| （3）借入金が適切な金額で計上されない | 評価の妥当性、期間配分の適切性 |

| | |
|---|---|
| (4)外貨換算を誤る | 評価の妥当性 |
| (5)表示・開示を誤る | 表示の妥当性 |

### 1 借入金の計上が漏れる

　貸借対照表上、借入金の単なる増加は負債比率（負債残高÷総資産残高）を高めることになることから、会社は財政状態を実態より良くみせるために複式簿記の下では、他の取引を仮装することによって借入金を簿外処理するリスクがあります（網羅性）。たとえば、外部への貸付による支払いを借入金の返済に仮装することによって、借入金を簿外処理するようなケースなどが考えられます。

　また、売上を仮装した場合に、当該収益計上に伴う架空の営業債権の回収の偽装として、借入金で調達した資金を充てることなども想定されます。

　このようなリスクに対しては、新規借入に対して所定の承認手続、金銭消費貸借契約の有無の確認、仕訳伝票について上長が承認を行うなどの内部統制を構築することが有用です。

| あるべき仕訳 | 帳簿上の不適切な仕訳（簿外処理） |
|---|---|
| 現金預金　××　／　借入金　×× | 現金預金　××　／　売上高　×× |
| | 現金預金　××　／　資　産　××<br>　　　　　　　　／　売却益　×× |
| 貸付金　××　／　現預金　×× | 借入金　××　／　現預金　×× |

### 2 架空の借入金が計上される

　複式簿記の下では、現金預金の計上とともに借入金が計上されるため、資産（製品、商品、その他資産など）の売却取引を利用するなどにより、入金の事実に基づき架空に借入金が計上されるリスクがあります（実在性、権利と義務

の帰属)。

このようなリスクに対しては、新規借入に対する所定の承認手続、重要な借入に係る稟議や取締役会の決議による承認、担当者以外の第三者が金銭消費貸借契約と仕訳伝票を照合し内容を確認する、仕訳伝票について上長が承認を行うなどの内部統制を構築することが有用です。

### 3 借入金が適切な金額で計上されない

借入金は、新規借入により増加し、返済により減少しますが、これらの新規借入または返済に係る取引日や金額を誤って記帳し、借入金が適切に計上されないリスクがあります（評価の妥当性、期間配分の適切性）。

また、借入金は、金銭消費貸借契約に基づき通常利息が発生しますが、当該利息の計算を誤るリスクが考えられます。会社外部の第三者（特に金融機関）からの借入の場合には、利息計算通知書などで利息の計算を確かめることができるため、通常は特にリスクは想定されませんが、借入先が個人や関連当事者の場合、会社が利息の計算を行うこともあるため、計算上の契約利率や利息の計算方法を誤るリスクがあります。

このようなリスクに対しては、定期的に借入先から借入金の未返済残高を入手し、帳簿残高と照合する、新規借入・返済取引に関する所定の承認手続、資金繰表や返済スケジュール表と実際の借入・返済の事実との整合性の確認、仕訳伝票について上長が承認を行うなどの内部統制を構築することが有用です。また、利息については、利率及び利息計算のチェックや予算と実績の比較などの内部統制を構築することが有用です。

### 4 外貨換算を誤る

外貨建取引等会計基準では、外貨建債権債務については決算日レートによる円換算額を付すことが求められますが（外貨建取引等会計基準一2(1)②）、換算レートの適用誤り、換算漏れ、または換算計算の誤りによって、当該円換算額を誤るリスクがあります（評価の妥当性）。

このようなリスクに対しては、担当者以外の第三者による換算レートのチェックや換算計算の再計算、計算結果について上長が承認を行うなどの内部統制を構築することが有用です。

#### 5 表示・開示を誤る

　借入金については、1年基準による長短分類表示を行う必要がありますが（財務諸表等規則49①三、52①二）、長期借入金から短期項目である1年内返済予定借入金への振替漏れにより、借入金に係る表示区分を誤るリスクがあります。関係会社からの借入金や役員・従業員等からの借入金については、金額の重要性に応じて別掲表示または注記する必要があるため（財務諸表等規則50、52①三、53、55）、この表示または開示を誤るリスクもあります。

　一方、貸借対照表の注記事項として担保に供している資産を記載しますが（財務諸表等規則43）、担保に供している資産が借入に紐付いて適切に管理されていない場合に注記が漏れるまたはその内容や金額を誤るリスクなども考えられます。また、附属明細表のひとつとしての借入金明細表では借入金の当期首残高及び当期末残高、利率、返済期限などを開示しますが（財務諸表等規則121①四）、この開示情報を誤るリスクもあります（表示の妥当性）。

　このようなリスクに対しては、担当部署内での表示・開示事項に関する確認及び承認、財務諸表に対するIR部門での内容確認や、経理部上長の承認などの内部統制を構築することが有用です。

### 3 主な監査手続

　「借入金」に関する主な監査手続は、以下のとおりです。

| 主な監査手続 | 主なアサーション |
| --- | --- |
| (1) 分析的手続 | 各アサーション |
| (2) 支払利息のオーバーオール・テスト | 実在性（発生）、網羅性、期間配分の適切性 |
| (3) 期中取引の検証 | 実在性、網羅性、権利と義務の帰属、評価の妥当性 |
| (4) 残高確認 | 実在性、網羅性、権利と義務の帰属 |
| (5) 外貨換算の検証 | 評価の妥当性 |
| (6) 財務制限条項などの契約条件の遵守状況の検証 | 表示の妥当性 |
| (7) 表示・開示の妥当性に関する手続 | 表示の妥当性 |

## 1 分析的手続

### ① 手続の目的

監査人が、借入金残高及び支払利息計上額を分析することによって、当該残高及び計上額が会社の経営環境に照らして合理的であることを概括的に確かめるための監査手続です（各アサーション）。

### ② 手続の具体的な内容

監査人は、借入金残高明細表を入手し、借入先ごとに借入金残高及び支払利息計上額と推定値（前期末残高などを基に設定した金額）を比較・分析し、増減の有無や乖離の程度を把握して、当該増減や乖離の内容が会社の経営環境に照らして合理的なものであることを、質問や関連証憑の閲覧によって確かめます。

前期比較だけでなく、借入金に関連する他の財務数値または非財務数値との比率や趨勢との比較分析を行うこともあります。たとえば、長期借入金は固定資産などの設備投資などの資金として使われることから、通常は固定資

産の増加とともに、借入金も増加する傾向にあります。一方で短期借入金は、一時的な運転資金の確保などに使われることが多いため、通常は現金預金や短期投資、棚卸資産の増加とともに短期借入金も増加する傾向にあります。また、借入金の減少がある場合には、現金預金などの流動資産の減少が想定されます。これらの関係性に基づく比率の推移などを検討した結果、著しい変動などが見られる場合、その原因を調査し、必要に応じて質問や証憑突合を行います。

### 2 支払利息のオーバーオール・テスト

#### ① 手続の目的

監査人が、元本と利息の関係を利用した分析を行うことにより、借入金に係る支払利息の計上額の妥当性を概括的に確かめるための監査手続です(実在性(発生)、網羅性、期間配分の適切性)。

#### ② 手続の具体的な内容

借入金の種類別に月別平均残高及び加重平均利率などを用いて推定値を算出し、実績値と比較するオーバーオール・テストを行い、借入金残高及び支払利息の計上額の妥当性を概括的に確かめます。支払利息の計上金額を借入金残高で除して算定した平均推定利率が、借入の実際の利率の範囲と照らして合理的な水準であることを検討する場合もあります。

実績値と推定値に大幅な乖離がある場合には、経過利息の計算誤りや支払利息以外の支払項目との混同、借入金の計上漏れなどが考えられるため追加的手続を実施します。

### 3 期中取引の検証

#### ① 手続の目的

監査人が、期中の新規借入取引及び返済取引に関して、契約書や返済スケジュール表、入出金証憑などの関連資料と照合することによって、借入金の期中取引が適切に計上されていることを確かめるための監査手続です(実在

性、網羅性、権利と義務の帰属、評価の妥当性)。

#### 2 手続の具体的な内容

期中の新規借入取引及び借り換え、または返済取引について、各種証憑と会計帳簿を照合し、会計処理の妥当性を確かめます。たとえば、以下の手続を実施します。

- 新規の借入がある場合には、入金の事実を確かめるとともに、適切な役職者の承認を得た稟議書及び契約書などに基づき、借入金として適切な時期に、適切な金額で記帳されていることを確かめます。
- 既存の借入金につき返済された場合には、契約で定められた返済スケジュール及び出金の事実などに基づき、適切な時期に、適切な金額で記帳されていることを確かめます。
- 借り換えがある場合には、承認を得た稟議書や契約書などに基づき、借換えの条件に従って適切に会計処理されていることを確かめます。
- 金銭消費貸借契約書などの書類を閲覧し、借入条件(担保の有無など)及び財務制限条項などその他関連条項の内容を確かめます。

### 4 残高確認

#### 1 手続の目的

監査人が、会社の借入残高や担保の差入れなどの契約諸条項に関して外部の金融機関などの借入先に文書による問合せを行い、回答を直接入手し評価することによって、借入金残高などが妥当であることを確かめるための監査手続です(実在性、網羅性、権利と義務の帰属)。

#### 2 手続の具体的な内容

立証すべきアサーションが実在性の場合、監査人は借入金残高明細を母集団として設定し、金額的に重要な借入など必要と認めたサンプルを抽出し、当該サンプルに該当する借入先に対して残高確認状を直接送付・回収し、回答内容を検討します。

なお、金額欄を空白としたブランク確認状による回答を入手することに

よって、当該確認先に関して回答以外の借入金がないこと、すなわち網羅性についても確かめることが可能となります。

負債項目の外部確認の詳細については、本章第13節「買掛金」を参照してください。

### 5 外貨換算の検証

#### ① 手続の目的

監査人が、外貨建の借入金について、適用した為替レートの検証及び換算過程の再計算などによって借入金に係る外貨換算の妥当性を確かめるための監査手続です（評価の妥当性）。

#### ② 手続の具体的な内容

監査人は金融機関などが公表している為替相場情報と会社が換算に用いた為替レートの整合性を確かめるとともに、換算過程のレビューまたは再計算などを実施し、会社の外貨換算が適切に行われていることを確かめます。

### 6 財務制限条項などの契約条件の遵守状況の検証

#### ① 手続の目的

監査人が、契約条件の遵守状況を検討することにより、特に継続企業の前提に重要な疑義を生じさせるような事象または状況の有無を識別するための監査手続です（表示の妥当性）。

#### ② 手続の具体的な内容

金銭消費貸借契約書などを閲覧し、契約に伴う借入条件を遵守していることを確かめます。特に、借入金の一括返済を要求されることになる可能性のある財務制限条項の有無、当該条項に抵触する事実の有無に留意する必要があります。詳細については、第4章第2節「継続企業の前提」を参照してください。

### 7 表示・開示の妥当性に関する手続

#### 1 手続の目的

監査人が、借入金に関する表示及び注記事項について関連資料や関連調書と照合することによって、財務諸表上の表示・開示の妥当性を確かめるための監査手続です（表示の妥当性）。

#### 2 手続の具体的な内容

監査人は、会社が作成している管理用の明細の閲覧や、会社担当者への質問、関連する監査調書との照合を実施し、借入金に関連する項目が貸借対照表上適切に区分表示されていること、及び注記による開示が求められる場合には借入金に関する注記が適切に行われていることを確かめます。

まず、契約書などに基づく返済スケジュールに従い、借入金が1年基準に準拠して適切に長期・短期を分類して表示されていることを確かめます。

また、担保提供、質権・抵当権設定及び債務保証の状況に関する資料を閲覧し、契約書、残高確認状などと整合していることを確かめます。担保については担保提供資産と借入金の関連を確かめ、貸借対照表に適切に注記されていることを確かめます。

## 14-2 社　債

### 1　勘定科目の特性とリスク

#### ■勘定科目の範囲

社債とは、会社法の規定により会社が行う割当てにより発生する当該会社を債務者とする金銭債権であって、会社法第676条の各号に掲げる事項についての定めに従い償還されるものです（会2二十三）。

社債は、会社の長期的な資金調達のために、社債券の発行により生じる債務であり、直接金融方式を採用している点で借入金と異なり、確定利子付負

債という点で資本としての株式とは異なります。多様な種類の社債がありますが、会計上は社債と新株予約権付社債に大別されます。新株予約権付社債とは、株式を一定の条件で取得するための権利である新株予約権が付された社債であり、原則として、新株予約権または社債の一方だけを譲渡できないものをいいます。

　社債の発行は、会社法の規定により、取締役会（取締役会設置会社の場合）において社債総額、利率、発行価格、償還期間、及び償還方法など社債の内容が決定されます。また、新株予約権付社債の場合、新株予約権の行使価格についても取締役会で決議のうえ、投資者に公表する必要があります。

　新株予約権付社債は、転換社債型と転換社債型以外に大別されますが、転換社債型の場合、社債の償還金額が新株の払込金額に充当される（代用払込）ことを想定しているため、社債と新株予約権の払込金額を合算して処理する一括法と社債と新株予約権付社債の払込金額を区分して処理する区分法が認められています。転換社債型以外の場合には、区分法が合理的であるとされています。

　発行者側の新株予約権付社債の会計処理については、以下のとおりです。

| 分類 | | 会計処理 | |
|---|---|---|---|
| 転換社債型 | 代用払込の請求があったとみなす新株予約権付社債 | 区分法 | いずれかの方法で処理 |
| | | 一括法 | |
| それ以外 | 代用払込が認められる新株予約権付社債 | 区分法 | |

■ **勘定科目の特性とリスク**

　社債の一般的な特徴として、証券化され多数の者から多額で長期的な資金調達ができるという点があります。社債の場合、借入とは異なり、通常は証券化することにより社債券保有者である社債権者を募集するため、金融機関などを通して発行手続を行います。

そのため、単純に簿外処理することは難しいと考えられますが、通常金額の規模が大きく、監査上重要な勘定科目として位置づけられます。

## 2 リスクとアサーション

「社債」の主なリスクとしては、以下のものが考えられます。

| 主なリスク | 主なアサーション |
| --- | --- |
| (1)社債の計上が漏れる | 網羅性 |
| (2)架空の社債が計上される | 実在性、権利と義務の帰属 |
| (3)社債が適切な金額で計上されない | 評価の妥当性、期間配分の妥当性 |
| (4)外貨換算を誤る | 評価の妥当性 |
| (5)表示・開示を誤る | 表示の妥当性 |

### 1 社債の計上が漏れる

社債は借入金と同様に、複式簿記の下で他の取引を仮装する場合に利用されることが考えられますが、社債は証券化されており公告など社債権者への通知が必要となることから、借入金より簿外リスクは低いことが考えられます（網羅性）。

このようなリスクに対しては、社債発行に対する所定の承認手続、社債原簿や社債契約書などにより社債契約の締結を確かめるなどの内部統制を構築することが有用です。

### 2 架空の社債が計上される

社債は、一般的に証券化され金融機関を通じて社債権者から資金が払い込まれるため、社債を架空に計上することは難しいと考えられます（実在性、

権利と義務の帰属)。また、社債の発行には、取締役会の決議が必要であり(取締役会設置会社の場合)、発行期間中には定期的に社債利息の支払いがあるため、架空に計上するリスクは一般的に低いと考えられます。

### 3 社債が適切な金額で計上されない

社債は、新規発行や追加発行により増加し、償還により減少するため、これらの新規発行額または追加発行額や期限前または満期の償還額を誤って認識することにより社債が適切に計上されないリスクがあります(評価の妥当性、期間配分の適切性)。また、社債は、社債契約に基づき通常社債利息が発生し、一般的には利息計算上の契約利率や利息の計算方法の誤りにより、利息の計上金額を誤るリスクがあります(期間配分の適切性)。

ただし社債は、通常、会社外部の第三者(主に金融機関)が社債管理会社となり、社債管理会社が送付する利息計算通知書などで利息の計算を確かめることができるため、利息の計算誤りは通常大きなリスクとは想定されません。

このようなリスクに対しては、社債管理会社などに対する社債の未償還残高の確認、償還スケジュールと期末残高の整合性の確認、また利息費用についての予算と実績の比較、経理担当者による利率及び利息計算のチェック、社債の新規発行・償還・利息の計上などに係る仕訳伝票について上長が承認を行うなどの内部統制を構築することが有用です。

### 4 外貨換算を誤る

外貨建取引等会計基準では、外貨建債権債務については決算日レートによる円換算額を付すことが求められますが(外貨建取引等会計基準一2(1)②)、換算レートの適用誤り、換算漏れ、または換算計算の誤りによって、当該円換算額を誤るリスクがあります(評価の妥当性)。

このようなリスクに対しては、担当者以外の第三者による換算レートのチェックや換算計算の再計算、計算結果について上長が承認を行うなどの内部統制を構築することが有用です。

### 5 表示・開示を誤る

社債については、一年基準による長短分類表示を行う必要がありますが（財務諸表等規則49、52①一）、長期項目から短期項目への振替漏れにより、社債に係る表示区分を誤るリスクがあります。一方、貸借対照表の注記事項として担保に供している資産を記載しますが（財務諸表等規則43）、担保に供している資産が社債に紐付いて適切に管理されていない場合に注記が漏れるまたはその内容や金額を誤るリスクなども考えられます。また、附属明細表の一つとしての社債明細表では社債の当期首残高、当期末残高、利率及び償還期限などを開示しますが（財務諸表等規則121①三）、この開示情報を誤るリスクがあります（表示の妥当性）。

このようなリスクに対しては、担当部署内での表示・開示事項に関する確認及び承認、財務諸表に対するIR部門での内容確認や、経理部上長の承認などの内部統制を構築することが有用です。

### 3 主な監査手続

「社債」に関する主な監査手続は、以下のとおりです。

| 主な監査手続 | 主なアサーション |
| --- | --- |
| （1）分析的手続 | 各アサーション |
| （2）社債利息のオーバーオール・テスト | 実在性（発生）、網羅性、期間配分の適切性 |
| （3）期中取引の検証 | 実在性、網羅性、権利と義務の帰属、評価の妥当性 |
| （4）残高確認 | 実在性、網羅性、権利と義務の帰属 |
| （5）外貨換算の検証 | 評価の妥当性 |

| | |
|---|---|
| (6)財務制限条項などの契約条件の遵守状況の検証 | 表示の妥当性 |
| (7)新株予約権付社債の会計処理の妥当性の検証 | 評価の妥当性、表示の妥当性 |
| (8)表示・開示の妥当性に関する手続 | 表示の妥当性 |

## 1 分析的手続

### ① 手続の目的

　監査人が、社債残高及び社債利息計上額を分析することによって、当該残高及び計上額が会社の経営環境に照らして合理的であることを概括的に確かめるための監査手続です（各アサーション）。

### ② 手続の具体的な内容

　監査人は、社債明細表を入手し、社債の種類別に残高及び社債利息計上額と推定値（前期末残高などを基に設定した金額）を比較・分析し、増減の有無や乖離の程度を把握して、当該増減や乖離の内容が会社の経営環境に照らして合理的なものであることを、質問や関連証憑の閲覧によって確かめます。社債のような長期的資金調達を行う場合、長期的な投資を行うなどその資金調達の理由が存在しますが、償還期限前に社債を償還している場合には、十分な資金力を有していることが考えられます。一方、償還期限が迫っている場合には、資金に余裕があるか、リファイナンスができるかなど社債の償還に困難を生じさせるような事象の有無を検討したうえで継続企業の前提に重要な疑義を生じさせるような事象または状況の有無について検討する場合もあります（第4章第2節「継続企業の前提」参照）。

## 2 社債利息のオーバーオール・テスト

### ① 手続の目的

　監査人が、社債元本と利息の関係を利用した分析を行うことにより、社債利息計上額の妥当性を概括的に確かめるための監査手続です（実在性（発生）、

網羅性、期間配分の適切性）。

#### ❷ 手続の具体的な内容

　社債の種類別に月別平均残高及び加重平均利率などを用いて推定値を算出するオーバーオール・テストを行い、社債残高や社債利息の年間計上額の妥当性を確かめます。また、社債利息の計上金額を社債残高で除して算定した平均推定利率が、社債の実際の利率の範囲と照らして合理的な水準であるか否か検討する場合もあります。

### 3 期中取引の検証

#### ❶ 手続の目的

　監査人が、期中の新規社債の発行取引及び償還取引について、契約書や入出金証憑と照合することによって、期中取引の会計処理の妥当性を確かめるための監査手続です（実在性、網羅性、評価の妥当性、権利と義務の帰属）。

#### ❷ 手続の具体的な内容

　期中の社債の発行取引及び償還取引について、各種証憑と会計帳簿を照合し会計処理の妥当性を確かめます。

　たとえば、以下の手続を実施します。

- 社債の新規発行に関する取締役会議事録、稟議書、有価証券届出書、金融機関との契約書などを閲覧して、発行条件・財務制限条項などその他の関連条項を確かめ、処理の妥当性を確かめます。
- 新規発行額または追加発行額及び社債の借り換え・償還額について、当該社債の発行などの承認を得た取締役会議事録、稟議書及び契約書、入出金帳票などの証拠資料と会社の管理簿などを突合するとともに、処理の妥当性を確かめます。

### 4 残高確認

#### ❶ 手続の目的

　監査人が、会社の社債残高や担保の差入れなどの契約諸条項に関して外部

の社債管理会社などに文書による問合せを行い、回答を直接入手し評価することによって、社債残高などが妥当であることを確かめるための監査手続です（実在性、網羅性、権利と義務の帰属）。

**② 手続の具体的な内容**

負債項目の金融機関への確認の詳細については、本章第 14 節 **14-1**「借入金」を参照してください。

### 5 外貨換算の検証

**① 手続の目的**

監査人が、外貨建の社債について、換算レートや換算計算を検証することによって、社債残高について適切に円換算されていることを確かめるための監査手続です（評価の妥当性）。

**② 手続の具体的な内容**

監査人は、金融機関などが公表している為替相場情報と会社が換算に用いた為替レートの整合性を確かめるとともに、換算過程のレビューまたは再計算などを実施し、会社の外貨換算が適切に行われていることを確かめます。

### 6 財務制限条項などの契約条件の遵守状況の検証

**① 手続の目的**

監査人が、社債契約書を閲覧することなどによって、契約条件の遵守状況を検討することにより、特に継続企業の前提に重要な疑義を生じさせるような事象または状況の有無を識別するための監査手続です（表示の妥当性）。

**② 手続の具体的な内容**

社債契約書などを閲覧し、契約に伴う発行条件を遵守していることを確かめます。特に、社債発行会社である債務者が期限の利益を喪失して社債の期限前一括償還を要求される財務制限条項（コベナンツ）などの有無、当該条項に抵触する事実の有無に留意する必要があります。詳細については第 4 章第 2 節「継続企業の前提」を参照してください。

### 7 新株予約権付社債の会計処理の妥当性の検証

#### ① 手続の目的

監査人が、新株予約権付社債について、社債契約書や社債原簿を閲覧することなどによって、金融商品会計基準に従い適切に会計処理がなされていることを確かめるための監査手続です（評価の妥当性、表示の妥当性）。

#### ② 手続の具体的な内容

社債契約書や社債原簿を閲覧し、発行される新株予約権付社債が転換社債型であるかそれ以外であるかの会社の判断の妥当性を確かめます。そのうえで、区分法または一括法の会計処理の妥当性を検討します。

- 区分法の場合、社債の発行に伴う払込金額を社債の対価部分と新株予約権の対価部分に区分したうえで、社債の対価部分は普通社債の発行に準じて処理し、新株予約権の対価部分は新株予約権の会計処理に準じ、相当する払込金額が純資産の部に新株予約権として計上されていることを確かめます。
- 一括法の場合、社債の発行に伴う払込金額を社債の対価部分と新株予約権の対価部分に区分せずに、普通社債の発行に準じて処理されていることを確かめます。

新株予約権付社債において区分法を採用し、新株予約権が行使された場合には、発行に伴う払込金額となる社債の対価部分と新株予約権の対価部分の合計額を資本金または資本金及び資本準備金に振り替えていることを確かめます。一方、一括法を採用している場合には、行使された社債の帳簿価額部分を資本金または資本金及び資本準備金に振り替えていることを確かめます。

### 8 表示・開示の妥当性に関する手続

#### ① 手続の目的

監査人が、社債に関する表示及び注記事項について、関連資料や関連調書と照合することによって、財務諸表上の表示・開示の妥当性を確かめるため

の監査手続です（表示の妥当性）。

### ❷ 手続の具体的な内容

　監査人は、会社が作成している管理用の明細の閲覧や、会社担当者への質問、関連する監査調書との照合を実施し、社債に関連する項目が貸借対照表上適切に区分表示されていること、及び注記開示などが求められる場合には社債に関する注記が適切に行われていることを確かめます。

　まず契約書などに基づく償還スケジュールに従い、社債が１年基準に準拠して適切に長期・短期を分類して表示されていることを確かめます。

　担保提供、質権・抵当権設定及び債務保証の状況に関する資料を閲覧し、契約書、残高確認状などと整合していることを確かめます。担保については担保提供資産と社債との関連性を確かめ、貸借対照表に適切に注記されていることを確かめます。

# 第15節

# 未払金・未払費用

## 15-1 勘定科目の特性とリスク

■**勘定科目の範囲**

　未払金とは、継続した役務提供以外の契約などにより提供を受けた役務に対していまだその対価の支払いが終わらないものをいいます（会原注5）。営業用物品の購入代金の未払いである買掛金とは区別されます。主な例として固定資産の購入代金、投資有価証券の購入代金の未払分などがあります。

　未払費用とは、一定の契約に従い、継続して役務の提供を受ける場合、すでに提供された役務に対していまだその対価の支払いが終わらないものをいいます（会原注5）。このような役務提供に対する対価は、時間の経過に伴いすでに当期の費用として発生しているものであるため、これを当期の損益計算書に計上するとともに貸借対照表の負債の部に未払費用を計上しなければなりません。主な例として賃借料、利息などの既経過費用の未払分などがあります。

　このように、未払金と未払費用は、継続的役務提供契約に係る債務かどうかという点で相違しています。

■**勘定科目の特性とリスク**

　未払金・未払費用は負債であることから、対応する費用を計上しないことなどを目的として債務が計上されないリスクがあります。そのため、当期に発生した取引に関する未払金・未払費用の計上漏れがないかどうかが重要となります。

また、いずれも通常の営業取引から生じる債務に限らないため、未払金・未払費用を用いて処理される取引範囲は会社によって異なります。どのような取引が発生したときに使用される科目であるのかを会社の経理規程などで会計方針として明確にしておく必要があります。たとえば、賞与について、実際の支給額が未確定である場合、本来引当金として計上すべきものを未払費用として計上するリスクや、製造に使用する材料の購入に係る債務であるため本来買掛金として計上すべきものを未払金として計上するリスクが考えられます。

　一方未払費用に特有なリスクとしては、期間配分額を誤るリスクがあります。未払費用は、経過勘定項目であるため、当期の費用となるかまたは翌期以降の費用となるのかを適切に区分することが重要ですが、この計算を誤るリスクが考えられます。

## 15-2　リスクとアサーション

　「未払金・未払費用」に関する主なリスクとしては、以下のものが考えられます。

| 主なリスク | 主なアサーション |
| --- | --- |
| （1）未払金・未払費用の計上が漏れる | 網羅性 |
| （2）架空の未払金・未払費用が計上される | 実在性 |
| （3）未払金が適切な金額で計上されない・未払費用の期間配分を誤る | 評価の妥当性、期間配分の適切性 |
| （4）外貨換算を誤る | 評価の妥当性 |
| （5）表示・開示を誤る | 表示の妥当性 |

### 1　未払金・未払費用の計上が漏れる

　費用を圧縮することを意図した費用の過少計上や処理漏れ、その他取引の隠ぺいを目的として、未払金・未払費用の計上が漏れるというリスクがあります（網羅性）。

　このようなリスクに対しては、管理部門において経費の前期比較・予算実績比較を行う、営業部門内での定期的な業務のローテーションを行う、決算日後の請求書の処理漏れについて第三者によるチェックを行う、仕訳伝票について上長が承認を行うなどの内部統制を構築することが有用です。

### 2　架空の未払金・未払費用が計上される

　会社の担当者が取引先と共謀し、購入・支払代金を着服するために架空の請求書により未払金を計上する、未払金の支払を行ったものの消込みを行うべき勘定を誤り仮払金などの未払金以外の勘定として記録してしまうなど、架空の未払金が計上されるリスクがあります。また、継続的な役務提供を受けていないにもかかわらず、翌期の支払予定額などが未払費用として架空に計上されるリスクがあります（実在性）。

　このようなリスクに対しては、取引先への残高確認により未払金残高を検証する、代金支払に伴い消込みを行う際に支払先の名称・支払金額・消込科目の適切性に留意したうえで別の担当者によるチェックを行う、仕訳伝票について上長が承認を行うなどの内部統制を構築することが有用です。また、未払金の長期滞留や借方残高のような異常項目の有無について、上長が発注済未検収リストや勘定明細の内容を定期的に確かめることも有用と考えられます。

### 3 未払金が適切な金額で計上されない・未払費用の期間配分を誤る

　固定資産などの購入や経費の支払先から届いた請求書等と異なる金額で会計帳簿に記録する、未払費用の期間配分計算を誤るなどにより、未払金・未払費用の金額を誤るリスクがあります（評価の妥当性、期間配分の適切性）。

　このようなリスクに対しては、請求書等の証憑資料と仕訳伝票の整合性のチェックや、仕訳伝票について上長が承認を行うなどの内部統制を構築することが有用です。

### 4 外貨換算を誤る

　外貨建取引等会計基準では、外貨建債権債務については決算日レートによる円換算額を付すことが求められますが（外貨建取引等会計基準一2(1)②）、換算レートの適用誤り、換算漏れ、または換算計算の誤りによって、当該円換算額を誤るリスクがあります（評価の妥当性）。

　このようなリスクに対しては、担当者以外の第三者による換算レートのチェックや換算計算の再計算、計算結果について上長が承認を行うなどの内部統制を構築することが有用です。

### 5 表示・開示を誤る

　未払金及び未払費用については、1年基準による長短分類表示が必要となりますが（財務諸表等規則49①五・六、51）、この表示区分を誤るリスクがあります。また、両者は債務の確定の有無による違いはあるものの、実務上その区分が適切に行われていない場合があり、区分表示を誤るリスクがあります。同じく買掛金及び未払金について、営業取引から生じたものか否かによる違いはあるものの、確定した支払債務という共通の性質を有するため、両者の科目を混同して表示するリスクがあります（表示の妥当性）。また、関係会社

に対する債務の注記（財務諸表等規則55）が漏れるリスクもあります（表示の妥当性）。

このようなリスクに対しては、まず、取引に関してどの債務勘定で処理をするのかを会社の方針として明確化し、その方針を継続して適用するとともに、担当部署内での表示・開示事項に関する確認及び承認、財務諸表に対するIR部門での内容確認や、経理部上長の承認などの内部統制を構築することが有用です。

## 15-3 主な監査手続

「未払金・未払費用」に関する主な監査手続は、以下のとおりです。

| 主な監査手続 | 主なアサーション |
| --- | --- |
| （1）分析的手続 | 各アサーション |
| （2）期間配分の妥当性の検証 | 期間配分の適切性 |
| （3）残高確認 | 実在性、網羅性 |
| （4）未計上債務の有無の検証 | 網羅性 |
| （5）残高明細の通査 | 実在性、網羅性、評価の妥当性 |
| （6）外貨換算の検証 | 評価の妥当性 |
| （7）表示・開示の妥当性に関する手続 | 表示の妥当性 |

## 1 分析的手続

### 1 手続の目的

監査人が勘定科目別残高を分析することによって、当該残高が会社の経営環境に照らして合理的であることを概括的に確かめるための監査手続です（各アサーション）。

### 2 手続の具体的な内容

監査人は、期末残高と推定値（前期末残高などを基に設定した金額）を比較・分析し、増減の有無や乖離の程度を把握して、当該増減や乖離の内容が会社の経営環境に照らして合理的なものであることを、質問や関連証憑の閲覧によって確かめます。

前期より期末残高が大きく増加している場合は、当期に新たな契約を締結している可能性があるため、会社の経営環境などを踏まえて異常な点がないかどうか検証します。必要に応じて契約書などの証憑を閲覧します。当期に発生した取引の内容を確認するときは、事業環境との関係も踏まえる必要があります。新たなプロジェクト立上げの場合には計上時期が妥当かどうか、分割支払のものはないかなどを稟議書などにより確認します。

一方、前期より期末残高が大きく減少している場合は、当期に支払が完了した場合や前期までの契約が終了したことが考えられます。担当者への質問などにより契約に特に変更がないかどうかを確認します。

未払金の関連項目として固定資産や有価証券があるため、未払金が大きく増加しているのであれば、これらの関連項目も増加していると予想されます。

未払費用については、当期残高が減少している場合は、当期の経過勘定処理が漏れている可能性に留意します。

## 2　期間配分の妥当性の検証

### 1　手続の目的

　監査人が未払費用の期間按分が適切に漏れなく行われているかどうか検証することにより、未払費用の計上額の妥当性を確かめるための監査手続です（期間配分の適切性）。

### 2　手続の具体的な内容

　監査人は、未払費用の明細を入手して、期間按分計算の基礎となる契約期間が契約書等に基づいて適切に算定されているかどうかを確認し、当期に帰属する部分が適切に当期に計上されていることを再計算により検証します。

## 3　残高確認

### 1　手続の目的

　監査人が、会社外部の取引先等に対して未払債務残高や取引条件等について文書による問合せを行い、回答を直接入手し評価することによって未払債務の実在性や網羅性を確かめるための監査手続です（実在性、網羅性）。

### 2　手続の具体的な内容

　残高確認は監査人が取引先に対して文書による問合せを行い、回答を直接入手し評価するものであるため、非常に証拠力の強い監査証拠を入手できる手続ですが、未払金・未払費用は小口であったり、従業員の人件費などであることが多く残高確認を行わない場合も考えられます。ただし、工場建設代金に係る未払金などの重要な残高がある場合や未計上債務の調査が必要な場合など監査人が必要と判断した場合は残高確認を実施します。

　残高確認の目的が実在性の検証であれば、未払金・未払費用の内訳表より残高が大きい取引先など必要と認めた先について実際の負債計上額が正しい

かどうかを確認するために確認状を発送し、回答を評価します。

一方で未計上債務の発見を目的とするのであれば、相手先リストからランダムに抽出のうえ、金額をブランクにして確認状を発送します。

なお、残高確認の具体的手続については、本章第3節「売掛金」及び第13節「買掛金」を参照してください。

## 4 未計上債務の有無の検証

### 1 手続の目的

監査人が、決算日翌月以降に費用処理される項目を検証することにより、当期に計上すべき未払債務が漏れなく計上されていることを確かめるための監査手続です（網羅性）。

### 2 手続の具体的な内容

監査人は、決算日翌月に処理される予定の請求書綴りや決算日翌月の元帳を通査し、当期に計上すべき債務が含まれていないことを確かめます。この際、請求書の摘要欄・明細や請求書日付などに注意し、当期に計上すべき債務かどうか確かめます。摘要欄や明細の記載から内容が把握できないものについては担当者に質問を行うなど詳細な検討を実施します。

また、会社の処理方針について質問を行い、毎期同様の方針に基づいて計上が行われていることを確かめます。

### 監査手続上のポイント

本来、決算日までに発生している取引についてはすべてを当期に計上する必要がありますが、通常生じる小口の経費など金額が僅少な場合、決算の締め処理上の都合から、請求書の到達が決算日後何日目までのものについては決算に反映をさせるなど、会社によって方針を定めている

場合があります。このような場合には、処理が毎期継続して適用されていること、金額的な重要性に乏しいこと、利益操作と疑われる要因が無いことなどを慎重に判断することが求められます。

## 5 残高明細の通査

### 1 手続の目的

監査人が、未払金・未払費用残高明細表や補助元帳などを通査することによって、異常な残高の有無や未払金・未払費用の期末残高の妥当性を確かめるための監査手続です（実在性、網羅性、評価の妥当性）。

### 2 手続の具体的な内容

監査人は、未払金・未払費用残高明細表などを入手し、合計調べのうえ、総勘定元帳及び試算表と突合し、それぞれが一致していることを確かめるとともに、残高明細表などについて通査を行い、異常な残高の有無について検証します。

たとえば、新規に多額の残高が発生した取引先や急激に残高が減少した先がないか、借方残高の先がないか、長期滞留している残高はないかなどに留意します。

借方残高となっている場合の理由として考えられる要因に、未払金・未払費用ではない他の科目で処理すべきものを、未払金・未払費用で処理してしまうといった伝票起票の際の科目誤りが考えられます。また過払いのために借方残高となっていることも考えられます。過払いの理由としては単純な誤りによる場合もありますが、資金流用を目的として過払いとなっている場合もあります。借方残高の理由として資金流用を目的とした過払いの可能性がある場合、担当者への質問や関連証憑との照合などにより、借方残高の理由を慎重に確かめます。

長期滞留している場合の理由として考えられる要因に、過去の処理誤りや係争案件が発生していることなども考えられます。長期滞留しているものについても、滞留理由を質問し、関連証憑との照合などにより、長期滞留の理由を確かめます。

## 6 外貨換算の検証

### 1 手続の目的

監査人が外貨建未払債務について、適用した為替レートの検証及び換算過程の再計算などによって未払債務に係る外貨換算の妥当性を確かめるための監査手続です（評価の妥当性）。

### 2 手続の具体的な内容

監査人は、金融機関などが公表している為替相場情報と会社が換算に用いた為替レートの整合性を確かめるとともに、換算過程のレビューまたは再計算などを実施し、会社の外貨換算が適切に行われていることを確かめます。

## 7 表示・開示の妥当性に関する手続

### 1 手続の目的

監査人が、未払金・未払費用に関する表示及び注記について関連資料や関連調書と照合することによって、財務諸表上の表示・開示の妥当性を確かめるための監査手続です（表示の妥当性）。

### 2 手続の具体的な内容

監査人は、会社が作成している管理用の明細の閲覧や、会社担当者への質問、関連する監査調書との照合を実施し、未払金・未払費用に関連する項目が貸借対照表上適切に区分表示されていること、及び注記による開示が求め

られる場合には未払金・未払費用に関する注記が適切に行われていることを確かめます。たとえば関係会社債務に関する注記などが重要性を考慮の上適切に注記開示されていることなどを確かめます。

また、未払金と未払費用は確定債務項目か経過勘定項目かという違いがありますが、実務上は混同されている場合も見受けられます。監査人は会社の定める会計方針に基づいて毎期継続的に会計処理が行われていることを確かめます。

# 第16節

# 引当金

本節においては、貸倒引当金、賞与引当金、退職給付引当金を対象としています。

## 16-1 貸倒引当金

### 1 勘定科目の特性とリスク

■勘定科目の範囲

会社の営業債権である売掛金や貸付金などの金銭債権には取引先の財政状態の悪化などで回収不能に陥るリスクがあります。貸倒引当金は、そのような債権の貸倒れに備えて債権の回収不能額を推定し、損益計算書上、見積費用・損失として計上する一方、貸借対照表において資産から控除する形で計上する評価性引当金です。

会社の債権は、経営状態に重大な問題が生じていない債務者に対する一般債権と債務の弁済に重大な問題が生じているかまたは生じる可能性の高い債務者に対する貸倒懸念債権及び経営破綻に陥っている債務者（実質的に経営破綻に陥っている債務者を含む）に対する破産更生債権等とに区分され、当該区分に応じて貸倒引当金を算定します。

一般債権に対する引当金は、債権全体または同種・同類の債権ごとに債権の状況に応じて求めた過去の貸倒実績率などの合理的な基準により算定します。

貸倒懸念債権については、個々の債権の状況に応じて、担保や保証による

回収見込額を減額した残額に対して債務者の財務状況及び経営成績を考慮して貸倒見積額を算定するか、債権の元本及び利息にかかる将来キャッシュ・フローが見積り可能な場合、当該将来キャッシュ・フローを当初の約定利子率により割引いた割引額総額と債権の帳簿価額との差額を貸倒見積高として算定します。

破産更生債権等に対しては、個々の債権ごとの担保や保証などによる回収見込額を減額した残額に対して貸倒引当金を計上します（金融商品会計基準27・28）。

■**勘定科目の特性とリスク**

貸倒引当金は評価性引当金であり、貸倒引当金の計上を行うと資産が目減りすることになるとともに、貸倒引当金の繰入費用が発生し利益を減少させることから、利益の過大計上を目的として貸倒引当金が過少に計上されるリスクがあります。また、多様な仮定に基づいて計算を行うこと及び複雑な見積計算を行うという勘定特性から、誤った仮定を設定し、計算を誤るリスクが考えられます。

## 2 リスクとアサーション

「貸倒引当金」に関する主なリスクとしては、以下のものが考えられます。

| 主なリスク | 主なアサーション |
| --- | --- |
| （1）貸倒引当金の計上が漏れる | 網羅性、期間配分の適切性 |
| （2）架空の貸倒引当金が計上される | 実在性（発生） |
| （3）貸倒引当金の計算を誤る | 評価の妥当性、期間配分の適切性 |
| （4）表示・開示を誤る | 表示の妥当性 |

## 1 貸倒引当金の計上が漏れる

　貸倒リスクに関する情報収集の不備により貸倒引当金設定対象債権の認識が漏れるなど、貸倒引当金の計上が漏れるリスクがあります（網羅性、期間配分の適切性）。

　このようなリスクに対しては、滞留リストの作成など適切な債権管理・承認体制の整備、信用調査・定期的な債務者の財政状態のモニタリング等の情報収集体制の整備などの内部統制を構築することが有用です。

## 2 架空の貸倒引当金が計上される

　明らかに回収可能性が無く直接減額処理すべき金銭債権に対して貸倒引当金を計上する、貸倒引当金の設定対象とならない債権に対して誤って貸倒引当金を計上するなど、架空の貸倒引当金が計上されるリスクがあります（実在性（発生））。

　このようなリスクに対しては、貸倒引当金の対象範囲の確認、滞留リストの作成や滞留債権の回収状況の検討など適切な債権管理・承認体制の整備、与信先の信用調査・定期的な債務者の財政状態のモニタリング等の情報収集体制の整備、減損処理の判断も含めた仕訳伝票について上長が承認を行うなどの内部統制を構築することが有用です。

## 3 貸倒引当金の計算を誤る

　貸倒引当金の計算にあたっては、計算要素や金額の見積りが必要となりますが、これらの計算要素の見積り誤り、金融商品会計基準に基づく債権区分に応じた計算方法の適用誤り、担当者の計算ミスなどにより貸倒引当金が適切な金額で計上されないリスクがあります（評価の妥当性、期間配分の適切性）。

　このようなリスクに対しては、金融商品会計基準に基づく貸倒引当金の計上方針の明確化、滞留債権の調査・管理、与信情報の定期的な調査、定期的な債務者の財政状態のモニタリング等の情報収集体制の整備、貸倒引当金の計算結果及び仕訳伝票について上長が承認を行うなどの内部統制を構築する

ことが有用です。

### 4 表示・開示を誤る

貸倒引当金は、設定対象となる債権の長短分類により表示箇所が異なるため、財務諸表上の表示を誤るリスクがあります。表示方法についても、各資産科目別の間接控除方式のほか、一括控除方式や各資産科目別の直接控除方式があり、さらに直接控除方式の場合には控除額を注記する必要があるため、これらの表示・開示を誤るリスクがあります。また、貸倒引当金の繰入額については、設定対象債権の営業債権または営業外債権の区分に従い、販売費及び一般管理費または営業外費用に表示することから、財務諸表上の表示を誤るリスクがあります。さらに、貸倒引当金の計上基準については重要な会計方針としての開示が求められること（財務諸表等規則8の2六）、貸倒引当金の当期増減額については附属明細表における引当金明細による開示が求められることから（財務諸表等規則121①五）、これらの開示を誤るリスクがあります（表示の妥当性）。

このようなリスクに対しては、担当部署内での表示・開示事項に関する確認及び承認、財務諸表に対するIR部門での内容確認や経理部上長の承認などの内部統制を構築することが有用です。

### 貸倒引当金の表示方法

| 個別科目間接控除形式 | | 複数科目一括間接控除形式 | | 直接控除形式 | |
|---|---|---|---|---|---|
| 貸借対照表 | | 貸借対照表 | | 貸借対照表 | |
| 資産の部 | | 資産の部 | | 資産の部 | |
| 流動資産 | | 流動資産 | | 流動資産 | |
| 　現金及び預金 | 600 | 　現金及び預金 | 600 | 　現金及び預金 | 600 |
| 　売掛金 | 1,000 | 　売掛金 | 1,000 | 　売掛金 | 900 |
| 　　貸倒引当金 | △100 | 　棚卸資産 | 400 | 　棚卸資産 | 400 |
| 　棚卸資産 | 400 | 　貸付金 | 500 | 　貸付金 | 450 |

```
      貸付金          500              ⋮
      貸倒引当金      △50        貸倒引当金   △150    注記表
         ⋮                                           貸借対照表関係
                                                       資産の金額から直接控除して
                                                     いる貸倒引当金の額
                                                       流動資産     150 百万円
```

※　金額は例示

## 3　主な監査手続

「貸倒引当金」に関する主な監査手続は、以下のとおりです。

| 主な監査手続 | 主なアサーション |
|---|---|
| （1）分析的手続 | 各アサーション |
| （2）見積りの仮定の妥当性の検証 | 評価の妥当性、期間配分の適切性 |
| （3）計算過程の再計算 | 評価の妥当性、期間配分の適切性 |
| （4）表示・開示の妥当性に関する手続 | 表示の妥当性 |

### 1　分析的手続

#### ❶　手続の目的

　監査人が、勘定科目残高を分析することによって、貸倒引当金の残高が会社の経営環境に照らして合理的であることを概括的に確かめるための監査手続です（各アサーション）。

#### ❷　手続の具体的な内容

　監査人は、期末残高と推定値（前期末残高などを基に設定した金額）を比較・分析し、増減の有無や乖離の程度を把握して、当該増減や乖離の内容が営業債権の増減や貸倒実績の推移、破産更生債権等の増減など、会社の経営環境

に照らして合理的なものであることを、質問や関連証憑の閲覧によって確かめます。

### 2 見積りの仮定の妥当性の検証

#### ① 手続の目的

監査人が貸倒引当金の設定に関する仮定の妥当性を確かめるための監査手続です（評価の妥当性、期間配分の適切性）。

#### ② 手続の具体的な内容

監査人は、貸倒引当金の設定に関する計算資料などを入手し、引当金の設定対象となる債権区分が妥当であること、貸倒実績率の算定に関する仮定が適切であること、個別引当額の計算の基礎となる回収見込額の算定方法が妥当であることを確かめます。引当金の設定対象となる債権区分については、売掛金調書上の年齢調べ表や、貸付金調書上の与信情報の検討資料なども閲覧し、債権区分が適切であることを確かめます。また、貸倒実績率の算定上の仮定などが金融商品会計基準に準拠したものであることを確かめます。さらに、過年度に計上した貸倒引当金と実際の貸倒額の比較分析を実施し、会計上の見積りの精度や偏向の有無を確かめます。確定額との比較分析については、第4章第5節 **5-3**「主な監査手続」**2** を参照してください。

### 3 計算過程の再計算

#### ① 手続の目的

監査人が貸倒引当金の計算について再計算を行い、会社の計算が適切に行われ、貸倒引当金の残高が妥当であることを確かめるための監査手続です（評価の妥当性、期間配分の適切性）。

#### ② 手続の具体的な内容

会社の貸倒引当金の計算過程について監査人が再計算を行い、会社の引当金計算が適切に行われていることを検証します。また、計算資料と総勘定元帳または試算表の金額を照合し、計算結果が適切に会計帳簿に反映されてい

ることを確かめます。

### 4 表示・開示の妥当性に関する手続

#### ❶ 手続の目的

監査人が貸倒引当金に関する表示及び注記について、関連資料や関連調書と照合することによって、財務諸表上の表示・開示の妥当性を確かめるための監査手続です（表示の適切性）。

#### ❷ 手続の具体的な内容

監査人は、会社が作成している管理用の明細の閲覧や、会社担当者への質問、関連する監査調書との照合を実施し、貸倒引当金が設定対象となる債権の区分に応じて貸借対照表上適切に区分表示されていること、及び貸倒引当金に関する注記が適切に行われていることを確かめます。また、重要な会計方針としての開示、貸倒引当金の表示方法が直接控除法の場合の控除額に係る注記、附属明細表における引当金明細による開示などが適切に表示・開示されていることを確かめます。

## 16-2 賞与引当金

### 1 勘定科目の特性とリスク

■ 勘定科目の範囲

賞与引当金は、翌期に支給される賞与のうち、当会計期間に帰属する部分について当期の発生費用として処理するために計上する引当金です。

■ 勘定科目の特性とリスク

賞与引当金を計上することによって、翌期に支給される賞与のうち当期の発生金額を当期に費用配分することができますが、当期の賞与引当金を過少

に計上した場合、当期の利益を大きくすることが可能なため、利益の過大計上を目的として賞与引当金が過少に計上されるリスクがあります。

また、賞与の支給見込額のうち当期に帰属する部分は、支給金額が確定しているか否か、賞与の算定基礎が期間か否かによって、それぞれ財務諸表の表示すべき勘定科目が異なります。このため財務諸表上、不適切な勘定科目で表示されるリスクがあります。

| 賞与支給の前提 | 表示科目 |
| --- | --- |
| 期末日現在支給額が確定していない | 賞与引当金 |
| 賞与が従業員の勤務期間に基づいて支給（たとえば基本給の4ヶ月分など）され、期末日現在支給額が確定している | 未払費用 |
| 賞与が従業員の勤務期間以外に基づいて支給（たとえば業績連動賞与など）され、期末日現在支給額が確定している | 未払金 |

リサーチ・センター審理情報［No. 15］「未払従業員賞与の財務諸表における表示科目について」

## 2 リスクとアサーション

「賞与引当金」に関する主なリスクとしては、以下のものが考えられます。

| 主なリスク | 主なアサーション |
| --- | --- |
| （1）賞与引当金の計上が漏れる | 網羅性、期間配分の適切性 |
| （2）架空の賞与引当金が計上される | 実在性（発生） |
| （3）賞与引当金の計算を誤る | 評価の妥当性、期間配分の適切性 |
| （4）表示・開示を誤る | 表示の妥当性 |

## 1 賞与引当金の計上が漏れる

　賞与引当金は、通常期末時点における従業員数などを基礎に計上されることになると考えられますが、対象人員の把握漏れなどにより賞与引当金の計上が漏れるリスクがあります（網羅性、期間配分の適切性）。

　このようなリスクに対しては、人事データの定期的な更新、更新の際のデータの入力チェック、更新データの上長の承認など人事データの適切な管理に加え、仕訳伝票について上長が承認を行うなどの内部統制を構築することが有用です。

## 2 架空の賞与引当金が計上される

　人事データの更新漏れや不正な人事データ入力等により退職した従業員や架空の従業員などが人事データに含まれている場合、架空の賞与引当金が計上されるリスクがあります（実在性（発生））。

　このようなリスクに対しても、人事データの適切な管理に加え、仕訳伝票について上長が承認を行うなどの内部統制を構築することが有用です。

## 3 賞与引当金の計算を誤る

　賞与引当金は、通常期末時点における従業員などに対する将来の賞与支給額の見積りに基づき計上されるため、給与規程や人事データなどの情報の誤り、仮定の設定の誤り、見積り計算の誤りなどによって、賞与引当金が適切な金額で計上されないリスクがあります（評価の妥当性、期間配分の適切性）。

　このようなリスクに対しては、上記 1 と 2 のような人事データの適切な管理に加え、人事規程に基づく賞与引当金の計算方法の明確化、賞与引当金の計算結果及び仕訳伝票について上長が承認を行うなどの内部統制を構築することが有用です。

## 4 表示・開示を誤る

　賞与引当金については、支給金額が確定しているか否か、賞与の算定基礎

が期間か否かによって、それぞれ財務諸表の表示すべき勘定科目が異なります。そのため、賞与引当金について財務諸表上の表示を誤るリスクがあります（表示の妥当性）。また、賞与引当金の計上基準については重要な会計方針としての開示が求められること（財務諸表等規則8の2六）、賞与引当金の当期増減額については附属明細表における引当金明細による開示が求められることから（財務諸表等規則121①五）、これらの開示を誤るリスクがあります。

このようなリスクに対しては、担当部署内での表示・開示事項に関する確認及び承認、財務諸表に対するIR部門での内容確認や経理部上長の承認などの内部統制を構築することが有用です。

## 3 主な監査手続

「賞与引当金」に関する主な監査手続は、以下のとおりです。

| 主な監査手続 | 主なアサーション |
| --- | --- |
| （1）分析的手続 | 各アサーション |
| （2）見積りの仮定の妥当性の検証 | 評価の妥当性、期間配分の適切性 |
| （3）計算過程の再計算 | 評価の妥当性、期間配分の適切性 |
| （4）表示・開示の妥当性に関する手続 | 表示の妥当性 |

### 1 分析的手続

#### ① 手続の目的

監査人が、勘定科目残高を分析することによって、賞与引当金の残高が会社の経営環境に照らして合理的であることを概括的に確かめるための監査手続です（各アサーション）。

### ❷ 手続の具体的な内容

監査人は、期末残高と推定値（前期末残高などを基に設定した金額）を比較・分析し、増減の有無や乖離の程度を把握して、当該増減や乖離の内容が賞与支給の基礎となる会社業績の推移や従業員の人数の増減など、会社の経営環境に照らして合理的なものであることを、質問や関連証憑の閲覧によって確かめます。

## 2 見積りの仮定の妥当性の検証

### ❶ 手続の目的

監査人が、賞与引当金の計算基礎となる人員数や支給予定額等の仮定について関連資料と照合を行うことによって、賞与引当金が適切に計上されていることを確かめるための監査手続です（評価の妥当性、期間配分の適切性）。

### ❷ 手続の具体的な内容

監査人は、賞与の支給金額が決定している場合は、当該決定にかかわる資料を閲覧し、確定されていない場合は支給見込額に関する合理的な仮定について検討を行い未払従業員賞与（賞与引当金）の評価について検証を行います。業績連動賞与の場合は業績の推移との相関性を確かめ、従業員の勤務期間に基づいて支給する場合は昇給や人員増減の反映が適切に行われていることを確かめます。計算対象の範囲の妥当性についても検討を行い、未払従業員賞与（賞与引当金）が適切な支給対象者に対して計上されていることを確かめます。併せて、過年度の賞与見積額と実際の賞与支給額の比較分析を実施し、会計上の見積りの精度や偏向の有無について確かめます。確定額との比較分析については、第4章第5節 5-3「主な監査手続」❷ を参照してください。また、これら未払従業員賞与の表示科目についても留意します（「勘定科目の特性とリスク」参照）。

## 3 計算過程の再計算

### 1 手続の目的

監査人が賞与引当金の計算について再計算を行い、賞与引当金の残高が妥当であることを確かめるための監査手続です(評価の妥当性、期間配分の適切性)。

### 2 手続の具体的な内容

監査人は会社の賞与引当金の計算過程について再計算を行い、賞与引当金の計算が適切に行われていることを検証します。また、計算資料と総勘定元帳または試算表金額を照合し、計算結果が適切に会計帳簿に反映されていることを確かめます。

## 4 表示・開示の妥当性に関する手続

### 1 手続の目的

監査人が賞与引当金に関する表示及び注記について、関連資料や関連調書と照合することによって、財務諸表上の表示・開示の妥当性を確かめるための監査手続です(表示の妥当性)。

### 2 手続の具体的な内容

監査人は、会社が作成している管理用の明細の閲覧や、会社担当者への質問、関連する監査調書との照合を実施し、賞与引当金に関連する項目が貸借対照表上適切に区分表示されていること、及び賞与引当金に関する注記が適切に行われていることを確かめます。賞与引当金の計上基準に係る重要な会計方針としての開示、附属明細表における引当金明細としての開示などが適切に表示・開示されていることを確かめます。

## 16-3 退職給付引当金（退職給付に係る負債）

### 1 勘定科目の特性とリスク

■ 勘定科目の範囲

退職給付引当金ないしは退職給付に係る負債は、従業員の将来の退職時の一時金または退職年金の支給に備えて、支給の対価である従業員の労働の提供に応じて計上を行う引当金ないしは負債です。

退職給付に関する会計処理及び表示科目は連結財務諸表と個別財務諸表で異なることから注意が必要です。退職給付会計基準のもとでは、連結貸借対照表上、退職給付債務から年金資産の額を控除した額を「退職給付に係る負債」として計上します（なお、年金資産の額が退職給付債務を超える場合には、当該超過額は「退職給付に係る資産」として計上されます）。一方で、個別貸借対照表においては、当面の間、退職給付に係る負債に未認識数理計算上の差異及び未認識過去勤務費用などを加減した額を「退職給付引当金」として計上します（なお、年金資産が退職給付債務にそれら未認識項目を加減した額を超過した場合には「前払年金費用」として計上されます）。

#### 1 退職給付引当金

個別貸借対照表上の「退職給付引当金」は、退職給付債務に未認識数理計算上の差異及び未認識過去勤務費用を加減した額から、年金資産の額を控除した額となります（退職給付会計基準39(1)、(3)）。

退職給付債務とは、一定の期間にわたり労働を提供したこと等の事由に基づいて、退職以後に従業員に支給される給付（退職給付）のうち、認識時点までに発生していると認められるものをいい、割引計算によって測定されます（退職給付会計基準3、6、16）。

年金資産は、特定の退職給付制度のために、その制度について退職金規程

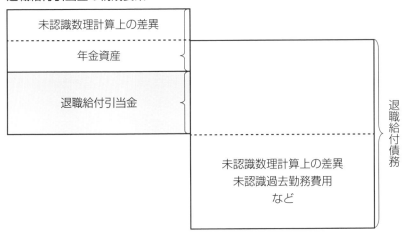

等に基づき積み立てられた資産であり、期末における公正な評価額によって計算されます（退職給付会計基準7、22）。

また、数理計算上の差異とは、年金資産の期待運用収益と実績運用成果の差異や退職給付債務の数理計算に用いた見積数値と実績数値の差異などであり、過去勤務費用とは、退職給付水準の改訂などに起因して発生した債務の増減です。

### 2 退職給付に係る負債

連結貸借対照表における「退職給付に係る負債」は、退職給付債務から年金資産の額を控除した額となります（退職給付会計基準13）。このため、未認識数理計算上の差異及び未認識過去勤務費用についても、連結貸借対照表上、負債として計上されることになります。

また、未認識数理計算上の差異及び未認識過去勤務費用については、税効果会計を適用のうえ、その他包括利益を通じて、純資産の部に退職給付に係る調整累計額として計上されます（退職給付会計基準24、25、27）。

なお、当面の間、個別財務諸表では退職給付引当金が計上されるため、連

## 退職給付に係る負債の構成要素

```
         ┌─────────────────────────┬──────────────────────────┐
         │   未認識数理計算上の差異    │   未認識数理計算上の差異    │
  年金    │                          │   未認識過去勤務費用       │
  資産    │                          │      など                │
         │- - - - - - - - - - - - -│- - - - - - - - - - - - - │   退職
         │                          │                          │   給付
         │                          │                          │   債務
         │   退職給付に係る負債       │                          │
         │                          │                          │
         └─────────────────────────┴──────────────────────────┘
         │ 退職給付に係る調整累計額（税効果適用前） │
```

結財務諸表の作成に際しては未認識数理計算上の差異及び未認識過去勤務費用について組替等の連結会計処理を行い、連結貸借対照表上、退職給付に係る負債を算定することが必要となります。

このように、会計処理の基礎となるのは個別財務諸表上での処理であることから、本書では、個別財務諸表における「退職給付引当金」という名称を主に用いて解説します。

### ■勘定科目の特性とリスク

退職給付引当金（退職給付に係る負債）は、原則として退職給付に係る受給権を持つ全従業員の将来の退職給付に関する負債を計上するものであるため、通常会社の財政状態に大きな影響を与えます。また、退職給付引当金の繰入費用は利益を減少させることから、会社が退職給付引当金を過少に計上するリスクがあります。加えて、多様な仮定に基づいて計算を行うこと及び複雑な見積計算を行うという勘定特性から、誤った仮定を設定し、計算を誤るリスクもあります。さらに、連結財務諸表と個別財務諸表で計上金額、表示科目が異なることに起因して、表示・開示を誤るリスクも考えられます。

## 2 リスクとアサーション

「退職給付引当金」に関する主なリスクとしては、以下のものが考えられます。

| 主なリスク | 主なアサーション |
|---|---|
| (1) 退職給付引当金の計上が漏れる | 網羅性、期間配分の適切性 |
| (2) 架空の退職給付引当金が計上される | 実在性（発生） |
| (3) 退職給付引当金の計算を誤る | 評価の妥当性、期間配分の適切性 |
| (4) 連結会計処理を誤る | 評価の妥当性、表示の妥当性 |
| (5) 表示・開示を誤る | 表示の妥当性 |

### 1 退職給付引当金の計上が漏れる

退職給付引当金は、退職金規程に基づき期末時点における従業員数などを基礎に計上されますが、対象人員の把握漏れなどにより退職給付引当金の計上が漏れるリスクがあります（網羅性、期間配分の適切性）。

このようなリスクに対しては、人事データの定期的な更新、更新の際のデータの入力チェック、更新データの上長の承認など人事データの適切な管理に加え、退職金規程・退職金制度に関する担当者の十分な理解、仕訳伝票について上長が承認を行うなどの内部統制を構築することが有用です。

### 2 架空の退職給付引当金が計上される

退職や転籍などの人事データの更新漏れや不正な人事データの入力などにより、架空の対象人員が人事データに含まれている場合、架空の退職給付引当金が計上されるリスクがあります（実在性（発生））。

このようなリスクに対しても、人事データの適切な管理、退職金規程・退

職金制度に関する担当者の十分な理解に加え、仕訳伝票について上長が承認を行うなどの内部統制を構築することが有用です。

### 3 退職給付引当金の計算を誤る

退職給付引当金の計算は、数理計算が非常に複雑であるため、通常は年金数理人に数理計算を依頼するか、ソフトウェアを用いて計算を行います。このように複雑な見積計算が要求されるため、退職給付についての割引率など基礎率の誤りや仮定の設定誤り、見積計算の誤りなどによって、退職給付引当金の計算を誤るリスクがあります（評価の妥当性、期間配分の適切性）。

このようなリスクに対しては、上記 1 と 2 のような人事データの適切な管理に加え、退職金規程に基づく退職給付債務の計算方法の明確化、年金数理人による数理計算結果レポートの入手、年金資産や退職給付信託の残高確認、未認識項目の調整を含む退職給付引当金の計算結果及び仕訳伝票について上長が承認を行うなどの内部統制を構築することが有用です。

### 4 連結会計処理を誤る

連結財務諸表においては、個別財務諸表上の退職給付引当金から、未認識数理計算上の差異及び未認識過去勤務費用について包括利益を通じて調整するなど、連結特有の会計処理を行う必要があるため、当該会計処理を誤るリスクがあります（評価の妥当性、表示の妥当性）。

このようなリスクに対しては、経理部上長が担当者の作成した基礎資料について、内容及び会計処理との整合性の確認を行う、連結会計処理に関する承認を行うなどの内部統制を構築することが有用です。

### 5 表示・開示を誤る

退職給付に関しては、以下のとおり多くの開示要求事項がありますが、当該開示情報が漏れるまたは誤って記載されるリスクがあります（表示の妥当性）。

| 対象 | 開示事項 |
|---|---|
| 連結財務諸表 | 退職給付に係る会計処理の方法（連結財務諸表規則13①四、⑤四） |
| | 未認識数理計算上の差異及び未認識過去勤務費用の当期に費用処理された部分に係る組替調整額（連結財務諸表規則69の6②） |
| | 確定給付制度に基づく退職給付に関する注記（連結財務諸表規則15の8）<br>確定拠出制度に基づく退職給付に関する注記（連結財務諸表規則15の8の2）<br>複数事業主制度に基づく退職給付に関する注記（連結財務諸表規則15の8の3） |
| 個別財務諸表 | 引当金の計上基準（財務諸表等規則8の2六） |
| | 確定給付制度に基づく退職給付に関する注記（財務諸表等規則8の13）<br>確定拠出制度に基づく退職給付に関する注記（財務諸表等規則8の13の2）<br>複数事業主制度に基づく退職給付に関する注記（財務諸表等規則8の13の3）<br>（ただしいずれも連結財務諸表を作成している場合は記載不要） |
| | 附属明細表における引当金明細表（財務諸表等規則121①五） |

　このようなリスクに対しては、経理部上長が担当者の作成した表示・開示事項に関する基礎資料の内容及び基礎資料と開示情報との整合性の確認及び承認を行うほか、IR部門でも（連結）財務諸表の内容の確認を行うなどの内部統制を構築することが有用です。

## 3　主な監査手続

　「退職給付引当金」に関する主な監査手続は、以下のとおりです。

| 主な監査手続 | 主なアサーション |
|---|---|
| (1) 分析的手続 | 各アサーション |
| (2) 残高確認（退職給付債務） | 評価の妥当性、期間配分の適切性 |

| (3)残高確認（年金資産） | 実在性、評価の妥当性 |
| --- | --- |
| (4)見積りの仮定の妥当性の検証 | 評価の妥当性、期間配分の適切性 |
| (5)計算過程の再計算 | 評価の妥当性、期間配分の適切性 |
| (6)連結会計処理の検証 | 評価の妥当性、表示の妥当性 |
| (7)表示・開示の妥当性に関する手続 | 表示の妥当性 |

## 1 分析的手続

### ① 手続の目的

　監査人が、勘定科目残高を分析することによって、退職給付引当金（退職給付に係る負債）の残高が会社の経営環境に照らして合理的であることを概括的に確かめるための監査手続です（各アサーション）。

### ② 手続の具体的な内容

　監査人は、期末残高と推定値（前期末残高などを基に設定した金額）を比較・分析し、増減の有無や乖離の程度を把握して、当該増減や乖離の内容が会社の給与規程・退職金規程の改訂の状況や人員の増減、一般的な割引率や長期期待運用収益率の変動など、会社の経営環境に照らして合理的なものであることを、質問や関連証憑の閲覧によって確かめます。

## 2 残高確認（退職給付債務）

### ① 手続の目的

　会社が退職給付債務の計算を外部に委託している場合、監査人が退職給付計算機関のアクチュアリーなどに確認基準日（期末日など）における会社の退職給付債務残高などに関して文書による問合せを行い、回答を直接入手して評価することによって退職給付債務に関する評価の妥当性などを確かめるための監査手続です（評価の妥当性、期間配分の適切性）。

### ② 手続の具体的な内容

　監査人は、会社が退職給付債務の計算を外部機関に委託している場合、当

該機関に確認状を送付し、回答について評価するとともに会社が退職給付引当金の計算に用いた数値と照合し計算結果が妥当であることを確かめます。その際、回答の信頼性を確かめるために、アクチュアリー自身の信頼性や計算の仮定の適切性などを評価する必要があります。

### 3 残高確認（年金資産）

#### ① 手続の目的

会社が外部の年金基金などの制度を利用している場合に、監査人が、会社が利用している外部の年金基金に期末日における会社の年金資産残高などに関して文書による問合せを行い、回答を直接入手して評価することによって年金資産に関する評価の妥当性などを確かめるための監査手続です（実在性、評価の妥当性）。

#### ② 手続の具体的な内容

監査人は、年金基金などの会社の年金資産を預かっている外部機関に対して確認状を送付し、回答を評価するとともに会社が退職給付引当金の計算に用いた数値と照合し会社の計算結果が妥当であることを確かめます。

また、2 と同じく回答の信頼性を確かめることが必要となります。

### 4 見積りの仮定の妥当性の検証

#### ① 手続の目的

監査人が、退職給付支給水準や支給対象従業員数、割引率、長期期待運用収益率、平均残存勤務期間などの計算基礎について関連資料との整合性を確かめることによって、退職給付引当金の評価の妥当性を検証する監査手続です（評価の妥当性、期間配分の適切性）。

#### ② 手続の具体的な内容

退職給付引当金は様々な仮定に基づき計算が行われます。監査人は、退職給付支給水準や支給対象従業員数、割引率、期待運用収益率、平均残存勤務期間等の計算基礎について、従業員台帳や人事データなどの関連証憑と照合

することによって退職給付の支給範囲や将来の昇給の反映状況、割引率の設定、長期期待運用収益率などの仮定が過去の実績や現在及び将来の動向と整合していることを検証します。

また、過年度の退職給付の見積額と実際の退職給付支給額の比較分析を実施し、会計上の見積りの精度や偏向の有無について確かめます。確定額との比較分析については、第4章第5節 **5-3**「主な監査手続」**2** を参照してください。

### 5 計算過程の再計算

#### ❶ 手続の目的

監査人が退職給付引当金に係る会社の計算について再計算を行うことによって、会社の計算が適切に行われ、退職給付引当金が適切に計上されていることを確かめるための監査手続です（評価の妥当性、期間配分の適切性）。

#### ❷ 手続の具体的な内容

監査人は、会社の退職給付引当金の計算過程について再計算を行い、会社の引当金計算が適切に行われていることを検証します。特に未認識数理計算上の差異などの計算については複雑な計算が必要になるケースもあることから留意が必要です。また、計算資料と総勘定元帳または試算表金額を照合し、計算結果が適切に会計帳簿に反映されていることを確かめます。

### 監査手続上のポイント

> 従業員数300人未満の小規模企業等については退職給付債務の計算に簡便法の使用が認められています。簡便法を使用している場合、簡便法の適用要件を満たしているかの検討が継続して必要となります。

## 6 連結会計処理の検証

### ① 手続の目的

　監査人が退職給付に係る負債に関連する連結会計処理について、関連資料や関連調書と照合することによって、連結貸借対照表上の計上額や包括利益計算書の記載の妥当性を確かめるための監査手続です（評価の妥当性、表示の妥当性）。

### ② 手続の具体的な内容

　監査人は、会社の連結会計処理の概要についての会社担当者への質問、会社が作成している連結会計処理に係る基礎資料などと関連調書の照合、再計算等を実施し、基礎資料について検証します。また、当該基礎資料と実際の連結会計処理（連結仕訳帳）の照合などを実施し、連結会計処理が適切に行われ、連結貸借対照表における退職給付に係る負債や退職給付に係る調整累計額の計上額、包括利益計算書における退職給付に係る調整額の記載が適切に行われていることを確かめます。

## 7 表示・開示の妥当性に関する手続

### ① 手続の目的

　監査人が退職給付引当金（退職給付に係る負債）に関する表示及び注記について、関連資料や関連調書と照合することによって、財務諸表上の表示・開示の妥当性を確かめるための監査手続です（表示の妥当性）。

### ② 手続の具体的な内容

　監査人は、会社が作成している管理用の明細の閲覧や、会社担当者への質問、関連する監査調書との照合を実施し、退職給付に関連する項目が（連結）貸借対照表上適切に表示されていること、及び退職給付に関する注記が適切に行われていること、附属明細表における引当金明細が適切に開示されていることなどを確かめます。

### 監査手続上のポイント

　退職給付に関する注記は項目が多岐に渡り、かつ項目内での整合が求められます。注記事項の妥当性を検証する際には、これら整合性に着目して記載内容の妥当性を確認することがポイントです。また、数理計算上の差異や過去勤務費用については有利差異と不利差異があるため、プラスマイナスの符号の正確性にも留意が必要です。

# 第17節

# 資産除去債務

## 17-1 勘定科目の特性とリスク

### ▍勘定科目の範囲

　資産除去債務とは、有形固定資産の取得、建設、開発または通常の使用によって生じる、当該有形固定資産の除去に関して法令または契約で要求される法律上の義務及びそれに準ずるものをいいます（資産除去債務会計基準3(1)）。

　資産除去債務は、有形固定資産と一体として生じるものであり、その対象は、財務諸表に計上される有形固定資産またはそれに準じる有形の資産が含まれ（リース資産も含む）、「投資その他の資産」に分類される投資不動産なども対象となります。

### ▍勘定の特性とリスク

　資産除去債務の計上は、①発生原因、②対象となる事象、③法律上の義務などの3つの観点から検討します。
① 発生原因
　資産除去債務は、有形固定資産の取得、建設、開発または通常の使用によって生じるものであるため、異常な原因によって発生した場合には、使用期間にわたって費用配分するのではなく、引当または減損処理を行う必要があります。
② 対象となる事象

資産除去債務は、有形固定資産の除去に関連して発生します。

有形固定資産の除去とは、有形固定資産を用役提供から除外することをいい、その範囲は以下のとおりです。

**有形固定資産の除去の範囲**

| 除去に含まれるもの | 除去に含まれないもの |
| --- | --- |
| ● 売　　却<br>● 廃　　棄<br>● リサイクル<br>などにより実際に処分すること | ● 一時的な用役提供からの除外<br>● 転用や用途変更<br>● 遊休化<br>● 使用中に行う環境修復や修繕 |

なお、機械や建物自体を除去する法律上の義務などがない場合でも、有形固定資産に含まれるポリ塩化ビフェニル（PCB）やアスベストなどの有害物質等を法律等の要求による特別の方法で除去するという義務を負う場合には、資産除去債務に該当します（資産除去債務会計基準3）。

ただし、資産の使用期間中に実施する汚染浄化などの環境修復や修繕は、資産の除去に関連するものではないため資産除去債務の対象とはならないことに留意が必要です（資産除去債務会計基準24）。

③　法律上の義務など

有形固定資産を除去する義務がある場合、資産除去債務の計上が必要です。当該義務とは、法令または契約で要求される法律上の義務及びそれに準ずるものをいいます。

資産除去債務が生じると考えられる法律上の義務の例として以下のものが考えられます。

**法律上の義務などの例**

| 法令の義務 | 契約による義務 |
| --- | --- |
| ● 建築物の解体におけるアスベストの除去義務<br>● PCB 廃棄物の適正な保管・処理義務 | ● 定期借地権契約による原状回復義務 |

- 原子力発電施設の解体義務
- 石油・天然ガスの採掘施設の解体・原状回復義務
- 鉱山の採掘跡の埋戻義務
- 建物などの賃貸借契約による原状回復義務

※ 土地の原状回復等が法令または契約で要求されている場合に存在する資産除去債務については、一般に当該土地の上に建てられている建物や構築物等の有形固定資産の除却に関連するものと考えられるため、土地に関連する除去費用(土地の原状回復費用等)は、当該有形固定資産の取得原価に含められたうえで、減価償却を通じて各期に費用配分されます。したがって、減価償却を行う有形固定資産が存在しない更地の場合には、資産除去債務計上の対象外となります

資産除去債務は、見積計算に基づいて計上されるため、見積りを誤ることにより適切な金額で計上されないリスクが相対的に高いものと考えられます。

## 17-2 リスクとアサーション

「資産除去債務」に関する主なリスクとしては、以下のものが考えられます。

| 主なリスク | 主なアサーション |
| --- | --- |
| (1)資産除去債務の計上が漏れる | 網羅性 |
| (2)架空の資産除去債務が計上される | 実在性、権利と義務の帰属 |
| (3)資産除去債務が適切な金額で計上されない | 評価の妥当性 |
| (4)減価償却の計算を誤る | 評価の妥当性、期間配分の適切性 |
| (5)時の経過による資産除去債務の調整額の計算を誤る | 評価の妥当性、期間配分の適切性 |
| (6)資産除去債務の履行に伴う損益の計算を誤る | 実在性、網羅性、期間配分の適切性 |
| (7)表示・開示を誤る | 表示の妥当性 |

### 1 資産除去債務の計上が漏れる

　有形固定資産自体を除去する法律上の義務を負っている場合のみでなく、有形固定資産を除去する際に当該有形固定資産に含まれる有害物質などを法律または契約などの要求により除去する義務を会社が負っている場合にも、資産除去債務を計上する必要がありますが、これらの資産除去債務の計上が漏れるリスクがあります（網羅性）。

　このようなリスクに対しては、有形固定資産を新規取得する際に、有害物質が含まれているか、除去する義務があるかなどを調査するとともに、定期借地契約等の状況を把握するなど資産除去債務の計上が不要であることを担当者が確かめ上長が承認するなどの内部統制を構築することが有用です。

### 2 架空の資産除去債務が計上される

　資産除去債務は法令または契約で要求される法律上の義務などに基づき計上されます。しかし、有形固定資産の除去に関して法令または契約で要求される法律上の義務などが存在しない場合には、資産除去債務を計上する必要はありません。このように計上根拠がないにもかかわらず、資産除去債務を帳簿上負債として計上するリスクがあります（実在性、権利と義務の帰属）。

　このようなリスクに対しては、資産除去債務の計上の際に明確な根拠資料と照合のうえ起票し、上長が承認を行うなどの内部統制を構築することが有用です。

### 3 資産除去債務が適切な金額で計上されない

　資産除去債務は、除去時の義務を履行するための将来キャッシュ・フローを見積り、当該キャッシュ・フローを割引計算した現在価値として算定されます。将来キャッシュ・フローの見積りと割引率の設定には恣意性が介入す

る余地が大きく、資産除去債務について適切な金額で計上されないリスクがあります（評価の妥当性）。

このようなリスクに対しては、資産除去債務を算定する際に、客観的かつ合理的な算定根拠を作成のうえ仕訳伝票と照合し、上長が承認を行うなどの内部統制を構築することが有用です。

### 4 減価償却の計算を誤る

資産除去債務に対応する除去費用は資産として計上され、減価償却を通じて、有形固定資産の残存耐用年数にわたり各期に費用配分されますが、この減価償却計算を誤るリスクがあります（評価の妥当性、期間配分の適切性）。

通常、減価償却費の計算はシステムを利用して行われることが多いものと考えられます。この場合には、減価償却計算要素となる情報（計上額や耐用年数など）を入力する際に、入力者と異なる第三者が入力データとその基礎資料を照合して、その内容の妥当性を確かめ、仕訳伝票について上長が承認を行うなどの内部統制を構築することが有用です。

### 5 時の経過による資産除去債務の調整額の計算を誤る

資産除去債務は、発生時に割引価値で計上されることから、期首の資産除去債務に当初の負債計上時の割引率を乗じて算定される「時の経過による資産除去債務の調整額」が適切に費用として処理されないリスクがあります（評価の妥当性、期間配分の適切性）。

このようなリスクに対しては、「時の経過による資産除去債務の調整額」が適切に計算されていることについて、担当者と別の第三者による再計算や仕訳伝票について上長が承認を行うなどの内部統制を構築することが有用です。

### 6 資産除去債務の履行に伴う損益の計算を誤る

資産除去債務を履行する際に、除去費用として実際に支払われた金額と資産除去債務との差額である履行に伴う損益の計算を誤るリスクがあります（実在性、網羅性、期間配分の適切性）。

このようなリスクに対しては、資産除去債務の履行損益が適切に計上されていることについて、担当者と別の第三者による再計算や仕訳伝票について上長が承認を行うなどの内部統制を構築することが有用です。

### 7 表示・開示を誤る

資産除去債務は、一年基準による長短分類が必要となりますが（財務諸表等規則48の3、51の3）、その履行が貸借対照表日の翌日から起算して1年以内に見込まれるにもかかわらず、流動負債に振り替えられず、固定負債に表示してしまうリスクがあります（表示の妥当性）。また、資産除去債務は、重要性が乏しい場合を除き、資産除去債務の内容、支出発生までの見込期間などの前提条件、期中の増減内容などを注記事項として記載する他、附属明細表において資産除去債務明細表を作成するため（財務諸表等規則8の28、121①六）、それらの開示事項を誤るリスクがあります（表示の妥当性）。

このようなリスクに対しては、担当部署内での表示・開示事項に関する確認及び承認、財務諸表に対するIR部門での内容確認や経理部上長の承認などの内部統制を構築することが有用です。

## 17-3 主な監査手続

「資産除去債務」に関する主な監査手続は、以下のとおりです。

| 主な監査手続 | 主なアサーション |
|---|---|
| （1）分析的手続 | 各アサーション |
| （2）資産除去債務を計上する根拠となる義務の調査 | 実在性、網羅性、権利と義務の帰属 |
| （3）資産除去債務の計上額の妥当性の検証 | 評価の妥当性 |
| （4）減価償却の妥当性の検証 | 評価の妥当性、期間配分の適切性 |
| （5）時の経過による資産除去債務の調整額の検証 | 評価の妥当性、期間配分の適切性 |
| （6）資産除去債務の履行処理の検証 | 評価の妥当性、期間配分の適切性 |
| （7）表示・開示の妥当性に関する手続 | 表示の妥当性 |

## 1 分析的手続

### 1 手続の目的

　監査人が、資産除去債務残高を分析することによって、当該残高が会社の経営環境などに照らして合理的であることを概括的に確かめるための監査手続です（各アサーション）。

### 2 手続の具体的な内容

　監査人は、期末残高と推定値（前期末残高などを基に設定した金額）を比較・分析し、増減の有無や乖離の程度を把握して、当該増減や乖離の内容が会社の経営環境に照らして合理的なものであることを、質問や関連証憑の閲覧によって確かめます。

　たとえば、企業が工場などの建物や機械装置などの投資を増加させる、または有形固定資産の除去に関する法令の改定に伴い新たに環境対策義務を負うなど法律上の義務の範囲が拡大する場合などには、資産除去債務が増加することが予想されます。しかし、このような状況の下で、この予想に反する

状況が見受けられる場合、予想から乖離している原因を入念に調査します。

## 2 資産除去債務を計上する根拠となる義務の調査

### 1 手続の目的

実際に資産除去債務が発生していないにもかかわらず、架空に帳簿上負債として計上されていないこと、または実際に義務が存在するが、帳簿への計上漏れがないことを確かめるための監査手続です（実在性、網羅性、権利と義務の帰属）。

### 2 手続の具体的な内容

監査人は計上されている資産除去債務について、有形固定資産の除去に関連する法令または契約を確かめ、法律上の義務などに基づいていることを確かめます。

また、様々な契約書の閲覧、法務部への照会、法令または規制の変更など監査の過程で入手した情報を利用して、会社が既存または新規の資産の除去に関し、当期に新しく発生したすべての法的債務を漏れなく識別しているか否かを判断します。

会社が環境対策義務などの抽出にあたり、スクリーニング及びサンプリング調査を実施している場合、資産除去債務の有無を確かめるため、監査人は当該調査結果をレビューします。また、会社が土地や建物の賃貸借契約を締結している場合には、当該賃貸借契約書を入手し、契約満了時における原状回復に係る条項の内容を確かめます。

## 3 資産除去債務の計上額の妥当性の検証

### 1 手続の目的

新規に計上された資産除去債務の金額及び期末時点の資産除去債務の金額

が妥当であることを確かめるための監査手続です（評価の妥当性）。

## 2 手続の具体的な内容

監査人は①除去費用の見積り、②使用見込期間、③割引率の各計算要素を検討し、資産除去債務計上額の妥当性を確かめます。

まず、新規または既存の資産除去債務に関し、関連する資産・計算基礎となる入力数値（①除去費用の見積り、②使用見込期間、③割引率など）・既存の資産除去債務に関する仮定などについて会社の調査資料・情報を入手します。

### ① 除去費用の見積り

新たに計上された資産除去債務については、当該債務の履行時期及び除去費用に関して合理的に見積もられていることを確かめます。過去の除去費用の実績、業者の見積書、国土交通省などから公表されている有害物質等の除去単価を参考にするほか、専門調査会社による調査結果に基づき、除去費用が適切に見積もられていることを確かめます。

### ② 使用見込期間の妥当性の検討

使用見込期間について、賃貸借契約の場合、原則として契約期間に基づいていることを確かめます。ただし、賃貸借契約満了後も契約更新または再締結などにより継続して使用することが合理的に見込まれる場合には、契約の更新や再締結を加味した期間に基づき、各企業の実情や賃貸ビルの平均的な入居期間なども考慮して使用見込期間が見積もられていることを確かめます。

それ以外の自社所有資産の場合には、残存耐用年数や設備投資計画、店舗の平均的な営業期間などを考慮して、使用見込期間が合理的に見積られていることを確かめます。

### ③ 割引率の妥当性の検討

割引率として、見積期間に対応する貨幣の時間価値を反映したリスクフリーレートを用いていることを確かめます。上記で検討した使用見込期間に対応する利付国債の流通利回りなどを参考に決定されたものであるかを検討します。

割引率は関連する有形固定資産の残存耐用年数に対応する国債の利回りを使用することが一般的です。国債利回りは無リスク利子率の代表的な指標であること、財務省のウェブサイトなどから比較的容易に情報を得ることができ、企業年金制度における各種利率の基準としても用いられており認知度も高いことがその理由です。

ただし、関連する有形固定資産の残存耐用年数と、国債の発行期間（通常5年、10年、20年など）は、必ずしも一致するとは限りません。そのため、線形補完法などの方法を用いて残存耐用年数に対応する国債利回りを求めることが考えられます。たとえば、残存耐用年数が30年と40年の間の38年にあるならば、30年と40年の利回りを使用して、その利回り差に対して0.8を乗じて算出した結果を30年の利回りに加算して、残存耐用年数38年に対応した国債利回りを算定することが考えられます。

## 4 減価償却の妥当性の検証

有形固定資産の減価償却費の妥当性の検討（オーバーオール・テスト）とともに行うことが多いため、本章第8節 **8-1**「有形固定資産」を参照してください。

## 5 時の経過による資産除去債務の調整額の検証

### 1 手続の目的

時の経過による資産除去債務の調整額の妥当性を確かめるための監査手続です（評価の妥当性、期間配分の適切性）。

### 2 手続の具体的な内容

監査人は期首の資産除去債務に当初の負債計上時の割引率を乗じて時の経過による資産除去債務の調整額を算定し、会社の計上額と比較・検討します。

差額が生じた場合には、その原因を調査します。

負債計上時期が異なる資産除去債務が混在する場合には、計上時期ごとに割引率を分けて計算します。

## 6 資産除去債務の履行処理の検証

### 1 手続の目的

資産除去債務の履行時には、資産除去債務残高と資産除去債務の決済のために実際支払われた額との差額を損益処理することになりますが、当該支払額及び損益処理額が正しく計算されていることを確かめるための監査手続です（評価の妥当性、期間配分の適切性）。

### 2 手続の具体的な内容

監査人は当期の資産除去債務の履行に関しては、債務の履行の裏づけとなる請求書、支出に係る認証などを入手し、その履行額について会計帳簿と照合します。また、必要に応じて通帳や出金データなどにより実際の出金の事実を確かめます。

さらに、資産除去債務の認識で用いられた当初見積り及び修正後見積りと実際の履行金額を比較することで会計上の見積りの精度や偏向の有無を確かめます。確定額との比較分析については、第4章第5節 5-3 「主な監査手続」 2 を参照してください。

## 7 表示・開示の妥当性に関する手続

### 1 手続の目的

監査人が、資産除去債務に関する表示及び注記について関連資料や関連調書と照合することによって、財務諸表上の表示・開示の妥当性を確かめるための監査手続です（表示の妥当性）。

## 2 手続の具体的な内容

監査人は、会社が作成している管理用の明細の閲覧や、会社担当者への質問、関連する監査調書との照合を実施し、資産除去債務に関連する項目が貸借対照表上適切に区分表示されていること（資産除去債務が履行時期に基づき1年基準に準拠して適切に長短分類されていること）、資産除去債務に関する注記や附属明細表における資産除去債務明細表としての開示などが適切に表示・開示されていることを確かめます。

# 第18節

# その他の負債

## 18-1 勘定科目の特性とリスク

### 勘定科目の範囲

①前受収益

前受収益とは一定の契約に従い、継続して役務の提供を行う場合、いまだ提供していない役務に対して支払いを受けた対価をいいます。このような役務に対する対価は時間の経過とともに時期以降の収益となるものであることから、これを当期の損益計算から除外するとともに貸借対照表の負債の部に計上しなければなりません（会原注5）。

②前受金

前受金は上記のような役務提供契約以外の契約等による代金の前受けをいいます（会原注5）。

③預り金

預り金とは金銭等の預りで後日支払うべき債務をいいます。主な例として給料関係の預り金（源泉所得税預り金、社会保険料預り金など）、保証金などがあります。前受金や前受収益と異なり、預り金は支払い義務があるため支払時期の管理が必要となります。

④仮受金

仮受金とは、実際に処理すべき勘定科目や最終的な金額が確定しない状況で、金銭の受領を行うために一時的に処理される項目です。取引確定時にはあるべき勘定科目への振替処理を行う必要があります。長期間滞留している

仮受金は、精算漏れやその他の負債項目への振替処理漏れなどの可能性があることから留意する必要があります。

### ■勘定の特性とリスク

①前受収益

　前受収益は経過勘定項目のため契約上定められた期間の経過に伴い適切な期間に計上する必要があります。期間配分額の計算誤りなどにより当期の収益として計上すべき金額を誤り、前受収益の過大・過少計上が生じるリスクがあります。

②前受金

　前受金は売上取引や固定資産の売却などの取引に関して先に代金を受領するものであるため、実際の売上計上時や固定資産の譲渡時において売掛金、未収入金などの債権に充当し、相殺する必要があります。しかし、前受金管理が適切に行われていない場合、充当漏れにより売掛金、未収入金などの債権と前受金がそれぞれ過大計上となってしまうリスクがあります。また逆に本来は前受金として処理すべき入金取引を売掛金、未収入金の消込処理としてしまい、売掛金、未収入金などの債権と前受金が過少計上となるリスクもあります。

③預り金

　預り金は、従業員給与等に係る源泉徴収額や社会保険料などが計上されますが、徴収自体が漏れるというビジネスリスクの他に、財務報告リスクとしては預り処理を行う金額を誤るリスクや計上が漏れるリスクがあります。

④仮受金

　仮受金は適切な時期に適切な科目・金額で精算する必要がありますが、当該精算が適切に行われず、財務諸表の表示を誤るリスクがあります。たとえば、売掛金との消込みが行われず、売掛金が過大計上となるケースや、前受金への振替えが行われないケースなどが考えられます。

## 18-2 リスクとアサーション

「その他の負債」に関するリスクとしては、以下のものが考えられます。

| 主なリスク | 主なアサーション |
| --- | --- |
| (1) 債務の計上が漏れる | 網羅性 |
| (2) 架空の債務が計上される | 実在性 |
| (3) 期間配分を誤る | 評価の妥当性、期間配分の適切性 |
| (4) 表示・開示を誤る | 表示の妥当性 |

### 1 債務の計上が漏れる

　前受収益は経過勘定項目ですが、按分計算を誤ることなどによって前受収益が発生しているにもかかわらず、前受収益が計上されないリスクがあります（網羅性）。このようなリスクに対しては、債権管理とともに計上すべき前受収益がないことをチェックリストなどで担当者が確認するなどの内部統制を構築することが有用です。

　前受金については、たとえば短期的な支払能力を示す流動比率（流動資産÷流動負債）を高め、財政状態を仮装することなどを意図して、前受金を簿外処理するリスクがあります。また前受金の受領を誤って売掛金の入金として処理してしまうリスクもあります（網羅性）。このようなリスクに対しては、売掛金などの残高明細表を通査してマイナス残高の有無を検証する、前受金入金時の仕訳伝票について上長が内容を確認して承認するなどの内部統制を構築することが有用です。

　預り金については、不動産賃貸契約に伴う敷金などの入金について、売掛

債権の回収などによる入金と誤って処理する、または役員や従業員から徴収すべき源泉徴収税などに係る処理を誤ることにより、預り金の計上が漏れるリスクがあります（網羅性）。このようなリスクに対しては、入金理由の明確化、人事部署における担当者の給与計算方法の理解に加え、仕訳伝票について上長が承認を行うなどの内部統制を構築することが有用です。

### 2 架空の債務が計上される

前受収益は経過勘定項目ですが、按分計算を誤ることなどによって前受収益が発生していないにもかかわらず、前受収益が計上されるリスクがあります（実在性）。このようなリスクに対しては、 1 と同様の内部統制を構築することが有用です。

前受金や預り金については、入金を伴うため売上債権の回収などによる入金を誤って前受金や預り金として処理するリスクがあります（実在性）。このようなリスクに対しては、 1 と同様の内部統制に加え、定期的な長期滞留項目の調査などの内部統制を構築することが有用です。

仮受金については、未精算勘定であることから、たとえば借入などによる入金を期中にいったん仮受金として処理したものの、本勘定への振替を失念した場合など、実態を表さない仮受金が計上されるリスクがあります（実在性）。このようなリスクに対しては、入金理由の明確化、仮受処理に係る事前承認制度の採用、仕訳伝票について上長の承認を得るほか、定期的に上長が仮受金残高の内容を確認するなどの内部統制を構築することが有用です。

### 3 期間配分を誤る

前受収益については経過勘定項目として期間配分の計算が必要となりますが、この期間配分計算を誤るリスクがあります（評価の妥当性、期間配分の適切性）。

このようなリスクに対しては、前受収益の役務提供期間の合理性の確認、担当者以外の第三者による期間配分の再計算や、仕訳伝票に対する上長の承認などの内部統制を構築することが有用です。

### 4 表示・開示を誤る

　前受収益は1年基準による長短分類表示を行う必要があります（財務諸表等規則49①十、51）。そのため、長期負債から短期負債への振替漏れにより前受収益と長期前受収益に係る表示区分を誤るリスクがあります（表示の妥当性）。

　前受金は、流動負債として表示しますが（財務諸表等規則49①八）、同一の取引先に対する売掛金と前受金の相殺漏れにより、前受金に係る表示を誤るリスクがあります（表示の妥当性）。

　預り金は、1年基準による長短分類表示を行う必要がありますが（財務諸表等規則49①九、51）、長期負債から短期負債への振替漏れにより、預り金に係る表示区分を誤るリスクがあります（表示の妥当性）。源泉所得税等に関するもの以外の株主、役員または従業員からの預り金は、通常の預り金とは区別して表示するほか、重要性に応じて関係会社からの預り金については注記が求められます（財務諸表等規則49①九、55）。

　仮受金その他の未決算勘定は、貸借対照表日において当該受入額等の属すべき勘定または金額の確定しないものに限り、その他の負債として計上することができますが（財規ガイドライン47-6④）、その金額が負債及び純資産の合計額の100分の1を超えるものについては、当該未決算勘定の内容を示す名称を付した科目をもって掲記する必要があります（財規ガイドライン50③）。

　このようなリスクに対しては、経理部門での勘定残高明細の内容のレビュー、担当部署内での長短振替のチェックや表示事項に関する確認及び承認、財務諸表に対するIR部門での内容確認や経理部上長の承認などの内部統制を構築することが有用です。

## 18-3 主な監査手続

「その他の負債」に関する主な監査手続は以下のとおりです。

| 主なリスク | 主なアサーション |
|---|---|
| (1) 分析的手続 | 各アサーション |
| (2) 証憑突合 | 実在性、網羅性、評価の妥当性 |
| (3) 期間配分の妥当性の検証 | 期間配分の適切性 |
| (4) 表示・開示の妥当性に関する手続 | 表示の妥当性 |

### 1 分析的手続

#### 1 手続の目的

監査人が、勘定科目残高を分析することによって、当該残高が会社の経営環境に照らして合理的であることを概括的に確かめるための監査手続です（各アサーション）。

#### 2 手続の具体的な内容

監査人は、期末残高と推定値（前期末残高などを基に設定した金額）を比較・分析し、増減の有無や乖離の程度を把握して、当該増減や乖離の内容が会社の経営環境に照らして合理的なものであることを、質問や関連証憑の閲覧によって確かめます。

また、各勘定の残高明細表を通査し、借方残高になっているものや長期滞留しているものの有無を把握し、他の勘定へ振り替えるべきものなどが含まれていないことを確かめます。

特に仮受金については、未精算の仮勘定であることから、通常は決算において何らかの他の勘定科目への振替処理が行われます。残高が残っている場合には、その内容を把握し、振替処理漏れでないことを確かめ、仮受金勘定で計上しておくことの妥当性について検証します。

## 2 証憑突合

### 1 手続の目的

監査人が、金額的重要性のある項目などを中心に稟議書、請求書、契約書などの関連証憑との突合を実施することによって、勘定残高の妥当性を確かめるための監査手続です（実在性、網羅性、評価の妥当性）。

### 2 手続の具体的な内容

監査人は残高明細を入手し、金額的重要性が高い項目など必要と認めたものについて、稟議書、請求書、契約書などの記載内容と会計処理の内容が一致していることを確かめ、会計帳簿への計上額の妥当性を確かめます。

当期に入金があったものは入金の事実を確かめ、計上額の妥当性を検証するとともに、負債項目として処理すべき入金であるのかどうか、各種関連資料と突合することにより確かめます。また仮受金として処理されているものは取引の証憑を入手し、最終的に振り替えられるべき勘定科目の内容及び振り替えられるべき時期について確かめ、決算日において仮勘定として残存していることの妥当性について確かめます。

## 3 期間配分の妥当性の検証

### 1 手続の目的

監査人が経過勘定項目である前受収益について期間按分が適切に行われているかどうか検証することにより、前受収益の計上額の妥当性を確かめるた

めの監査手続です（期間配分の適切性）。

### 2 手続の具体的な内容

　監査人は、会社が作成した経過項目の期間配分の計算資料を入手し、契約書や請求書との照合や再計算により期間配分計算が適切に行われていることを確かめます。期間配分の方法については、日割りもしくは月割り、片端入れもしくは両端入れなどが契約により異なるため、契約実態に即して適切に計算されていることを確かめます。

## 4　表示・開示の妥当性に関する手続

### 1 手続の目的

　監査人が、その他の負債に関する表示及び注記について関連資料や関連調書と照合することによって、財務諸表上の表示・開示の妥当性を確かめるための監査手続です（表示の妥当性）。

### 2 手続の具体的な内容

　監査人は、会社が作成している管理用の明細の閲覧や、会社担当者への質問、関連する監査調書との照合を実施し、その他の負債に関連する項目が貸借対照表上適切に区分表示されていること、及び注記による開示が求められる場合にはその他の負債の各項目に関する注記が適切に行われていることを確かめます。

　各項目について、1年基準に基づく長短分類表示が適切に行われていること、関係会社に関する注記などが重要性を考慮の上適切に開示されていることなどを確かめます。

# 第19節

# 税金・税効果

　本節においては、法人税、住民税及び事業税（以下、法人税等）と税効果会計を対象として扱います。

## 19-1　法人税等

　企業が支払う税金には様々なものがありますが、支払額・計算の複雑性などに鑑み、一般的に最も重要な税金は、法人税等といえます。本節では企業が支払う税金のうち、主に法人税等について取り上げます（その他の税金については第20節「消費税及びその他の税金」を参照）。

### 1　勘定科目の特性とリスク

■勘定科目の範囲

　法人税とは、国税の一種で法人税法の規定に基づいて法人の所得金額などを課税標準として課される税金のことであり、また、地方法人税とは、国税の一種で地方法人税法の規定に基づいて、課税標準法人税額を課税標準として課される税金のことです。また住民税とは、地方税法の規定に基づいた税金のうちの都道府県民税及び市町村民税を合わせたもので、法人所得を課税標準とするものに加え、定められた額で一律に課される均等割も含んだ税金です。

　さらに、事業税は地方税法の規定に基づき、事業を行うことに対して課さ

れる地方税の一種ですが、課税標準は法人所得のみではなく、一定の法人については資本金等の金額及び付加価値額を課税標準とするいわゆる外形標準課税も適用されます。

■ **使用される勘定科目**

使用される勘定科目については、主に利益に関連する金額を課税標準とするか否かで分類されます。関連する項目も含め、法人税会計基準では以下のように分類されています。

| 税金の種類 | 税金金額（P/L） | 未納付額及び未受領額（B/S） |
| --- | --- | --- |
| 法人税、地方法人税、住民税、事業税（利益を課税標準：所得割） | 法人税、住民税及び事業税※（法人税会計基準9） | 未払法人税等（法人税会計基準11） |
| 事業税（利益を課税標準とするもの以外：付加価値割及び資本割） | 原則、販売費及び一般管理費（租税公課）（法人税会計基準10） | 未払法人税等（法人税会計基準11） |
| 追徴税額 | その内容を示す名称で（法人税会計基準15） | 未払法人税等（法人税会計基準11、17） |
| 還付税額 | その内容を示す名称で（法人税会計基準15） | 未払法人税等（法人税会計基準12、18） |

※ 住民税の均等割額は利益を課税標準とするものではありませんが、「法人税、住民税及び事業税」として会計処理されます

■ **勘定科目の特性とリスク**

法人税等の計算は、基本的には四半期末及び年度末に決算業務として実施されます。計算に必要となる情報は幅広く、企業内の様々な活動結果から情報を収集する必要があります。

法人税等については確定決算主義が原則であり、まず税制改正の状況を把

握し、会計と税務の異なる点（税務調整項目）を把握したうえで、具体的な調整額を算出し、調整を考慮して税金計算を実施します。

　加減算項目が多岐にわたること、また、税制については毎年の制度改訂や、各種税額控除・外国税額といった複雑な制度も多く、税金計算は一般的に非常に複雑なものとなります。

　また、調整過程には判断を要する要素も多く、税務当局との見解の相違などにより事後的に追徴税等が発生する可能性もあります。

　以上のように、法人税等の計算においては、計算過程の複雑性に起因するリスク及び判断に関するリスクが主たるリスクになります。

## 2　リスクとアサーション

「法人税等」に関する主なリスクとしては、以下のものが考えられます。

| 主なリスク | 主なアサーション |
| --- | --- |
| （1）（未払）法人税等の計上が漏れる | 網羅性 |
| （2）（未払）法人税等が適切な金額で計上されない | 評価の妥当性、期間配分の適切性 |
| （3）表示・開示を誤る | 表示の妥当性 |

### 1　（未払）法人税等の計上が漏れる

　法人税等は、確定決算主義に基づき会計上の利益を基礎として計算されますが、たとえ利益が発生していなくとも均等割など一部の法人税等の納税義務を負います。そのため、当該納税義務の認識漏れなどにより、未払法人税等の計上が漏れるリスクがあります（網羅性）。

　このようなリスクに対しては、チェックリストや経理マニュアルなどにより必ず発生する税金項目を明示して処理誤りを防ぐ、仕訳伝票について上長

が承認を行うなどの内部統制を構築することが有用です。

### 2 (未払)法人税等が適切な金額で計上されない

　税金計算は、様々な制度上の複雑な規定に基づいて計算されるため、制度内容の把握や適用範囲・方法を誤る可能性が潜在的に高い項目です。たとえば、適用税率・税額控除の誤り、調整項目の範囲・集計計算の誤りなど税制の適用を誤ることで、未払法人税等や法人税等に関する金額を誤るリスクがあります（評価の妥当性、期間配分の適切性）。

　このようなリスクに対しては、まずは税金計算担当者が十分な税務知識の習得に努めることに加え、税務専門家（顧問税理士など）による税金計算のレビュー、決算前に税制改正などを十分に把握しその結果を反映させたチェックリストを作成する、仕訳伝票について上長が承認を行うなどの内部統制を構築することが有用です。

### 3 表示・開示を誤る

　貸借対照表上は、法人税等の未納税額を未払法人税等として流動負債の部に表示し（財務諸表等規則49①七）、損益計算書では法人税等は税引前当期純利益（損失）の次に表示します（財務諸表等規則95の5①）。しかし、事業税のうち外形標準課税部分（付加価値割及び資本割）については、損益計算書において、原則として販売費及び一般管理費（一般的には租税公課）として処理されるため、特に損益計算書における表示を誤るリスクがあります（表示の妥当性）。

　このようなリスクに対しては、担当部署内での表示事項に関する確認及び承認、財務諸表に対するIR部門での内容確認や経理部上長の承認などの内部統制を構築することが有用です。

## 3　主な監査手続

「法人税等」に関する主な監査手続は、以下のとおりです。

| 主な監査手続 | 主なアサーション |
|---|---|
| (1) 分析的手続 | 各アサーション |
| (2) 税金計算要素の試算表数値との一致の検証 | 実在性、網羅性、評価の妥当性 |
| (3) 一時差異・永久差異に関する資料の検証 | 実在性、網羅性、評価の妥当性 |
| (4) 適用税率のチェック・税額計算の再実施 | 実在性、網羅性、評価の妥当性 |
| (5) 税額控除項目の妥当性の検証 | 実在性、網羅性、評価の妥当性 |
| (6) 欠損金等の繰戻及び繰越の当期の税金計算への影響額の検証 | 実在性、網羅性、評価の妥当性、期間配分の適切性 |
| (7) 外国での納税額の検証 | 実在性、網羅性、評価の妥当性 |
| (8) 前期見積額と実際支払額の差異の検証 | 評価の妥当性、期間配分の適切性 |
| (9) 未払法人税等の当期の移動増減明細に基づく検証 | 評価の妥当性、期間配分の適切性 |
| (10) 会社担当者とのディスカッションの実施 | 実在性、網羅性、評価の妥当性、期間配分の適切性 |
| (11) 重要なタックスエクスポージャーの検証 | 実在性、網羅性、評価の妥当性 |
| (12) 表示・開示の妥当性に関する手続 | 表示の妥当性 |

　税法の規定は多岐に渡っており、また非常に複雑であることから一定程度の規模・複雑性を有した会社に対しては、監査人も税務専門家を利用して監査手続を実施することがあります。
　以下のような監査手続について、監査人はリスクの程度に鑑みて税務専門

家の関与度合いを決定する必要があります。

### 1 分析的手続
#### ① 手続の目的
監査人が、法人税等に関連する勘定科目残高を分析することによって、当該残高が会社の経営環境に照らして合理的であることを概括的に確かめるための監査手続です（各アサーション）。

#### ② 手続の具体的な内容
監査人は、未払法人税等の期末残高及び法人税等の計上額と推定値（前期末残高などを基に設定した金額）を比較・分析し、増減の有無や乖離の程度を把握して、当該増減や乖離の内容が会社の経営環境に照らして合理的なものであることを、質問や関連証憑の閲覧によって確かめます。特に、税金費用は税引前当期純利益を基礎として計算されることから、税引前当期純利益の水準に重要な一時差異の金額を考慮した金額と計算されている法人税等の比率を期間比較等により分析し、重要な変動や推定値からの乖離がある場合にはその原因を、担当者への質問などにより確かめます。

### 2 税金計算要素の試算表数値との一致の検証
#### ① 手続の目的
企業の法人税等の計算は確定決算主義を原則としていることから、会計上の決算数値が基礎となります。監査人が税務計算資料と会計上の決算数値との一致を確認し、計算される税額の基礎が妥当であることを確かめるための監査手続です（実在性、網羅性、評価の妥当性）。

#### ② 手続の具体的な内容
監査人は、税金計算資料（別表など）を入手し、記載されている数値について、会計上（財務諸表・試算表）の数値と一致している必要がある項目の一致を確かめます。特に、税引前当期純利益（もしくは当期純利益）は税金計算の基礎となる数値であり、必ず試算表との一致を確かめます。

### 3 一時差異・永久差異に関する資料の検証

#### ① 手続の目的

監査人が税金計算の基礎資料を検証し、特に申告調整に係る税金計算過程が妥当であることを確かめるための監査手続です（実在性、網羅性、評価の妥当性）。

#### ② 手続の具体的な内容

監査人は、税金計算資料（申告書のドラフトなど）を入手し、通常、一定金額以上の重要な調整項目を検証対象とし、それぞれについて①関連する税制改正について把握する、②前期比較の実施、③基礎資料の検証、といった手続を実施します。

税金計算において最も重要となるのが、会計と税務との差異を調整するこの申告調整です。申告調整は、項目が多岐にわたる、基礎数値の収集過程が様々、税制改正等の影響を常に把握する必要があるといった点で、注意を要します。

① 関連する税制改正について把握する

まずは、監査人側で重要な税制改正について制度の内容を理解するとともに、その改正がどの調整項目に影響を及ぼすのかを検討します。税制改正に関する検討は会社も実施する必要があるため、監査人と会社が改正論点について事前にディスカッションなどを行うことも考えられます（10「会社担当者とのディスカッションの実施」参照）。

なお、決算日近くに行われた税制改正については税金計算及び税効果計算への影響を慎重に検討する必要があります。

② 前期比較の実施

前期比較は「調整項目に過不足がないか」「調整金額は妥当か」という2つの視点から行います。

前期は調整していた項目について、当期に調整されていなければ、そもそも調整すべき事象が発生しなかったのか、それとも単純に調整が漏れているのかを質問などによって確かめます。また、事前に検討した税制改正の影響

や会社担当者への質問などを通して、当期から調整すべき項目が新規に発生しているかどうか、発生している場合には適切に調整がされていることを確かめます。

また、前期と同一の調整が行われている場合でも、その金額が前期に比して大幅に増減している場合には、調整額が誤っている可能性を念頭に置き、基礎資料を基に再計算するなどの対応が必要です。

③　基礎資料の検証

基礎資料の検証にあたっては、まず調整項目ごとに、別表を利用してそれぞれの調整項目が税法の規定に基づいて正しく計算されていることを確かめます。そのうえで、別表上の各数値について、さらに総勘定元帳や担当者が作成した集計表などとの一致を確かめます。総勘定元帳に記録されている取引の正確性や、担当者が作成した集計表そのものの正確性などについては、調整金額の重要性や集計の複雑性などを総合的に勘案し、監査人として検証すべき範囲を決定します。

### ●業務効率化のためのポイント

①　基礎資料の整理

監査人は通常調整項目ごとに調整額と基礎資料の照合を実施します。したがって、申告調整項目ごとに、申告調整金額を算出した基礎資料を1か所に整然と揃えておくことが望ましいといえます。基礎資料が分散しているとそれだけ監査対応に時間を取られてしまいます。

たとえば、別表の種類ごとに別表を基礎資料の鑑とし、その下に基礎資料をまとめてファイリングするなどの方法が考えられます。

②　税制改正についての事前検討

税制改正があった論点については、監査人が着目することが多く、またその改正点について、会社が採用した税務処理判断の根拠資料を求められることなどが考えられます。したがって事前に最新の税制改正につ

いて会社としての対応を検討し、検討した結果を文書として残しておくと、監査人からの質問に対して時間をかけずに対応できます。また、監査人と事前協議の場を設けることも有用です。

## 4 適用税率のチェック・税額計算の再実施

### 1 手続の目的

監査人が、税額計算に適用する税率が適正であることを確認して再計算を行うことにより、法人税額が妥当であることを確かめるための監査手続です（実在性、網羅性、評価の妥当性）。

### 2 手続の具体的な内容

監査人は、現行の法令等を参照し、現時点にて適用すべき税率を用いて、会社が行った税額計算について、再計算を実施します。税率は法令にて定められるものであり、また中小企業向けの軽減税率など例外的な税率もあるため、その適用にあたっては、改正がおこなわれていないかどうかも含めて、国税庁のウェブサイトを参照するなど十分に確認します。

## 5 税額控除項目の妥当性の検証

### 1 手続の目的

監査人が、計算された税額に対する税額控除が妥当であることを検討することにより、法人税額の計算が妥当であることを確かめるための監査手続です（実在性、網羅性、評価の妥当性）。

### 2 手続の具体的な内容

監査人は、課税所得に適用税率を乗じて算出された法人税等の金額に対する税額控除について、基礎資料を入手し、再計算を行うなどの手続を実施し、税額控除計算の妥当性を確かめます。

税額控除には、①配当利子などに係る所得税額控除、②外国税額控除、③試験研究費などの特別控除といった様々なものがあり制度を適切に理解する

ことが必要です。特に特別控除については時限的に租税特別措置法にて定められているものが多く、また控除限度額が年度ごとに順次縮小されていくものもあるため、その適用にあたっては、特に最新の税制に基づいて計算されていることを確かめることが重要となります。

> **監査手続上のポイント**
>
> 税額控除は政策的な理由から定められたものであることが多く、改正も頻繁に行われる項目であることから、監査手続上は最新の情報を基に計算されていることを確かめることが最も重要です。
> たとえば、最新の別表フォームを国税庁ウェブサイトからダウンロードし、それを基礎にして再計算を行うなどの工夫が効果的です。

### 6 欠損金等の繰戻及び繰越の当期の税金計算への影響額の検証

#### ❶ 手続の目的

監査人が、前期以前の欠損金などの繰戻・繰越が当期の税金計算に与える影響を検証することにより税金計算が妥当であることを確かめるための監査手続です（実在性、網羅性、評価の妥当性、期間配分の適切性）。

#### ❷ 手続の具体的な内容

監査人は前期以前の監査調書・税務申告書及び当期の税金計算資料を基礎に、会社の欠損金の繰越額・繰戻額・外国税額控除の繰越額などについて金額及び繰越期間などを把握し、当期の税額計算に与える影響を算定します。

外国税額控除は翌期以降への繰越が認められています。また、欠損金については翌期以降への繰越や前期以前の繰戻が一部認められます。

よって、前期以前の計算結果が当期の税金計算に影響を与えたり、当期の計算結果が翌期以降に影響を与えたりすることになるため、十分な検証が必要となります。

## 7 外国での納税額の検証

### 1 手続の目的

監査人が会社の世界各地での納税額の妥当性を検証することにより、法人全体としての法人税等の計算が妥当であることを確かめるための監査手続です（実在性、網羅性、評価の妥当性）。

### 2 手続の具体的な内容

監査人は、まず現地の税制改正の状況などを把握するとともに、下記のような項目について税額計算の基礎資料を入手し、外国での納税額の合理性を確かめます。

- 海外における法令上の税率
- 源泉税と外国税額控除への影響
- 移転価格税制に関する企業の分析結果の検証
- 海外の欠損金の利用状況及び期限切れの状況、など

## 8 前期見積額と実際支払額の差異の検証

### 1 手続の目的

監査人が、前期の会計上の見積計算と、実際の納付額の差異を検証することにより、当期の税金計算に与える影響を把握することを通じ、経営者による見積りに係る偏向の有無等を確かめるための手続となります（評価の妥当性、期間配分の適切性）。

### 2 手続の具体的な内容

会計上の税金計算はあくまで見積計算であり、実際の申告書作成よりも前段階において実施されることが通常です。したがって、前期の会計上の見積計算と、実際の納税額との間には差異が生じることがあります。

監査人は、前期に係る税務申告書を入手し、実際納税額と前期の税金見積計算結果を比較・分析することにより、会計上の見積りの精度や偏向の有無について確かめます。確定額との比較分析については第4章第5節 **5-3**「主な監査手続」**2**を参照してください。

## 9 未払法人税等の当期の移動増減明細に基づく検証

### ① 手続の目的

法人税等の計上・支払などは、「未払法人税等」勘定を用います。監査人が税額計算のみならず、当該勘定の期中の増減を把握・分析することにより、期末の未払法人税等の残高の妥当性を確かめるための監査手続です（評価の妥当性、期間配分の適切性）。

### ② 手続の具体的な内容

監査人は、残高ベースでの未払法人税等の当期増減を把握し、前期末と当期首数値の一致の検証、期中における税金納付・還付金受取に係る資料と増減額の一致などを確かめます。また、検証済みの税額計算の結果と当期末の計上額の整合性を確かめるとともに、期末残高の計算チェックを行います。未払法人税等の残高の検証は、下記 11 「重要なタックスエクスポージャーの検証」とあわせて実施します。

## 10 会社担当者とのディスカッションの実施

### ① 手続の目的

監査人が、会社の税金計算担当者と、税金計算に関する会社としての判断基礎や論点を協議し、税金計算の全般的な妥当性を確かめるための監査手続です（実在性、網羅性、評価の妥当性、期間配分の適切性）。

### ② 手続の具体的な内容

監査人は、主に下記のような事項をディスカッションすることが考えられます。

- 税務上重要な影響のある事項
- 期中に重要な企業結合などの案件がある場合の影響
- その他計算にあたり考慮した事項、など

税金計算については、調整項目が多岐にわたること、また判断の入る余地が大きいことから、税金計算担当者と十分なディスカッションを行い、計算

の基礎及び検討事項について概括的に把握して情報を共有することが重要です。

## 11 重要なタックスエクスポージャーの検証

### ❶ 特定のタックス・ポジションに対する引当金の計上可否の検証

① 手続の目的

監査人が、会社のタックス・ポジションを把握するとともに、重要なタックスエクスポージャーの有無を確かめることによって、当該タックスエクスポージャーに対する未払法人税等の計上の妥当性を確かめるための監査手続です（実在性、網羅性、評価の妥当性）。

タックス・ポジションとは、「税務上の取扱いについての会社の立場（方針、考え方）」を意味します。具体的には「解釈によっては税務上資産計上が求められるかもしれない費用を税務申告書上で損金として取り扱う」といった決定・方針のことです。

また、タックスエクスポージャーとは、会社の税金計算上は要納付額として算定していないものの、当局の解釈によっては新たな納税負担が生じるリスクのことを指します。

会社のタックス・ポジションによっては、重要なタックスエクスポージャーが発生することがあり、追加的な税金費用の計上が必要か否かを十分に検証する必要があります。

② 手続の具体的な内容

監査人は、税務当局によって否認されるおそれがある会社のタックス・ポジションまたはその他の税務上の偶発事象に対して、引当金を計上すべきか否かを検証します。会社が作成した当該タックスエクスポージャーに対する判断の根拠となる資料を入手し、1つひとつその妥当性を確認します。

税金計算は判断の入る余地の大きい項目であり、タックスエクスポージャーに対してどれだけ未払法人税等を計上するのかの判断は非常に難しいものとなるため、十分な検証が必要です。

また、重要なタックスエクスポージャーについては会社としても顧問税理士等の専門家の見解を事前に確認すべきであり、監査人としてはその見解も入手し、処理の妥当性を判断することが望まれます。その場合、経営者確認書に、タックスエクスポージャーに対する未払法人税等の計上の裏づけとなる潜在的に重要なすべての税務意見・見解が提供されている旨の記述を含めるべきかを検討することもあります。

さらに、期中に税務調査があり何らかの追徴税等が発生した場合には、それが正しく会計上処理されていることも確認する必要があります。

### ❷ 関連当事者間取引の計上基礎の検証
#### ① 手続の目的
監査人が、会社の関連当事者間取引について内容を把握し、当該取引に関する重要なタックスエクスポージャーの有無を確かめることによって、当該タックスエクスポージャーに対する未払法人税等の計上の妥当性を確かめるための監査手続です（実在性、網羅性、評価の妥当性）。

#### ② 手続の具体的な内容
監査人は、関係会社間取引またはその他の関連当事者取引が、正当なビジネス上の根拠を持ち、独立企業間の取引として計上されていることを検証します。

関連当事者との取引は、不当な利益供与目的や国外への所得移転目的で行われる場合があり、そのような場合、税務当局から当該取引に係る税務処理が否認され追加的な税負担が発生する可能性があるため、当該取引が不当な目的に基づくものではないことを監査人は十分に検証する必要があります。

なお、もしそのような懸念が生じた場合には、より十分な監査証拠を入手するために監査人は税務専門家の関与を検討することがあります。

## 12 表示・開示の妥当性に関する手続
### ❶ 手続の目的
監査人が、法人税等に関する表示及び注記について関連資料や関連調書と

照合することによって、財務諸表上の表示・開示の妥当性を確かめるための監査手続です（表示の妥当性）。

#### ② 手続の具体的な内容

監査人は、会社が作成している管理用の明細の閲覧や、会社担当者への質問、監査調書との照合を実施し、法人税等に関連する項目が貸借対照表及び損益計算書上、適切に区分表示されていること、及び注記による開示が求められる場合には法人税等に関する注記が適切に行われていることを確かめます。特に、外形標準課税が法人税等ではなく、原則として販売費及び一般管理費（一般的には租税公課）として処理されていること、法人税等の更正、決定等による追徴税額及び還付税額がその重要性に応じて適切に表示されていることを確かめます。

## 19-2 税効果会計

### 1 勘定科目の特性とリスク

■勘定の定義・範囲

税効果会計とは、「企業会計上の資産又は負債の額と課税所得計算上の資産又は負債の額に相違がある場合において、法人税その他利益に関連する金額を課税標準とする税金（以下「法人税等」という）の額を適切に期間配分することにより、法人税等を控除する前の当期純利益と法人税等を合理的に対応させることを目的とする手続」です（税効果会計基準第一）。

税効果会計における一時差異とは、貸借対照表及び連結貸借対照表に計上されている資産及び負債の金額と、課税所得計算上の資産及び負債の金額との差額をいいます。

一時差異は以下の2つに区分されます。

|  | 定義 | 具体例 |
| --- | --- | --- |
| 将来減算一時差異 | 当該一時差異が解消する時に、その解消期の課税所得を減額する効果を持つもの | 引当金の損金算入限度超過額<br>減価償却費の損金算入限度超過額<br>連結上の未実現利益消去 |
| 将来加算一時差異 | 当該一時差異が解消する時に、その解消期の課税所得を増額する効果を持つもの | 利益処分による租税特別措置法上の諸準備金等を計上した場合<br>連結上の債権債務消去に伴い貸倒引当金を減額した場合 |

■ **使用される勘定科目**

貸借対照表項目は以下のとおりです。

|  | 計上される項目 | 留意事項 |
| --- | --- | --- |
| 将来減算一時差異<br>（繰越欠損金含む） | 繰延税金資産<br>※投資その他の資産の区分に表示 | 将来の会計期間において回収が見込まれない税金の額を除く<br>将来の回収見込みについて毎期見直し |
| 将来加算一時差異 | 繰延税金負債<br>※固定負債の区分に表示 | 将来の会計期間において支払いが見込まれない税金の額を除く |

　また、損益計算書項目としては、繰延税金資産と繰延税金負債の差額を期首と期末で比較した増減額が、「法人税等調整額」として、「法人税、住民税及び事業税」の次に計上されます。

　ただし、①資産に係る評価差額が直接純資産の部に計上されている場合、②資本連結に際し子会社の資産負債の時価評価により生じた評価差額がある場合においては当該評価差額から、繰延税金資産・負債を直接控除することから法人税等調整額は計上されません。

　なお、同一納税主体の繰延税金資産と繰延税金負債は双方を相殺して表示されますが、異なる納税主体に係るものは相殺できません。

### ■ 勘定科目の特性とリスク

　税効果会計は、法人税等の計算と密接に関連しています。税効果会計の基礎となる一時差異については、通常は法人税等の計算において算出され、その数値を基に税効果会計を適用します。

　前項でも述べたように、法人税等の計算は複雑なものですが、税効果会計を適切に行うためには、まずは法人税等の計算（一時差異の把握）が適切に行われている必要があります。

　税効果会計の大きな特徴は、法人税等の計算で用いた一時差異の金額を基礎としながら、将来の見込みを加味して計上が行われる点です。税効果会計において計上される繰延税金資産・負債は、「将来の期間において回収・支払が見込まれる税金の額」であり、その計上においては将来の見込みという不確実な要素を基礎とします。この点が税効果会計における最も重要なリスクであり、換言すれば繰延税金資産の回収可能性に関する判断の誤りが最も大きなリスクとなります。

　なお、法人税等の計算過程で把握した一時差異の金額が税効果会計の基礎となることから、両者に重要な不一致が生じるリスクもあります。

## 2　リスクとアサーション

　「税効果会計」に関する主なリスクとしては、以下のものが考えられます。

| 主なリスク | 主なアサーション |
| --- | --- |
| （1）繰延税金資産・負債の計算を誤る | 評価の妥当性、期間配分の適切性 |
| （2）繰延税金資産の回収可能性の判断を誤る | 評価の妥当性 |
| （3）表示・開示を誤る | 表示の妥当性 |

## 1 繰延税金資産・負債の計算を誤る

　会計上と課税所得計算上の資産及び負債の金額が一致しており一時差異が存在しないにもかかわらず、担当者がその判断や計算を誤り、架空の一時差異に基づく繰延税金資産・負債が計上されるリスクがあります。また、繰延税金資産・負債の計上額は、一時差異に税率を乗じることで計算されるため、適用税率や一時差異の金額を誤ることにより、繰延税金資産・負債の計上額を誤るリスクがあります。特に税制改正によって税率が変更になった場合、リスクが高くなると考えられます。さらに、連結財務諸表において子会社の留保利益に関して、親会社に将来の追加納税負担が見込まれるにもかかわらず繰延税金負債の計上が漏れるなど連結上の税効果の計算を誤るリスクがあります（評価の妥当性、期間配分の適切性）。

　このようなリスクに対しては、担当者が税金・税効果に関する十分な知識を習得することに加え、チェックリストなどを用いて第三者が確認を行うことや、仕訳伝票について上長が承認を行うなどの内部統制を構築することが有用です。

## 2 繰延税金資産の回収可能性の判断を誤る

　繰延税金資産の回収可能性については、①収益力に基づく将来の課税所得の十分性、②タックスプランニングの存在、③将来加算一時差異の十分性を考慮して判断します（繰延税金資産適用指針）。これらの判断には経営者の主観が多く含まれますが、過去の業績の趨勢、経営計画、タックスプランニングの実行可能性などを十分に検討したうえで、合理的な予測に基づいた見積りが行われる必要があります。これらの総合的な判断が合理的に行われないことにより、繰延税金資産の回収可能性の判断を誤るリスクがあります（評価の妥当性）。

　このようなリスクに対しては、上記 1 と同様の内部統制を構築する他、将来の課税所得の見積りには適切な権限を有する機関の承認を得た業績予測の前提となった数値を経営環境等の企業の外部要因に関する情報や企業が用

いている内部の情報（過去における中長期計画の達成状況、予算やその修正資料、業績評価の基礎データ、売上見込み、取締役会資料を含む）と整合的に修正して用いる。スケジューリングの内容につき上長が承認を行うなどの内部統制を構築することが有用です。

### 3 表示・開示を誤る

繰延税金資産・負債については、繰延税金資産は投資その他の資産の区分に表示し、繰延税金負債は固定負債の区分に表示します（財務諸表等規則32、52）。また、同一の納税主体に関するものは相殺表示します（「税効果会計に係る会計基準」の一部改正（企業会計基準第28号）2、財務諸表等規則54）。さらに繰延税金資産・負債の発生原因別の内訳、評価性引当額や繰越期限別の繰延税金資産、法定実効税率との重要な差異の原因などについては財務諸表への注記が求められますが（財務諸表等規則8の12）、これらの表示・開示を誤るリスクがあります（表示の妥当性）。

このようなリスクに対しては、担当部署内での表示・開示事項に関する確認及び承認、財務諸表に対するIR部門での内容確認や経理部上長の承認などの内部統制を構築することが有用です。

## 3 主な監査手続

「税効果会計」に関する主な監査手続は、以下のとおりです。

| 主な監査手続 | 主なアサーション |
| --- | --- |
| （1）法人税計算資料との一致の検証 | 実在性（発生）、網羅性、評価の妥当性、期間配分の適切性 |
| （2）スケジューリング・回収可能性の判断の妥当性の検証 | 評価の妥当性 |

| (3)法人税等調整額の計算チェック | 実在性（発生）、網羅性、期間配分の適切性 |
|---|---|
| (4)税率差異の検証 | 評価の妥当性 |
| (5)繰延税金資産・負債の期首から期末までの変動表の検証 | 実在性、網羅性、評価の妥当性 |
| (6)連結固有の税効果の検証 | 実在性（発生）、網羅性、評価の妥当性、期間配分の適切性 |
| (7)表示・開示の妥当性に関する手続 | 表示の妥当性 |

　税効果会計においては、法人税等の計算で把握した一時差異を基礎とします。したがって、実証手続についても、一時差異の検証などに係る部分については、本節 19-1 「法人税等」を参照してください。

### 1 法人税計算資料との一致の検証
#### ① 手続の目的
　監査人が、税効果計算資料を検証し、一時差異の認識及び税効果の計算が妥当であることを確かめるための監査手続です（実在性（発生）、網羅性、評価の妥当性、期間配分の適切性）。
#### ② 手続の具体的な内容
　監査人は、会社の税効果計算シートを入手し、税効果が認識されている一時差異について、税金計算で用いた資料との一致を確かめます。
　また、税効果の計算上、一時差異が解消されると予測される期の法定実効税率が用いられていることを、関連資料や関連する調書と照合することによって確かめます。特に税法の改正によって、一時差異の解消が見込まれる時期に適用される法定実効税率が変更された場合、税効果の計算において使用する税率を慎重に検討する必要があります。さらに、一時差異とその解消見込時期に適用される法定実効税率の乗算過程や集計計算について再計算を

行います。

　税効果会計については回収可能性の論点があるため、単純に法人税等の計算時に把握した一時差異がすべてそのまま繰延税金資産・負債を計上する一時差異となるわけではありませんが、回収可能性を判断する前提として、税金計算時に認識した一時差異の金額と税効果会計上の一時差異の金額は一致している必要があります。

### 2 スケジューリング・回収可能性の判断の妥当性の検証
#### ① 手続の目的
　監査人が、繰延税金資産について回収可能性を検討し、繰延税金資産の評価の妥当性を確かめるための監査手続です（評価の妥当性）。
#### ② 手続の具体的な内容
　監査人は、繰延税金資産の回収可能性の根拠となるタックス・プランニング（収益計画等に基づく将来の課税に対する対策・計画）とその実行可能性についての資料を入手し、検証を行います。また、将来の課税所得の見積りが合理的なものであるか否かを確かめます。

　ただし、繰延税金資産の回収可能性の判断は、将来の予測に係るものであるためその検証は容易ではありません。そのため監査人は、将来の課税所得の見積りについて、適切な権限を有する社内機関の承認を得た業績予測等と整合していることや、経営環境等と整合していることなどを確認することによって、その実現可能性について職業的専門家としての懐疑心を十分に持って吟味します。

　また、過年度に税効果会計で使用した将来の課税所得と実際の課税所得の比較分析を実施し、会計上の見積りの精度や偏向の有無について確かめます。確定額との比較分析は第4章第5節 **5-3**「主な監査手続」**2** を参照してください。

　なお、含み益のある固定資産や有価証券を売却する、といった課税所得を発生させるようなタックス・プランニングについては、その実現可能性につ

いて当該資産の現在の評価額のみならず過去の評価額の趨勢なども考慮したうえで、適切か否かを慎重に判断します。

### 監査手続上のポイント

監査人は、繰延税金資産の回収可能性に係る会社の判断が、繰延税金資産適用指針などの諸基準に準拠したものであり、かつ継続して適用されていることを確かめる必要があります。

そのうえで、監査人としての第三者的な立場から、会社の計画そのものの妥当性などについて十分に吟味を行います。

### 3 法人税等調整額の計算チェック

#### ① 手続の目的

監査人が、繰延税金資産・負債の金額の検証とあわせて、損益計算書に計上される法人税等調整額が妥当であることを確かめるための監査手続です（実在性（発生）、網羅性、期間配分の適切性）。

#### ② 手続の具体的な内容

監査人は、法人税等調整額の金額について、再計算を実施し、計算結果の妥当性を確かめます。

法人税等調整額は、繰延税金資産と繰延税金負債の差額を期首と期末で比較した増減額として算出されます（税効果会計基準第二 二3）。

なお、資産に係る評価差額が直接純資産の部に計上されている場合など、単純に繰延税金資産と繰延税金負債の差額を期首と期末で比較した増減額がそのまま「法人税等調整額」にならない場合もあるため、注意が必要です。

### 4 税率差異の検証

#### ① 手続の目的

監査人が、税率差異を比較・分析することにより間接的に税効果会計の計

算が妥当であることを確かめるための監査手続です(評価の妥当性)。なお、税率差異とは、法定実効税率と税効果会計適用後の法人税等負担率との間の差異のことです。

### ② 手続の具体的な内容

監査人は、法定実効税率と税効果会計適用後の法人税等負担率との間の差異(税率差異)を算出し、当該税率差異について調整項目(永久差異、評価性引当額など)ごとに対前期比較等を実施することによって税効果の計算が妥当であることを間接的に確かめます。また、税率差異が開示項目になっている場合には、当該差異が適切に注記されていることを確かめます(財務諸表等規則8の12①二)。なお、税率差異が法定実効税率の100分の5以下である場合には、注記を省略することができます。(財務諸表等規則8の12⑤)。

## 5 繰延税金資産・負債の期首から期末までの変動表の検証

### ① 手続の目的

監査人が、繰延税金資産・負債の期中増減を把握し検証することで、繰延税金資産・負債の期末残高が妥当であることを確かめるための監査手続です(実在性、網羅性、評価の妥当性)。

### ② 手続の具体的な内容

監査人は、繰延税金資産・負債の期首から期末までの変動表を会社から入手、または自ら作成し、期首残高と前期末残高の一致を確かめるとともに、期中変動額について、税効果計算資料や仕訳伝票との一致を確かめます。さらに変動表の計算チェックをおこない、財務諸表に計上されている期末残高との一致を確認し、期末残高が妥当であることを確かめます。この手続には、上記 2 「スケジューリング・回収可能性の判断の妥当性の検証」において検証した結果が正しく繰延税金資産・負債の残高に反映されていること、特に繰延税金資産に対する評価性引当額が正しく認識されていることの確認も含まれます。

## 6 連結固有の税効果の検証
### 1 手続の目的
　監査人が、連結固有の税効果について検証することにより、その計算が妥当であることを確かめるための監査手続です（実在性（発生）、網羅性、評価の妥当性、期間配分の適切性）。

### 2 手続の具体的な内容
　監査人は、連結固有の税効果仕訳について一覧を入手し、対応する連結仕訳に実効税率を乗じた金額で計算されていることを確かめます。

　連結財務諸表固有の一時差異とは、連結決算手続の結果として生じる一時差異のことをいい、課税所得に関係しません（税効果会計適用指針4(5)）。

　連結固有の税効果としては、たとえば未実現利益消去に伴う税効果や、債権債務消去に伴う貸倒引当金消去に係る税効果などがあります。連結固有の税効果については税務申告額との直接の関連はありませんが、連結仕訳によって個別上の簿価と連結上の簿価との間に差異が生じる場合に発生します。連結固有の税効果は主として連結仕訳に伴い生じるものですので、連結仕訳と一体で検証することが必要です。

　具体的には、連結仕訳ごとに実効税率を乗じた金額をもって税効果金額とし、それを集計することにより、計上額の妥当性を確かめます。

### 監査手続上のポイント

① 流動固定区分に留意する
　連結上の税効果も個別財務諸表と同様、繰延税金資産は投資その他の資産の区分に表示し、繰延税金負債は固定負債の区分に表示します。

② 帰属主体に留意する
　連結上の税効果については、納税主体が異なる場合には繰延税金資産・負債の相殺が認められないため、どの連結会社に帰属する繰延税金資産・負債なのか適切に把握することが必要です。

## 7 表示・開示の妥当性に関する手続

### 1 手続の目的

監査人が、税効果会計に関する表示及び注記について関連資料や関連調書と照合することによって、財務諸表上の表示・開示の妥当性を確かめるための監査手続です（表示の妥当性）。

### 2 手続の具体的な内容

監査人は、会社が作成している管理用の明細の閲覧や、会社担当者への質問、関連する監査調書との照合を実施し、税効果会計に関連する項目が貸借対照表及び損益計算書上、適切に区分表示されていること、及び税効果会計に関する注記が適切に行われていることを確かめます。

まず繰延税金資産は投資その他の資産の区分に、繰延税金負債は固定負債の区分に表示され、同一の納税主体に係る繰延税金資産・負債が相殺表示されていることを確かめます。

また、繰延税金資産・負債の主な発生原因別の内訳の注記について、当該注記の妥当性を確かめます。なお、評価性引当額や繰越欠損金に係る繰越期限別の繰延税金資産などの開示が求められる場合には、当該注記の妥当性も併せて確かめます。当該注記を適切に行うためには、特に連結財務諸表の作成において子会社の繰延税金資産・負債について相殺前の内訳情報、評価性引当額の内訳、繰越欠損金の期限別情報などを収集しておくことが必要です。さらに、税率差異の原因となった主な項目別の内訳の注記開示が求められる場合には上記 4 「税率差異の検証」にて検証した結果が正しく注記事項に反映されていることを確かめます。

# 第20節

# 消費税及びその他の税金

本節では、消費税及びその他の税金を対象として扱います。

## 20-1 消費税

### 1 勘定科目の特性とリスク

■勘定科目の範囲

　消費税は、事業者が国内で行った課税資産の譲渡等を課税対象とする間接税です。製造及び流通等の各段階の事業者を納税義務者としますが、原則として、その税額が転嫁され、最終的には消費者がそれを負担する税金です。

　なお、消費税には、消費税法に規定される国税としての消費税と、地方税法に規定される地方消費税がありますが、本節ではこれらを総称して消費税と記載しています。

　消費税は、「付加価値に課税するものであり、原則として、資産の譲渡等の都度その対価の額につき課税を行うこととし、その前段階に課された税額を控除又は還付して調整すること」とされています。このように「仕入等に係る消費税は、一種の仮払金ないし売上等に係る消費税から控除される一種の通過支出であり、各段階の納税義務者である企業においては、消費税の会計処理が損益計算に影響を及ぼさない方式（税抜方式）を採用することが適当」とされています（日本公認会計士協会「消費税の会計処理について（中間報告）」）。

■ **使用する勘定科目**

　消費税については、会計処理を税抜方式で行うか税込方式で行うかにより、関連する勘定科目が異なります。

税抜方式の場合

| 売上等に係る消費税（販売税） | 売上、雑収入、特別利益等と区分し、仮受消費税等として処理する |
|---|---|
| 仕入等に係る消費税（仕入税） | 仕入、経費、固定資産等と区分し、仮払消費税等として処理する |
| 納付すべき消費税（納付税） | 販売税から控除対象消費税を控除した納付すべき消費税額を未払計上し、費用に関係させない |
| 還付を受ける消費税（還付税） | 控除対象消費税から販売税を控除した還付を受ける消費税額を未収計上し、収益に関係させない |

税込方式の場合

| 売上等に係る消費税（販売税） | 売上、雑収入、特別利益等に含めて計上する |
|---|---|
| 仕入等に係る消費税（仕入税） | 仕入、経費、固定資産等に含めて計上する |
| 納付すべき消費税（納付税） | 租税公課（消費税）として費用に計上する |
| 還付を受ける消費税（還付税） | 雑収入（還付消費税）として収益に計上する |

　このように、税抜方式であれば、控除対象外消費税を除き基本的に企業の損益に与える影響はありません。そのため、通常は税抜方式が採用されることが一般的です。一方で、税込方式による場合は、消費税の金額が企業の損益に影響を及ぼします。

　ただし、税込方式については任意に採用できるものではなく、非課税取引が主要な部分を占める企業など、当該企業が消費税の負担者となると認められる場合、簡易課税制度を採用した場合、その他企業の業種業態などから判断して合理性がある場合に、採用することができるとされている点に注意が

必要です(同中間報告)。

なお、平成33年4月1日以後開始する連結会計年度及び事業年度の期首から原則適用される収益認識に関する会計基準(企業会計基準第29号)のもとでは、現行基準で認められている消費税の税込方式は認められなくなります。

### ■勘定の特性とリスク

消費税については、基本的にすべての課税取引に付随して発生することから、取引発生件数が膨大なものとなります。また、取引種類によって課税区分が異なるため、1つひとつの取引に関して課税対象なのか対象外なのかの判断が必要となります。

課税区分

| 取引 | 国内取引(輸出含む) | 課税の対象 | 課 税 | 課 税 |
|---|---|---|---|---|
| | | | | 免 税 |
| | | | 非課税 | |
| | | | 不課税 | |
| | 輸入取引 | 課税の対象 | 課 税 | |
| | | | 非課税 | |
| | 国外取引 | | 不課税 | |

さらに、後述するように課税売上割合の計算が必要であること、控除対象外消費税の会計処理を定める必要があることなどから、主に集計や会計処理適用の継続性についてのリスクがあるといえます。

## 2 リスクとアサーション

「消費税」に関する主なリスクとしては、以下のものが考えられます。

| 主なリスク | 主なアサーション |
| --- | --- |
| （1）消費税額の計算を誤る | 評価の妥当性、期間配分の適切性 |
| （2）控除対象外消費税の処理を誤る | 評価の妥当性、期間配分の適切性 |
| （3）表示・開示を誤る | 表示の妥当性 |

### 1 消費税額の計算を誤る

　消費税については、対象となる取引件数が膨大となることに起因する集計誤り、課税・非課税区分の誤り、課税売上割合の算出誤り、仕入税額控除金額の計算・適用の誤り、適用税率の誤りなどによって、税額計算を誤るリスクがあります（評価の妥当性、期間配分の適切性）。

　特に、仕入税額控除の計算方法は、①個別対応方式、②一括比例配分方式の2通りがあり、一括比例配分方式から個別対応方式への変更については2年間継続適用後の課税期間でなければ認められないことから（逆は可）、処理方法の適用を誤ることによって、消費税額の計算を誤ることも考えられます。

　このようなリスクに対しては、担当者が課税取引と非課税取引等に係る十分な税務知識を習得することに加え、税務専門家（顧問税理士など）による税務計算のレビュー、消費税計算シートの作成と上長による計算結果の確認のほか、仕訳伝票について上長が承認を行うなどの内部統制を構築することが有用です。

　また、取引量に鑑みれば会社担当者が総括的な分析的手続を実施する統制を構築することが大きな誤りを防ぐ上では有用と考えられます。さらに、システム的な対応を行い消費税額が自動的に適切に集計されるようなアプリ

ケーション統制を構築することも非常に有用です。

### 2 控除対象外消費税の処理を誤る

控除対象外消費税とは、税抜方式を採用した場合における当該課税期間の販売税から控除できない仕入税のことです。つまり、個別対応方式または一括比例配分方式によって計算された、非課税売上に対応する仕入税のことであり、企業が最終的に負担しなければならない部分です（同中間報告）。

控除対象外消費税の会計処理には以下の方法があります。

| 控除対象外消費税の処理方法 | 棚卸資産に係るもの | 固定資産に係るもの |
|---|---|---|
| 当該資産の取得原価に算入する方法 | ○ | ○ |
| 一括して長期前払消費税として費用配分する | × | ○ |
| 発生事業年度の期間費用とする方法 | ○ | ○ |

中間報告では、これらのいずれの方法もそれぞれ合理的な根拠があり、継続的に適用されている限り、いずれの方法を採用しても妥当であるとされています（上記図表の「○」）。

控除対象外消費税の会計処理については、その選択の余地があることから、毎期継続して同様の方法を採用する必要がありますが、処理の継続性が保たれず、会計処理を誤るリスクがあります（評価の妥当性、期間配分の適切性）。

このようなリスクに対しては、会社として採用している会計方針を明らかにするとともに、チェックリストなどによる処理の継続性の確認や仕訳伝票について上長が承認を行うなどの内部統制を構築することが有用です。

### 3 表示・開示を誤る

消費税等について、税込方式と税抜方式の２つの会計処理方法が認められ

ていますが、当該会計処理方法は重要な会計方針として財務諸表に注記することが考えられます(財務諸表等規則8の2①十)。また計算期間末においては、計算期間中の販売税と仕入税を相殺し、その差額を未払消費税または未収消費税に振り替えます(同中間報告第3Ⅱ②)。そのため、これらの表示や開示事項を誤る、または漏れるリスクがあります(表示の妥当性)。

このようなリスクに対しては、担当部署内での表示・開示事項に関する確認及び承認、財務諸表に対するIR部門での内容確認や、経理部上長の承認などの内部統制を構築することが有用です。

## 3 主な監査手続

「消費税」に関する主な監査手続は、以下のとおりです。

| 実施する手続 | 主なアサーション |
| --- | --- |
| (1)分析的手続 | 各アサーション |
| (2)課税区分の検証 | 評価の妥当性、期間配分の適切性 |
| (3)課税売上割合の計算チェック | 評価の妥当性、期間配分の適切性 |
| (4)仕入税額控除金額の計算チェック及び処理の継続性の検討 | 評価の妥当性、期間配分の適切性 |
| (5)申告書との一致の確認 | 評価の妥当性、期間配分の適切性 |
| (6)表示・開示の妥当性に関する手続 | 表示の妥当性 |

### 1 分析的手続

#### ① 手続の目的

監査人が、消費税に関する分析を実施することによって、計算結果が会社の経営環境に照らして合理的であることを概括的に確かめるための監査手続

です（各アサーション）。

### ② 手続の具体的な内容

監査人は、会社の当期の課税売上取引・課税仕入取引等の水準と仮受・仮払消費税総額との比率分析や、前期比較などの分析的手続を実施します。

消費税は年間の取引の多くに関連して発生するものであるため、すべての取引についての事後的な検証は困難なことが多いのが実態ですが、総括的な分析的手続を行うことによって、大きな誤りの発生を検出することができます。

消費税の分析は、仮受消費税と仮払消費税に区分して実施する必要があります。最終的に開示される「未払消費税」もしくは「未収消費税」の金額は仮受消費税と仮払消費税を相殺後の金額であるため、分析の基礎としては不適切です。

① 仮受消費税の分析

たとえば、月次の売上金額推移を作成し、それに対する月次の仮受消費税の金額を把握し、比率を算出します。さらにその比率の前期比較を実施し、異常な変動がないことを確かめます。

企業の活動内容に前年度から大きな変化がなければ、売上取引に占める課税売上の比率は大きくは変動しないことが推察されるため、消費税率が一定であれば上記の比率は大きくは変動しないと予想されますが、税率の変更があった場合には考慮が必要です。ただし、重要な非課税取引が含まれていることが予想される場合には分析にあたり適切に調整する必要があります。

② 仮払消費税の分析

売上取引ではなく、仕入取引を対象として、①と同様の手順で実施します。なお、仕入取引は通常の製造業であれば製造原価を経て、当期の売上に対応する部分が売上原価として計上されるため、仕入取引と売上原価金額は一致しないことが通常です。ただし、概括的な分析的手続の観点からは、仕入金額の代わりとして売上原価の金額を用いることもあります。なお、販売費及び一般管理費の金額や、固定資産の取得（土地を除く）についても、その重要

性に鑑み適切に考慮する必要があります。

## 2 課税区分の検証
### 1 手続の目的
　監査人が、消費税の計算資料を入手し、課税区分が適切である事を確かめるための監査手続です（評価の妥当性、期間配分の適切性）。

### 2 手続の具体的な内容
　監査人は課税区分の正確性について、すべての取引を検証することは困難であるため、質問や分析、またサンプル抽出によるチェックなどによって、検証します。

　なお課税区分の検証は、非課税・不課税取引に着目することがより効率的です。非課税取引は課税取引に比べて件数が少ないことから、会社が非課税処理した取引の一覧を閲覧し、その内容を確かめることが、課税区分の妥当性を確かめるための概括的な分析としては有用です。非課税取引の具体例としては、国内取引では「税の性格から課税することになじまないもの」として、土地等の譲渡及び貸付け、有価証券の譲渡、利子・保証料・保険料など、郵便切手類の譲渡などがあります。また、「社会政策的な配慮に基づくもの」として、社会保険医療、介護保険サービス、社会福祉事業などがあります。

　また、国際競争力の低下防止や消費地において課税すべきとの観点から、輸出取引等に該当するものは免税となっています。また輸入取引についても、国内取引同様に非課税項目（有価証券、郵便切手類、印紙など）が定められています。

## 3 課税売上割合の計算チェック
### 1 手続の目的
　監査人が、課税売上割合の計算結果を検証する事によって、消費税計算の妥当性を確かめるための監査手続です（評価の妥当性、期間配分の適切性）。

### ❷ 手続の具体的な内容

監査人は会社が計算した課税売上割合について再計算を実施し、その妥当性を検証します。

課税売上割合は下記の計算式によって算出されます。

$$課税売上割合 = \frac{課税売上高}{課税売上高 + 非課税売上高}$$

この際、課税売上・非課税売上の範囲について、会社担当者に質問し、適切に区分されていることについて十分な心証を得る必要があります。

消費税の計算上、課税期間中の課税売上に係る消費税額から、課税期間中の課税仕入に係る消費税額のうち課税売上に対応する部分のみが控除されることになるため、課税売上割合の算定を誤ることは消費税の納税額計算に直接的な影響を与えます。

### 4 仕入税額控除金額の計算チェック及び処理の継続性の検討

#### ❶ 手続の目的

監査人が、仕入税額控除の計算結果を検証し、かつ控除対象外消費税に係る会計処理の継続性を検討する事によって、消費税計算の妥当性を確かめるための監査手続です（評価の妥当性、期間配分の適切性）。

#### ❷ 手続の具体的な内容

監査人は、会社が計算した仕入税額控除の金額について再計算を実施し、その妥当性を検証します。

仕入税額控除の金額については、①個別対応方式、②一括比例配分方式のいずれかの方法によって算出する必要があります。

また、個別対応方式から一括比例配分方式への変更は任意ですが、その逆の変更は一括比例方式を2年間継続適用した後の課税期間において変更が可能となります。そのため、監査人は前期以前の会社の会計方針を把握するとともに、当期の会計処理の前期からの継続性について確かめます。

## 5 申告書との一致の確認

### ① 手続の目的

監査人が、消費税の申告書を検証することにより消費税計算の妥当性を確かめるための監査手続です（評価の妥当性、期間配分の適切性）。

### ② 手続の具体的な内容

監査人は、会社が作成した消費税（国税及び地方税）の提出済の申告書もしくは提出前のドラフトを入手し、検証済の消費税の計算資料などとの一致を確かめます。差異がある場合には、当該差異が合理的な理由に基づくものであることを質問などによって確かめます。

## 6 表示・開示の妥当性に関する手続

### ① 手続の目的

監査人が、消費税に関する表示及び注記について関連資料や関連調書と照合することによって、財務諸表上の表示・開示の妥当性を確かめるための監査手続です（表示の妥当性）。

### ② 手続の具体的な内容

監査人は、会社が作成している管理用の明細の閲覧や、会社担当者への質問、関連する監査調書との照合を実施し、消費税に関連する項目が貸借対照表上、適切に区分表示されていること、及び消費税に関する注記が適切に行われていることを確かめます。

決算整理手続として、仮払消費税及び仮受消費税が、未払消費税または未収消費税に適切に振り替えられていること、会計方針としての消費税の処理方法の注記が適切に行われていることを確かめます。

## 20-2 その他の税金

### 1　勘定科目の特性とリスク

■**勘定科目の範囲**

　会社が納める税金には、法人税等（「第19節 **19-1**「法人税等」参照）や消費税（本節 **20-1**「消費税」参照）以外にも様々なものがあります。

　例えば、輸出入に伴う関税や、保有する固定資産に係る固定資産税、一定規模以上の事業を行っている事業主に課される事業所税など、その種類や根拠となる法令などは多岐にわたります。

　これらの税金費用は、対応する資産の取得原価に算入される場合を除き、「租税公課」として費用処理されます。

■**勘定の特性とリスク**

　税制については、公共の目的から制度として政策的に定められるものであるため、時代の移り変わりや社会のニーズの変化に対応して、頻繁に制度改正が行われるのが通常です。また、課税の公平性を担保するために、多数の利害関係者の調整を図る必要があるため、その制度は複雑なものとなることが多いといえます。

　そのため、税金の計算にあたっては、制度を十分に理解しないことによる適用の漏れや、制度の複雑性に起因する計算誤りなどが主たるリスクといえます。

### 2　リスクとアサーション

　「その他の税金」に関する主なリスクとしては、以下のものが考えられます。

| 主なリスク | 主なアサーション |
|---|---|
| (1)税制の適用を誤る | 実在性(発生)、網羅性、期間配分の適切性 |
| (2)税額の算出を誤る | 実在性(発生)、網羅性、期間配分の適切性 |

### 1 税制の適用を誤る

　たとえば、印紙税法で定められた課税文書を作成したにもかかわらず収入印紙の貼付を失念してしまうリスクがあります。また、資産の取得に係る税金で、制度上は取得原価に含めることが求められ損金算入が認められない支出について、税務申告上損金算入してしまう場合や、関税などの処理を誤ることも考えられます(実在性(発生)、網羅性、期間配分の適切性)。

　このようなリスクに対しては、まず担当者が十分な税務知識の習得に努めることに加え、税務専門家(顧問税理士など)による税金計算のレビュー、仕訳伝票について上長が承認を行うなどの内部統制を構築することが有用です。

### 2 税額の算出を誤る

　たとえば事業所税などのように、納税者たる会社が納税額の計算を行う場合には、税額の計算を誤るリスクがあります(実在性(発生)、網羅性、期間配分の適切性)。

　このようなリスクに対しても、**1**と同様の内部統制に加え、計算担当者以外の第三者による計算チェックなどの内部統制を構築することが有用です。

### 3 主な監査手続

　「その他の税金」に関する主な監査手続は、以下のとおりです。

| 実施する手続 | 主なアサーション |
|---|---|
| (1)分析的手続 | 各アサーション |
| (2)証憑突合 | 実在性、網羅性、評価の妥当性、期間配分の適切性 |
| (3)未計上債務の有無の検証 | 網羅性 |

### 1 分析的手続

#### ① 手続の目的

　監査人が、その他の税金に関する分析を実施することによって、計算結果が会社の経営環境に照らして合理的であることを概括的に確かめるための監査手続です（各アサーション）。

#### ② 手続の具体的な内容

　監査人は、税金項目ごとに当期に計上されている金額を把握し、計上の基礎となった取引金額との関係性に着目した比率分析などを実施し、当該結果について前期実績値や推定値との比較を行います。

　たとえば関税であれば、当期における関税の合計額を把握する一方、同じ期間における仕入またはその他の発生取引を基礎として推定値を算出し、当該推定値と実績値を比較します。推定値と実績値に大きな差異がある場合には、当該差異の内容についてより詳細に分析を実施します。

### 2 証憑突合

#### ① 手続の目的

　監査人が、その他の税金の計上額について根拠となる基礎資料と照合することによって、その計上額、計上時期の妥当性を確かめるための監査手続です（実在性、網羅性、評価の妥当性、期間配分の適切性）。

#### ② 手続の具体的な内容

　監査人は、税金項目ごとに、総勘定元帳を基に当期発生額を把握し、金額的重要性が高いものや、計算過程が複雑であるなど質的重要性が高いものに

ついて、計上の基礎となった資料（税額決定通知、納税に伴う受領書など）を入手し、勘定科目の妥当性、計上金額及び計上時期の正確性について検証します。

また、総勘定元帳を基にするのではなく、たとえば固定資産関連取引をサンプルとして対応する税金の処理の妥当性を検証する、輸入した棚卸資産をサンプルとすることによって対応する関税の処理が税法に従って適切に処理されていることを確かめる、といった手続を行うことによって、網羅性について確かめます。

### 3 未計上債務の有無の検証

#### ① 手続の目的

監査人が当期に計上すべき税金に係る負債がすべて計上されているかどうかを確かめるための監査手続です（網羅性）。

#### ② 手続の具体的な内容

監査人は、その他の税金に関する未払債務の明細を入手し、総勘定元帳との一致を確かめたうえで、計上金額が妥当であること、当期に計上すべき税金に係る債務が全て計上されていることなどを、担当者への質問や他の監査調書との整合性などを基にして確かめます。

網羅性の検証は一般的に十分な心証を得ることが難しい手続ですが、課税関係を発生させる取引について十分に把握し、会社の状況と照らし合わせるなど、注意深く手続を実施する必要があります。

また、税務当局によって否認される可能性があるタックス・ポジション（税務上の取扱いについての会社の立場）を会社がとっていないこと、その他偶発的に課税関係を生じさせ得る事象がないことを担当者への質問などにより確かめるとともに、そのような事象が存在する場合には、追加的な税金引当の計上の可否についても検討します。

# 第21節 純資産

## 21-1 勘定科目の特性とリスク

■ 勘定科目の範囲

　純資産の部には、株主資本（資本金、資本剰余金、利益剰余金、自己株式）と評価・換算差額等、新株予約権、非支配株主持分が含まれます。

　純資産の部を構成する勘定科目は主に以下のようになります（純資産会計基準4～8）。

| 株主資本 | 資本金 | | |
|---|---|---|---|
| | 資本剰余金 | 資本準備金 | |
| | | その他資本剰余金 | 資本金・資本準備金減少差益 |
| | | | 自己株式処分差益 |
| | 利益剰余金 | 利益準備金 | |
| | | その他利益剰余金 | 別途積立金 |
| | | | 繰越利益剰余金 |
| | 自己株式 | | |
| 評価・換算差額等 | その他有価証券評価差額金 | | |
| | 繰延ヘッジ損益 | | |
| | 土地再評価差額金 | | |
| | 退職給付に係る調整累計額* | | |
| | 為替換算調整勘定* | | |
| 新株予約権 | | | |
| 非支配株主持分* | | | |

＊　連結財務諸表でのみ計上

なお、勘定科目としての新株予約権には、ストック・オプション（新株予約権等の自社株式オプションを従業員等に報酬として付与するもの（ストック・オプション会計基準2(2)））以外にも、新株予約権等の自社株式オプションを対価として、財貨またはサービスを取得する場合も含まれます（ストック・オプション会計基準14)。

また、包括利益会計基準に基づき連結財務諸表においては包括利益計算書の表示が求められます。包括利益とは、資本取引以外の純資産の変動額であるとされ、その他の包括利益とは、包括利益のうち当期純利益に含まれない部分とされています（包括利益会計基準4、5)。

### ■勘定の特性とリスク

株主資本を構成する各勘定科目については、会社法の規制を受けます。

たとえば資本金は、設立または株式の発行に際して株主となる者が当該株式会社に対して払込みまたは給付をした財産の額とされ（会445①）、払込みまたは給付をした財産の額のうち、2分の1を超えない額は資本金として計上しないことができる（同条②）とされています。会社法上の規制の影響を受けるため、監査上も、会社法に準拠した会計処理であるかを検討することが重要となります。

また、新株予約権のうち、会社法施行後に発行されるストック・オプションについては、ストック・オプションの評価に基づいて純資産の部に計上されるため、発行時にその評価及び諸条件を十分に検討する必要があります。

以上のような性質から、純資産の部に関連するリスクとしては、主に法令違反等により、架空の資本金が計上される、資本剰余金と利益剰余金の分類を誤る、ストック・オプションの評価を誤る、などが考えられます。

なお、「その他有価証券評価差額金」はその他有価証券の評価時に発生し、「繰延ヘッジ損益」についてはヘッジ会計が行われている場合に主にデリバティブの評価により発生する科目であるため、本章第4節「有価証券、投資有価証券、出資金（関係会社含む）」及び第4章第4節「デリバティブ取引」

を参照してください。また「退職給付に係る調整累計額」については、第2章第16節「引当金」の **16-3**「退職給付引当金（退職給付に係る負債）」を参照してください。

## 21-2 リスクとアサーション

「純資産」に関する主なリスクとしては、以下のものが考えられます。

| 主なリスク | 主なアサーション |
| --- | --- |
| （1）架空の資本金及び資本剰余金が計上される | 実在性 |
| （2）資本金及び資本剰余金の計上が漏れる | 網羅性 |
| （3）資本金及び資本剰余金が適切な金額で計上されない | 実在性、網羅性、評価の妥当性 |
| （4）資本剰余金と利益剰余金の区分を誤る | 実在性、網羅性、表示の妥当性 |
| （5）ストック・オプションの評価を誤る | 評価の妥当性 |
| （6）表示・開示を誤る | 表示の妥当性 |

### 1 架空の資本金及び資本剰余金が計上される

　会社に対して資金の出資または拠出という適法な手続が行われていないにもかかわらず、入金の事実のみをもって架空の資本金及び資本剰余金が計上されるリスクがあります（実在性）。資本金及び資本剰余金を認識するためには会社法の規則に従った処理が行われる必要があります。

　このようなリスクに対しては、増資手続きの承認体制、法務部・顧問弁護士の関与、仕訳伝票について上長が承認を行うなどの内部統制を構築することが有用です。

### 2　資本金及び資本剰余金の計上が漏れる

　実際に会社に対して資金が出資または拠出されたにもかかわらず、たとえば売上高などの資本金及び資本剰余金以外の勘定科目として処理し、資本金及び資本剰余金の計上が漏れるリスクがあります（網羅性）。

　このようなリスクに対しては、**1**と同様の内部統制を構築することが有用です。

### 3　資本金及び資本剰余金が適切な金額で計上されない

　期中に行われた増資や減資、自己株式の取得、ストック・オプションの行使などの資本取引において、誤った金額で仕訳が起票され、資本金及び資本剰余金が適切な金額で計上されないリスクがあります（実在性、網羅性、評価の妥当性）。通常の現金払込による増資の場合は、払込金額がそのまま資本金及び資本剰余金としての計上金額になりますが、ストック・オプションが権利行使された場合には、その払込金額に新株予約権が加算された金額が資本金及び資本剰余金として計上されるため、注意が必要です。

　このようなリスクに対しては、起票担当者とは別の第三者が基礎資料と仕訳伝票の照合を行う、仕訳伝票について上長が承認を行うなどの内部統制を構築することが有用です。

### 4　資本剰余金と利益剰余金の区分を誤る

　当期の利益を資本剰余金として計上してしまう、または資本剰余金として計上すべき取引について損益計算書を経由させるなどして利益剰余金として計上してしまうリスクがあります（実在性、網羅性、表示の妥当性）。資本剰余金は資本取引から生じた剰余金であり、利益剰余金は損益取引から生じた利益の留保額であるため、両者が混同されると会社の財政状態及び経営成績は

適正に表示されません（会原注2）。

このようなリスクに対しては、チェックリストや経理マニュアルなどにより資本取引に該当する取引を明示する、起票担当者とは別の第三者が基礎資料と仕訳伝票の照合を行う、仕訳伝票について上長が承認を行うなどの内部統制を構築することが有用です。

### 5 ストック・オプションの評価を誤る

評価単価、オプション数、対象勤務期間などのストック・オプションの計算要素を誤ることにより、純資産の部に計上すべきストック・オプションの金額を誤るリスクがあります（評価の妥当性）。

このようなリスクに対しては、発行時の公正な評価単価に関する評価書を証券会社等から入手する、経理部担当者がストック・オプションの管理表における権利行使・失効状況の管理を行い管理表に基づいてストック・オプションの計上額を算定しそれを上長がチェックする、仕訳伝票について上長の承認を得るなどの内部統制を構築することが有用です。

### 6 表示・開示を誤る

純資産については、貸借対照表の純資産の部において期末残高が表示されるとともに、株主資本等変動計算書において期中の増減が表示されます。これらの表示については、「貸借対照表の純資産の部の表示に関する会計基準（企業会計基準第5号）」と「株主資本等変動計算書に関する会計基準（企業会計基準第6号）」に準拠する必要がありますが、これらの表示を誤るリスクがあります（表示の妥当性）。

このようなリスクに対しては、担当部署内での表示・開示事項に関する確認及び承認、財務諸表に対するIR部門での内容確認や経理部上長の承認などの内部統制を構築することが有用です。

## 21-3 主な監査手続

「純資産」に関する主な監査手続は、以下のとおりです。

| 主な監査手続 | 主なアサーション |
| --- | --- |
| (1) 登記簿との突合 | 実在性 |
| (2) 期中取引の検証 | 実在性、網羅性、評価の妥当性 |
| (3) ストック・オプション発行時の評価額の妥当性の検証 | 評価の妥当性 |
| (4) ストック・オプションの期末評価額の妥当性の検証 | 評価の妥当性 |
| (5) 配当金支払額の妥当性の検証 | 評価の妥当性 |
| (6) 1株当たり情報の妥当性の検証 | 表示の妥当性 |
| (7) 表示・開示の妥当性に関する手続 | 表示の妥当性 |

### 1 登記簿との突合

#### 1 手続の目的

監査人が登記簿謄本に記載されている事項(資本金の額、発行済株式総数等)の閲覧によって、資本金などの金額の妥当性を確かめるための監査手続です(実在性)。

#### 2 手続の具体的な内容

資本金の額や発行済株式数などは会社法の定めによる登記事項であるため、監査人は登記簿謄本を入手し、資本金の金額などと突合します。

また、当期中に増資やストック・オプションの行使に伴う新株発行があっ

た場合には、資本金などの金額が変動するため、その会計処理が適切に行われていることについても併せて検討します。

### 監査手続上のポイント

発行済株式総数等については、勘定残高そのものではありませんが、1株当たり情報等の注記事項を検証するうえで必要となるため、登記簿謄本の入手時に合わせて突合することが効率的です。

## 2 期中取引の検証

### 1 手続の目的

監査人が、取締役会議事録などの関連資料と照合することによって、増資・減資などの純資産の部に関連して発生した期中取引が適切に計上されていることを確かめるための監査手続です（実在性、網羅性、評価の妥当性）。

### 2 手続の具体的な内容

監査人は、期中において増資・減資などが行われている場合、会社法に従った手続が行われていることを確かめます。株主総会議事録や取締役会議事録を入手し、適切な承認を経ていることを確かめるとともに、払込が行われた場合には入金の事実を確かめます。あわせて登記が適切に行われていること、必要に応じて株主への通知や公告が行われていることも検証します。

また、純資産の部に計上される自己株式の取得・売却がある場合には、同様に期中の会計処理が適切に行われていることを、関連資料と突合することにより確かめます。

## 3 ストック・オプション発行時の評価額の妥当性の検証

### 1 手続の目的

監査人が関連資料の閲覧・再計算などにより、ストック・オプションの発行時の評価額の妥当性を確かめるための監査手続です（評価の妥当性）。

### 2 手続の具体的な内容

監査人は当期中にストック・オプションの発行が行われている場合には、会社が評価した結果もしくは評価書を入手し、ストック・オプションの発行条件など評価の前提となっている事項の妥当性を検討します。前提条件となる事項が変更された場合には、計算方法が変更になることもあるため、留意が必要です。

また、必要に応じて評価額、オプション数、対象勤務期間などを基に再計算を実施し、株式報酬費用及び新株予約権が適切に計上されていることを確かめます。

## 4 ストック・オプションの期末評価額の妥当性の検証

### 1 手続の目的

監査人が再計算により期末に計上されるストック・オプションの評価額の妥当性を確かめるための監査手続です（評価の妥当性）。

### 2 手続の具体的な内容

監査人は、ストック・オプションの社内管理資料を入手し、期末における新株予約権残高の前提となる、行使・失効等の状況を把握し、関連資料と照合することによって、ストック・オプションの期中変動が管理台帳上適切に管理されていることを確かめます。また、期末のストック・オプションの残高について登記簿と照合するとともに、期末日における新株予約権の残高に

ついて再計算を行い、その妥当性を確かめます。この際、ストック・オプションについて条件変更が行われているかどうかも確かめます。条件変更が行われている場合には、条件変更が評価額に与える影響を検討し、影響額を計算し会計処理金額と照合します。

## 5　配当金額の妥当性の検証

### 1 手続の目的

監査人が関連資料の閲覧・再計算などにより支払配当について、その会計処理の妥当性などを確かめるための手続です（評価の妥当性）。

### 2 手続の具体的な内容

監査人は配当が行われている場合には、配当金総額について計算が適切に行われていることを再計算により確かめるとともに、配当金額が株主総会・取締役会の議事録、配当金計算書（通知書）等の関連資料及び利益剰余金の減少額などと整合していることを確かめます。

## 6　1株当たり情報の妥当性の検証

### 1 手続の目的

監査人が、1株当たり情報について再計算を行うことにより、これらの注記情報が正しく計算され適切に開示されていることを確かめるための監査手続です（表示の妥当性）。

### 2 手続の具体的な内容

監査人は、1株当たり当期純利益及び1株当たり純資産額について再計算を行い、注記金額が妥当であることを確かめます。

なお、1株当たり当期純利益の算定にあたっては、損益は会計期間を通じ

て発生するものであることから期中平均株式数を用いて計算する点に留意します。

また、新株予約権付社債やストック・オプション等が発行されている場合には、潜在株式調整後1株当たり当期純利益の計算にあたって、監査人は当該潜在株式が希薄化効果を有するものであるのかどうかの判定についても再計算を実施し、開示されている潜在株式調整後1株当たり当期純利益及びその計算根拠が妥当であることを確かめます。

## 7 表示・開示の妥当性に関する手続

### 1 手続の目的

監査人が、純資産の部に関する表示及び注記について関連資料や関連調書と照合することによって、財務諸表上の表示・開示の妥当性を確かめるための監査手続です（表示の妥当性）。

### 2 手続の具体的な内容

監査人は、会社が作成している管理用の明細の閲覧や、会社担当者への質問、関連する監査調書との照合を実施し、純資産に関連する項目が貸借対照表及び株主資本等変動計算書上、適切に区分表示されていること、及び純資産に関連する注記が適切に行われていることを確かめます。純資産の部については、純資産の部の表示に関する会計基準に従って開示が行われていることを確かめます。また株主資本等変動計算書については株主資本等変動計算書に関する会計基準に準拠して表示され、同基準に従って、①発行済株式の種類及び総数、②自己株式の種類及び総数、③新株予約権及び自己新株予約権に関する事項④配当に関する事項（①③④は連結株主資本等変動計算書に対する注記のみに記載することも可能）が適切に注記されていることを確かめます。

さらに、包括利益会計基準が適用される会社については、当基準に従って包括利益計算書が適切に作成・開示されていることを確かめます。

# 第3章

## 損益計算書

# 第1節 売上高

## 1-1 勘定科目の特性とリスク

■ 勘定科目の範囲

売上高とは、企業の営業取引により生じる収益の一般的な名称です。企業の営業取引は、業種・業態に応じて製品・商品などの販売、役務提供に係る取引その他に分類され、計上科目としては一般的に売上高勘定を使用することが多いものの、業種・業態によっては営業収益を示す他の適切な名称の勘定科目を選択するケースもあります。たとえば、不動産賃貸業では賃貸収入、建設業では完成工事高などの科目名称が代表的です。

売上の計上は、実現主義の原則に従い、商品などの販売または役務の給付によって実現したものに限るとされています（会原第二三B）。

収益認識基準は、販売という行為をどの時点で把握するかにより、以下のとおり分類することができます。

一般的な収益認識基準（商品、製品など）

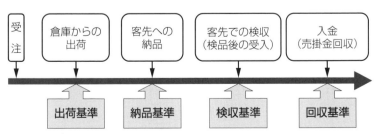

各企業は、経営数値の信頼性確保のためにも、会社が取り扱っている商品などの性質や、個別の取引における得意先との取引形態を最も適切に反映する収益認識基準を採用し、継続して適用する必要があります（本節 **1-4**「収益認識基準」参照）。

### ■勘定科目の特性とリスク

売上高は、企業の経営成績に重要な影響を与える勘定科目であること、また、通常取引件数が膨大となることから、それらに起因した様々なリスクが考えられ、特に不正リスクが高い勘定であると想定されます。監査人は、不正による重要な虚偽表示リスクを識別し評価する際には、収益認識には不正があるという推定に基づくことが要請されます（監基報240.25）。

まず、会社は一般に営利を追求する組織であることから、経営者や営業担当者が、売上を水増計上するために取引を偽装し、実在しない取引に係る売上が計上されるリスクが考えられます。また、販売取引は実在するものの、収益認識基準を満たす要件が揃わないうちに売上が計上されてしまうリスクも考えられます。このように売上が過大計上されるリスクがまず考えられます。

他方、売上は会社利益の源泉であることから、例えば税金の支払額を抑えることを目的とした利益調整や、入金を着服することを意図して売上を簿外処理することで、売上が過少に計上されるリスクも考えられます。

また、売上収益のマイナス要素として、売上値引・売上戻し（返品）・売上割戻については売上高から控除されますが、売上割引については財務費用（営業外費用）として会計処理されることから、その処理を誤るリスクも考えられます。

売上戻り、売上値引、売上割戻、売上割引の内容と会計上の取扱い

| 項　目 | 定　義 | 会計上の取扱い |
|---|---|---|
| 売上戻り（返品） | 品違いなどにより、得意先から返却を受けた商品・製品など | 売上高から控除 |
| 売上値引 | 売上品の量目不足、品質不良、破損などの理由により代価から控除される額。売上割引と区別する | |
| 売上割戻 | 一定期間に多額または多量の取引をした得意先に対する売上代金の返戻額など（いわゆる販売リベート）。売上値引に準じて取扱う | |
| 売上割引 | 代金支払期日前の支払いに対する売掛金の一部免除など | 営業外費用 |

## COLUMN　架空売上の計上（架空循環取引）

　仕入先から売上先への直送取引として、実際の製品が会社を経由することなく仕入高及び売上高を計上していたものの、実際は、売上先数社と仕入先数社間で架空循環取引を行っていたという事例があります。

　この例では、社内手続上必要な書類が首謀者によって偽造されており、また外部証憑も形式的には整っていました。また、売掛金・買掛金の回収・支払も約定どおりとなっていましたが、関連証憑書類は首謀者によって偽造されたものでした。

　このように複数社が共謀し、かつ社内的・社外的にも関連帳票が偽造されているケースにおいては、その発見は一般的に非常に困難であることに加え、特に直送取引は、一般的に取引対象の動きが把握しづらい、という傾向があります。

　そもそもなぜそのような直送取引形態となるのか、会社が当該取引に関与する目的・役割は何か、当該物品はどんなものなのか、といった点も考慮して取引自体の妥当性を判断することが重要となります。

## 1-2 リスクとアサーション

「売上高」に関する主なリスクとしては、以下のものが考えられます。

| 主なリスク | 主なアサーション |
| --- | --- |
| (1) 架空の売上が計上される | 実在性（発生） |
| (2) 売上の計上が漏れる | 網羅性 |
| (3) 売上が適切な金額で計上されない | 評価の妥当性（測定）、期間配分の適切性 |
| (4) 売上戻り（返品）、売上値引、売上割戻、売上割引の会計処理を誤る | 実在性（発生）、網羅性、期間配分の適切性 |
| (5) 外貨換算を誤る | 評価の妥当性（測定） |
| (6) 表示・開示を誤る | 表示の妥当性 |

### 1 架空の売上が計上される

　経営成績の偽装や営業ノルマ達成などを目的として、売上を水増し計上するために存在しない取引を偽装することによって、架空の売上が計上されるリスクがあります（実在性（発生））。

　たとえば、業績が悪化した会社は、信用の低下・資金調達が困難になるなど事業活動への支障が出ることから、利益の水増しのために架空の売上を計上するインセンティブが高まります。また、業績の良い会社がさらなる利益増加、増配や株価上昇などのために架空の売上を計上することも考えられます。売上は利益の源泉であり、実際の粉飾事例では売上を架空計上する事例が多く、その手法は様々です。

売上の架空計上は、会社の経営成績を歪めるとともに営業債権が架空に計上されるという意味で財務報告リスクですが、架空の売上金額に基づく誤った経営判断が行われる可能性があること、架空の債権が計上されることにより債権管理や資金繰計画に悪影響を与える可能性があることからはビジネスリスクでもあります。

　このようなリスクに対しては、会社の取引実態に応じた収益認識基準を経理規程や売上計上マニュアルなどによって明確にしたうえで、適切な債権管理を行い、取引の受注から商製品の引渡しまたは役務の提供、会計上の売上計上に至るまで取引の各段階において担当者以外の第三者が証憑のダブルチェックを行い、上長が承認するなどの内部統制を構築することが有用です。

### 2　売上の計上が漏れる

　税金の支払額を抑えるための利益調整や入金を着服する目的などに起因して、計上すべき売上が計上されないリスクがあります（網羅性）。

　このようなリスクに対しては、得意先別売上高の月次推移のレビューや出荷データと得意先の検収データとのマッチング、販売取引に関する承認体制の構築、特定の得意先からの定期的な入金や重要な入金に対する上長による確認、仕訳伝票に対する上長の承認などの内部統制を構築することが有用です。

### 3　売上が適切な金額で計上されない

　顧客に対して納品した商製品について、合意されている販売価格と異なる価格で会計処理してしまうことや、契約に基づく役務提供取引において契約金額と異なる金額で会計処理してしまうことにより、売上が適切な金額で計上されないリスクがあります（評価の妥当性（測定））。

　また、会社が採用する収益認識基準を充足していない時点で売上を計上し

てしまうなど売上の計上日を誤ることにより、売上が適切なタイミングで計上されないリスクが考えられます（期間配分の適切性）。たとえば、機械装置の販売及び設置工事を受託している会社において、収益認識基準として会社が検収基準（相手方の検収完了時点で売上を計上する）を採用している場合に、相手方の検収が未完であるにもかかわらず機械装置の出荷の事実のみをもって売上を計上してしまうケースなどが考えられます。

このようなリスクに対しては、売上計上時の第三者によるダブルチェック及び上長による承認、適切な債権管理により長期未精算・消込漏れなどの債権の有無を定期的に検証するなどの内部統制を構築することが有用です。

## 4 売上戻り（返品）、売上値引、売上割戻、売上割引の会計処理を誤る

得意先に納品した商製品に係る返品や売上値引、売上割戻などについて、会計処理を誤るリスクがあります（実在性（発生）、網羅性、期間配分の適切性）。

このようなリスクに対しては、返品、売上値引などに関する適切な管理体制を整備し、物流部署や営業部署から経理部署に対して返品や売上値引、売上割戻などに関する適時適切な報告を行う、一連の仕訳について経理部上長が承認を行うなどの内部統制を構築することが有用です。

## 5 外貨換算を誤る

売上高に関する外貨建取引は、原則として、当該取引発生時の為替相場による円換算額をもって記録するとされています（外貨建取引等会計基準一1）。適用すべき為替相場を誤ったり、換算計算を誤ったりするなど、外貨建売上取引が適切に円換算されないリスクがあります（評価の妥当性（測定））。

このようなリスクに対しては、担当者以外の第三者による換算レートのチェックや換算計算の再計算、計算結果についての上長による承認などに加

え、外貨建売上取引の件数が多い場合には、会計システム上の売上計上に伴い取引発生時の為替相場を自動的に参照・引用し自動換算を行うアプリケーション統制を構築することも有用です。

### 6 表示・開示を誤る

取引や契約の内容によって、売上高を総額・純額のいずれで表示するか適切に選択する必要がありますが、たとえば取引の当事者でない代理人取引のような場合に、売上総利益の金額は変わらずとも売上高の規模を大きくみせることを意図して、売上高を総額表示してしまうなど、売上高の表示を誤るリスクがあります。また、棚卸資産以外の固定資産などの売却による収入が会社の営業取引とは異なる場合、売上高として表示することは認められませんが、売上高や売上総利益・営業利益を大きくみせることを意図して売上高に含めて表示するリスクも考えられます。また、関係会社間取引に関する注記などの開示情報を誤る、または漏れるリスクも考えられます（表示の妥当性）。

このようなリスクに対しては、担当部署内での表示・開示事項に関する確認及び承認、財務諸表に対するIR部門での内容確認や経理部上長の承認などの内部統制を構築することが有用です。

## 1-3 主な監査手続

「売上高」に関する主な監査手続は、以下のとおりです。

| 主な監査手続 | 主なアサーション |
| --- | --- |
| （1）分析的手続 | 各アサーション |

| | |
|---|---|
| (2)証憑突合及びカットオフ手続 | 実在性（発生）、網羅性、期間配分の適切性 |
| (3)返品及び関連する引当金の分析 | 網羅性、評価の妥当性 |
| (4)決算整理仕訳の妥当性の検証 | 実在性（発生）、網羅性、期間配分の適切性 |
| (5)外貨換算の検証 | 評価の妥当性（測定） |
| (6)表示・開示の妥当性に関する手続 | 表示の妥当性 |

## 1 分析的手続

### 1 手続の目的

　監査人が、売上高を分析することによって、当該計上額が会社の経営環境に照らして合理的であることを概括的に確かめるための監査手続です（各アサーション）。

　損益計算書に記載される売上高は、通常膨大な量の売上取引から構成されています。そのため売上高勘定全体の合理性や計上額の妥当性を検討するために、その構成要素である売上取引を1件1件すべて抽出して、そのすべてに対して詳細な監査手続を実施することは、現実的ではありません。売上高という量的・質的に重要性の高い勘定科目については、年間の事業活動の成果との整合性・連動を概括的に把握するような、大局的な分析を実施することが有用です。

### 2 手続の具体的内容

　監査人は、売上高と推定値（前期計上額などを基に設定した金額）を比較・分析し、増減の有無や乖離の程度を把握して、当該増減や乖離の内容が会社の経営環境に照らして合理的なものであることを、質問や関連証憑の閲覧によって確かめます。

　たとえば、売上高、売上高総利益率、売上数量、単位あたり売価、売上控

除高などについて、①期間別（日次、四半期、年次）、②品目別・製品ライン別、③事業部別・部門別・顧客別などの区分により分析的手続を実施します。

推定値からの著しい乖離があれば質問や契約書の閲覧、証憑突合などの追加手続を実施し、原因を明らかにしたうえで、その乖離が異常なものでないかどうかを検討します。

また、予算と実績との比較や前年同期実績との比較分析を実施し、著しい変動があれば、同様に追加的手続によりその内容を検討します。

さらに、関連項目の動きとの整合性を検討するために、以下のような各種の財務分析を実施することも有用です。なお、売上債権に関する財務分析については、第2章第2節「受取手形」を参照してください。

### 売上高に関連する主な財務関連指標

| 計算式 | 分析目的 |
| --- | --- |
| 売上高総利益率 | |
| 売上総利益÷売上高×100（％） | 企業の儲け度合いを見るための基本的な指標。製造能率や商品力の指標としても使用される。分子を各段階利益に置き換えることで、売上高営業利益率、売上高経常利益率、売上高当期純利益率などを算出できる |
| 売上高対販売費及び一般管理費比率 | |
| 販売費及び一般管理費÷売上高×100（％） | 企業の日常的な費用発生を把握し、コスト構造の変化を読み取る。また、同業他社との比較を通し、コスト構成の特徴などを読み取る。販管費率という略称で呼ばれることが多い |
| 売上高対人件費比率 | |
| 人件費÷売上高×100（％） | 固定費としての人件費（製造原価中の労務費も含む）の負担の大小を判断し、コスト構造の変化やコスト構成を読み取る |
| 総資本回転率 | |

第1節　売上高

| | |
|---|---|
| 売上高÷総資本（総資産）（回） | 売上高を達成するために、投下された資本をどれだけ効率的に使用したかを示す指標。総資本が売上高という形で1年間に何回回収されたかを見る指標とも言い換えられる。分母を株主資本のみに絞った株主資本回転率も、企業利益の稼得状況の指標としてよく使われる |
| 固定資産回転率 | |
| 売上高÷固定資産（回） | 売上高を達成するために、設備がどれくらい効率よく使用されたかを読み取る |

### 監査手続上のポイント

　粉飾などにより売上高の水増しを行うと、通常は毎期継続して粉飾額が年々増加する傾向を示すため、売上高利益率が上昇したり、売上債権の回転期間が長期化するなどといった不正の兆候を、分析的手続の実施により検出できることがあります。

　分析的手続は必ずしも確認や実査に比して強い証拠力を得られる手続ではありませんが、売上高利益率や売上債権の回転期間の分析的手続を実施することで、他の財務情報との矛盾や異常な増減を識別することができるため、比率分析などの分析的手続は重要です。

　また、異常な増減が識別された場合に、経理担当者による増減理由の回答を鵜呑みにするのではなく、懐疑心をもってその増減理由の回答が事業活動やその他の財務情報と照らして合理的か否かを検討することが必要です。

## 2　証憑突合及びカットオフ手続

### 1 手続の目的

　監査人が、金額的に重要な売上取引や期末日前後に計上された売上取引に

ついて証憑と突合することによって、取引の実在性や売上高の会計処理の妥当性について確かめるための監査手続です（実在性（発生）、網羅性、期間配分の適切性）。

### 2 手続の具体的内容

監査人は年間の売上明細や期末日前後に計上された売上の明細などを入手し、当該明細の通査を行い、金額的に重要な取引や多額の返品など異常な取引の有無を識別します。識別された金額的に重要な取引や異常な取引を主要な項目とし、その他に売上高全体として重要な虚偽表示がないことを確かめるために取引を無作為抽出法などにより抽出します。抽出された取引について出荷や納品の事実を示す出荷指図書や運送業者の発送控え、納品書控えなどと売上計上日などを突合します。特に期末日前後に計上された売上取引に関しては、重要な売上の繰上計上（未出荷売上）ないしは繰延計上（出荷済売上の未計上）がないこと、売上高と売上原価が対応していることなどを確かめます。

期末日直前に売上を計上しているものの、翌期に戻入処理をしている取引が識別された場合、担当者への質問などにより戻入の理由を確かめ、期末日直前の売上計上処理の妥当性について検討します。このような仕訳が期末日直前に起票されている場合、経営成績を仮装するための押込販売などの可能性もあるため十分な注意が必要です。

また未出荷売上を計上する場合には、未出荷が得意先の都合に基づくものであるなど合理的な理由が必要となります。得意先との間の契約条件や保管料負担関係の取り決め等を確かめ、未出荷売上を計上することの妥当性を確かめます。

## 3 返品及び関連する引当金の分析

### 1 手続の目的

　監査人が、当期または過去の返品実績等を分析することなどにより、当期に販売されたもののうち将来の返品可能性が高いものについて適切な引当処理が行われていることを確かめるための監査手続です（網羅性、評価の妥当性）。なお、2018年3月30日に企業会計基準第29号「収益認識に関する会計基準」が公表されました。当基準は2021年4月1日以後開始事業年度の期首からの適用となりますが、当基準に従うと、従来の返品調整引当金の会計処理は認められなくなる点にも留意が必要です。

### 2 手続の具体的内容

　監査人は、当期及び前期以前の返品の状況に基づき分析・再計算等を行うことにより、将来における返品の可能性について会社の見積数値の妥当性を確かめます。

　この際、過去に比して返品実績に異常な変動がないことを確かめるとともに、想定されない変動がある場合には担当者への質問などによりその理由を確かめ、会社の計算が妥当であることを確かめます。引当計上の対象や計算方法に係る社内ルールに変更がないこともあわせて確かめます。

## 4 決算整理仕訳の妥当性の検証

### 1 手続の目的

　監査人が、決算整理仕訳に係る資料を検証することによって、売上高及び関連項目に係る会計処理が妥当であること、会計処理が毎期継続的に適用されていることなどを確かめるための監査手続です（実在性（発生）、網羅性、期間配分の適切性）。

### 2 手続の具体的内容

監査人は、決算整理仕訳に係る資料を閲覧し、当該処理の内容・趣旨などを担当者への質問などにより把握します。また、関連資料との照合や再計算などにより、決算整理仕訳が妥当であることを確かめます。たとえば、売上高から控除する項目が期末に適切に処理されていること、工事進行基準などの特殊な売上計上基準を採用している取引に係る売上が適正に計算されていることなどについて検証します。

## 5 外貨換算の検証

### 1 手続の目的

監査人が外貨建売上取引について、適用した為替レートの検証及び換算過程の再計算などによって売上取引に係る外貨換算の妥当性を確かめるための監査手続です（評価の妥当性（測定））。

### 2 手続の具体的内容

監査人は、金融機関などが公表している為替相場情報と会社が換算に用いた為替レートの整合性を確かめるとともに、換算過程のレビューまたは再計算などを実施し、会社の外貨換算が適切に行われていることを確かめます。

## 6 表示・開示の妥当性に関する手続

### 1 手続の目的

監査人が、売上に関する表示及び注記について関連資料や関連調書と照合することによって、財務諸表上の表示・開示の妥当性を確かめるための監査手続です（表示の妥当性）。

## 2 手続の具体的内容

　監査人は、会社が作成している管理用の明細の閲覧や、会社担当者への質問、関連する監査調書との照合を実施し、売上に関連する項目が損益計算書上、適切に区分表示されていること、及び売上に関する注記が適切に行われていることを確かめます。

　たとえば、関係会社間取引について、会社から関係会社一覧及び各関係会社との取引明細を入手し検討することによって、開示対象となる取引が網羅的に開示されていることを確かめます。

## 1-4　収益認識基準

### 1　商品、製品などの一般的な収益認識基準

　会社は取り扱っている商品などの性質や、個別の取引における販売条件などを考慮し、収益認識時点として最も合理的な基準を採用し、毎期継続的に適用します。

① 　出荷基準

　商品などを得意先に出荷（発送）した時点で収益を認識（売上を計上）する基準です。

　代表的な適用例としては、大量の規格品についての反復的継続的取引が該当します。特に、出荷元から納入先（得意先の倉庫など）までが近距離で、出荷から受取りまでの時間的ギャップが小さい場合などに適合します。

② 　納品基準

　商品などが得意先に引き渡された時点で、収益を認識する基準です。

　代表的な適用例としては、得意先への納品の時点で所有権などが得意先にすべて移転するような販売契約の取引が該当します。たとえば、製品の納入にともない得意先で受注先による設置工事などが必要とされない場合

などに適合します。

③ 検収基準

得意先が商品などの検収を完了した時点で、収益を認識する基準です。

代表的な適用例としては、得意先への納品後の整備点検や設置工事などの役務提供がすべて完了し、得意先の検収が終了しないと実質的に取引が完結しない場合などが該当します。

④ 回収基準

現金が入金された時点で収益を認識する基準です。

代表的な適用例としては、割賦販売などが該当します。

### 2 役務提供の一般的な収益認識基準

役務提供取引は商品などの売買取引と異なり、物理的な受渡しが生じないため、合理的な収益認識時点を客観的に把握するのが困難なことがあります。そこで、**1**の収益認識時点と異なり、次のような基準で収益を認識するのが一般的です。

① 検針基準

月間などの一定期間内に使用した電力・ガスなどの使用量を検針し、当月までの使用量から前月までの使用量を差し引いた残高を、当月の使用量として収益を認識する基準です。

代表的な適用例としては、電気・ガスなどの役務提供などが該当します。

② 時間基準

時間の経過に伴い賃借料などを計算し、収益を認識する基準です。

代表的な適用例としては、資金の貸付に伴う利息収入・不動産の賃貸収入などが該当します。

③ 役務完了基準

役務提供が終了した時点で、収益を認識する基準です。

代表的な適用例としては、数年に一度実施されるプラントなどの大規模

修繕工事などが該当します。

④　現金基準（回収基準）

代表的な適用例としては弁護士や、会計士などの職業的専門家による役務提供が該当します。

## 3　特殊な販売形態に適用される収益認識基準

特殊な販売形態については、次の①から④のように収益を認識します。また、建設業やソフトウェア開発などの請負型ビジネス全般に適用されるものの代表例として、⑤や⑥のような基準があります。

①　委託販売

受託者が委託品を販売した日をもって、売上収益の実現の日とします。

②　試用販売

試用品の買取りについて、得意先が意思表示をすることにより、売上が実現します。したがって、買取りの意思表示を受けていない時点では、売上を計上できません。

③　予約販売

予約金受取額のうち、決算日までに商品の引渡しまたは役務の提供が完了した分のみを、前受金から売上高に振り替えます。残額については、前受金のままとし、収益を時期以降に繰り延べる基準です。

④　割賦販売

商品を引き渡した日をもって収益を認識します。ただし、通常の販売よりも代金回収の期間が長期にわたり、かつ、分割払いであることから、代金回収リスクが高く、そのため、引き渡した時点での収益認識に代えて、割賦金の回収期限の到来の日または入金の日をもって収益を認識することも認められます。

⑤　工事進行基準

工事契約に関して、工事収益総額、工事原価総額及び決算日における工

事進捗度を合理的に見積もり、これに応じて当期の工事収益及び工事原価を認識する方法です（工事契約会計基準6(3)）。

⑥　工事完成基準

工事契約に関して、工事が完成し、目的物の引渡しを行った時点で、工事収益及び工事原価を認識する方法です（工事契約会計基準6(4)）。

### COLUMN　新収益認識基準

　これまで日本の会計基準においては、企業会計原則における実現主義の原則以外に収益認識に関する包括的な会計基準はありませんでした。一方で、国際会計基準や米国会計基準は収益認識に関する包括的な会計基準を定めており、国際的な会計基準との乖離が生じていました。そのため、国際的な会計基準との平仄を合わせるべく、2018年3月30日に企業会計基準委員会（ASBJ）は、企業会計基準第29号「収益認識に関する会計基準」を公表しました。同基準は2021年4月1日以後開始する事業年度の期首から適用されます。

　当基準は国際的な会計基準と同様、下記の5つのステップに従い、収益認識を行うこととされています。

> ステップ1：顧客との契約を識別する。
> ステップ2：契約における履行義務を識別する。
> ステップ3：取引価格を算定する。
> ステップ4：契約における履行義務に取引価格を配分する。
> ステップ5：履行義務を充足した時に又は充足するにつれて収益を認識する。

　収益認識に関する会計基準を適用する際には、個別の契約ごとに基準への当てはめを行う必要がありますが、実務上は同様の性質を有する契

約をグループに束ねて検討することが想定されます。

　したがって、当基準適用後の売上高に対する監査手続は、当基準への準拠性を確かめるために、企業が束ねた契約グループが同一の性質をもっていること、また、当該グループごとの売上取引が上記の5ステップに従って適切に会計処理されているかを検討することが主眼になっていくと考えられます。

# 第2節 売上原価

　売上原価は「売上高に対応する商品等の仕入原価又は製造原価であって、商業の場合には、期首商品たな卸高に当期商品仕入高を加え、これから期末商品たな卸高を控除する形式で表示し、製造工業の場合には、期首製品たな卸高に当期製品製造原価を加え、これから期末製品たな卸高を控除する形式で表示する」(会原第二 三C) とされています。

開示イメージ

| 売上原価 | | | |
|---|---|---|---|
| 商品及び製品期首たな卸高 | △△ | | |
| 当期商品仕入高 | ×× | | |
| 当期製品製造原価 | ○○ | | |
| 合　　計 | □□ | 合算 | A |
| 商品及び製品期末たな卸高 | ◇◇ | | B |
| 売上原価合計 | ☆☆ | 差引 | A−B |

　本節では、売上原価合計・当期商品仕入高について説明します(期首棚卸高・期末棚卸高については、第2章第5節「棚卸資産・原価計算」を参照してください。また、当期製品製造原価についても同節を参照してください)。

## 2-1 売上原価合計

### 1 特性とリスク

　売上原価合計は他の科目の合算・差引による計算結果として算定されるため、他の科目の監査手続が適切に実施されたならば、売上原価合計についても、その残高の妥当性について一定の心証を得たこととなると考えられます。ここで、売上高と売上原価合計の増減は連動することが通常であるにもかかわらず連動していないという状況も想定されるため、通常、売上原価合計に対しても、分析的手続を実施し、さらに必要に応じて追加の手続を実施します。

　また、通常会社は利益を追求するものであり、利益は大きく・費用は小さくという動機が働くため、売上原価については特に網羅性が問題となります。ただし、売上原価を多く計上することで将来への利益の繰延を意図することもあるため、実在性（発生）のアサーションにも留意する必要があります。

### 2 リスクとアサーション

　「売上原価合計」に関する主なリスクとしては、以下のものが考えられます。

| 主なリスク | 主なアサーション |
| --- | --- |
| （1）架空の売上原価が計上される | 実在性（発生） |
| （2）売上原価の計上が漏れる | 網羅性 |
| （3）売上原価が適切な金額で計上されない | 評価の妥当性（測定）、期間配分の適切性 |
| （4）表示・開示を誤る | 表示の妥当性 |

## 1 架空の売上原価が計上される

　架空の売上高を計上することに伴い、架空の売上原価を計上するリスクがあります。また、節税など利益水準を抑えることを目的として架空の売上原価が計上されるリスクもあります（実在性（発生））。

　このようなリスクに対しては、売上高の実在性に関する内部統制のほか、管理部門による現場部門が実施する実地棚卸への立会い、管理部門による各プロジェクト別の予算実績比較分析の実施、工事契約の進捗に係る分析の実施、仕訳伝票について上長が承認を行うなどの内部統制を構築することが有用です。

## 2 売上原価の計上が漏れる

　売上高の計上が漏れることに伴い、売上原価も計上が漏れるリスクがあります。また、売上総利益率を良くみせるため、原価差額の配賦額を調整するなど本来計上すべき売上原価を計上しないリスクがあります。その他、たとえば既に計上している売上に対応する費用に関連して受領した請求書を営業担当者が手元に保管し続ける、営業担当者が請求書の提出時期を延ばすように仕入先に指示を出すことなどにより、売上原価の計上が漏れるリスクがあります（網羅性）。

　このようなリスクに対しては、売上高の網羅性に関する内部統制のほか、定期的な原価率の確認を含む原価管理を行う、原価差額の配賦計算結果に対する上長の確認、管理部門による各プロジェクト別の予算実績比較分析の実施、仕訳伝票について上長が承認を行うなどの内部統制を構築することが有用です。

## 3 売上原価が適切な金額で計上されない

　標準原価や予定価格を使用する場合の原価差額の配賦漏れや配賦計算誤り、販売した物品や提供したサービスに係る原価の集計誤りなど、売上原価が適切な金額で計上されないリスクがあります（評価の妥当性（測定））。また、意

図的にある製品に係る原価の一部を、販売前の他の製品に係る原価として付替え処理することで売上原価として計上すべきものを棚卸資産に振り替えることも考えられます（期間配分の適切性）。

このようなリスクに対しては、**1** 及び **2** と同様の内部統制を構築することが有用です。

#### **4** 表示・開示を誤る

売上総利益・営業損益・経常損益といった段階損益を操作する目的で、売上原価を、販管費、営業外費用、または特別損失として処理することで、表示を誤るリスクがあります。また、損益計算書における売上原価の内訳表示や製造原価明細書、収益性の低下に基づく簿価切下額に関する注記などを誤る、または漏れるリスクがあります（表示の妥当性）。

このようなリスクに対しては、担当部署内での開示・開示事項に関する確認及び承認、財務諸表に対するIR部門での内容確認や経理部上長による仕訳伝票の承認などの内部統制を構築することが有用です。

### 3 主な監査手続

「売上原価合計」に関する主な監査手続は、以下のとおりです。

| 主な監査手続 | 主なアサーション |
| --- | --- |
| （1）分析的手続 | 各アサーション |
| （2）内訳明細の通査 | 実在性（発生）、評価の妥当性（測定） |
| （3）棚卸資産関連損益との整合性の確認 | 実在性（発生）、網羅性、期間配分の適切性 |
| （4）表示・開示の妥当性に関する手続 | 表示の妥当性 |

## 1 分析的手続

### ① 手続の目的

監査人が、勘定科目残高を分析することによって、当該残高が会社の経営環境に照らして合理的であることを概括的に確かめるための監査手続です（各アサーション）。

### ② 手続の具体的な内容

監査人は、期末残高（得意先別、品目別など）と推定値（前期末残高などを基に設定した金額）を比較・分析し、増減の有無や乖離の程度を把握して、当該増減や乖離の内容が会社の経営環境に照らして合理的なものであることを、質問や関連証憑の閲覧によって確かめます。

また、監査人は売上原価率などの指標分析を行い、変動の状況やその合理性について、質問や関連証憑の閲覧によって確かめます。売上原価は、特に売上高及び棚卸資産との関係に着目して分析的手続を実施することが有用です。

## 2 内訳明細の通査

### ① 手続の目的

監査人が売上原価の内訳明細を通査し、高額で異常な費用などの有無を検討することによって、売上原価に不適切なものが含まれていないことを確かめるための監査手続です（実在性（発生）、評価の妥当性（測定））。

### ② 手続の具体的な内容

監査人は、売上原価勘定の明細の通査や、月次推移分析・予算実績分析などを通して把握した高額で異常な費用などについて、その計上の根拠となる資料を入手し検証します。たとえば、本来売上原価として処理すべきでない費用（特別損失として処理すべき貸倒損失など）について、営業利益などの段階損益を操作する目的で売上原価に含める可能性がある点に注意します。

## 3 棚卸資産関連損益との整合性の確認

### ① 手続の目的

監査人が売上原価と棚卸資産関連損益との整合性を検討することによって、売上原価の計上額が妥当であることを確かめるための監査手続です（実在性（発生）、網羅性、期間配分の適切性）。

### ② 手続の具体的な内容

監査人は、原価差額の売上原価への配賦額、棚卸資産の収益性の低下に基づく簿価切下額などについて検討した関連資料や監査調書と売上原価明細書との突合を行い、売上原価として処理すべき棚卸資産関連損益が適切に売上原価に含まれていることを確かめます。

## 4 表示・開示の妥当性に関する手続

### ① 手続の目的

監査人が、売上原価に関する表示及び注記について関連資料や関連調書と照合することによって、財務諸表上の表示・開示の妥当性を確かめるための監査手続です（表示の妥当性）。

### ② 手続の具体的な内容

監査人は、会社が作成している管理用の明細の閲覧や、会社担当者への質問、関連する監査調書との照合を実施し、売上原価に関連する項目が損益計算書上、適切に区分表示されていること、及び売上原価に関する注記が適切に行われていることを確かめます。

たとえば、損益計算書上の売上原価に係る内訳表示、製造原価明細書の開示、収益性の低下に基づく簿価切下額の注記、工事進行基準などを採用している場合における計上基準に係る注記などが適切に表示・開示されていることを確かめます。

## 2-2 仕入高

### 1 特性とリスク

　仕入高は売上原価の構成要素のひとつであり、期中に発生した多数の取引の累積であるため、その計上額の妥当性を検証するために仕入取引を1件1件すべて抽出してそのすべてに対して監査手続を実施することは現実的ではなく、分析的手続が有効かつ効率的な監査手続となります。

　また、通常、仕入高を計上しないことによって（期末に棚卸資産を計上しないことによって）、資産効率に係る財務指標を良く見せようとすることも考えられるため、仕入高は網羅性が重要になります。

### 2 主なリスクとアサーション

「仕入高」に関する主なリスクとしては以下のものが考えられます。

| 主なリスク | 主なアサーション |
| --- | --- |
| （1）架空の仕入高が計上される | 実在性（発生） |
| （2）仕入高の計上が漏れる | 網羅性 |
| （3）仕入高が適切な金額で計上されない | 評価の妥当性（測定） |
| （4）表示・開示を誤る | 表示の妥当性 |

#### 1 架空の仕入高が計上される

　担当者が仕入先と共謀し仕入代金を着服するために架空の請求書により仕入高を計上する、架空売上の計上と対応させて架空の仕入高を計上する、買

掛金の支払を行ったものの買掛金の消込みを行わずに架空の仕入高に見合う代金支払として記録し、架空の仕入高を計上するなどのリスクがあります（実在性（発生））。

このようなリスクに対しては、売上高の実在性に関する内部統制のほか、購買部門による検収の事実の確認、仕入先への残高確認による買掛金残高の検証、伝票起票時に担当者以外の第三者が請求書などの根拠資料と仕訳伝票の照合を行い、上長が承認を行うなどの内部統制を構築することが有用です。

### 2 仕入高の計上が漏れる

資産の回転率などの財務指標を良く見せることなどを意図して、既に検収している在庫を仕入高として計上しないリスクがあります。また、物品の検収漏れやサービス提供に係る請求書などの経理部門への未達等によって、仕入高の計上が漏れるリスクがあります（網羅性）。

このようなリスクに対しては、発注済未検収リストの確認、毎月継続的に取引が行われるような仕入先からの請求書未達などの状況確認、決算日後に到達した請求書の処理漏れのチェック、仕訳伝票について上長が承認を行うなどの内部統制を構築することが有用です。

### 3 仕入高が適切な金額で計上されない

仕入に対する返品・値引・割戻などの経理部への伝達が漏れる、仕入先から届いた請求書等と異なる金額で会計帳簿に記録してしまうことなどにより、仕入高が適切な金額で計上されないリスクがあります（評価の妥当性（測定））。

このようなリスクに対しては、仕入に対する返品・値引・割戻などに関して営業部署などから経理部署へ適時適切な報告を行う、伝票起票時に担当者以外の第三者が請求書などの根拠資料と仕訳伝票の照合を行い、上長が承認を行うなどの内部統制を構築することが有用です。

#### 4 表示・開示を誤る

　売上総利益・営業損益・経常損益といった段階損益を操作することなどを意図して、仕入控除項目（返品・値引・割戻など）が不適切な科目で処理されるなど、表示を誤るリスクがあります。また、関係会社との取引により発生した商品・原材料の仕入高で、一定の金額を超える場合には、その金額を注記する必要がありますが（財務諸表等規則88）、この開示を誤るリスクがあります（表示の妥当性）。

　このようなリスクに対しては、担当部署による仕訳伝票の確認及び承認に加え、経理部による仕訳伝票の上長承認、関係会社取引に関する資料及び開示情報を上長が承認するなどの内部統制を構築することが有用です。

### 3　主な監査手続

　「仕入高」に関する主な監査手続は、以下のとおりです。

| 主な監査手続 | 主なアサーション |
| --- | --- |
| （1）分析的手続 | 各アサーション |
| （2）内訳明細の通査 | 実在性（発生）、評価の妥当性（測定） |
| （3）証憑突合及びカットオフ手続 | 実在性（発生）、網羅性、期間配分の適切性 |
| （4）仕入控除項目（返品・値引・割戻など）の期間帰属の妥当性の検証 | 期間配分の適切性 |
| （5）残高確認 | 実在性（発生）、網羅性、期間配分の適切性 |
| （6）表示・開示の妥当性に関する手続 | 表示の妥当性 |

## 1 分析的手続

### ① 手続の目的

監査人が、勘定科目残高を分析することによって、当該残高が会社の経営環境に照らして合理的であることを概括的に確かめるための監査手続です（各アサーション）。

### ② 手続の具体的な内容

監査人は、期末残高（仕入先別、品目別など）と推定値（前期末残高などを基に設定した金額）を比較・分析し、増減の有無や乖離の程度を把握して、当該増減や乖離の内容が会社の経営環境に照らして合理的なものであることを、質問や関連証憑の閲覧によって確かめます。

また監査人は仕入債務回転期間分析などの指標分析を行い、変動の有無やその合理性について質問や関連帳票の閲覧によって確かめます。

## 2 内訳明細の通査

### ① 手続の目的

監査人が仕入高の内訳明細を通査し、高額で異常な費用などを検討することによって、仕入高に不適切なものが含まれていないことを確かめるための監査手続です（実在性（発生）、評価の妥当性（測定））。

### ② 手続の具体的な内容

監査人は、仕入高の内訳明細の通査や、月次推移分析・予算実績分析などを通して把握した高額で異常な費用などについて、その計上の根拠となる資料を入手し検証します。

## 3 証憑突合及びカットオフ手続

### ① 手続の目的

監査人が、金額的に重要な仕入取引について証憑突合するとともに、期末日前後の入庫関係の帳票などと会計帳簿の整合性を検討することによって、取引の実在性や仕入の会計処理の妥当性、また、仕入高が適切な期間に計上

されていることを確かめるための監査手続です（実在性（発生）、網羅性、期間配分の適切性）。

### ② 手続の具体的な内容

監査人は、年間の仕入れ明細の通査の結果識別された金額的に重要な取引や異常な取引を主要な項目とし、その他に仕入高全体として重要な虚偽表示が無いことを確かめるために取引を無作為抽出法などにより抽出します。抽出された取引について、仕入の事実を示す納品書や検収書控えなどとの突合を実施し、仕入処理の妥当性について確かめます、また、期末日前後の入庫伝票などと仕入の会計記録を突合し、仕入高計上日の妥当性を確かめます。

#### 監査手続上のポイント

仕入高は貸借対照表科目の仕入債務と密接に結びついているため、仕入債務と同一の担当者が監査手続を実施することが望ましいと考えられます。

### 4 仕入控除項目（返品・値引・割戻など）の期間帰属の妥当性の検証

### ① 手続の目的

監査人が、期末日前後の仕入控除項目関係の帳票などと会計帳簿の整合性を検討することによって、仕入控除項目が適切な期間に計上されていることを確かめるための監査手続です（期間配分の適切性）。

### ② 手続の具体的な内容

監査人は、期末日前後の返品伝票などと会計記録を突合し、仕入控除項目の計上日の妥当性を確かめます。

なお、仕入割引は仕入高から直接控除されずに営業外収益として処理されるため、仕入控除項目とは明確に区別する必要があります。

## 5 残高確認

### ① 手続の目的

監査人が仕入高について仕入先に確認状を発送し、回答を直接入手し評価することによって、確認対象期間に係る仕入高の妥当性を確かめるための監査手続です（実在性（発生）、網羅性、期間配分の適切性）。

### ② 手続の具体的な内容

監査人は、仕入先残高一覧を入手し、大口の相手先を中心に、一定期間（通常は期首から期末までの１年間）の仕入高について監査人自ら確認手続を行い、仕入高の妥当性を確かめます。

この手続は強い証明力をもつ監査証拠を入手することができますが、仕入先が多数に及ぶ場合にはその他の手続を実施する方が効率的であるため、強い証明力をもつ監査証拠が必要と判断された場合や、仕入高が特定の数社で全体の相当割合を占めるような場合に、確認状を発送すると考えられます。

## 6 表示・開示の妥当性に関する手続

### ① 手続の目的

監査人が、仕入高に関する表示及び注記について関連資料や関連調書と照合することによって、財務諸表上の表示・開示の妥当性を確かめるための監査手続です（表示の妥当性）。

### ② 手続の具体的な内容

監査人は、会社が作成している管理用の明細の閲覧や、会社担当者への質問、関連する監査調書との照合を実施し、仕入高に関連する項目が損益計算書上、適切に表示されていること、及び注記開示などが求められる場合には仕入高に関する注記が適切に行われていることを確かめます。

第 3 節

# 販売費及び一般管理費

## 3-1 勘定科目の特性とリスク

■**勘定科目の範囲**

　販売費及び一般管理費（以下、販管費）は、企業の営業活動に関連して経常的に発生する費用のうち売上原価に算入されない項目であって、販売促進費や販売手数料などの販売費と、管理部門の人件費や減価償却費、通信費、交通費、水道光熱費などの一般管理費から構成されます。

■**勘定科目の特性とリスク**

　販管費は企業の営業活動に広く関連して発生する費用であり、多くの勘定科目が含まれます。その内容は現金支出を伴う費用のみでなく減価償却費や引当金繰入額などの非現金支出費用も含まれ、その金額も1件1件は少額なものから多額なものまで多くの項目があり、人件費のように毎期概ね一定金額が発生するものから、雑費などの非定形的な支出も含まれるなど、様々な特性をもった多くの勘定科目から構成されます。

　小口の支出が多く含まれる点からは、小口の架空経費を計上し対応する支出を行うことによる会社資産の横領などの不正行為が行われるリスクがあります。また、会社の営業活動に関連する費用であることからは、経費隠しや経費の過少計上による利益操作、また税金の過少申告を意図した費用の架空・過大計上などのリスクもあります。さらに、多くの勘定科目が含まれることからは、勘定科目の混同などにより財務諸表の表示を誤るリスク、関連

した各種注記（研究開発費、関連会社取引、関連当事者取引等）を誤るリスクも考えられます。

## 3-2　リスクとアサーション

「販売費及び一般管理費」に関する主なリスクとしては、以下のものが考えられます。

| 主なリスク | 主なアサーション |
| --- | --- |
| (1)費用の計上が漏れる | 網羅性 |
| (2)架空の費用が計上される | 実在性（発生） |
| (3)費用が適切な金額で計上されない | 評価の妥当性（測定）、期間配分の適切性 |
| (4)表示・開示を誤る | 表示の妥当性 |

### 1　費用の計上が漏れる

　利益操作を目的とした費用の過少計上や処理漏れ、処理誤りにより費用とすべき支出が資産として計上されてしまうなど、費用の計上が漏れるリスクがあります（網羅性）。

　このようなリスクに対しては、管理部門において費用の前期比較・予算実績比較を行う、担当部門内での定期的な業務のローテーションを行うなどの内部統制を構築することが有用です。

### 2　架空の費用が計上される

　会社資金の横領や税金の過少申告を意図した架空経費の計上など、架空

の費用が計上されるリスクがあります（実在性（発生））。

このようなリスクに対しては、伝票起票時に担当者以外の第三者が請求書などの根拠資料と仕訳伝票の照合を行い、上長が承認を行うなどの内部統制を構築することが有用です。

### 3 費用が適切な金額で計上されない

起票担当者の故意または人為的なミスなどにより、取引実態と異なる金額で仕訳が起票され、費用が適切な金額で計上されないリスクがあります。また、費用に関する会計上の見積額について過少に見積もることも考えられます（評価の妥当性（測定））。さらに当期に計上すべき費用を翌期に計上してしまう、翌期に計上すべき費用を当期に計上してしまうことも考えられます（期間配分の適切性）。

このようなリスクに対しても、1・2と同様の内部統制を構築することに加え、決算日後の請求書の処理漏れについて第三者によるチェックを行うなどの内部統制を構築することが有用です。

### 4 表示・開示を誤る

販管費については損益計算書上、勘定科目別に掲記する方法や、販売費及び一般管理費として一括して掲記しその主な費目及び金額を注記する方法などがあります（財務諸表等規則85）。また、一般管理費及び当期製造費用に含まれる研究開発費の金額、関係会社との取引のうち一定の金額を超えるものについては注記が求められることがありますが（財務諸表等規則86、88）、これらの表示・開示を誤るリスクがあります（表示の妥当性）。

このようなリスクに対しては、担当部署内での表示・開示事項に関する確認及び承認、財務諸表に対するIR部門での内容確認や、経理部上長による承認などの内部統制を構築することが有用です。

## 3-3 主な監査手続

「販売費及び一般管理費」に関する主な監査手続は、以下のとおりです。

| 主な手続 | 主なアサーション |
| --- | --- |
| (1)分析的手続 | 各アサーション |
| (2)証憑突合 | 実在性(発生)、網羅性、評価の妥当性(測定) |
| (3)人件費のオーバーオール・テスト | 実在性(発生)、網羅性、評価の妥当性(測定) |
| (4)研究開発費の検証 | 実在性(発生)、網羅性、評価の妥当性(測定) |
| (5)プロフェッショナルフィーの検証 | 実在性(発生)、網羅性 |
| (6)未計上費用の有無の検証 | 網羅性、期間配分の適切性 |
| (7)表示・開示の妥当性に関する手続 | 表示の妥当性 |

### 1 分析的手続

#### 1 手続の目的

監査人が、勘定科目残高を分析することによって、販売費及び一般管理費の各勘定残高が会社の経営環境に照らして合理的であることを概括的に確かめるための監査手続です（各アサーション）。

#### 2 手続の具体的な内容

監査人は、販売費及び一般管理費の各勘定の期末残高と推定値（前期末残高などを基に設定した金額）を比較・分析し、増減の有無や乖離の程度を把握して、当該増減や乖離の内容が企業活動の変移や従業員人員の増減、支店や

店舗の新規展開や統廃合など、会社の経営環境に照らして合理的なものであることを、関連証憑の閲覧や質問によって確かめます。

また、月次ごとの発生金額の推移表を作成し、その推移が合理的なものであることを確かめるとともに、月次や年度の予算と実績値を比較することによって、各項目の発生額に異常がないことを概括的に確かめます。特に、高額で異常な費用や他月に比して突出して発生している費用がある場合には、その内容を担当者に質問するとともに必要に応じて証憑突合など追加的手続の必要性を検討します。

## 2 証憑突合

### 1 手続の目的

監査人が、金額的・質的に重要な取引について証憑と突合することによって、重要な取引に関する会計処理の妥当性を確かめるための監査手続です（実在性（発生）、網羅性、評価の妥当性（測定））。

### 2 手続の具体的な内容

監査人は、販管費の総勘定元帳や内訳明細の通査、前期比較・月次推移分析・予算実績分析などを通して把握した、金額的に重要な取引や質的に重要な取引に加え、母集団全体に対して心証を得るためにサンプリングにより抽出した取引に関して、請求書や契約書、出金証憑などの根拠資料と仕訳伝票を突合することによって、計上されている費用の金額・計上日・勘定科目などの妥当性を確かめます。

なお、関連する貸借対照表項目の監査手続とあわせて実施することが効率的な販管費項目もあります。たとえば減価償却費や修繕費、リース料などの妥当性の検証は対応する固定資産の監査手続とあわせて実施する、各引当金の繰入額の妥当性の検証については対応する各引当金の監査手続とあわせて実施することが有用です。

### 監査手続上のポイント

証憑突合には、証憑資料を基に会計帳簿と突き合わせを行ういわゆる前進法と、会計帳簿を基に証憑と突き合わせを行ういわゆる逆進法の2つの方法があります。勘定残高の実在性を立証するためには、会計帳簿記録から証憑へと遡る逆進法によって証憑突合を行い、勘定残高の網羅性を立証するためには、証憑に基づいて会計帳簿への記録を確かめる前進法によって証憑突合を行います。立証するアサーションによってサンプル対象となる母集団を適切に設定することがポイントです。

## 3 人件費のオーバーオール・テスト

### 1 手続の目的

監査人が、販管費に含まれる人件費について分析することにより、人件費項目の計上額の妥当性を概括的に確かめるための監査手続です（実在性（発生）、網羅性、評価の妥当性（測定））。

### 2 手続の具体的な内容

監査人は、給与や賞与、法定福利費などの人件費関連項目について、一人当たり人件費などの推定値を算定のうえ、期間比較等を実施するオーバーオール・テストを実施し、人件費の過大計上や計上漏れの兆候などを把握し、人件費項目の計上額の妥当性を概括的に確かめます。製造原価に含まれる人件費と販管費に含まれる人件費については、同時に分析を実施します。製造部門の人員数と管理部門の人員数を適切に把握し、それぞれ一人当たり人件費を算定して、期間比較などによってその計上額の妥当性を検証します。

## 4 研究開発費の検証

### 1 手続の目的

監査人が、販管費に含まれる研究開発費について、研究開発費等会計基準に準拠して適切に会計処理されていることを確かめるための監査手続です（実在性（発生）、網羅性、評価の妥当性（測定））。

### 2 手続の具体的な内容

監査人は、研究開発費明細や総勘定元帳を通査し、研究開発費として処理されている項目についてその内容を質問などにより把握し、必要に応じて請求書などの根拠資料と照合することによって、会計処理が研究開発費等会計基準に準拠していることを確かめます。研究開発費はすべて発生時に費用処理する必要があるため（研究開発費等会計基準三）、開発中の案件の状況などについても担当者に質問し管理資料を閲覧することなどにより、本来研究開発費として処理すべき費用が繰り延べられていないことも確かめます。

なお、これらの手続は製造費用に含まれている研究開発費についてもあわせて実施する必要があります。特に、一般的に研究開発費は原価性がないと考えられることから、製造費用に含まれる研究開発費については、一般管理費として処理する必要がないかという視点からも検証が必要です。


## 5 プロフェッショナルフィーの検証

### 1 手続の目的

監査人が弁護士などの専門家への顧問料や相談料などについて把握することにより、例外的な取引が発生していないことを確かめるための監査手続です（実在性（発生）、網羅性）。

## 2 手続の具体的な内容

　監査人は、弁護士費用など専門家報酬の支払いを処理する勘定科目の総勘定元帳を通査し、非経常的な報酬の有無について把握します。その上で担当者に費用の内容を質問するとともに、必要に応じて請求書や契約書などの根拠資料を閲覧し、例外的な取引や特殊な相談事項、訴訟案件の有無などを確かめます。特に、弁護士費用の支払について網羅的に確かめることによって、弁護士確認の実施対象に漏れがないことを確かめます（第4章第3節「偶発債務」参照）。

## 6　未計上費用の有無の検証

### 1 手続の目的

　監査人が、決算翌月以降に費用処理される項目を検証することにより、当期に計上すべき費用が漏れなく計上されていることを確かめるための監査手続です（網羅性、期間配分の適切性）。

### 2 手続の具体的な内容

　監査人は、決算日翌月に処理される予定の請求書綴りや決算日翌月の総勘定元帳などを通査し、当期に計上すべき費用が含まれていないことを確かめます。この際、請求書の摘要欄・明細や請求書日付などに注意し、当期に計上すべき費用かどうかを確かめます。摘要欄や明細の記載から内容が把握できないものについては担当者に質問を行うなど追加的な検討を実施します。また、会社の処理方針について質問を行い、毎期同様の方針に基づいて計上が行われていることを確かめます。なお、この手続は未計上債務の検証と同一の手続であることから、買掛金、未払金・未払費用の監査手続として実施することもあります（第2章第13節「買掛金」、第15節「未払金・未払費用」参照）。

## 7 表示・開示の妥当性に関する手続

### 1 手続の目的

監査人が、販管費に関する表示及び注記について関連資料や関連調書と照合することによって、財務諸表上の表示・開示の妥当性を確かめるための監査手続です(表示の妥当性)。

### 2 手続の具体的な内容

監査人は、会社が作成している管理用の明細の閲覧や、会社担当者への質問、関連する監査調書との照合を実施し、販管費に関連する項目が損益計算書上、適切に表示されていること、販管費を損益計算書にて一括掲記した場合の主な費目・金額の注記、研究開発費に関する注記、関係会社との取引に関する注記など、販管費に関する開示が適切に行われていることを確かめます。

## 第 4 節

# 営業外損益・特別損益

## 4-1 勘定科目の特性とリスク

### ■勘定科目の範囲

　営業外収益及び営業外費用(以下、営業外損益)は、主に企業の財務活動や投資活動など、営業活動以外の活動から生じる収益及び費用から構成されます。

　営業外収益には、預金・貸付金・債券などに係る受取利息や有価証券利息、賃貸用不動産から得られる受取賃貸料、雑収入などが含まれます。また、営業外費用には、借入金や社債などに係る支払利息、賃貸用不動産に係る減価償却費、雑損失などが含まれます。

　特別利益及び特別損失（以下、特別損益）は、主に臨時損益から構成されます。主な勘定科目としては、固定資産売却損益、売買目的以外の有価証券に係る売却損益、災害による損失など、様々な臨時損益が含まれます。

　なお、特別損益に属する項目であっても、金額の僅少なものまたは毎期経常的に発生するものは、営業外損益に含めることができます（会原注12）。

### ■勘定科目の特性とリスク

　営業外損益及び特別損益は、企業の営業活動以外の様々な活動から生じる損益であること、臨時損益としての性質があることから、その発生態様は勘定科目ごとに様々であり、その特性及びリスクも多岐に渡ります。

　なお、企業の財務活動や投資活動に関連する収益及び費用については、関連する貸借対照表科目の特性やリスクに影響を受けます。たとえば支払利息

であれば借入金や社債勘定、有価証券売却損益や評価損益であれば有価証券勘定、固定資産売却損益であれば固定資産勘定の特性とリスクと関連があります。

また、営業外損益及び特別損益は、損益項目として一般に経営成績の過大表示を意図した収益の過大計上または費用・損失の過少計上のリスクや税金の過少申告・会社資産の横領などを意図した収益の過少計上または費用・損失の過大計上のリスクが考えられます。

## 4-2 リスクとアサーション

「営業外損益・特別損益」に関する主なリスクとしては、以下のものが考えられます。

| 主なリスク | 主なアサーション |
|---|---|
| （1）架空の収益または費用が計上される | 実在性（発生） |
| （2）収益または費用の計上が漏れる | 網羅性 |
| （3）収益または費用が適切な金額で計上されない | 評価の妥当性（測定）、期間配分の適切性 |
| （4）表示・開示を誤る | 表示の妥当性 |

### 1 架空の収益または費用が計上される

経営成績の仮装を意図した架空の収益の計上や、会社資金の横領、税金の過少申告を意図した架空経費の計上など、架空の収益または費用が計上されるリスクがあります（実在性（発生））。

このようなリスクに対しては、その取引が実際に発生したものであることを確認するために伝票起票時に担当者以外の第三者が請求書などの根拠資料と仕訳伝票の照合を行い、上長が承認を行うなどの内部統制を構築することが有用です。

## 2 収益または費用の計上が漏れる

税金の過少申告を意図した収益の圧縮や、利益操作を目的とした費用の過少計上、処理漏れ・処理誤りなどにより費用とすべき支出が資産として計上されてしまうなど、収益または費用の計上が漏れるリスクがあります（網羅性）。

このようなリスクに対しては、管理部門において収益または費用の前期比較・予算実績比較を行う、担当部門内での定期的な業務のローテーションを行うなどの内部統制を構築することが有用です。

## 3 収益または費用が適切な金額で計上されない

起票担当者の故意または人為的なミスなどにより、取引実態と異なる金額で仕訳が起票され、収益または費用が適切な金額で計上されないリスクがあります。また翌期に計上すべき収益または費用を当期に計上してしまう、当期に計上すべき収益または費用を翌期に計上してしまうことも考えられます（評価の妥当性（測定）、期間配分の適切性）。

このようなリスクに対しても、1・2と同様の内部統制を構築することに加え決算日後の請求書の処理漏れについて第三者によるチェックを行うなどの内部統制を構築することが有用です。

## 4 表示・開示を誤る

営業外損益・特別損益に関連しては、それぞれ適切な科目名を付して損益

計算書に表示することに加え、たとえば営業外損益に係る関係会社との取引に関する注記（財務諸表等規則 91、94）や減損損失に関する注記（財務諸表等規則 95 の 3 の 2）固定資産売却損益の注記（財規ガイドライン 95 の 2 ②）などが求められることがありますが、これらの表示・開示を誤るリスクがあります。また本来は特別損益には該当しない項目を特別損益として表示してしまうリスクもあります（表示の妥当性）。

このようなリスクに対しては、担当部署内での表示・開示事項に関する確認及び承認、財務諸表に対する IR 部門での内容確認や経理部上長による承認などの内部統制を構築することが有用です。

## 4-3 主な監査手続

「営業外損益・特別損益」に関する主な監査手続は、以下のとおりです。

| 主な監査手続 | 主なアサーション |
| --- | --- |
| （1）分析的手続 | 各アサーション |
| （2）証憑突合 | 実在性（発生）、網羅性、評価の妥当性（測定）、期間配分の適切性 |
| （3）表示・開示の妥当性に関する手続 | 表示の妥当性 |

### 1 分析的手続

#### 1 手続の目的

監査人が、勘定科目残高を分析することによって、営業外損益・特別損益の各勘定残高が会社の経営環境に照らして合理的であることを概括的に確かめるための監査手続です（各アサーション）。

## 2 手続の具体的な内容

　監査人は、営業外損益・特別損益の各勘定の期末残高と推定値（前期末残高などを基に設定した金額）を比較・分析し、増減の有無や乖離の程度を把握して、当該増減や乖離の内容が会社の経営環境に照らして合理的なものであることを、質問や関連証憑の閲覧によって確かめます。

　この際、関連する貸借対照表項目にも着目します。たとえば支払利息であれば借入金や社債による新規資金調達・返済・償還の有無など、固定資産売却損益であれば固定資産の売却取引の有無などに着目します。なお、受取利息や支払利息に係るオーバーオール・テストについては、関連する貸借対照表項目の頁を参照してください。

　また、月次ごとの発生金額の推移表を作成し、その推移が合理的なものであることを確かめるとともに、月次や年度の予算と実績値を比較することによって、各項目の発生額に異常がないことを概括的に確かめます。特に、高額で異常な費用や他月に比して突出して発生している費用がある場合には、その内容を担当者に質問するとともに必要に応じて証憑突合など追加的手続の必要性を検討します。なお、特別損益については通常定型的でない損益が計上されることから、特に慎重に検討します。

## 2 証憑突合

### 1 手続の目的

　監査人が金額的・質的に重要な取引などについて証憑と突合することによって、重要な取引に関する会計処理の妥当性を確かめるための監査手続です（実在性（発生）、網羅性、評価の妥当性（測定）、期間配分の適切性）。

### 2 手続の具体的な内容

　監査人は、営業外損益・特別損益の総勘定元帳の通査や前期比較・月次推移分析・予算実績分析などを通して、金額的に重要な取引や質的に重要な取

引を把握し、請求書や契約書、入金・出金証憑などの根拠資料と仕訳伝票を突合することによって、計上されている収益または費用の金額・計上日・勘定科目などの妥当性を確かめます。

なお、関連する貸借対照表項目の監査手続と併せて実施することが効率的な項目については、各貸借対照表科目の監査手続と併せて実施することが有用です。固定資産の売却取引や除却処理、有価証券の売却取引、受取利息・有価証券利息・受取配当金の計上取引、支払利息の計上取引、投資不動産の減価償却計算、固定資産の減損処理などについては、関連する貸借対照表科目との対応に留意します。

## 3 表示・開示の妥当性に関する手続

### 1 手続の目的

監査人が、営業外損益・特別損益に関する表示及び注記について関連資料や関連調書と照合することによって、財務諸表上の表示・開示の妥当性を確かめるための監査手続です（表示の妥当性）。

### 2 手続の具体的な内容

監査人は、会社が作成している管理用の明細の閲覧や、会社担当者への質問、関連する監査調書との照合を実施し、営業外損益・特別損益に関連する項目が損益計算書上、適切に表示されていること、関係会社との取引に関する注記、減損損失に関する注記、固定資産売却損益の注記など、営業外損益・特別損益に関する開示が適切に行われていることを確かめます。

# 第4章

# その他の項目

# 第1節

# キャッシュ・フロー計算書

## 1-1 キャッシュ・フロー計算書の特性とリスク

### ■キャッシュ・フロー計算書の定義

　キャッシュ・フロー計算書は、一会計期間におけるキャッシュ・フローの状況を一定の活動区分別（営業活動、投資活動、財務活動）に報告するために作成するものであり（CF基準第一、第二2）、財務諸表のひとつとして位置づけられます。開示上は原則連結キャッシュ・フロー計算書のみを作成しますが、連結財務諸表を作成していない会社は、個別キャッシュ・フロー計算書を作成します（財務諸表等規則111）。

### ■キャッシュ・フロー計算書の特性とリスク

　キャッシュ・フロー計算書は、営業活動によるキャッシュ・フローの表示方法が2つある点、貸借対照表、損益計算書とは異なる過程で作成される点に特色があります。

- ●営業活動によるキャッシュ・フローの2つの表示方法

　営業活動によるキャッシュ・フローについては、直接法と間接法の2つの表示方法が認められています。直接法とは、営業収入、原材料または商品の仕入支出、人件費支出、その他の営業支出という主要な取引ごとにキャッシュ・フローを総額で表示する方法であり、間接法とは、損益計算書の税引前当期純利益をベースに減価償却費など非資金損益項目や営業活動に直接結びつく売掛金、買掛金などの資産・負債の増減額のほか、その他の調整を

行って営業活動によるキャッシュ・フローを表示する方法をいいます。

なお、投資活動によるキャッシュ・フロー、財務活動によるキャッシュ・フローについては、原則として総額で表示します。

● 連結キャッシュ・フロー計算書の作成過程

連結ベースのキャッシュ・フロー計算書の作成方法については、個別キャッシュ・フロー計算書を合算し、連結会社間取引を相殺消去して作成する方法（原則法）と連結財務諸表から間接的に作成する方法（簡便法）の2つの方法があります。それぞれの特徴は下記のとおりです。

|  | 作成方法 | 長　　所 | 短　　所 |
|---|---|---|---|
| 原則法 | 各連結子会社の個別キャッシュ・フロー計算書を基礎として、連結キャッシュ・フロー計算書を作成する方法 | ● 外貨換算の影響を除いた作成が可能<br>● 各子会社のキャッシュ・フロー状況の把握が可能 | ● 各子会社でキャッシュ・フローを作成するため、作成に手間がかかる |
| 簡便法 | 連結B/S、P/Lを基礎として連結キャッシュ・フロー計算書を作成する方法 | ● 原則法と比較して作成が簡便的である | ● 外貨換算の影響を別計算する必要がある |

したがって、連結キャッシュ・フロー計算書について、原則法・簡便法のいずれの方法で作成しているかによって、リスクが異なります。

(参考) 連結キャッシュ・フロー計算書作成の流れ

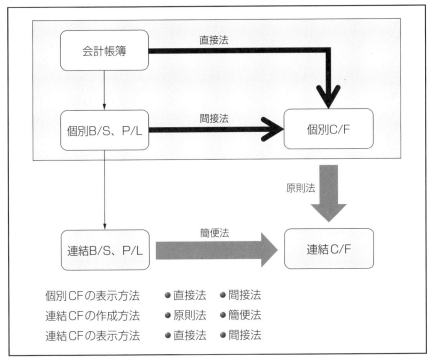

## 1-2 リスクとアサーション

「キャッシュ・フロー計算書」における主なリスクとしては、以下のものが考えられます。

| 主なリスク | 主なアサーション |
|---|---|
| (1)「現金及び現金同等物」の範囲を誤る | 表示の妥当性 |
| (2) 不正確なデータを使用する | 実在性(発生)、網羅性、評価の妥当性 (測定) |

| | |
|---|---|
| (3)キャッシュ・フロー精算表への転記を誤る | 表示の妥当性 |
| (4)在外子会社のキャッシュ・フロー計算書の換算を誤る<br>（連結–原則法） | 評価の妥当性（測定） |
| (5)連結会社相互間のキャッシュ・フロー相殺消去額を誤る<br>（連結–原則法） | 実在性(発生)、網羅性、評価の妥当性（測定） |
| (6)為替レート変動による影響額の計算を誤る | 評価の妥当性（測定） |
| (7)表示・開示を誤る | 表示の妥当性 |

## 1 「現金及び現金同等物」の範囲を誤る

　キャッシュ・フロー計算書は、会社のキャッシュ・フローの状況を表す財務諸表であり、キャッシュ・フロー計算書が対象とする資金の範囲は、現金及び現金同等物とされています（連結財務諸表規則2十三、十四）。現金とは手許現金及び要求払預金であり、現金同等物とは、容易に換金可能であり、かつ、価値の変動について僅少なリスクしか負わない短期投資とされています（CF基準第二1）。

　通常、取得日から満期日（償還日）までの期間が3か月以内の定期預金、コマーシャル・ペーパーなどは現金同等物として扱われますが、3か月を超えるものは現金及び現金同等物には含まれないため、財務諸表上の「現金及び預金」とは範囲が異なります。なお、現金同等物の範囲は、会社ごとに決定することができます。また、資金の範囲は継続性が求められており、みだりに変更してはならないとされています（CF実務指針4）。

　資金の範囲を誤る場合、また資金の範囲を正当な理由なくみだりに変更する場合、キャッシュ・フロー計算書が、キャッシュ・フローの状況を適切に表さなくなるというリスクがあります（表示の妥当性）。

　このようなリスクに対しては、経理規程等による「現金及び現金同等物の

範囲」の明文化、資金の範囲を変更する場合の上長による承認などの内部統制を構築することが有用です。

## 2 不正確なデータを使用する

　連結キャッシュ・フロー計算書の作成にあたっては、子会社から各資産・負債に関する増減明細など、必要なデータを親会社が作成した各社共通のフォーマット（連結パッケージ）の一部として入手します。当該データが誤っていることによって、不正確な連結キャッシュ・フロー計算書が作成されるリスクがあります（実在性（発生）、網羅性、評価の妥当性（測定））。

　このようなリスクに対しては、親会社の経理部担当者による連結パッケージの内容の検証及び上長による承認などの内部統制を構築することが有用です。

## 3 キャッシュ・フロー精算表への転記を誤る

　キャッシュ・フロー計算書作成に際しては、通常、キャッシュ・フロー精算表が作成・使用されます。キャッシュ・フロー精算表は貸借対照表・損益計算書から作成されるため、貸借対照表・損益計算書から正確な数値が転記されない場合、誤ったキャッシュ・フロー精算表が作成されるリスクがあります（表示の妥当性）。

　このようなリスクに対しては、担当者が作成したキャッシュ・フロー精算表を上長が承認する、キャッシュ・フロー計算書作成のための専用のソフトウェアを利用するなどの内部統制を構築することが有用です。

## 4 在外子会社のキャッシュ・フロー計算書の換算を誤る（連結−原則法）

　原則法により連結キャッシュ・フロー計算書を作成する場合、在外子会社

のキャッシュ・フロー計算書を換算する必要があります。在外子会社における外貨によるキャッシュ・フローは、外貨建取引等会計基準における収益及び費用の換算方法に準じて換算するとされています（CF基準第二4）。

換算には、複数の為替レートを使用するため、使用する為替レートの誤り、換算の計算誤りが発生するリスクがあります（評価の妥当性（測定））。

このようなリスクに対しては、換算方法についてのマニュアルの作成、換算結果に対する上長による承認などの内部統制を構築することが有用です。

## 5 連結会社相互間のキャッシュ・フロー相殺消去額を誤る（連結-原則法）

原則法により連結キャッシュ・フロー計算書を作成する場合、個別キャッシュ・フロー計算書の合算後に、重複計上されている連結会社間のキャッシュ・フロー取引の相殺消去を行います。網羅的に正確な情報が入手できていない場合、相殺消去額を誤るリスクがあります（実在性（発生）、網羅性、評価の妥当性（測定））。

このようなリスクに対しては、親会社の経理部担当者による各社の連結パッケージの確認、上長による承認などの内部統制を構築することが有用です。

## 6 為替レート変動による影響額の計算を誤る

原則法を採用し、海外子会社のキャッシュ・フロー計算書を円換算後の子会社の財務諸表を使用して作成している場合、また簡便法で連結キャッシュ・フローを作成している場合、あるいは親会社で外貨建資産・負債を保有している場合には、資産及び負債の変動に為替レートの変動による影響額が含まれることになるため、当該影響を別途算定しキャッシュ・フロー計算書作成に際して、調整を加える必要があります。

当該影響額の算定には、複数の為替レートを使用するため、為替レートの

適用誤り、換算計算誤りが発生するリスクがあります（評価の妥当性（測定））。

このようなリスクに対しては、換算方法についてのマニュアルの作成、担当者とは別の第三者による再計算及び上長による承認などの内部統制を構築することが有用です。

### 7 表示・開示を誤る

キャッシュ・フロー計算書に関して、財務諸表上の金額表示や営業・投資・財務の計上区分を誤るリスク、及び重要な非資金取引の内容などのキャッシュ・フロー計算書に関連する注記の開示事項を誤る、または漏れるリスクが考えられます（表示の妥当性）。

このようなリスクに対しては、担当部署内での表示・開示事項に関する確認及び承認、財務諸表に対する IR 部門での内容確認などの内部統制を構築することが有用です。

## 1-3 主な監査手続

「キャッシュ・フロー計算書」に係る主な監査手続は、以下のとおりです。

| 主な監査手続 | 主なアサーション |
| --- | --- |
| (1)「現金及び現金同等物」の範囲の検討 | 表示の妥当性 |
| (2) 入手データの検証 | 実在性(発生)、網羅性、評価の妥当性（測定） |
| (3) キャッシュ・フロー精算表の検証 | 表示の妥当性 |
| (4) 在外子会社のキャッシュ・フロー計算書の外貨換算の検証（連結−原則法） | 評価の妥当性（測定） |

| | |
|---|---|
| (5) 連結間キャッシュ・フロー相殺仕訳の検証<br>（連結-原則法） | 実在性（発生）、網羅性、評価の妥当性（測定） |
| (6) 為替レート変動による影響額の検証 | 評価の妥当性（測定） |
| (7) 他の財務諸表数値との整合性の検証 | 表示の妥当性 |
| (8) 分析的手続 | 各アサーション |
| (9) 表示・開示の妥当性に関する手続 | 表示の妥当性 |

## 1 「現金及び現金同等物」の範囲の検討

### 1 手続の目的

　監査人が、関連資料の検討を行うことで、「現金及び現金同等物」の範囲の妥当性を確かめるための監査手続です。「現金及び現金同等物」の範囲を誤ると、キャッシュ・フロー計算書において正確な資金変動を把握することが困難となるため、前提となる「現金及び現金同等物」の範囲を確かめます（表示の妥当性）。

### 2 手続の具体的な内容

　監査人は、担当者への質問、勘定科目「現金及び預金」「有価証券」などの内訳の検討、連結パッケージの閲覧などを通じて、「現金及び現金同等物」の範囲が会社の採用している方針に沿っているか否かについて検討を行います。

### 監査手続上のポイント

　①現金同等物の範囲は、経営者の判断に委ねられているため（CF実務指針2(2)）、現金同等物の認識基準が適切か否か、毎期の継続性を

含めて検討を行うことが必要です。

②取得日から満期日（償還日）が3ヵ月以内の定期預金、コマーシャル・ペーパーなどは現金同等物として扱われます。決算日から3ヵ月ではなく、あくまで取得日から3ヵ月である点に注意が必要です。

③日常の資金管理活動において、当座借越枠を現金同等物とほとんど同様に利用している場合には、負の現金同等物を構成します（CF実務指針3）。ただし、明らかに資金調達活動であると判断される場合、「財務活動によるキャッシュ・フロー」の区分に記載されるため当座借越がある場合の取扱いには注意が必要です。

## 2 入手データの検証

### 1 手続の目的

親会社が連結キャッシュ・フロー計算書を作成する際には、子会社において作成されたキャッシュ・フロー計算書や資産・負債明細などが記載された連結パッケージなどを入手・使用します。そこで、監査人は連結キャッシュ・フロー計算書の作成の前提となる当該連結パッケージなどの入手データの正確性を確かめるための監査手続を実施します（実在性（発生）、網羅性、評価の妥当性（測定））。

### 2 手続の具体的な内容

監査人は、各連結子会社の連結財務諸表に占める割合などを踏まえ、入手した連結パッケージについて、各資料間の整合性の検討などにより、その正確性を確かめます。この際、重要な連結子会社については、有効な決算・財務報告プロセスが整備・運用されているかも検討します。

## 3 キャッシュ・フロー精算表の検証

### 1 手続の目的

監査人がキャッシュ・フロー精算表の検証、再計算を行うことによって、キャッシュ・フロー精算表による計算の正確性を確かめるための監査手続です（表示の妥当性）。

### 2 手続の具体的な内容

監査人は、キャッシュ・フロー精算表の検証を通じて、キャッシュ・フロー計算書の作成過程（使用数値・計算過程）の妥当性を確かめます。キャッシュ・フロー精算表は貸借対照表・損益計算書から作成されるため、キャッシュ・フロー精算表の数値と貸借対照表、損益計算書との突合を行い、キャッシュ・フロー精算表の数値が正確であることを確認します。その後、キャッシュ・フロー精算表内の振替えなどの検証及び再計算を行い、計算の正確性を検証します。

## 4 在外子会社のキャッシュ・フロー計算書の外貨換算の検証（連結-原則法）

### 1 手続の目的

監査人が、原則法の場合の在外子会社のキャッシュ・フロー計算書の換算に使用される換算レートの検証及び再計算を行うことによって、換算計算結果の妥当性を確かめるための監査手続です（評価の妥当性（測定））。

### 2 手続の具体的な内容

監査人は、金融機関などが公表している為替相場情報と会社が換算に用いた為替レートの整合性を確かめるとともに、換算に用いた換算レートが外貨建取引等会計基準の定めに準拠していることを確かめます。また、換算過程

のレビューまたは再計算などを実施し、会社の外貨換算が適切に行われていることを確かめます。

## 5 連結間キャッシュ・フロー相殺仕訳の検証（連結–原則法）

### 1 手続の目的

　監査人が、原則法の場合の連結内におけるキャッシュ・フロー取引の相殺消去仕訳についての前期比較分析、他資料との突合、再計算などを行うことによって、重要なキャッシュ・フロー取引の消去漏れ、消去金額誤りなどの有無を確かめるための監査手続です（実在性（発生）、網羅性、評価の妥当性（測定））。

### 2 手続の具体的な内容

　監査人は、相殺消去仕訳のそれぞれについて、前期の相殺消去仕訳との比較・分析を実施し、重要なキャッシュ・フロー取引について相殺消去漏れがないこと、重要な誤りがないことを確認します。なお比較の結果、重要な差異が発生している場合には、当該差異が合理的な理由に基づくものであることを、質問や関連証憑の閲覧によって確かめます。

## 6 為替レート変動による影響額の検証

### 1 手続の目的

　監査人が、為替レートの検証及び再計算を行うことによって、為替レート変動による影響額が正確に算定されていることを確かめるための監査手続です（評価の妥当性（測定））。

### 2 手続の具体的な内容

　監査人は、為替レート変動による影響額を算定している資料を入手し、為

替レートの妥当性を確かめます。

次に、それに基づく計算結果が正確であることを再計算により検証します。以下のようなシートを作成し、影響額を算定することが一般的です。

**為替レート変動による影響額算定シート（イメージ）**

| | 外貨 | | | 円貨 | | | 円貨の増減の内訳 | |
|---|---|---|---|---|---|---|---|---|
| | ①×1/3/31 | ②×2/3/31 | ③(②-①)増減 | ④×1/3/31 | ⑤×2/3/31 | ⑥(⑤-④)増減 | ⑦(③*AR)平均レートによる換算 | ⑥-⑦為替レート変動の影響 |
| 現金及び預金 | 16 | 3 | (13) | 352 | 81 | (271) | (325) | 54 |
| 売掛金 | 40 | 58 | 18 | 880 | 1,566 | 686 | 450 | 236 |
| 貸倒引当金 | (3) | (6) | (3) | (66) | (162) | (96) | (75) | (21) |
| たな卸資産 | 27 | 36 | 9 | 594 | 972 | 378 | 225 | 153 |
| 有形固定資産 | 60 | 75 | 15 | 1,320 | 2,025 | 705 | 375 | 330 |
| 減価償却累計額 | (27) | (30) | (3) | (594) | (810) | (216) | (75) | (141) |
| 合計 | 113 | 136 | 23 | 2,486 | 3,672 | 1,186 | 575 | 611 |
| 買掛金 | 41 | 49 | 8 | 902 | 1,323 | 421 | 200 | 221 |
| 短期借入金 | 35 | 33 | (2) | 770 | 891 | 121 | (50) | 171 |
| 未払法人税等 | 2 | 3 | 1 | 44 | 81 | 37 | 25 | 12 |
| 未払利息 | 0 | 1 | 1 | 0 | 27 | 27 | 25 | 2 |
| 長期借入金 | 0 | 13 | 13 | 0 | 351 | 351 | 325 | 26 |
| 資本金 | 20 | 20 | 0 | 400 | 400 | 0 | 0 | 0 |
| 利益剰余金 | 15 | 17 | 2 | 285 | 343 | 58 | 50 | 8 |
| 為替換算調整勘定 | | | | 85 | 256 | 171 | 0 | 171 |
| 合計 | 113 | 136 | 23 | 2,486 | 3,672 | 1,186 | 575 | 611 |

| 為替レート | |
|---|---|
| 前期末 | 22 |
| 当期末 | 27 |
| 期中平均 | 25 |

※ CF実務指針設例より抜粋・一部加工したもの

## 7　他の財務諸表数値との整合性の検証

### 1 手続の目的

間接法の場合、キャッシュ・フロー計算書上の多くの金額は、貸借対照表、損益計算書から作成されます。監査人が、財務諸表間の整合性を検証することで、キャッシュ・フロー計算書が適切に作成されていることを概括的に確かめるための監査手続です（表示の妥当性）。

### 2 手続の具体的な内容

間接法の場合、キャッシュ・フロー計算書上の多くの金額は、貸借対照表の増減額及び損益計算書の各金額と一致するため、監査人は、作成されたキャッシュ・フロー計算書と貸借対照表、損益計算書の整合性を確かめます。

具体的には、以下のようなものが挙げられますがたとえば為替差損益など通常一致しないものもあります。

- 損益計算書上の税引前当期純利益・営業外項目（非資金損益項目）・特別項目（非資金損益項目）と営業活動によるキャッシュ・フローの各計上項目
- 貸借対照表の借入金の対前期増減額と財務活動によるキャッシュ・フローの増加額・減少額を相殺した金額
- 営業活動にかかる資産及び負債の増減額と、営業活動によるキャッシュ・フローの各計上項目

## 8　分析的手続

### 1 手続の目的

監査人が、キャッシュ・フロー計算書の各項目の計上額を分析することによって、当該計上額が会社の経営環境に照らして合理的であることを概括的に確かめるための監査手続です（各アサーション）。

## 2 手続の具体的な内容

　監査人は、各項目と推定値（前期末計上額などを基に設定した金額）を比較・分析し、増減の有無や乖離の程度を把握して、当該増減や乖離の内容が会社の経営環境に照らして合理的なものであることを、質問や関連証憑の閲覧によって確かめます。

　特に「投資活動によるキャッシュ・フロー」における「有形固定資産の取得による支出」、「財務活動によるキャッシュ・フロー」における「短期借入れによる収入」など、貸借対照表科目の増減額と直接的に一致しない項目について、分析を行うことは有用です。

　また、第2四半期などの期の途中でキャッシュ・フロー計算書を開示している場合は、「投資活動によるキャッシュ・フロー」「財務活動によるキャッシュ・フロー」の各項目について、年度での計上額が第2四半期などでの計上額より小さくなっていないかについて分析で確かめることも有用です。例えば、「投資活動によるキャッシュ・フロー」における「有形固定資産の取得による支出」は累積されていくものであるため、年度での計上額が第2四半期などでの計上額より小さくなることは通常は想定されません。

## 9 表示・開示の妥当性に関する手続

### 1 手続の目的

　監査人が、キャッシュ・フロー計算書に関する表示及び注記について関連資料や関連調書と照合することによって、財務諸表上の表示・開示の妥当性を確かめるための監査手続です（表示の妥当性）。

### 2 手続の具体的な内容

　監査人は、監査調書との照合、会社担当者への質問などを実施し、キャッシュ・フロー計算書の各項目の表示が妥当であること、また各項目が「営業活動によるキャッシュ・フロー」「投資活動によるキャッシュ・フロー」「財

務活動によるキャッシュ・フロー」に適切に区分表示されていること、及びキャッシュ・フロー計算書に関する注記が適切に行われていることを確かめます。

各項目の表示の観点からは、2つの方法が認められている「利息及び配当金に係るキャッシュ・フロー」の表示方法について毎期継続しているか、支払配当金のうち少数株主への支払配当金を分けて記載しているか、総額で表示すべきものを純額で表示していないか、期中に連結の範囲の変更を伴う企業結合等が行われている場合には、当該事実がキャッシュ・フロー計算書に適切に表示されているかなどを確かめます。特に、関連当事者に対して期中に短期資金を貸付・回収し、期末残高がゼロになっている時に純額表示を採用しようとする場合などには、関連当事者注記との整合性も踏まえ、その純額表示の可否を慎重に検討します。

注記の観点からは、資金の範囲を正当な理由なく変更していないか、キャッシュ・フロー計算書の現金及び現金同等物の期末残高と貸借対照表に掲記されている金額との整合性があるか、期中に連結の範囲の変更を伴う企業結合等が行われている場合に必要な所定の注記がなされているか、重要な非資金取引が注記されているかなどを確かめます。特に重要な非資金取引は、キャッシュ・フロー計算書に係る会社作成資料の検証過程では通常検出が困難なことから、会社担当者への重要な非資金取引の有無の質問に加え、監査人が別途作成している取締役会議事録の閲覧調書や連結範囲の検討調書などを参照します。

第 2 節

# 継続企業の前提

## 2-1 継続企業の前提の特性とリスク

### ■継続企業の前提の定義

　継続企業の前提とは、企業は予測しうる将来にわたって事業を継続するとの前提のことです（監基報570②）。

　継続企業の前提を基礎として作成された財務諸表は、その時点の清算価値を示しているものではありません。

　たとえば、有形固定資産としての建物は取得価額に基づく償却後簿価で評価され、含み損益があっても原則として評価には反映されません。これは継続企業の前提があれば、営業活動を継続することによって建物の取得価額（＝投資金額）に見合うキャッシュ・フローを獲得されることが期待されるため、建物をその投資金額に基づき計上することに一定の合理性が認められるためです。

　ところが、会社が存亡の危機にあり、再建も期待できないならば、継続企業の前提を基礎として財務諸表を作成することがもはや意味をなさなくなります。その場合、継続企業を前提とせず、清算価値を示す財務諸表を作成することになり、建物等の資産・負債を時価で評価することが合理的であり、かつ、投資家にとって有用な情報となります。

### ■継続企業の前提の特性とリスク

　業績好調と思われていた会社が突然倒産する（いわゆる、黒字倒産）、ある

いは企業が突然破綻することなどがあります。このような事態が実際に生じ、投資者が不測の損害を被らないように、継続企業の前提に重要な不確実性が認められる場合は、その旨が財務諸表に注記されます。これは、会社の存続がある程度見込まれて継続企業の前提は成立しているものの、会社の存続に影響を及ぼす重要な不確実性がある場合に、前もって投資者に注意の喚起を促す注記であり、ゴーイング・コンサーン注記（GC注記）といわれます。

継続企業の前提に重要な不確実性があるということ自体は会計処理を伴うものではなく、財務諸表に注記するのみですが、この注記の有無は投資者をはじめとする利害関係者の判断に重要な影響を及ぼすと考えられます。したがって、会社がこの注記を避けようとすることにより、継続企業の前提に関する重要な不確実性があるにもかかわらず注記が漏れるリスクがあります。

なお、継続企業の前提に重要な疑義を生じさせるような事象または状況を解消し、または改善するための対応をしてもなお継続企業の前提に関する重要な不確実性が認められる場合にのみ注記が求められますが、注記を開示するまでには至らない場合でも、継続企業の前提に重要な疑義を生じさせるような事象または状況が存在する場合には、有価証券報告書の「事業等のリスク」及び「財政状態、経営成績及びキャッシュ・フローの状況の分析」にその旨及びその内容等を開示します。

## 2-2 リスクとアサーション

「継続企業の前提」に関する主なリスクとしては、以下のものが考えられます。

| 主なリスク | 主なアサーション |
| --- | --- |
| （1）継続企業の前提に重要な疑義を生じさせるような事象または状況が適切に認識されない | 網羅性、表示の妥当性 |
| （2）継続企業の前提に重要な疑義を生じさせるような事象または状況を解消するための経営計画等が適切に作成されない | 表示の妥当性 |
| （3）継続企業の前提に関する重要な不確実性の評価を誤る | 表示の妥当性 |
| （4）継続企業の前提に関する重要な疑義の開示を誤る | 網羅性、表示の妥当性 |

## 1 継続企業の前提に重要な疑義を生じさせるような事象または状況が適切に認識されない

　経営者は、財務諸表作成にあたり、継続企業の前提が適切であるか否かを評価することが求められます。継続企業の前提に関する重要な不確実性につながる兆候となる事象または状況の例は以下のとおりです。

〈財務指標関係〉
- 売上高の著しい減少
- 継続的な営業損失の発生または営業キャッシュ・フローのマイナス
- 重要な営業損失、経常損失または当期純損失の計上
- 重要なマイナスの営業キャッシュ・フローの計上
- 債務超過

〈財務活動関係〉
- 営業債務の返済の困難性
- 借入金の返済条項の不履行または履行の困難性
- 社債等の償還の困難性
- 新たな資金調達の困難性

- 債務免除の要請
- 売却を予定している重要な資産の処分の困難性
- 配当優先株式に対する配当の遅延または中止

〈営業活動関係〉
- 主要な仕入先からの与信または取引継続の拒絶
- 重要な市場または得意先の喪失
- 事業活動に不可欠な重要な権利の失効
- 事業活動に不可欠な人材の流出
- 事業活動に不可欠な重要な資産の毀損、喪失または処分
- 法令に基づく重要な事業の制約

〈その他〉
- 巨額な損害賠償金の負担の可能性
- ブランド・イメージの著しい悪化

出所　日本公認会計士協会「継続企業の前提に関する開示について」(監査・保証実務委員会報告第74号) 4より抜粋

このような事象または状況について適切に認識されないリスクがあります(網羅性、表示の妥当性)。

このようなリスクに対しては、上記例示項目に基づくチェックリストの作成、財務部門における日々の資金繰計画の作成、リスク管理委員会やコンプライアンス委員会の開催などの内部統制を構築することが有用です。

## 2　継続企業の前提に重要な疑義を生じさせるような事象または状況を解消するための経営計画等が適切に作成されない

経営者が継続企業の前提に関する重要な疑義を生じさせるような事象または状況を認識した場合、会社はこれを解消し、改善するための計画を策定し、行動を起こすことになります。このような継続企業の前提に関する重要な不確実性に対して、解消・改善の対応策が財務諸表作成時に具体的に計画されていない、または客観的な計画でない、あるいは効果的で実行可能でない場

合には、継続企業の前提に関する重要な不確実性は解消または改善されません。ここに、継続企業の前提に関する重要な疑義を生じさせるような事象または状況を解消するための経営計画等が適切に作成されないリスクがあります（表示の妥当性）。

このようなリスクに対しては、担当部署が作成した業績改善計画等を取締役会にて承認するなどの内部統制を構築することが有用と考えられます。

### 3 継続企業の前提に関する重要な不確実性の評価を誤る

会社は、**1**において認識された事象または状況について、**2**において作成された経営計画等によって、十分に解消または改善されると見込まれるか否か、過去の実績や今後の展望も慎重に吟味のうえ、評価します。しかし、業績の予測など将来の見積りに依存するものや、金融機関や取引先の動向などの他社の意思に依存する要素もあることから、継続企業の前提に関する重要な不確実性の評価を誤るリスクがあります（表示の妥当性）。

このようなリスクに対しては、担当部署が作成した業績改善計画等に基づく確実性の評価について取締役会にて承認するなどの内部統制を構築することが有用です。

また、業績改善計画等を遂行する上で金融機関などの社外の協力が不可欠な場合は、社外の協力を得られるという客観的な証拠を会社自ら入手することも必要です。

### 4 継続企業の前提に関する重要な疑義の開示を誤る

会社は、継続企業の前提に重要な疑義を生じさせるような事象または状況を解消し、または改善するための対応をしてもなお継続企業の前提に関する重要な不確実性が認められると評価した場合は、継続企業の前提に関する事項を財務諸表に注記します。このような継続企業の前提に関する重要な疑義

の開示に関する注記を行うか否か、どのような内容で注記するかという点について、開示を誤るリスクがあります（網羅性、表示の妥当性）。

このようなリスクに対しては、開示書類の作成部門の上長による承認、開示内容の取締役会による承認などの内部統制を構築することが有用です。

## 2-3 主な監査手続

監査人は、継続企業の前提に重要な疑義を生じさせるような事象または状況が発生していないか、監査の過程全般にわたって注意を払います。「継続企業の前提」に関連する主な監査手続は、以下のとおりです。

| 主な監査手続 | 主なアサーション |
| --- | --- |
| （1）継続企業の前提に重要な疑義を生じさせるような事象または状況の把握 | 網羅性、表示の妥当性 |
| （2）継続企業の前提に重要な疑義を生じさせるような事象または状況を解消するための経営計画等の検討 | 表示の妥当性 |
| （3）継続企業の前提に関する重要な不確実性の評価の検討 | 表示の妥当性 |
| （4）後発事象の検討 | 網羅性、表示の妥当性 |
| （5）表示・開示の妥当性に関する手続 | 網羅性、表示の妥当性 |
| （6）経営者確認書の入手 | 表示の妥当性 |

## 1 継続企業の前提に重要な疑義を生じさせるような事象または状況の把握

### 1 手続の目的

監査人が、継続企業の前提に影響を与えるような情報を入手することによって、継続企業の前提に関する重要な不確実性につながる兆候がないかどうかを確かめるための監査手続です（網羅性、表示の妥当性）。

### 2 手続の具体的な内容

監査人は、監査計画の策定及びこれに基づく監査の実施過程において、継続企業の前提に重要な疑義を生じさせるような事象または状況が存在するか否か、また継続企業の前提に基づき財務諸表を作成することが適切であるか否かを検討します。

監査人は、たとえば、以下のような資料または情報を入手して検討し、継続企業の前提に関する重要な不確実性につながる兆候がないかどうかを確かめます。

① 過去の財務諸表または翌期以降の予算などの分析
- 売上高の著しい減少、継続的な営業損失などの事象がないか分析します。あわせて、重要な関係会社の財務諸表も分析します。

② 借入金及び社債の契約条項等の検討
- 借入金及び社債について、財務制限条項等がないことを確かめます。財務制限条項の例として、「経常損益が赤字になると期限の利益を喪失し、借入金を一括返済しなければならない」といったものがあります。
- 借入金及び社債について当初の約定どおりに返済または償還がなされていることを確かめます。
- 債務免除の要請の事実がないか確かめます。
- 財務的支援を行っている親会社などに対して今後の支援計画を照会し

ます。
③ 稟議書、取締役会議事録、株主総会議事録等の閲覧による以下の事項の検討
- 重要な関係会社または営業資産の売却の有無
- 重要な営業上の契約の締結または解約の有無
- 重要な得意先または仕入先の喪失の有無
- 重要な人材の喪失または大量の退職の有無

④ 法務部門への質問、訴訟関係書類の閲覧、弁護士への確認の実施
- 訴訟等や損害賠償請求の存在及びその財務諸表への影響について検討します。
- 重要な法令違反がないか検討します。

⑤ その他、継続企業の前提に重要な影響を及ぼす事象の検討
- ブランド・イメージの著しい悪化がないか検討します。

⑥ 継続企業の前提に重要な疑義を生じさせるような事象または状況に関する経営者の評価について経営者等への質問

監査人が、継続企業の前提に重要な疑義を生じさせるような事象または状況の存在を識別しなかった場合にはこれ以上の手続は必要ありません。

### 監査手続上のポイント

会社の業績が赤字の場合や自己資本比率が低い場合には留意が必要です。また、借入金への依存度が高いと資金繰りに行き詰まって黒字倒産（業績が黒字であるにもかかわらず資金繰り上の理由から倒産すること）する可能性がある点にも留意が必要です。

## 2 継続企業の前提に重要な疑義を生じさせるような事象または状況を解消するための経営計画等の検討

### 1 手続の目的

監査人が、継続企業の前提に重要な疑義を生じさせるような事象または状況の存在を識別した場合に、会社が作成した経営計画等を検討することによって、継続企業の前提に重要な疑義を生じさせるような事象または状況を解消または改善する経営計画等が適切に作成されているかどうかを確かめるための監査手続です（表示の妥当性）。

### 2 手続の具体的な内容

監査人は、会社が作成した経営計画等を入手して検討を行い、継続企業の前提に重要な疑義を生じさせるような事象または状況を解消または改善するのに十分なものかどうか、その実現可能性を評価します。

監査人は、当該対応策の最終的な顛末までは予測することができないため、実施可能な範囲で対応策を検討します。たとえば、資産を処分する計画がある場合には当該処分予定資産の売却可能性や売却先の信用力、処分による生産能力の縮小などを考慮し、その実現可能性を検討します。また、資金援助を受け続ける旨の契約や合意等が存在していると経営者が主張する場合、法律的に有効か、実行可能性はあるかといった視点で検討します。これらの検討の際には、予測財務数値を分析する、経営者と討議する、顧問弁護士に照会する、取引相手や金融機関などに対する質問または確認などの手続を必要に応じて実施します。

なお、経営者が作成した経営計画等が貸借対照表日の翌日から1年間に満たない期間を対象としている場合には、評価の対象期間を少なくとも貸借対照表日の翌日から1年間に延長するように経営者に求めたうえで評価する必要があります。

また、経営管理者が作成した経営計画等より長い期間についても質問し、

継続企業として存続する企業の能力に影響するものがないか検討します。

## 3 継続企業の前提に関する重要な不確実性の評価の検討

### 1 手続の目的

監査人が、会社が経営計画等を作成し対応策を講じてもなお継続企業の前提に関する重要な不確実性が認められるかどうかを確かめるための監査手続です（表示の妥当性）。

### 2 手続の具体的な内容

監査人は、経営計画等以外の内部または外部の経営環境に関する情報を入手し、総合的な検討を行い、継続企業の前提に関する重要な不確実性が解消または改善されないと合理的に見込まれるかどうかを検証します。継続企業の前提に関する重要な不確実性が存在しているかどうかについては、まずは経営者の評価を検討し、当該不確実性がもたらす影響の大きさ及びその発生可能性に基づき、実態に即して判断します。

たとえば、同じ業種の企業の倒産が相次いでいる場合、事業を行うために必須の免許が取り消される可能性が高い場合、不祥事によって信用が著しく失墜した場合などは継続企業の前提に関する重要な不確実性に留意します。

## 4 後発事象の検討

### 1 手続の目的

監査人が、決算日後に発生した事象に関する情報を入手することによって、継続企業の前提に影響を与えるような事象が決算日後に新たに発生していないことを確かめるための監査手続です（網羅性、表示の妥当性）。

### 2 手続の具体的な内容

　監査人は、決算日後に発生した事象に関する情報を入手し、継続企業として存続する能力に有利または不利な影響を及ぼす事象を識別し、監査上の判断に与える影響などを検討します。

　継続企業の前提に関しては、決算日以前に発生した事象に対してだけではなく、決算日後に発生した事象に対して留意することが重要です。

　なお、後発事象に関する具体的な手続については本章第 8 節「後発事象」を参照してください。

## 5 表示・開示の妥当性に関する手続

### 1 手続の目的

　監査人が、継続企業の前提に関する注記について関連資料や関連調書と照合することによって、財務諸表上の開示の妥当性を確かめるための監査手続です（網羅性、表示の妥当性）。

### 2 手続の具体的な内容

　監査人は、継続企業の前提に重要な疑義を生じさせるような事象または状況が存在する場合で、当該事象または状況を解消し、または改善するための対応策を講じてもなお継続企業の前提に関する重要な不確実性が認められるときには、関連する監査調書との照合、経営管理者への質問などを実施し、継続企業の前提に関する注記が適切に行われていることを確かめます。

> 注記事項（財務諸表等規則 8 の 27）
> 　(ⅰ)　当該事象又は状況が存在する旨及びその内容
> 　(ⅱ)　当該事象又は状況を解消し、又は改善するための対応策
> 　(ⅲ)　当該重要な不確実性が認められる旨及びその理由
> 　(ⅳ)　当該重要な不確実性の影響を財務諸表に反映しているか否かの別

ただし、継続企業の前提が成立していないことが、破産法の規定による破産の申立てなどの一定の事実をもって明らかな場合には、継続企業を前提として財務諸表を作成することは不適切であると判断されます（監基報570⑳）。

#### 監査手続上のポイント

継続企業の前提に関する事項を前期まで注記していたが、当期は注記しない場合、前期に存在していた継続企業の前提に関する重要な不確実性が、当期に解消または改善されているかどうか、慎重に判断します。

### 6 経営者確認書の入手

#### 1 手続の目的
監査人が、継続企業の前提に重要な疑義を生じさせるような事象または状況が存在すると判断した場合に、継続企業の前提に関して記述した経営者の評価を書面で確かめるための監査手続です（表示の妥当性）。

#### 2 手続の具体的な内容
監査人は、経営者が継続企業を前提に財務諸表を作成することは適切であると判断していること、対応策を含めその内容はすべて監査人に説明していること、継続企業の前提に関する重要な不確実性が認められるときには当該内容は財務諸表に適切に注記していることなどを記述した経営者確認書を入手します（監基報570⑮(5)）。

第 **3** 節

# 偶発債務

## 3-1 偶発債務の特性とリスク

### ■偶発債務の定義

　偶発債務とは、債務の保証（債務の保証と同様の効果を有するものを含む）、係争事件に係る賠償義務その他現実に発生していない債務で、将来において事業の負担となる可能性のあるものです（財務諸表等規則58）。偶発債務は大きく分けて、(1)債務保証、(2)訴訟事件等、(3)その他の偶発債務に区分されます。

| | | |
|---|---|---|
| (1)債務保証 | ●保証債務<br>（保証予約に関する契約書、経営指導念書による保証を含む）<br>●手形割引・裏書譲渡に係る遡及義務 | |
| (2)訴訟事件等 | 訴訟等 | ●訴訟-1　現に裁判上で係争中の事件<br>●訴訟-2　未確定の係争案件<br>●賠償請求<br>●更生、査定及び賦課 |
| (3)その他の偶発債務 | ●近い将来明らかに訴訟等が提起される可能性が高い事象<br>上記以外の偶発債務（環境問題などを含む） | |

### ■偶発債務の特性とリスク

　偶発債務は、現時点では発生していない債務ですが、一定の条件のもとで将来において現実の債務となる可能性があるものです。貸借対照表に債務と

して計上されないものの、重要な偶発債務は投資者や債権者に注意を促すため、その内容及び金額を注記する必要があります（財務諸表等規則58）。

なお、手形取引において、割引手形や裏書手形が不渡りとなった場合、手形金額についての遡及義務を負担することになります。このような手形割引及び手形裏書に係る遡及義務についても、偶発債務としてその内容及び金額を注記します（財規ガイドライン58②）。

偶発債務は、その認識の困難さや見積りに依存する部分があることから、引当計上が求められる場合であっても簿外債務となるリスクが一般的に高いと考えられます。

## 3-2 リスクとアサーション

「偶発債務」の主なリスクとしては、以下のものが考えられます。

| 主なリスク | 主なアサーション |
| --- | --- |
| （1）偶発債務の認識が漏れる | 網羅性 |
| （2）引当金を計上すべきか否かの判断を誤る | 実在性、網羅性、表示の妥当性 |
| （3）引当金の計上金額、注記する偶発債務の金額を誤る | 評価の妥当性 |
| （4）表示・開示を誤る | 表示の妥当性 |

### 1 偶発債務の認識が漏れる

偶発債務に関する情報が網羅的に把握・管理されていない場合、たとえば、営業部門の担当者が偶発債務を認識していても、経理部門に情報が適切に伝

達されず、財務諸表作成上、検討すべき偶発債務の認識が漏れるリスクがあります（網羅性）。

このようなリスクに対しては、法務部等による訴訟案件の管理・報告、リスク管理委員会やコンプライアンス委員会の開催、内部通報制度や外部通報制度などによって収集された情報が適時に財務諸表作成部門に伝達される仕組みといった内部統制を構築することが有用です。

## 2　引当金を計上すべきか否かの判断を誤る

偶発債務が、引当金の計上要件を充たす場合（①将来の特定の費用または損失であって、②発生が当期以前の事象に起因し、③発生可能性が高く、④金額を合理的に見積もることができる場合）には、引当金を計上することが求められますが、この要件の適用を誤るリスクがあります。上記の引当金の計上要件の中でも、「③発生可能性が高いか」「④金額を合理的に見積もることができるか」については、特に会計上の判断を誤るリスクが高いと考えられます（実在性、網羅性、表示の妥当性）。

このようなリスクに対しては、引当要否の判断について、上長が承認するなどの内部統制を構築することが有用です。

## 3　引当金の計上金額、注記する偶発債務の金額を誤る

引当金の金額をどのように決定するかについて、現行の制度上、統一的なルールはなく、引当金の計上要件の一つである「金額を合理的に見積もること」についても、具体的な測定方法が定められているわけではありません。そのため、実務においては、引当金の計上時点において入手可能な情報に基づき、最善の見積りを行うこととなりますが、恣意性が介入しやすい領域です。注記される金額についても同様で、適切な金額が見積もられないリスクがあります（評価の妥当性）。

このようなリスクに対しては、客観的かつ合理的な算定根拠を作成のうえ仕訳伝票と照合し、上長が承認するなどの内部統制を構築することが有用です。

### 4 表示・開示を誤る

偶発債務（引当金を含む）については、それぞれ表示方法、開示方法が基準によって定められている場合があり、財務諸表に計上・注記された内容が要求事項を充たさず、適切な表示・開示とならないリスクがあります。また、基準によって明確に定められていない場合であっても、引当金が適切な勘定科目で表示されないなどのリスクがあります（表示の妥当性）。

このようなリスクに対しては、担当部署内での表示・開示事項に関する確認及び承認、財務諸表に対するIR部門での内容確認や、経理部上長の承認などの内部統制を構築することが有用です。

## 3-3 主な監査手続

「偶発債務」に関する主な監査手続は、以下のとおりです。

| 主な監査手続 | 主なアサーション |
| --- | --- |
| （1）会社への質問 | 網羅性、実在性、権利と義務の帰属、評価の妥当性 |
| （2）関連証憑の閲覧 | 網羅性、実在性、権利と義務の帰属、評価の妥当性 |
| （3）関連する勘定科目の補助元帳等の検証 | 網羅性、実在性、権利と義務の帰属、評価の妥当性 |
| （4）残高確認 | 網羅性、実在性、権利と義務の帰属、評価の妥当性 |

| | |
|---|---|
| (5)弁護士への確認 | 網羅性、実在性、権利と義務の帰属、評価の妥当性 |
| (6)後発事象の検討 | 網羅性、実在性、権利と義務の帰属、評価の妥当性 |
| (7)引当金の計上要否及び計上金額の検討 | 表示の妥当性、評価の妥当性 |
| (8)分析的手続 | 各アサーション |
| (9)表示・開示の妥当性に関する手続 | 表示の妥当性 |

## 1 会社への質問

### 1 手続の目的

　監査人が、会社への質問を行い、偶発債務として検討されるべき取引・事象が適切に認識されていることを確かめるとともに（網羅性）、認識されている偶発事象の存在や状況および見積りに関する情報を入手するための手続です（実在性、権利と義務の帰属、評価の妥当性）。

### 2 手続の具体的な内容

　監査人は、経営者や関連部署（法務部門を含む）に質問することによって、偶発債務に該当する取引・事象が発生していないかどうか、偶発債務の状況や発生原因、見積りに関連する情報を入手します。

　直接的な偶発債務についての質問に限らず、「子会社の財政状態が悪化した」「クレームにより商品が返品された」「弁護士に会ってきた」など、偶発債務に関連する情報を入手した場合、偶発債務の存在の可能性について職業的専門家としての懐疑心を発揮するよう常に心がける必要があります。

## 2 関連証憑の閲覧

### 1 手続の目的

監査人が、関連証憑を閲覧することによって、偶発債務として検討されるべき取引・事象が適切に認識されていることを確かめるとともに（網羅性）、認識されている偶発事象の存在や状況および見積りに関する情報を入手するための手続です（実在性、権利と義務の帰属、評価の妥当性）。

### 2 手続の具体的な内容

監査人は、たとえば、以下の証憑を閲覧することによって、偶発債務の状況及び見積りに関連する情報を入手し、偶発債務が発生していないかどうかを確かめます。

① 稟議書、取締役会議事録、株主総会議事録など
② 重要な営業上の契約書、覚書など
③ 保証債務及び保証予約に関する契約書、経営指導念書の控え
④ 訴訟事件等の管理資料、弁護士との文書など

#### 監査手続上のポイント

現時点では訴訟に到っていない案件でも、法令違反となる事実、お客様相談室への苦情、得意先または仕入先との取引停止、会社と役員または従業員とのトラブルなど、訴訟に発展する可能性のある事象にも留意が必要です。法令違反となる事実が訴訟へと発展し、損害賠償義務などが生じる可能性があります（例：労働基準法違反により、未払残業代が発生するなど）。

## 3 関連する勘定科目の補助元帳等の検証

### 1 手続の目的
　監査人が、偶発債務に関連する勘定科目の補助元帳等を閲覧し、その内容や発生額を検討することによって、偶発債務の存在及び状況を確かめるための監査手続です（網羅性、実在性、権利と義務の帰属、評価の妥当性）。

### 2 手続の具体的な内容
　監査人は、偶発債務に関連する勘定科目の補助元帳等の内容・発生金額を検討することによって、偶発債務に関連する情報を入手し、偶発債務が発生していないかどうかを確かめます。
　一般的に偶発債務に関連する勘定科目としては、弁護士報酬に係る「支払手数料」、営業外収益に計上される「受取保証料」、仮勘定である「仮払金」などが考えられます。「支払手数料」の中に、顧問弁護士への定額報酬以外の支払いや顧問弁護士以外の弁護士への支払いなどがある場合は、訴訟事件等の存在が推測されます。また、「受取保証料」が計上されているという事実から、債務保証の存在を推測するといった対応が肝要です。


## 4 残高確認

### 1 手続の目的
　監査人が、債務保証などの偶発債務について、会社外部の保証先や金融機関等に対して文書による問い合わせを行い、回答を直接入手し評価することによって、偶発債務の存在・状況及び計上額の妥当性を確かめるための監査手続です（網羅性、実在性、権利と義務の帰属、評価の妥当性）。

### 2 手続の具体的な内容
　監査人は、偶発債務について、たとえば債務保証の残高がある場合には、

保証先または被保証先に対して残高確認を実施し、会社が認識している保証金額の妥当性について検証します。

また、他の勘定科目の残高を確かめるために実施した残高確認の回答も評価し、偶発債務の存在を示唆するものがないことを確かめます。たとえば、預金の残高を確かめるために実施した金融機関に対する残高確認の回答を評価し、債務保証の受入れを示唆するものが無いことを確かめます。また、売掛金の残高確認に係る確認差異を調査した結果、その原因が得意先とのトラブルに起因するものであり、訴訟事件等の存在が明らかになることもあるため、債権債務等に係る残高確認の回答も評価します。

## 5 弁護士への確認

### 1 手続の目的

監査人が、弁護士への確認によって入手した、訴訟案件等の法務に関連する偶発債務の発生原因及び見積りに関連する情報を検討することによって、偶発債務の存在及び状況を確かめるための監査手続です（網羅性、実在性、権利と義務の帰属、評価の妥当性）。

### 2 手続の具体的な内容

監査人は、弁護士への確認によって、訴訟事件等の存在に関する情報や、具体的な訴訟事件等に関する詳細な評価に関する情報を入手し、偶発債務が存在していないかどうかを確かめます。

弁護士への確認は、積極的確認により行われ（第2章第3節「売掛金」参照）、弁護士から監査人に直接回答することを求めます。確認に対する弁護士からの回答は、外部から得られる重要な監査証拠であるので、法務担当責任者など会社内部から入手した証拠によって代替されるものではありません。

### 監査手続上のポイント

弁護士への確認は、通常、期末日後で、監査報告書の日付前の適切な時点で発送しますが、会計上の引当の要否を検討するために期中で実施することもあります。弁護士への確認状の記載内容、確認方式としては、要約書添付方式、案件名リスト方式、白紙送付方式などがあります。

具体的な訴訟事件等に関する詳細な評価に関する情報を必要とする場合は、勝訴または敗訴の可能性や、会社が負担することになる賠償義務の金額などについての弁護士の見解を照会します。

なお、顧問弁護士が契約を解除している場合や、交代している場合には、会社または必要に応じて当該弁護士に対する質問によりその理由を確かめます。何らかの法令違反に起因する会社と弁護士の対立によって、弁護士の契約解除や交代がなされている場合があります。

## 6 後発事象の検討

### 1 手続の目的

監査人が、決算日後に発生した事象に関する情報を入手し検討することによって、財務諸表に反映させるべき偶発債務が存在していないか、また、既に認識されている偶発債務に影響を与えるような事象が発生・変化していないかを確かめるための監査手続です（網羅性、実在性、権利と義務の帰属、評価の妥当性）。

### 2 手続の具体的な内容

監査人は、決算日後に発生した事象に関する情報を入手し、偶発債務の会計処理及び注記に影響を及ぼす事象を識別して、その影響を確かめます。たとえば、債務保証先の倒産に関する情報は債務保証の評価に影響し、裁判の判決に関する情報は訴訟事件等に係る偶発債務の評価に影響します。詳細な

手続は第4章第8節「後発事象」を参照してください。

## 7 引当金の計上要否及び計上金額の検討

### 1 手続の目的

　監査人が、認識した偶発債務に関連する引当金の計上要否の判断、および引当額・偶発債務の注記金額の妥当性を確かめるための監査手続です（表示の妥当性、評価の妥当性）。

### 2 手続の具体的な内容

　監査人は、入手した偶発債務の状況および見積りに関連する情報をふまえ、引当金の計上要件（特に、損失の発生の可能性が高く、かつ、損失金額を合理的に見積もることができるという要件）に関する会社の判断が妥当であるかを確かめます。必要に応じて、経営者等に対する質問を実施し、その回答も評価します。なお、偶発債務が確定債務となった場合には、引当金ではなく未払金などが適切な勘定科目となることにも留意が必要です。また、上述の手続で入手した関連証憑との照合や、会社の作成した計算シートを再計算することによって、その正確性や見積りの妥当性を検証します。

　① 債務保証

　　債務保証については、債務保証損失引当金の計上の要否及び金額について検討します。保証先の財政状態を把握して、債務保証の履行の可能性が高くなっていないかどうかに留意します。

　② 訴訟事件等

　　訴訟事件等については、「弁護士への確認」で入手した回答（当該事件の内容・経過のほか、勝訴または敗訴の可能性、会社が負担することになると予想される賠償義務の金額などについての弁護士の見解）を評価して、損害賠償損失引当金の計上の要否及び金額について検討します。

③　その他の偶発債務

上記のほか、法令違反、契約上の問題等、会社が負担せざるを得ないその他の偶発債務について、引当金の計上の要否及び金額について検討します。

## 8　分析的手続

### 1　手続の目的

監査人が、偶発債務に関連する期末残高・注記金額について分析することによって、当該金額が会社の経営環境等に照らして合理的であることを確かめるための監査手続です（各アサーション）。

### 2　手続の具体的な内容

監査人は、偶発債務に関連する期末残高・注記金額について、推定値（前期末金額などを参考に事前に設定した金額）と比較し、乖離の有無及びその理由を質問等により分析して検討し、当該金額の合理性を確かめます。

たとえば、保証債務の残高と受取保証料・債務者の借入金残高は、通常相関関係にあるという予測のもと、推定値を設定します。

## 9　表示・開示の妥当性に関する手続

### 1　手続の目的

監査人が、偶発債務に関する引当金や注記について関連資料や関連調書と照合することによって、財務諸表上の表示・開示の妥当性を確かめるための監査手続です（表示の妥当性）。

### 2　手続の具体的な内容

監査人は、関連する監査調書との照合、経営管理者または会社担当者への

質問などを実施し、偶発債務に関する引当金の表示・注記が要求される基準に従って適切に行われていることを確かめます。引当金の計上要件を充たす場合には、偶発債務としての注記ではなく、引当金として計上する必要があることに留意します。

## 第4節

# デリバティブ取引

## 4-1 デリバティブ取引の特性とリスク

### ■デリバティブ取引の定義

　デリバティブは金融派生商品とも呼ばれ、先物取引、オプション取引、スワップ取引及びこれらに類似する取引が代表的なデリバティブ取引です。デリバティブの価格の基礎数値となるもの（原資産ともいう。デリバティブ取引の基準または対象となるもの）は、株式、債券（金利）、通貨（外国為替）のほか、コモディティと呼ばれる原油、金、小麦などがあります。そのほか、クレジットデリバティブ、ウェザーデリバティブなど様々なデリバティブがあります。また、複合金融商品に組み込まれたデリバティブは組込デリバティブとよばれ、預金、債券、投資信託、貸付金、借入金などにデリバティブが組み込まれることもあります。

　デリバティブ取引は、金融機関によって組成されて金融機関が取引の相手方になるオーダーメイド型の商品もあれば、金融先物取引所や商品先物取引所を通じて取引される規格の決まった商品もあります。理論上、あらゆる形のデリバティブ取引を設計することが可能です。

### ■デリバティブ取引の特性とリスク

　デリバティブ取引は、主にトレーディング目的またはリスク回避（ヘッジ）目的で行われます。トレーディング目的の場合、高いレバレッジ効果（手元資金より大きな規模の取引）による利益を期待して行われることから、多額の

利益が発生する可能性がある半面、期待に反する変動によって多額の損失が発生する可能性もあります。ヘッジ目的の場合、相場変動を相殺するまたはキャッシュ・フローを固定するデリバティブ取引を実行することで、ヘッジ対象の価値変動リスクまたはキャッシュ・フロー変動リスクを減少させる効果が期待できます。なお、ヘッジ会計とは、ヘッジ取引のうち一定の要件を充たすものについて、ヘッジ対象に係る損益とヘッジ手段に係る損益を同一の会計期間に認識し、ヘッジの効果を会計に反映させるための特殊な会計処理をいいます（金融商品会計基準29）。

デリバティブ取引の終了にあたっては、一般には正味の債権債務による決済（差金決済）が行われます。

## 4-2 リスクとアサーション

デリバティブ取引に関する主なリスクとしては、以下のものが考えられます。

| 主なリスク | 主なアサーション |
|---|---|
| （1）会計方針の適用を誤る | 評価の妥当性、表示の妥当性 |
| （2）デリバティブ取引の認識が漏れる | 網羅性 |
| （3）期末評価額、関連損益の計上を誤る | 評価の妥当性 |
| （4）ヘッジの有効性判定を誤る | 評価の妥当性、期間配分の適切性 |
| （5）表示・開示を誤る | 表示の妥当性 |

## 1 会計方針の適用を誤る

　デリバティブ取引により生じる正味の債権及び債務は、時価をもって貸借対照表価額とし、評価差額は、原則として当期の損益として処理します。ただし、時価を算定することが極めて困難なデリバティブは取得価額をもって貸借対照表価額とすることができます。

　ヘッジ会計の要件を満たすものについては原則的な処理である繰延ヘッジの他、その他有価証券をヘッジ対象とした時価ヘッジ、金利スワップの特例処理や為替予約の振当処理が認められています。

　このように様々な会計処理があることから、それぞれのデリバティブ取引が適用される基準の要求事項を充たさないリスク、会社の会計方針と異なる処理を行うリスクがあります（評価の妥当性、表示の妥当性）。

　このようなリスクに対しては、デリバティブ取引について、会計基準や会社の経理規程に準拠して会計処理を行っているか、上長が内容を確認のうえ承認するなどの内部統制を構築することが有用です。

## 2 デリバティブ取引の認識が漏れる

　デリバティブ取引については、契約関係において発生する概念上の取引となることもあるから、契約時においてその種類、基礎数値、契約期間、決済及びその他の条件などを適切に把握するとともに、契約時以降においても、契約満了に至るまで、キャッシュ・フローや基礎数値の変動状況など、会計帳簿への記録を適切に行う必要がありますが、当該記録が漏れるリスクがあります。特に、契約時にキャッシュ・フローを伴わない取引については、デリバティブ取引の把握が漏れ、簿外債務が生じるリスクが高まります（網羅性）。

　このようなリスクに対しては、デリバティブ取引の記録管理台帳の整備や、複数担当者による残高照合と、上長による承認などの内部統制を構築することが有用です。

### 3 期末評価額、関連損益の計上を誤る

デリバティブ取引により生じる正味の債権債務は、時価をもって貸借対照表価額とし、評価差額は、原則として当期の損益として処理します（金融商品会計基準25）。デリバティブ取引の時価情報については、取引金融機関などから残高確認を通してその情報を得るのが一般的ですが、金融工学などに関する専門家の業務の利用を必要とするような複雑なデリバティブ取引もあり、デリバティブ取引の期末評価額や関連損益の計上額を誤るリスクがあります（評価の妥当性）。

このようなリスクに対しては、金融機関などが発行した時価算定計算書と仕訳伝票との突合や、複数の担当者によるチェック、仕訳伝票に対する上長の承認などの内部統制を構築することが有用です。

### 4 ヘッジの有効性判定を誤る

ヘッジ会計の適用に当たっては、金融商品会計基準に定めるヘッジ取引時の要件及びヘッジ取引時以降の要件を満たす必要があります。ヘッジの有効性判定を誤ると、ヘッジ会計の会計処理を行うか否かの判断を誤ることになり、当期の損益を誤って表示するリスクがあります（評価の妥当性、期間配分の適切性）。

このようなリスクに対しては、ヘッジの有効性判定について、会計基準や会社の経理規程に準拠して会計処理を行っているか否か、上長が内容を確認のうえ承認するなどの内部統制を構築することが有用です。

### 5 表示・開示を誤る

デリバティブ取引により生じる正味の債権債務は、1年基準により、流動資産または固定資産もしくは流動負債または固定負債に区分計上されますが、

この表示区分を誤るリスクがあります。また、ヘッジ会計について、ヘッジ手段に係る損益または評価差額は、税効果会計を適用のうえ、純資産の部に計上されますが、この表示区分を誤るリスクもあります（表示の妥当性）。

さらにデリバティブ取引として求められている開示項目は詳細であり、それら開示内容を誤るリスクもあります（表示の妥当性）。

このようなリスクに対しては、担当部署内での表示・開示事項に関する確認及び承認、財務諸表に対するIR部門での内容確認や、経理部上長の承認などの内部統制を構築することが有用です。

## 4-3 主な監査手続

デリバティブ取引に関連する主な監査手続は、以下の通りです。

| 主な監査手続 | 主なアサーション |
| --- | --- |
| (1)稟議書・議事録などの閲覧、質問 | 網羅性 |
| (2)残高確認及び関連証憑との突合 | 実在性、網羅性、評価の妥当性、権利と義務の帰属 |
| (3)デリバティブ取引内容と適用される会計方針の妥当性の検討 | 評価の妥当性、期間配分の適切性、表示の妥当性 |
| (4)ヘッジの有効性の検討 | 評価の妥当性、期間配分の適切性 |
| (5)分析的手続 | 各アサーション |
| (6)表示・開示の妥当性に関する手続 | 表示の妥当性 |

## 1　稟議書・議事録などの閲覧、質問

### 1 手続の目的

　監査人が、稟議書、議事録などを入手して閲覧するとともに、会社に対する質問などによって、デリバティブ取引が漏れなく識別されていることを確かめるための監査手続です（網羅性）。

### 2 手続の具体的な内容

　監査人は、稟議書、経営会議、財務会議、取締役会や株主総会の議事録などを閲覧し、また、経理・財務担当者または責任者などに、デリバティブ取引について質問することによって、オンバランスすべき取引が適切に計上されているか、オフバランスとなるデリバティブ取引についても開示対象として漏れなく把握されているかを確かめます。デリバティブ取引に関しては、簿外債務の有無について特に留意して手続を実施します。

#### 監査手続上のポイント

　先物取引の証拠金やオプション料の支払は、保証金や前渡金として計上されるため、これらの勘定科目の計上がある場合には、デリバティブ取引の存在を念頭に置いて監査手続を実施します。

　一方、為替予約や金利スワップ取引は契約締結時に入出金が発生しないこともあり、試算表や元帳通査のみではデリバティブ取引の存在が判明しない可能性があることにも留意します。

## 2 残高確認及び関連証憑との突合

### 1 手続の目的

監査人が、期末残高の内容を検討し、必要に応じて金融機関などに対して、残高確認を実施することによって、デリバティブ取引に係る期末残高が妥当であることを確かめるための監査手続です（実在性、網羅性、評価の妥当性、権利と義務の帰属）。

### 2 手続の具体的な内容

監査人は、金融機関などに対する残高確認を実施し、入手した回答（契約内容、残高、想定元本、時価評価額など）と期末残高を突合し、その内容を理解するとともに期末残高の妥当性を確かめます。そのほか、必要に応じて、金融機関などが発行したデリバティブ取引の明細表、残高証明書などと会計帳簿の整合性を確かめます。

なお、監査人がデリバティブ取引契約の存在を認識している相手先のみならず、取引のある金融機関に対して網羅的に残高確認を行い、その回答を直接入手して評価することによって、デリバティブ取引の存在を網羅的に確かめます。

#### 監査手続上のポイント

複合金融商品に組み込まれたデリバティブについては、評価の検討にあたり注意が必要です。組込デリバティブは、一定の要件を満たした場合、組込対象である金融資産または金融負債とは区分して時価評価し、評価差額を当期の損益として処理します。また、複合金融商品の時価は測定できるが、組込デリバティブを合理的に区分して測定することができない場合には、当該複合金融商品全体を時価評価し、評価差額を当期の損益に計上します（複合金融商品に関する会計処理8、9）。

たとえば、その他有価証券に区分された債券についてデリバティブが組み込まれており、複合金融商品の時価は測定できるものの組込デリバティブを合理的に区分して測定することができない場合には、債券を時価評価した際の評価差額は、その他有価証券評価差額金ではなく、当期の損益として処理します。

## 3 デリバティブ取引内容と適用される会計方針の妥当性の検証

### 1 手続の目的

　監査人が、デリバティブ取引の評価方法及び評価結果を検討し、デリバティブ取引の期末評価に関する会計処理が、会計基準などに準拠して会社の実態を適切に反映していることを確かめるための監査手続です（評価の妥当性、期間配分の適切性、表示の妥当性）。

### 2 手続の具体的な内容

　監査人は、会社が適用しているデリバティブ取引の評価方法及び評価結果を検討し、デリバティブ取引の期末評価に関する会計処理が適切であることを確かめます。

　ヘッジ会計を適用していないデリバティブ取引については、デリバティブ取引により生じる正味の債権債務の時価評価に係る会計処理が適切であるか、例外的な処理を適用している場合には、その要件を充たしているか、継続的な適用であるか等を検討します。ヘッジ会計を適用している場合には、下記 4 の監査手続を実施することによって、ヘッジの有効性を検討します。

## 4 ヘッジの有効性の検討

### 1 手続の目的

　監査人が、ヘッジ会計を適用している取引について、会計基準や経理規程に準拠しているかを検討することによって、その有効性を確かめ、ヘッジ会計が適用できるか否かを確かめるための監査手続です（評価の妥当性、期間配分の適切性）。

### 2 手続の具体的な内容

　監査人は、ヘッジ対象及びヘッジ手段の残高、想定元本、基礎数値の相場変動、発生するキャッシュ・フローなどに関する資料を入手し、ヘッジ手段の効果が定期的に発生しているか否かを検討し、ヘッジの有効性を確かめます。

　ヘッジ会計適用にあたっては、ヘッジ取引時及びヘッジ取引時以降において金融商品会計基準 31 に定める要件（事前テスト・事後テスト）を満たしていることが必要となります。

　なお、金利スワップの特例処理については、金融商品会計実務指針 178 に定める 6 つの条件をすべて満たしているかを検討します。

## 5 分析的手続

### 1 手続の目的

　監査人が、期末残高について分析することによって、期末残高が会社の経営環境などに照らして合理的であることを確かめるための監査手続です（各アサーション）。

### 2 手続の具体的な内容

　監査人は、デリバティブ取引に関連した期末残高（正味の債権及び債務、決

済損益、評価損益など）と推定値（前期末金額などを基礎として事前に設定した金額）を比較し、増減の有無及びその理由を質問等により分析して、期末残高が合理的であることを確かめます。

　市場における基礎数値（株価、金利、外国為替など）の変動とデリバティブ取引の残高や損益の変動が矛盾していないかという視点で検討します。

## 6 表示・開示の妥当性に関する手続

### 1 手続の目的
　監査人が、デリバティブ取引に関する表示及び注記について関連資料や関連調書と照合することによって、財務諸表上の表示・開示の妥当性を確かめるための監査手続です（表示の妥当性）。

### 2 手続の具体的な内容
　監査人は、会社が作成している管理用の明細の閲覧や、会社担当者への質問、関連する監査調書との照合を実施し、デリバティブ取引に関連する項目が、貸借対照表及び損益計算書上で適切に区分表示されていること、また、デリバティブ取引に関する注記が適切に行われていることを確かめます。特に、貸借対照表の流動・固定区分、損益計算書の段階損益の区分に留意します。

　また、監査人は、デリバティブ取引に関する注記（財務諸表等規則8の8）、金融商品に関する注記（財務諸表等規則8の6の2）について、開示内容が会計基準に準拠して会社の実態を適切に反映しているかどうかを確かめます。

## COLUMN　デリバティブにおける内部統制の重要性

　デリバティブ取引はレバレッジ効果が高いことから、適切な承認がなされずに担当者の独断による勝手な取引が行われてしまうと、会社が予想外の多額の損失を被ってしまう可能性があります。また担当者がその損失を取り戻そうとして、さらにリスクの高い取引を行う可能性や損失を隠蔽するために帳簿が改ざんされる可能性もあります。

　このようなリスクに対しては、会社として必要な取引か、その取引価格は妥当か、所轄部署や取締役会で協議のうえ、責任者が承認して取引を実行するという内部統制を構築することが有用です。

　また、一般的な資金取引と同様、担当者は定期的にローテーションを行い、必ず2名以上のプロセスを経ないと取引が完結しないようにすることがポイントです。不正事例の多くが、ベテラン一人に長年任せきりにしたり、1人で取引が完結してしまう体制となっているなど、不正の機会を与えてしまうことによって起きています。

　さらに、デリバティブ取引は契約時だけではなく、契約終了までの期間にわたって継続してチェックする仕組みが重要です。外国為替相場の変動や金利上昇リスクを回避するヘッジ目的でデリバティブ取引を開始し、契約時にはヘッジの効果を見込めたものの、その後の経営環境の変化によりヘッジの効果を十分に享受できず、かえって損失が膨らむこともあります。

# 第5節

# 会計上の見積り

## 5-1 会計上の見積りの特性とリスク

### ■会計上の見積りの定義

「会計上の見積り」とは、財務諸表に計上される項目について、正確に測定することができないため、金額を概算することをいいます（監基報540⑥）。

会計上の見積り項目には次のようなものがあります。
- 貸倒引当金
- 棚卸資産の評価
- 固定資産の減損損失
- 訴訟、賠償請求及び評価に対する引当金
- 退職給付債務の保険数理評価
- 繰延税金資産の回収可能性

また、見積りの不確実性が存在する場合に公正価値によって測定される金額についても、会計上の見積りとして扱われます。この「公正価値に関する会計上の見積り」項目には、たとえば次のようなものがあります。
- 活発な公開市場で取引されていない複雑な金融商品
- ストック・オプション
- のれん、無形資産を含む、企業結合で取得した資産または負債

なお、勘定に直接関連する見積り項目の監査手続については、各勘定の章にて解説していますが、見積り項目に共通的に生じるリスクや対応する監査

手続について、本章では解説します。

## ■会計上の見積りの特性とリスク

　企業が事業活動を行う上で不確実性はつきものであり、そのため、財務諸表に計上される一部の項目については、見積りが必要となります。経営者が会計上の見積りを行う際には、裏付けとして様々な情報を利用しますが、会計上の見積りにおける重要な虚偽表示のリスクは、その不確実性の程度に影響を受けます。ここで、見積りの不確実性の程度は、会計上の見積りの性質、使用される仮定に対する主観の程度、会計上の見積りを行うために一般的に広く知られる方法やモデルが存在するか等に大きく左右されます。見積りの不確実性の程度については、たとえば以下のように考えられます（監基報540 A2 A3）。

〈見積りの不確実性が相対的に低い例〉

- 事業活動が複雑でない企業における会計上の見積り
- 定型的な取引に関連するものであり、頻繁に実施及び更新される会計上の見積り
- 公表されている利率や有価証券の取引価格等のように、容易に利用可能なデータから算定される会計上の見積り
- 適用される財務報告の枠組みで規定されている公正価値の測定方法が複雑なものではなく、かつ資産や負債への適用が容易である公正価値に関する会計上の見積り
- 一般的に広く知られる公正価値のモデルを使用し、かつ使用される仮定や入力数値（インプット）が観察可能である公正価値に関する会計上の見積り

〈見積りの不確実性が相対的に高い例〉

- 訴訟結果に関係する会計上の見積り

- 非上場デリバティブの公正価値に関する会計上の見積り
- 企業が自社開発した極めて専門的なモデル、または、市場で観察不能な仮定や入力数値を使用した公正価値に関する会計上の見積り

## 5-2　リスクとアサーション

「会計上の見積り」に関する主なリスクとしては、以下のものが考えられます。

| 主なリスク | 主なアサーション |
|---|---|
| (1) 会計上の見積りの認識が漏れる | 網羅性 |
| (2) 会計上の見積りに利用する仮定が妥当でない | 評価の妥当性 |
| (3) 会計上の見積りの計上方法を誤る | 評価の妥当性 |
| (4) 表示・開示を誤る | 表示・開示の妥当性 |

### 1　会計上の見積りの識別が漏れる

　会計上の見積りが必要となる新しい取引の開始や、状況・事象が変化した場合に、本来識別されるべき会計上の見積り項目が見落とされるリスクです（網羅性）。リスクの程度は、財務諸表作成者としての経営者の事業・産業・当年度における事業戦略の実行に関する知識、企業内のリスク管理部門の存在の有無や当該リスクに有効な内部統制プロセスの整備・運用状況などに影響を受けます。

　このようなリスクに対しては、見積り項目に関連する部署から財務諸表作成部門に適時に情報伝達される仕組みを構築することが有用です。

## 2 会計上の見積りに利用する仮定が妥当でない

経営者は、正確に測定できない取引、事象、状況に関する結果を予測するために、あるいは、測定時点の資産の公正価値を見積るために、様々な仮定を設けますが、その仮定が妥当でないリスクがあります（評価の妥当性）。

この仮定の合理性の程度は、重要な虚偽表示リスクの程度にも影響を及ぼします。経営者は、内外の情報源から集めた様々な種類の情報をもとに、期末時点において企業が最も適切であると考える実態に合致した仮定を利用して会計上の見積りを行うことになりますが、例えば、仮定の信頼性が高くない場合や外部の情報源を持たない場合には、その仮定はより主観的であると判断されることがあります。

このようなリスクに対しては、専門家の利用、仮定の妥当性について上長が確認し承認するなどの内部統制を構築することが有用です。

## 3 会計上の見積りの計上方法を誤る

それぞれの会計上の見積り項目には、適用される財務報告の枠組みにより特定の測定技法が規定されていることがありますが、その要求事項の認識が漏れる、あるいは、適用を誤ることによって、会計上の見積り金額を誤るリスクがあります。また、会計上の見積りを行うための特定の測定技法が規定されておらず、経営者が選択した測定方法が妥当でない場合にも、会計上の見積り金額を誤るリスクとなります（評価の妥当性）。

この場合、リスクの程度は、経営者が一般的に認知されている測定モデルを利用しているのか、独自の測定モデルを自社開発しているのか、あるいは、専門家の関与の有無や計算の複雑性などに影響を受けます。

このようなリスクに対しては、見積り結果に対する前期数値等との比較分析の実施、計算シートについて上長が確認し承認するなどの内部統制を構築することが有用です。

### 4 表示・開示を誤る

　会計上の見積りとして代表的なものの1つに引当金があります。将来の特定の費用または損失であって、その発生が当期以前の事象に起因し、発生可能性が高く、かつ、その金額を合理的に見積もることができる場合には、引当金を計上し、貸借対照表の資産の部または負債の部に記載しなければなりません（会原注18）。言い換えれば、この要件を充たさない場合には、引当金は貸借対照表には表示されず、必要に応じて、注記を行うことになりますが、引当金の計上を誤る、または必要な注記を誤るリスクがあります（表示の妥当性）。引当金計上の要件のうち、「発生可能性が高いか」「金額を合理的に見積もることができるか」については、会計上の判断を誤るリスクが比較的高く、慎重な検討が必要です。

　また、いくつかの財務報告の枠組みは、財務諸表における様々な開示を要求しており、財務諸表の開示が要求事項に準拠していることが求められます。見積りの不確実性に関する特定の開示が要求される場合にその開示を誤るリスクもあります（表示の妥当性）。

　このようなリスクに対しては、担当部署内での表示・開示項目に関する確認及び承認、財務諸表作成部門の上長による承認などの内部統制を構築することが有用です。

## 5-3　主な監査手続

　「会計上の見積り」に関する主な監査手続は、以下のとおりです。

　なお、下記は見積り項目に共通的な監査手続を総括的に記載したものです。各勘定に直接関連する見積り項目に係る監査手続（たとえば、見積り項目である貸倒引当金に係る監査手続、等）については、それぞれの勘定の章を参照してください。

| 主な監査手続 | 主なアサーション |
|---|---|
| （1）会計上の見積りが必要となる取引、事象、状況を把握する | 網羅性、実在性、権利と義務の帰属、評価の妥当性 |
| （2）前年度の見積りの確定額の検証 | 評価の妥当性 |
| （3）仮定の合理性の検証 | 評価の妥当性 |
| （4）基礎データの検証 | 評価の妥当性 |
| （5）見積り金額の再計算 | 評価の妥当性 |
| （6）見積り方法の継続性と変更の根拠の検討 | 評価の妥当性、表示の妥当性 |
| （7）表示・開示の妥当性に関する手続 | 表示の妥当性 |

## 1　会計上の見積りが必要となる取引、事象、状況を把握する

### 1　手続の目的

　監査人が、会計上の見積りが必要な取引・事象が網羅的に認識されていることを確かめ、その内容を把握するための監査手続です（網羅性、実在性、権利と義務の帰属、評価の妥当性）。会計上の見積りの網羅性（特に、負債に関する会計の見積りの網羅性）は、監査人の重要な検討事項となることが多い領域です（監基報540 A16）。

### 2　手続の具体的な方法

　監査人は、主に経営者への質問を通じて、経営者が会計上の見積りの必要性を把握するための方法を理解します。例えば、会計上の見積りに関連する状況の変化について、以下のような質問を実施します（監基報540 A18）。

- 会計上の見積りが必要となる可能性のある新しい種類の取引を開始したかどうか。

- 会計上の見積りを必要としていた取引条件に変更があったかどうか。
- 適用される財務報告の枠組み等の改正により、会計上の見積りに関する会計方針が変更になったかどうか。
- 会計上の見積りに関する修正や、新たに会計上の見積りを行うことが要求される可能性のある規制等の経営者の影響が及ばない事項に変更があったかどうか。
- 新たな会計上の見積りや、会計上の見積りに関する修正が必要となる可能性のある新しい状況または事象が発生したかどうか。

また、監査の過程で入手した他の監査証拠を検討することによって、会計上の見積りが必要となる状況やその変化を把握します。

## 2 前年度の見積りの確定額の検証

### 1 手続の目的

監査人が、前年度の見積り金額とその確定値を比較検討することによって、経営者による見積りに係る偏向の有無等を確かめるための監査手続です（評価の妥当性）。前年度の会計上の見積りの確定額の検証は、会計上の見積りに関する手続を立案する目的及び経営者の見積りに関するプロセスの有効性に関する監査証拠の入手を目的として実施されます。実務上、両者は同時に実施されることとなります。

### 2 手続の具体的な内容

会計上の見積りはその特性上、見積りを行った日以降に発生した事象や状況の影響を必然的に受ける事から、前年度の会計上の見積り金額と確定額に差異が生じていても、それが必ずしも前年度の財務諸表に誤りがあったということにはなりません。その差異の大きさよりも、差異の理由を特定し、それが妥当な要因によるものかどうかに重点をおいて検討します。しかし、経営者が見積り時点で利用可能であった情報において差異が生じている場合に

は、前年度の会計上の見積りが誤っていた可能性があります。当該見積り誤りが過去の誤謬に該当する場合には、過年度の財務諸表の遡及修正の要否について検討を行う必要があります。

## 3 仮定の合理性の検証

### 1 手続の目的

　監査人が、見積の基礎となっている仮定の合理性を確かめるための監査手続です（評価の妥当性）。仮定は、会計上の見積りに不可欠な構成要素であり、その合理性の検討は重要な監査手続の1つです。個々の仮定の検討だけでなく、各勘定科目で利用されている仮定間に整合性があるか（例えば、固定資産の減損テストで利用されている将来の事業計画と、繰延税金資産の回収可能性の検討に利用されている将来の事業計画が整合しているか）、整合した仮定を用いている場合であっても、経営者が両者で整合しない判断をしていないかといった点を検証することも重要です。

### 2 手続の具体的な内容

　経営者が使用する仮定の合理性の評価に当たって監査人が検討する事項には、例えば、以下の事項があります（監基報540 A77）。

- 個々の仮定が合理的と思われるかどうか
- 仮定が相互に依存し整合しているかどうか
- 仮定が全体としてまたは他の仮定と合わせて検討した場合、当該会計上の見積りまたはその他の会計上の見積りのいずれに対しても合理的と思われるかどうか
- 公正価値に関する会計上の見積りの場合、仮定が観察可能な市場の仮定を適切に反映しているかどうか

　また、会計上の見積りに関する仮定の変更の影響を判断するために経営者が実施した感応度分析を検証する場合があります。

## 4　基礎データの検証

### 1 手続の目的
　会計上の見積りを行うために利用された基礎データが、その目的に適合し、かつ、正確で網羅的なデータであることを確かめる監査手続です（評価の妥当性）。

### 2 手続の具体的な内容
　会計上の見積りに利用されている基礎データについて、目的適合性、正確性、網羅性を検証します。基礎データの生成方法、入手方法を理解し、当該見積り目的に合致したデータであるかを検討します。また、そのデータについて、他の情報や証憑との突合等を実施することにより、網羅性、正確性を確かめます。もし、会計上の見積りが、期中のある時点で利用可能なデータに基づいて測定される場合には、当該見積りが行われた日から期末日までの期間に発生した事象、取引および状況の変化に関する影響を考慮したかどうかも検討します。

## 5　見積り金額の再計算

### 1 手続の目的
　監査人が、検証された仮定、基礎データを用いて、適切な見積り方法により、会計上の見積り金額が正確に算定されていることを確かめるための監査手続です（評価の妥当性）。

### 2 手続の具体的な内容
　検証された仮定、基礎データが見積り計算に適用されていることを確かめるため、それら仮定、基礎データ等と関連証憑との突合等を実施します。また、見積りの算定過程の適切性を検証するため、会社が見積り計算に利用した計算シート等を入手し、再計算を実施します。

## 6 見積り方法の継続性と変更の根拠の検討

### 1 手続の目的

　監査人が、見積り方法が継続的に適用されていること、また、見積り方法が変更されている場合にはその理由が合理的であり、見積りの変更に係る開示が適切に行われていることを確かめる監査手続です（評価の妥当性、表示の妥当性）。財務諸表の期間比較可能性を担保するために、状況の変化があった場合を除き、会計上の見積り方法は継続して適用することが求められます。状況の変化または新たな情報に基づかない会計上の見積り方法の変更は経営者の偏向が存在する兆候を示すことがあり、注意が必要です。

### 2 手続の具体的な内容

　会計上の見積りに影響を与えるような状況の有無、内容を把握し、会計上の見積り方法に前年度から変更があるか、あるいは、変更が必要であるかを検討します。会計上の見積り方法に変更があった場合、または、変更が必要な場合には、状況の変化に基づく相当の理由があるか、変更後の方法がより適切であるか、その期に変更を行うことが妥当であるか、また、見積りの変更に係る開示が妥当であるかを確かめます。

## 7 表示・開示の妥当性に関する手続

### 1 手続の目的

　監査人が、見積りに関する項目について、関連資料や関連調書と照合することによって、財務諸表への表示及び注記が基準の要求事項を充たしていることを確かめるための監査手続です（表示の妥当性）。

## 2 手続の具体的な内容

監査人は、関連する証憑との照合、勘定間の整合性の検証、経営管理者または会社担当者への質問、関連する監査調書との照合などを実施し、見積りに関連する財務諸表の表示・注記が要求される基準に従って適切に行われていることを確かめます。見積りに関する項目の中には、たとえば減損損失を認識した場合の注記など、見積りの基礎についての詳細な注記が要求されることもあるため留意が必要です。

# 第6節

# セグメント情報

## 6-1 セグメント情報の特性とリスク

### ■セグメント情報の定義

　セグメント情報は、売上高（役務収益を含む）、損益、資産その他の財務情報を、事業の構成単位ごとに区分したものです。経営上の意思決定を行い、業績を評価するために、経営者が企業を事業の構成単位に区分した方法を基礎とする「マネジメント・アプローチ」が採用されています。

### ■セグメント情報の特性とリスク

　セグメント情報として注記されるのは、報告セグメントに基づく情報ですが、その決定にあたっては、まず事業セグメントの識別を行い、次に集約基準・量的基準を考慮して報告セグメントを決定することが要求されています。そのため、会社の報告セグメントの決定方法が要求される基準を充たさないリスクが考えられます。また、セグメント情報の作成過程において、報告セグメントの区分を誤るリスク、金額集計を誤るリスクがあります。

　セグメント情報は、①事業セグメントの識別、②報告セグメントの決定、③セグメント情報及びその測定方法などの開示の決定、という順序で作成されます。

報告セグメント決定の流れ（参考）

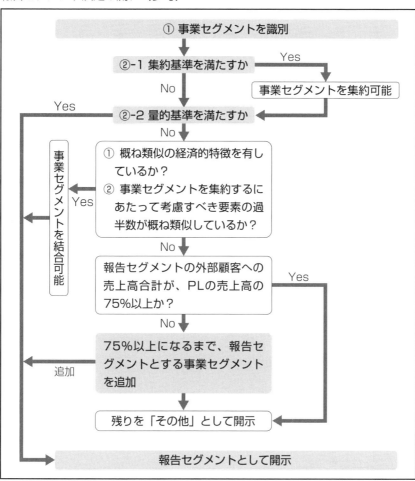

※ 「セグメント情報等の開示に関する会計基準の適用指針」（企業会計基準適用指針第20号）を要約

## 6-2 リスクとアサーション

「セグメント情報」に関する主なリスクとしては、以下のものが考えられます。

| 主なリスク | 主なアサーション |
| --- | --- |
| (1)報告セグメントの識別を誤る | 表示の妥当性 |
| (2)集計計算を誤る | 評価の妥当性 |
| (3)開示を誤る | 表示の妥当性 |

### 1 報告セグメントの識別を誤る

セグメント情報の作成にあたっては、まず、開示単位の基礎となる事業セグメントの識別を行います。事業セグメントは、報告セグメントの決定に影響を与えるため、その識別は慎重に行う必要があります。

識別された事業セグメントをベースに、報告セグメントを決定しますが、集約基準・量的基準の適用を誤ることで、不適切な報告セグメントが識別されるリスクがあります（表示の妥当性）。

このようなリスクに対しては、マニュアルによるセグメント情報の作成過程の明文化、上長による承認などの内部統制を構築することが有用です。

### 2 集計計算を誤る

セグメント情報の作成にあたっては、計算シートを作成し、各報告セグメント情報の単純合算、セグメント内取引の消去、セグメント間取引の集計な

どを行います。この集計計算を誤ることで、不正確なセグメント情報が作成されるリスクがあります（評価の妥当性）。

また、ある報告セグメントでは赤字であるにもかかわらず、当該損失を他の報告セグメントに振替えることで、特定の報告セグメントの赤字を隠ぺいするといったことも考えられます。

このようなリスクに対しては、計算シートについて前期に作成したシートとの比較分析の実施、上長の承認などの内部統制を構築することが有用です

### 3 開示を誤る

セグメント情報は記載内容が多岐にわたるため、開示内容が複雑です。そのため、セグメント情報及び関連情報が正しく開示されないリスクがあります（表示の妥当性）。

このようなリスクに対しては、担当部署内での開示事項に関する確認及び承認、財務諸表に対するIR部門での内容確認や、経理部上長の承認などの内部統制を構築することが有用です。

## 6-3 主な監査手続

セグメント情報に関する主な監査手続は、以下のとおりです。

| 主な監査手続 | 主なアサーション |
| --- | --- |
| （1）質問及び資料の閲覧 | 表示の妥当性 |
| （2）報告セグメント決定方法の妥当性の検証 | 表示の妥当性 |
| （3）計算シートと根拠資料の突合・再計算 | 評価の妥当性 |

| (4)分析的手続 | 各アサーション |
| --- | --- |
| (5)開示の妥当性に関する手続 | 表示の妥当性 |

## 1　質問及び資料の閲覧

### 1 手続の目的

　監査人が経営者等への質問及び関連資料の閲覧などによって、セグメント情報の基礎となる事業セグメントの決定方法の妥当性を確かめるための監査手続です（表示の妥当性）。

### 2 手続の具体的な内容

　監査人は、経営者とのディスカッションなどを通じて、経営者等に対して、経営意思決定指標や業績管理指標について質問を行うことに加え、実際の経営管理資料を閲覧し、質問結果と実際の管理資料の指標が整合していることを確かめます。

## 2　報告セグメント決定方法の妥当性の検証

### 1 手続の目的

　会社が決定した報告セグメントが、識別された事業セグメントに適切に集約基準・量的基準を適用して決定されていることを確かめるための監査手続です（表示の妥当性）。

### 2 手続の具体的な内容

　監査人は、まず、複数の事業セグメントが集約されている場合、会計基準に定められた集約基準の要件がすべて満たされていることを確かめます。
　次に、報告セグメントの認識が適切に量的基準を満たしていることを確認

します。特に事業セグメントを結合している場合に要件を満たしているか、報告セグメントの外部顧客への売上高の合計額が、連結損益計算書の売上高の75％に達しているかどうかについて、留意が必要です。

## 3　計算シートと根拠資料の突合・再計算

### 1　手続の目的

　監査人が計算シートと根拠資料の突合及び再計算を実施することによって、セグメント情報の正確性を確かめるための監査手続です（評価の妥当性）。

### 2　手続の具体的な内容

　監査人は、まず実際に経営者が業績評価に用いている資料と計算シートを突合し、セグメント資料が適正な数値に基づき作成されていることを確かめます。また各数値について、必要に応じて連結財務諸表と一致していることを確かめます。

　次に、報告セグメントごとの売上高、利益、資産などの金額を再計算により検証します。また、調整額がある場合には、当該内容・金額の妥当性について、根拠資料との照合により検証し、調整後の数値と財務諸表計上額との一致を必要に応じて確かめます。

　その他、関連情報についても、セグメント情報と同様に、根拠資料との照合を行い、再計算を実施します。また、最終数値について財務諸表計上額と一致していることを確かめます。

## 4　分析的手続

### 1　手続の目的

　監査人が、セグメント情報の期間比較分析などを実施することによって、当該情報が会社の経営環境に照らして合理的であることを概括的に確かめる

ための監査手続です(各アサーション)。

### 2 手続の具体的な内容

監査人は、作成されたセグメント情報と推定値(前期末計上額などを基に設定した金額)を比較・分析し、増減の有無や乖離の程度を把握して、当該増減や乖離の内容が会社グループの経営環境に照らして合理的なものであることを、質問や関連証憑の閲覧によって確かめます。

また、セグメント情報の計算の妥当性を確かめるため計算シート上のセグメント内取引の相殺消去額なども、合わせて分析を行います。

## 5 開示の妥当性に関する手続

### 1 手続の目的

監査人が、セグメント情報に関する注記について、期間比較分析の実施及び関連資料や関連調書と照合することによって、開示の妥当性を確かめるための監査手続です(表示の妥当性)。

### 2 手続の具体的な内容

監査人は、関連証憑との照合、他の財務数値との整合性の検証、会社担当者への質問などを実施し、セグメント情報に関する注記が適切に行われていることを確かめます。また、セグメント情報の開示内容について、前期からの変更が行われた場合、当該変更が適切に開示されていることを確かめます。

## 第7節

# 関連当事者取引

## 7-1 関連当事者取引の特性とリスク

### ■関連当事者取引の定義

　関連当事者とは、ある当事者が他の当事者を支配しているか、または、他の当事者の財務上及び業務上の意思決定に対して重要な影響力を有している場合の当事者等のことであり、具体的には、親会社、子会社、兄弟会社、親会社・重要な子会社の役員及び近親者、これらの者が支配する会社及びその子会社等を含むとされています（関連当事者会計基準5（3））。

　「関連当事者の開示に関する会計基準の適用指針」においては、これらの関連当事者は法人グループと個人グループに分けられます。

| | |
|---|---|
| 法人グループ | 親会社・子会社<br>関連会社及びその子会社<br>兄弟会社<br>その他の関係会社及びその親会社・子会社<br>主要株主（法人）及びその主要株主が所有する会社及びその子会社<br>従業員のための企業年金 |
| 個人グループ | 主要株主（個人）及びその近親者<br>会社の役員及びその近親者<br>親会社の役員及びその近親者<br>重要な子会社の役員及びその近親者<br>上記の者が所有する会社及び子会社 |

また、関連当事者取引とは、会社と関連当事者との間で行われる取引であり、対価の有無にかかわらず、資源もしくは債務の移転、または役務の提供が含まれます（関連当事者会計基準5（1））。また、関連当事者が第三者のために会社との間で行う取引や、会社と第三者との間の取引で関連当事者が当該取引に関して会社に重要な影響を及ぼしているものについても含まれます。

#### ■関連当事者取引の特性とリスク

関連当事者との取引においては、独立した第三者間の取引に比して経営者による恣意的な取引が行われる可能性が一般的に高いと考えられます。そのため、取引を行うこと自体に経済的合理性があるかどうかについて慎重な検討が必要です。

また、関連当事者取引の価格が合理的でない場合には、税務上、寄付金として認定されてしまうおそれがあるなど、会社にとっても関連当事者取引の価格の妥当性を検討することは重要となります。

関連当事者には様々な会社・人物が該当するため、すべての関連当事者との取引の把握を会社の特定の部署のみで行うことは通常困難です。そのため、会社は通常、役員等に対して関連当事者の存在を確認するための調査票の配付・回収を実施し、会社（もしくは、会社グループ）との取引の有無及び取引を行っている場合には取引の内容についても調査票への記載を依頼します。

## 7-2 リスクとアサーション

関連当事者取引に関する主なリスクとしては、以下のものが考えられます。

| 主なリスク | 主なアサーション |
|---|---|
| （1）すべての関連当事者が把握されない | 網羅性 |
| （2）関連当事者との間のすべての取引が把握されない | 網羅性 |
| （3）関連当事者取引の分類が適切に行われない | 表示の妥当性 |
| （4）取引条件の判断を誤る | 表示の妥当性 |
| （5）開示を誤る | 表示の妥当性 |

## 1 すべての関連当事者が把握されない

　関連当事者取引においては、すべての関連当事者が把握されないというリスクが考えられます。すべての関連当事者の存在が明らかにならなければ、すべての関連当事者取引を把握することはできません（網羅性）。

　このようなリスクに対しては、会社と資本関係のある会社や取締役が影響力を有する会社等のリストアップ、管理部門による役員に対する関連当事者取引に係る調査票の配付・回収などの内部統制を構築することが有用です。

　また、役員に対してどのような会社、人物が関連当事者となるか説明を行うことも考えられます。

## 2 関連当事者との間のすべての取引が把握されない

　関連当事者との間で行われている取引のすべてが開示対象となるかどうかの検討対象として識別されないリスクがあります（網羅性）。

　このようなリスクに対しては、個人グループとの取引については、上記と同様に役員に対する調査票の配付・回収などの内部統制を構築することが有用です。

　一方で、法人グループとの取引については、連結財務諸表を作成している

会社であれば、連結財務諸表を作成するための取引高及び債権債務の相殺消去仕訳の金額などの検証を行うことで、関連当事者取引は概ね網羅的に把握されると考えられます。また、主要株主、兄弟会社、非連結子会社等、会社の連結グループ外の関連当事者（法人グループ）が存在する場合には、別途対象取引を把握することができるように関連当事者として取引先マスターに登録する、調査表を送付し回収のうえ回答を評価するなどの内部統制を構築することが有用です。

### 3　関連当事者取引の分類が適切に行われない

　関連当事者取引が把握されたものの、個人グループとの取引を法人グループの取引としてしまう、あるいは逆に法人グループとの取引を個人グループとの取引としてしまうリスクがあります。それぞれ、開示対象となる重要性の基準が異なるため、この分類を誤ると開示が適切に行われない可能性があります（表示の妥当性）。

　このようなリスクに対しては、関連当事者の分類の判断のためのチェックリストの作成及び上長による承認などの内部統制を構築することが有用です。

### 4　取引条件の判断を誤る

　関連当事者取引を検討するにあたって、関連当事者取引の取引価格などの取引条件が一般の取引に比べ著しく異なるかどうかなどの判断を誤るリスクがあります（表示の妥当性）。関連当事者取引は、通常の取引と異なり、会社の支配下にあるものや会社が強い影響を受けるものとの間の取引であるため、その取引条件について十分に検討することが求められます。仮に取引条件が一般の取引に比べ著しく異なれば、注記の中で具体的に説明することが必要となるなど、取引条件についての検討を誤ることで注記が適切に行われなくなる可能性があります。

このようなリスクに対しては、取引条件の判断のためのチェックリストの作成及び上長による承認などの内部統制を構築することが有用と考えられます。

### 5　開示を誤る

重要な関連当事者取引がある場合には、関連当事者の概要や取引の内容、取引金額や取引条件などの注記が必要とされており、開示する内容を誤るリスクが考えられます（表示の妥当性）。

このようなリスクに対しては、担当部署内での開示事項に関する確認及び承認、財務諸表に対するIR部門での内容確認などの内部統制を構築することが有用です。

## 7-3　主な監査手続

関連当事者取引に関する主な監査手続は、以下のとおりです。

| 主な監査手続 | 主なアサーション |
| --- | --- |
| （1）役員等に対する調査票の入手 | 網羅性 |
| （2）株主総会議事録、取締役会議事録、株主名簿等の閲覧 | 網羅性 |
| （3）補助元帳や取引先マスタ等の検証 | 網羅性、評価の妥当性 |
| （4）識別された関連当事者取引の検討 | 評価の妥当性、表示の妥当性 |
| （5）分析的手続 | 各アサーション |
| （6）開示の妥当性に関する手続 | 表示の妥当性 |

## 1 役員等に対する調査票の入手

### 1 手続の目的

監査人が関連当事者の存在について確認するとともに、関連当事者取引の有無を確かめるための監査手続です（網羅性）。

### 2 手続の具体的な内容

監査人は、関連当事者には役員等の近親者や役員等が保有する会社が含まれることから、役員等に対して対象となる近親者や保有する会社の有無、関連当事者取引の有無について調査票の配付・回収を行います。なお、会社自らが役員等への調査票の配付・回収を実施している場合は当該調査票を使用し、監査人は独自での調査票の配付・回収は行わないこともあります。また、監査人が必要と判断すれば調査票の配付・回収に留まらず、役員等に対して直接質問を行う場合もあります。

#### 監査手続上のポイント

> 前年度までに把握されていた関連当事者との取引が調査票に記載されていない場合には、その理由について確かめます。毎期継続して行われるような取引が記載されていない場合には回答漏れの可能性も考えられます。

## 2 株主総会議事録、取締役会議事録、株主名簿等の閲覧

### 1 手続の目的

監査人が株主総会議事録、取締役会議事録、株主名簿などを閲覧することによって、関連当事者が漏れなく把握されていることを確かめるための監査手続です（網羅性）。

### 2 手続の具体的な内容

　監査人は株主総会議事録、取締役会議事録、株主名簿などを閲覧し、関連当事者が漏れなく把握されていることを確かめます。また、相談役、顧問、執行役員などの法律上の役員ではない場合であっても、会社内における地位や職務等からみて実質的に会社の経営に強い影響を及ぼしていると認められる者については、役員等に含めるとされていることにも留意します。

## 3　補助元帳や取引先マスタ等の検証

### 1 手続の目的

　監査人が、補助元帳や取引先マスタ等を閲覧し、関連当事者が漏れなく把握されていること及びそれらの関連当事者との取引金額を確かめるための監査手続です（網羅性、評価の妥当性）。

### 2 手続の具体的な内容

　監査人は、債権債務の相手先や金額、取引に関する補助元帳等の内容・発生金額を検討することによって、関連当事者及び関連当事者取引が漏れなく把握されていることを確かめます。また、会社が取引先マスタに関連当事者情報を登録している場合には、その状況や内容をレビューします。他の手続で入手した銀行確認状や弁護士確認状、法人税等の申告書、その他会社が規制当局に提出した情報からも関連当事者の存在を認識できる場合があります。関連当事者を認識するにあたり、必要に応じて、取引の内容や、その合理性、利害関係などについて会社に質問を行うことも検討します。

## 4　識別された関連当事者取引の検討

### 1 手続の目的

　監査人が、識別された関連当事者取引について、取引条件等を入手し、取

引の内容を確かめるための監査手続です(評価の妥当性、表示の妥当性)。

### 2 手続の具体的な内容

監査人は関連当事者取引が識別された場合には、取引条件等についての検討を行います。

関連当事者取引のうち、一般競争入札による取引、預金利息及び配当の受取り、またはその他取引の性質からみて取引条件が一般の取引と同様であることが明白な取引については、開示の対象から除かれます。これら以外の取引については、開示対象となり、さらに取引条件等についての記載が求められるため、当該記載の妥当性を検討することが必要となります。具体的には、他の取引条件と同様か、社内で取引条件を決定するにあたって議論があったかどうかなどを質問します。

#### 監査手続上のポイント

経営者による不正などの検出に繋がることもあるため、同業他社おける一般的な取引条件なども参考に、取引条件についての検討は慎重に行います。

#### ●業務効率化のためのポイント

関連当事者取引が識別された場合には、取引条件についての情報を関連する部署から事前に入手しておくことが決算期の業務効率化につながります。また、関連当事者の範囲を各部署にて共有し、取引前後に経理担当者に適時適切に連絡をもらえるように告知をするなど、情報収集できる体制を整備することも有用です。

## 5 分析的手続

### 1 手続の目的
　監査人が、関連当事者取引注記について、その内容・金額を分析することによって、当該注記が合理的であることを確かめるための監査手続です（各アサーション）。

### 2 手続の具体的な内容
　監査人は、過年度に注記された関連当事者取引注記の内容・金額と比較することにより、当期においても関連当事者取引として認識すべき取引に漏れがないこと、及び、推定値（前期末金額などを参考に事前に設定した金額）と比較し、乖離の有無及びその理由を質問等により分析して検討し、当該金額の妥当性を確かめます。

## 6 開示の妥当性に関する手続

### 1 手続の目的
　監査人が、関連当事者取引に関する注記について、関連証憑や関連する監査調書と照合することによって、開示の妥当性を確かめるための監査手続です（表示の妥当性）。

### 2 手続の具体的な内容
　監査人は、関連証憑との照合、会社担当者への質問、関連する監査調書との照合などを実施し、取引の内容、勘定科目、金額などの関連当事者取引に関する注記が適切に行われていることを確かめます。

# 第8節

# 後発事象

## 8-1 後発事象の特性とリスク

■**後発事象の定義**

　後発事象とは、貸借対照表日後に発生した会社の財政状態及び経営成績に影響を及ぼす会計事象をいいます。後発事象には、修正後発事象と開示後発事象の2つがあります。

　修正後発事象とは、決算日後に発生した事象ではあるものの、その実質的な原因が決算日現在において既に存在しており、決算日現在の状況に関連する会計上の判断・見積りをする上で、追加的またはより客観的な証拠を提供するものとして考慮した結果、財務諸表の修正が必要となる重要な会計事象のことをいいます（監委76号3 (1)）。

　一方、開示後発事象は、決算日後において発生し、当該事業年度の財務諸表には影響を及ぼさないものの、翌事業年度以降の財務諸表に影響を及ぼす事象のうち、注記が必要となる重要な事象のことをいいます（監委76号3(2)）。

　発生した事象が修正後発事象であるか、開示後発事象であるかにより取扱いが異なるため、注意が必要です。

■**後発事象の特性とリスク**

　後発事象は、決算日後に発生するというその特徴から、発生する重要な後発事象のすべてを漏れなく認識することが重要となります。そもそも認識することができなければ、たとえ財務諸表を修正する必要がある事象であって

も、財務諸表を修正する機会がなくなってしまうことから、監査人が行う監査手続も、重要な後発事象の認識漏れがないかどうかの検証に重点が置かれます。

## 8-2 リスクとアサーション

後発事象に関する主なリスクとしては、以下のものが考えられます。

| 主なリスク | 主なアサーション |
| --- | --- |
| （1）後発事象の認識が漏れる | 網羅性 |
| （2）修正後発事象による見積り等の修正が適切に行われない | 評価の妥当性、表示の妥当性 |
| （3）開示を誤る | 表示の妥当性 |

### 1 後発事象の認識が漏れる

後発事象として検討すべきすべての重要な事象が漏れなく把握されないリスクがあります（網羅性）。

このようなリスクに対しては、経理部長が決算日後に行われる取締役会の議題を入手しチェックする、経営企画部門など他部門からの事業経営に係る重要な情報を収集するなどの内部統制を構築する事が有用です。なお内部統制を構築するにあたっては、連結財務諸表を作成する親会社内部のみならず、当該連結財務諸表に含まれる他の会社からの情報も収集する必要があります。

## 2 修正後発事象による見積り等の修正が適切に行われない

修正後発事象が発生した場合には適切に見積り等の修正が行われる必要がありますが、修正後発事象か開示後発事象かの判断を誤ったり、また修正金額の見積り等を誤るリスクがあります（評価の妥当性、表示の妥当性）。

このようなリスクに対しては、後発事象の分類の判断のためのチェックリストの作成及び上長による承認などの内部統制を構築することが有用です。

## 3 開示を誤る

開示後発事象に関して、注記の記載内容を誤るリスクが考えられます。後発事象の発生から実際に開示するまでの時間的猶予が少ない場合、たとえば、取締役会で決議された内容と異なる内容で開示されてしまうことなどが考えられます（表示の妥当性）。

このようなリスクに対しては、担当部署内での開示事項に関する確認及び承認、財務諸表に対するIR部門での内容確認、経理部上長の承認などの内部統制を構築することが有用です。

## 8-3 主な監査手続

後発事象に関する主な監査手続は、以下のとおりです。

| 主な監査手続 | 主なアサーション |
| --- | --- |
| （1）取締役会等の議事録の閲覧 | 網羅性 |
| （2）経営管理者に対する質問 | 網羅性 |

| | |
|---|---|
| （3）連結子会社からの報告資料の閲覧 | 網羅性 |
| （4）決算日後の試算表などの検討 | 網羅性 |
| （5）弁護士への確認 | 網羅性 |
| （6）表示・開示の妥当性に関する手続 | 表示の妥当性 |

## 1 取締役会等の議事録の閲覧

### 1 手続の目的

監査人が取締役会等の議事録を閲覧することで、後発事象に該当する可能性のある事象の有無を確かめるための手続です（網羅性）。

### 2 手続の具体的な内容

監査人は監査報告書提出日までの取締役会等の議事録を閲覧します。この手続は、重要な会計上・監査上の論点を識別するという目的にも資するため、監査の各段階で適時に実施されます。また、議事録のみでは内容がわからない場合には、会議での配布資料も入手するなど、内容を適切に把握するために十分な検討を行うことが必要となります。

## 2 経営管理者に対する質問

### 1 手続の目的

監査人が経理担当取締役等の経営管理者に直接質問を行い、後発事象に該当する可能性のある事象の有無を確かめるための監査手続です（網羅性）。

### 2 手続の具体的な内容

監査人は経理担当取締役等に直接質問を行い、取締役会等の決議事項とは

なっていないが後発事象に該当する可能性のある事象、決算承認取締役会等における決議案件に後発事象に該当する可能性のある事象がないかどうかについて確かめます。

### 監査手続上のポイント

決算日後に決議が行われる会議体等に出席する予定者、もしくは、その決議の内容を把握しうる役職者に対して直接質問を行うことで、網羅的に事象を把握することが必要となります。

## 3 連結子会社からの報告資料の閲覧

### 1 手続の目的

監査人が連結子会社から報告される後発事象に関連する資料を閲覧することによって、後発事象の有無を確かめるための監査手続です（網羅性）。

### 2 手続の具体的な内容

連結子会社で発生する事象が親会社の重要な後発事象となる場合もあることから、監査人は重要な連結子会社の取締役会議事録の写しなどを入手し、後発事象に該当する事象がないかを確かめます。

### 監査手続上のポイント

重要な子会社からの報告が網羅的に行われているかどうかについて留意します。

> **●業務効率化のためのポイント**
>
> 子会社における後発事象の有無については所定の様式の調査票を配付・回収することで、効率的な情報収集ができます。

## 4 決算日後の試算表などの検討

### 1 手続の目的

監査人が決算日後の期間に係る試算表、翌期の予算、翌期の資金計画などを検討し、後発事象に該当する事象がないことを確かめるための監査手続です（網羅性）。

### 2 手続の具体的な内容

監査人は決算日後の期間に係る試算表、翌期の予算、翌期の資金計画などを検討し、後発事象に該当する事象がないかを確かめます。たとえば期末日後の期間に係る試算表を閲覧した結果、期末日まで保有していた重要な資産が著しく減少しているような場合には、重要な資産の処分として重要な後発事象に該当するか検討を行うことが必要となります。

## 5 弁護士への確認

### 1 手続の目的

監査人が弁護士に対して確認状を発送し、回答を直接入手して評価することで訴訟事件等の有無を把握するための監査手続です（網羅性）。

### 2 手続の具体的な内容

監査人は訴訟事件等について、弁護士に対して確認状を発送することで、訴訟事件等について網羅的に把握し、後発事象に該当する可能性のある項目

の有無を検討します。詳細は本章第3節「偶発債務」を参照してください。

### 監査手続上のポイント

確認状の回収が監査報告書日付より早すぎる場合には、訴訟事件について網羅的に把握することができなくなるため、監査報告書日付に可能な限り近い時期に発送・回収することが必要となります。

### ●業務効率化のためのポイント

経理の担当者は決算時に法務部等の社内で訴訟案件を管理している部署に問い合わせを行い、顧問弁護士の一覧、訴訟事件等の案件の一覧などの情報を収集することで早い段階での各種の対応が可能になると考えられます。

## 6 表示・開示の妥当性に関する手続

### 1 手続の目的

監査人が、後発事象として修正することが必要と判断された事象や、開示することが必要と判断された事象について、関連資料や関連調書と照合することによって、財務諸表上の開示の妥当性を確かめるための監査手続です（表示の妥当性）。

### 2 手続の具体的な内容

監査人は、後発事象として認識された事象について、それが修正後発事象か開示後発事象かについての検討を行います。その上で、契約書・取締役会決議内容等との照合、会社担当者への質問、関連する監査調書との照合などを実施し、修正後発事象は適切に修正が行われていること、及び開示後発事象は適切に開示が行われていることを確かめます。

## COLUMN　事後判明事実

　監査は監査報告書の日付まで実施されるものですが、監査報告書日付後に、実は監査報告書日付以前に重要な訴訟の提起を受けていたなどの事実が判明してしまうことがあります。このように、監査報告書日後に監査人が知るところとなったが、もし監査報告書日現在に当該事実に気づいていたとしたら監査報告書を修正する原因となった可能性のある事実を、事後判明事実といいます。本来、監査人は監査報告書日後に、財務諸表に関していかなる監査手続を実施する義務も負いませんが、仮にそのような事実の存在に監査人が気づいた場合には、監査手続を追加で行うことが必要とされています（監基報560 ⑬）。

# 第9節

# 連結会計

## 9-1 連結会計の特性とリスク

■ 連結会計の定義

　連結財務諸表は、支配従属関係にある2以上の企業からなる集団（企業集団）を単一の組織体とみなして、親会社が当該企業集団の財政状態、経営成績及びキャッシュ・フローの状況を総合的に報告するために作成するもの（連結会計基準1）とされており、企業グループ全体の業績や財政状態を明らかにするものです。

　連結財務諸表作成の流れは以下のとおりです。

① 基本となる連結会計方針などの決定

　連結グループに関する情報収集（子会社／関連会社への投資額・持分比率関係、取引形態などの把握）を行い、それに基づき連結の範囲、連結会計期間、連結会計方針などの決定を行います。

② データの収集

　決定した連結会計方針などに基づいて、連結財務諸表の作成に必要な各社の個別財務諸表、各科目の勘定明細、各種引当金の増減明細、注記作成用の

明細などを入手します。親会社が作成した各社共通のフォーマット（連結パッケージ）を用いて、子会社から資料を収集することが一般的です。

③　連結財務諸表の作成

連結財務諸表は、親会社及び子会社の財務諸表を合算し、連結仕訳を計上することにより作成されます。連結仕訳は大きくグループ間取引の相殺消去と、持分法適用仕訳などその他の連結財務諸表特有の会計処理に分けられます。グループ間取引の相殺消去の代表例としては、投資と資本の消去、取引高・債権債務の消去、未実現利益の消去があります。また、連結会計特有の処理により、連結財務諸表には、「持分法による投資損益」「非支配株主持分」「為替換算調整勘定」など、個別財務諸表では通常計上されない科目が計上されます。

## ■連結会計の特性とリスク

連結財務諸表は、個別の1社のみではなく、複数の会社を、あたかも1つの大きな会社（企業グループ）であると考えて作成されます。よって、連結財務諸表に含める会社の範囲や、相殺消去を行う会社の実在性や網羅性、各社で適用している会計方針が連結会計方針にしたがったものであるか等について留意が必要です。

また、連結財務諸表は1つの継続的に記録された会計帳簿から作成されるのではなく、決算期ごとに親会社及び子会社の個別財務諸表を合算した情報を元に作成されます。しかし、連結財務諸表は複数の会社を1つの大きな会社とみなして作成されるものですから、過年度の連結財務諸表と整合するものでなくてはなりません。そのためには、過年度に実施した連結仕訳のうち、必要なものについて適切に引継ぎ（開始仕訳）を行う必要があります。

## 9-2 リスクとアサーション

連結会計における主なリスクは、以下のとおりです。

| プロセス | 主なリスク | 主なアサーション |
|---|---|---|
| (1) 連結の範囲の決定 | ● 連結の範囲が妥当でない | 網羅性 |
| (2) 各社からのデータの収集 | ● 不正確なデータを使用する<br>● 適用されている会計方針が連結会計方針と合致していない | 各アサーション |
| (3) 子会社財務諸表の個別修正 | ● 修正すべき項目が漏れる<br>● 資産、負債の評価を誤る<br>● 計上科目を誤る | 各アサーション |
| (4) 在外子会社の財務諸表項目の換算 | ● 適用する為替レートを誤る | 評価の妥当性 |
| (5) 投資と資本の相殺消去 | ● のれん計上額／償却額を誤る<br>● 非株主支配持分・非支配株主損益の計算を誤る | 評価の妥当性、期間配分の適切性 |
| (6) 取引高・債権債務の相殺消去 | ● 相殺消去の対象の認識が漏れる<br>● 計算を誤る | 実在性、網羅性、評価の妥当性 |
| (7) 未実現損益の消去 | ● 消去対象の認識を誤る<br>● 計算を誤る | 実在性、網羅性、評価の妥当性 |
| (8) 持分法の適用 | ● 持分計算を誤る<br>● 適用されている会計方針が連結会計方針と合致していない | 評価の妥当性 |
| (9) 連結税効果会計の適用 | ● 税効果の認識を誤る<br>● 計算を誤る | 網羅性、評価の妥当性 |

## 1　連結の範囲の決定

　連結財務諸表の作成に際しては、まず連結の範囲に含める子会社・関連会社の範囲を決定します。子会社・関連会社の範囲を誤ると、実態を表さない連結財務諸表が作成されることとなります。特に連結業績を良く見せることを目的として、業績の悪い連結子会社を連結の範囲から恣意的に外すというリスクが考えられ、その影響が大きいケースもあることから留意が必要です。
（網羅性）

　このようなリスクに対しては、連結子会社・関連会社の範囲に関する方針の明文化、関係会社一覧表による網羅的な管理、新規連結や連結除外する際の承認手続などの内部統制を構築することが有用です。

## 2　各社からのデータの収集

　連結財務諸表は、連結パッケージなどによって子会社から入手したデータを基礎として作成されます。そのため、子会社の財務諸表と一致しないデータが入力される、親会社と子会社の会計方針が異なるなど当該データが適切でないことによって、不正確な連結財務諸表が作成されるリスクがあります（各アサーション）。

　このようなリスクに対しては、子会社における連結パッケージへの入力内容の上長承認、親会社の経理部担当者による連結パッケージの内容の検証などの内部統制を構築することが有用です。

　なお、同一環境下で行われた同一の性質の取引に関する会計方針は、親会社と子会社で原則として統一する必要があります。ただし、在外子会社の場合には「連結財務諸表作成における在外子会社の会計処理に関する当面の取扱い」（実務対応報告第18号）に従って、一部例外的な処理が行われます。

## 3 子会社財務諸表の個別修正

　連結財務諸表の作成に際して、合算する前に個別財務諸表の修正が行われることがあります。具体的には子会社の資産及び負債の支配獲得時の全面時価評価による修正（取得原価の配分を含む）や勘定科目の組替などを行いますが、当該修正が漏れたり、処理を誤ることによって、不正確な連結財務諸表が作成されるリスクがあります（各アサーション）。

　このようなリスクに対しては、チェックリストの作成等による作業内容の明確化・脱漏の防止、個別修正仕訳の上長による承認などの内部統制を構築することが有用です。

## 4 在外子会社の財務諸表項目の換算

　在外子会社の外貨建財務諸表については、資産及び負債、純資産、収益及び費用はそれぞれ円換算を行うとされており、換算によって生じた換算差額は、「為替換算調整勘定」として計上します（外貨建取引等会計基準三）。

　在外子会社の財務諸表換算に使用する為替レートについて、外貨建取引等会計基準では以下のように規定しています。

|  | 原　則 | 例外① | 例外②<br>（親会社との取引） |
| --- | --- | --- | --- |
| 収益及び費用 | AR | CR | HR |
| 資産及び負債 | CR | — | — |
| 純資産（注1） | HR | — | — |

AR（Average Rate）　：期中平均相場
CR（Current Rate）　：決算時の為替相場
HR（Historical Rate）：発生時の為替相場

（注1）ただし、親会社による株式の取得後に生じた評価・換算差額等に属する項目及び少数株主持分については決算時の為替相場による円換算額を付します

外貨建財務諸表の換算は、複数の種類の為替レートを各国ごとに使用するため実務が煩雑になり、適用する為替レートを誤るリスクがあります（評価の妥当性）。

このようなリスクに対しては、換算処理についてのマニュアルの作成、換算結果の上長による承認などの内部統制を構築することが有用です。

## 5 投資と資本の相殺消去

連結財務諸表においては、親会社から子会社への投資は内部取引であるため、親会社の資産の部に計上されている子会社への投資と子会社の資本の相殺消去を行います。この投資と資本の相殺消去では、「のれん」と「非支配株主持分および非支配株主に帰属する損益」の会計処理がポイントとなります。

### 1 のれん

「のれん」は親会社が子会社株式を第三者から取得する場合に、親会社の子会社に対する投資額（子会社株式の取得価額）と、これに対応する子会社の純資産の金額の差額として算定されます。これは投資時点の子会社の純資産価値と子会社への投資額との差額であり、借方・貸方のどちらにも生じます（貸方に生じたのれんは、「負ののれん」といいます）。

「のれん」は原則として20年以内の合理的な期間で償却し、「負ののれん」は発生した年度の利益として処理するとされています（企業会計基準第21号「企業結合に関する会計基準」32、33）。ここで、「のれん」の償却期間が適切でない、または償却計算自体を誤ることで、「のれん」の計上額を誤るリスクが生じます（評価の妥当性、期間配分の適切性）。

このようなリスクに対しては、関係会社一覧表による子会社・関連会社の持分割合の管理、「のれん」の計上額・償却期間についての取締役会などの会議体による承認、仕訳の上長による承認などの内部統制を構築することが有用です。

## 2 非支配株主持分および非支配株主に帰属する損益

　子会社の純資産のうち親会社以外の外部株主が存在する場合、親会社以外の株主の持分は「非支配株主持分」として純資産の部に計上されます。「非支配株主持分」は、持分比率に基づいて算定されますが、グループ内の相互持合いなどで資本関係が複雑な場合には、持分計算についても複雑になるため「非支配株主持分」の計算を誤るリスクがあります（評価の妥当性）。

　また、子会社の当期純利益のうち外部株主の持分に帰属する部分を、持分比率に基づいて算定し「非支配株主に帰属する損益」として計上する場合にも同様のリスクが考えられます。

　このようなリスクに対しては、関係会社一覧表による子会社・関連会社の持分割合の管理、連結仕訳の上長による承認などの内部統制を構築することが有用です。

## 6 取引高及び債権債務の消去

　連結財務諸表は企業グループをあたかも1つの大きな会社と考えてその業績や財政状態を表す必要があるため、個別財務諸表で計上された連結グループ内部の取引や債権債務の相殺消去を行います。

　取引高及び債権債務の相殺消去においては、必要な相殺消去が漏れるリスクや、連結会社相互間の金額の認識に差異がある場合などに相殺消去額を誤るリスクがあります（実在性、網羅性、評価の妥当性）。

　このようなリスクに対しては、各社の計上額の整合性を検討するシートの作成、相殺消去仕訳の上長による承認などの内部統制を構築することが有用です。

　なお、連結会社相互間の金額の認識に差異があるケースとして、たとえば下記のものが考えられます。

- 親会社または子会社において収入・費用や債権・債務の計上漏れがある場合

- 子会社の決算日が連結決算日と相違している場合
- 販売側では出荷時に売上計上しているが、購入側では未着のため仕入計上していない場合（未達取引）

### 7　未実現損益の消去

　未実現損益は、個別財務諸表では利益または損失が実現しているものの、連結グループの観点からは、連結内部での取引であることから利益または損失が実現したと認められないものであり、原則として連結上消去されます。未実現損益が発生する取引には、連結グループ内での棚卸資産の販売、固定資産の売却などがあります。未実現損益は、個社の取引明細、利益率などの損益情報に基づいて算定されるので、取引の認識漏れ、利益率などの損益情報の誤り、未実現損益の計算誤りなどで相殺消去額を誤るリスクがあります（実在性、網羅性、評価の妥当性）。

　このようなリスクに対しては、チェックリストの作成等による作業内容の明確化、連結仕訳の上長による承認などの内部統制を構築することが有用です。

### 8　持分法の適用

　持分法適用会社が計上する損益の持分相当額は、「持分法による投資損益」として連結損益計算書に計上されます。「持分法による投資損益」は、持分法適用会社への持分割合に基づき計算するため、相互持合いなど、資本関係が複雑な場合には、持分計算が複雑になり、計算を誤るリスクがあります。また、子会社と異なり支配が必ずしも及ばないことから、持分法適用会社から提出される財務諸表について、同一環境下で行われた同一の性質の取引に係る会計方針が投資会社と統一されないリスクがあります（評価の妥当性）。

　このようなリスクに対しては、持分法適用会社に対してのグループの会計

方針の伝達・指導・情報の収集に加え、関係会社一覧表による持分割合の管理、連結仕訳の上長による承認などの内部統制を構築することが有用です。

## 9 税効果会計の適用

連結手続により、連結財務諸表固有の一時差異が発生するため、税効果を認識する必要があります（税効果会計については、第2章第19節 **19-2**「税効果会計」を参照）。

連結税効果を認識すべき連結財務諸表固有の項目としては、主に以下の4つがありますが、個別財務諸表同様、項目の網羅的な認識や計算を誤るリスクが考えられます（網羅性、評価の妥当性）。

- 未実現損益の消去
- 子会社投資に係る一時差異
- 貸倒引当金の減額修正
- 子会社の資産・負債の時価評価（取得原価の配分による無形資産を含む）

このようなリスクに対しては、チェックリストの作成等による作業内容の明確化、連結仕訳の上長による承認などの内部統制を構築することが有用です。

## 9-3 主な監査手続

連結会計における主な監査手続は、以下のとおりです。

| プロセス | 主な監査手続 | 主なアサーション |
|---|---|---|
| (1) 連結の範囲の決定 | ● 子会社・関連会社一覧（持分割合）の検証<br>● 経営者確認書の入手 | 網羅性 |
| (2) 各社からのデータの収集 | ● 連結パッケージなど、入手データの正確性の検証<br>● 会計方針の妥当性の検証 | 各アサーション |
| (3) 子会社財務諸表の個別修正 | ● 前期仕訳との比較分析<br>● 担当者への質問<br>● 関連資料との突合<br>● 第三者による企業価値評価の入手 | 各アサーション |
| (4) 在外子会社の財務諸表項目の換算 | ● 為替レートの検証<br>● 計算の正確性の検証<br>● 為替換算調整勘定の分析 | 評価の妥当性 |
| (5) 投資と資本の相殺消去 | ● 開始仕訳の検討<br>● 「のれん」の計上額・償却額の検証<br>● 非支配株主持分、非支配株主に帰属する損益の分析 | 評価の妥当性、期間配分の適切性 |
| (6) 取引高及び債権債務の消去、未実現損益の消去 | ● 前期仕訳との比較分析<br>● 連結仕訳と連結パッケージなどの突合 | 実在性、網羅性、評価の妥当性 |
| (7) 持分法の適用 | ● 持分法による投資損益の分析<br>● 持分法適用会社の財務諸表の検証 | 評価の妥当性 |
| (8) 連結税効果会計の適用 | ● 前期仕訳との比較分析<br>● 税効果の再計算 | 網羅性、評価の妥当性 |
| (9) 分析的手続 | ● 利益剰余金分析<br>● 連結財務諸表の計上科目の確認 | 各アサーション |
| (10) 表示・開示の妥当性に関する手続 | ● 注記の検討 | 表示の妥当性 |

## 1 「連結の範囲の決定」に関する手続

### 1 手続の目的

　監査人が、会社が作成する関係会社一覧表の検証などを行うことで、子会社・関連会社が網羅的に把握されているかなど連結の範囲の妥当性を確かめるための監査手続です（網羅性）。連結財務諸表作成の前提となる事項であるため、重要な手続となります。

### 2 具体的な手続の内容

　監査人は、会社が作成する関係会社一覧表を入手するとともに、取締役会議事録の閲覧、有価証券・貸付金の勘定明細の通査、経営者への質問などを通じて、連結の範囲の妥当性を検証します。また、子会社・関連会社の網羅性についての記載がある経営者確認書を入手することも、重要な手続のひとつです。

　子会社の判定は、当該企業を親会社が支配しているか否かがポイントとなります。当該検討に際しては、直接的な議決権割合だけでなく、間接的支配や実質的支配の有無に留意が必要です。

● 間接的支配

　親会社が議決権の過半数を直接所有していなくても、他の子会社を通じて間接的に所有し、支配している場合には、当該会社は子会社であると判定されます。たとえば、子会社が100％の議決権を所有している会社Ｂは、親会社Ｐの子会社です。また、親会社が30％、子会社Ｃが30％の議決権をそれぞれ所有している会社Ｄも、親会社が60％の議決権を所有していることと同じ効果があり、親会社Ｐの子会社であると判定されます。

● 実質的支配

　親会社が議決権の過半数を所有していなくても、下記の一定要件を考慮して、実質的に支配している場合には、当該会社は子会社であると判定されます。

- 緊密な者、同意している者の議決権
- 役員、使用人が取締役会等の構成員に占める割合
- 重要な財務及・営業・事業の方針の決定を支配する契約等の存在
- 会社の資金調達額に対する会社への融資の割合
- 他の企業の意思決定機関を支配していることが推測される事実

## 2 「各社からのデータの収集」に関する手続

### 1 手続の目的

　連結財務諸表は、連結パッケージなど、子会社から入手したデータを使用して作成されます。監査人は、連結パッケージなどの当該データの正確性を確かめるための監査手続を実施します（各アサーション）。

### 2 手続の具体的な内容

　監査人は、各子会社の連結財務諸表に占める割合（重要性）などを踏まえ、入手データについて、各資料間の整合性の検討や増減分析、同一環境下の取引についての会計方針の比較による会計方針の検討などにより、その正確性を確かめます。

　なお、連絡財務諸表に占める割合が高い重要な子会社については、当該子会社で計上されている各科目の残高の妥当性についても確かめます。

### 監査手続上のポイント

　子会社に対する監査手続としては、特に重要性が高い子会社としてすべての勘定科目を対象として監査手続を行う場合や、子会社の勘定科目のうち重要性が高い一部についてのみ手続を行う場合など様々なケースがあります。その際の重要性の判断基準としては、税金等調整前当期純利益に占める割合が一定の割合以上の会社を重要な会社と判断する方法や、売上高や総資産に占める割合が一定の割合以上の会社を重要とみなす方法など様々な方法が考えられますが、計画段階で設定された重要性の基準値の決定方法との整合性に留意する必要があります。たとえば、重要性の基準値の設定にあたり、税金等調整前当期純利益を基礎に設定しているのであれば、連結財務諸表上の重要な子会社の選定も税金等調整前当期純利益が基礎となることが一般的です。

## 3　「子会社財務諸表の個別修正」に関する手続

### 1　手続の目的

　監査人が、連結財務諸表作成に際して行われた個別財務諸表の修正内容を検討することによって、連結財務諸表作成の前提となる各社の個別財務諸表が適切に修正されていることを確かめるための監査手続です（各アサーション）。

### 2　手続の具体的な内容

　監査人は、個別財務諸表の修正仕訳について、前期比較分析、関連資料との突合、担当者への質問などを行い、修正内容の妥当性を検討します。

　個別修正仕訳には、過去からの繰越として計上する必要がある仕訳も存在するため、当期においても引き続き当該仕訳が起票されていることを確かめます。

　また、新規の子会社の取得時などにおいては、取得時点における時価評価

が適切に行われていることを確かめます。会社が専門家を利用している場合には、外部の専門家による企業価値評価書、不動産鑑定士による不動産鑑定評価書などを入手し、会社が行っている時価評価が適切であることを確かめます。その場合、使用されている前提条件、当該専門家の専門性、能力、評価方法などについても検討し、評価結果が妥当であることを確かめます。

会社が専門家を利用していない場合には、その評価結果についてより慎重に検討を行います。

## 4 「在外子会社の財務諸表項目の換算」に関する手続

### 1 手続の目的

監査人が分析や再計算を行うことによって、在外子会社の財務諸表項目の換算計算の正確性（為替レートの正確性、為替換算調整勘定の計算の正確性）を確かめるための監査手続です（評価の妥当性）。

### 2 手続の具体的な内容

監査人は、金融機関などが公表している為替相場情報と会社が換算に用いた為替レートの整合性を確かめるとともに、換算に用いた換算レートが外貨建取引等会計基準の定めに準拠していることを確かめます。また、換算過程のレビューまたは再計算などを実施し、会社の外貨換算が適切に行われ、為替換算調整勘定の金額が適切に算出されていることを確かめます。

〈為替換算調整勘定の分析〉

為替換算調整勘定は、子会社の資産・負債項目を期末日レートで、資本項目を発生時レートで換算することによる為替差額から生じるものであり、その残高は為替レートの変動に対応して変動します。通常、投資時点より円高になると、借方の為替換算調整勘定が、逆に円安になると貸方の為替換算調整勘定が計上されます。為替レートのトレンドと整合した金額が計上されているかどうか、という概括的視点で分析を行うことも有用です。

## 5 「投資と資本の相殺消去」に関する手続

### 1 開始仕訳の検討

#### ① 手続の目的

　監査人が、計上されている開始仕訳について、前期の仕訳との突合を実施することによって過年度の修正仕訳の累積が適切に引き継がれていることを確かめるための監査手続です（評価の妥当性）。

#### ② 手続の具体的な内容

　子会社の持分割合に変更がなければ、過年度の投資と資本の相殺消去に係る仕訳の累積が開始仕訳として引き継がれるため、前期の該当する仕訳の集計を行い、集計額が当期の仕訳に漏れなく適切に引き継がれていることを確かめます。

### 2 「のれん」の計上額・償却額の検証

#### ① 手続の目的

　監査人が「のれん」の計上額について関連証憑を基に検証を行うとともに、のれんの償却期間を検討し、償却計算の再計算を行うことによって、「のれん」の計上額及び償却計算の妥当性を確かめるための監査手続です（評価の妥当性、期間配分の適切性）。

#### ② 手続の具体的な内容

　監査人は、計上基礎となる子会社の財務諸表やデューデリジェンス報告書、資産・負債の時価情報などを検討し、のれんの計上額の妥当性を確かめます。また、事業計画などの入手、経営者への質問などを通じて、会社による償却期間の見積りの妥当性を確かめるとともに、毎期の償却額の再計算を実施し、償却計算の妥当性を確かめます。

### 3 「非支配株主持分」の分析

#### ① 手続の目的

監査人が分析・再計算などを行うことによって、「非支配株主持分」の計上額の妥当性を確かめるための監査手続です（評価の妥当性）。

#### ② 手続の具体的な内容

監査人は、子会社ごとの「非支配株主持分」理論値（連結子会社純資産×非支配持分比率）を算定し連結貸借対照表上の「非支配株主持分」計上額との差額について、連結仕訳を用いて分析を行い、計上額の妥当性を検証します。

分析イメージ

### 4 「非支配株主に帰属する損益」計上額の検証

#### ① 手続の目的

監査人が分析・再計算などを行うことによって、「非支配株主に帰属する

損益」への計上額の妥当性を確かめるための監査手続です（評価の妥当性）。

### ❷ 手続の具体的な内容

監査人は、子会社ごとの「非支配株主に帰属する損益」の理論値（連結子会社の当期純利益×非支配株主持分比率）を算定し、連結損益計算書上の「非支配株主に帰属する損益」への計上額との差額分析を行います。

分析イメージ

|  | 子会社1 | 子会社2 | 理論値 |  |
|---|---|---|---|---|
| ①連結子会社当期純利益 | 500 | 400 |  |  |
| ②非支配株主持分比率 | 30% | 20% |  |  |
| ①×② | 150 | 80 | 230 | ③ |
| 連結損益計算書 非支配株主損益 |  |  | 200 | ④ |
| 差　　額 |  |  | △30 | ④－③ |
| 差異分析 |  |  |  |  |
| 　個別修正 | 0 |  |  |  |
| 　未実現損益修正 | △80 |  |  |  |
| 　貸倒引当金修正 | 50 |  |  |  |
| 　合　　計 | △30 |  |  |  |

（差額△30と合計△30が一致）

### COLUMN ☕ 監査対応

　合併・買収が行われた場合には取得原価の配分（Purchase Price Allocation、略してPPA）を行うことが必要です。PPAは、通常、買収時に財務デューデリジェンスや買収価格の決定についてのアドバイスを行ったコンサルティング会社や会計事務所、証券会社などが行います。

PPAでは、取得した資産・負債の全てを時価を基礎として評価し、最後に残った部分をのれんとします。このとき、取得前の被取得企業の貸借対照表に計上されていなかった商標権や顧客リストなどの無形資産も識別されることがある点について留意が必要です。それぞれの資産はDCF法など一定の評価技法を使用して評価が行われます。

　監査人は、会社はそもそも被取得企業の何を目的に買収したのか、評価の前提や評価手法の選択は合理的であるかどうかなど、さまざまな点について、分析や質問などにより検討を行います。たとえば評価を行った外部の専門家に質問書を送付したり、事業計画の前提について所轄部署の担当役員などからヒアリングを行います。企業結合日以後1年以内に配分する、という猶予期間は与えられているものの、PPAを開始するのが遅れると時間はすぐに足りなくなるため、注意が必要です。

## 6　「取引高及び債権債務の消去」「未実現損益の消去」に関する手続

### 1　前期仕訳との比較分析

#### ① 手続の目的

　監査人が連結仕訳について前期比較分析を行い、重要な取引高・債権債務の相殺消去及び未実現利益の消去の対象及び金額の妥当性を確かめるための監査手続です（実在性、網羅性、評価の妥当性）。

#### ② 手続の具体的な内容

　監査人は、連結仕訳の一覧を入手し、取引高・債権債務、未実現損益のそれぞれについて前期の連結仕訳と比較・分析し、増減の有無や乖離の程度を把握して、当該増減や乖離の内容が合理的なものであることを、質問や関連証憑の照合によって確かめます。比較の結果、大きな差異がある場合は、グループ各社の事業形態の変化、グループ間取引の取引条件の見直しなどが生

じていることが考えられるため原因を把握します。

### 2 連結パッケージなどの突合
#### ① 手続の目的
　監査人が、連結仕訳と連結パッケージなどの突合を行い、相殺消去されている取引高及び債権債務、未実現損益の金額の正確性を確かめるための監査手続です（実在性、網羅性、評価の妥当性）。

#### ② 手続の具体的な内容
　連結仕訳と子会社から送付されている連結パッケージや、親会社作成の子会社との取引高明細・債権債務高明細と照合し、適切な金額で相殺消去仕訳が起票されていることを確かめます。未実現損益に関しては、使用する利益率の適用誤りなども考えられるため、利益率の妥当性についても検証を行うことが必要です。

　また、債権の相殺消去時には、関連する貸倒引当金の調整も必要となることがあるため、注意が必要です。

## 7 「持分法の適用」に関する手続

### 1 持分法による投資損益の分析
#### ① 手続の目的
　監査人が分析・再計算などの手続を行うことによって「持分法による投資損益」計上額の妥当性を確かめるための監査手続です（評価の妥当性）。

#### ② 手続の具体的な内容
　監査人は「持分法による投資損益」の理論値（持分法適用会社の当期純利益×持分比率）を算定し、連結損益計算書の「持分法による投資損益」計上額との比較分析を行います。

分析イメージ

|  | 関連会社１ | 関連会社２ | 理論値 |  |
|---|---|---|---|---|
| ①持分法適用会社の当期純利益 | 100 | 400 |  |  |
| ②持分比率 | 20% | 15% |  |  |
| ①×② | 20 | 60 | 80 | ③ |
| 連結損益計算書 持分法による投資損益 |  |  | 70 | ④ |
| 差　　額 |  |  | △10 | ④－③ |
| 差異分析 |  |  |  |  |
| 　未実現損益の調整 | △10 |  |  |  |
| 　合　　計 | △10 |  |  |  |

一致

## 2 持分法適用会社の財務諸表の検証

### ❶ 手続の目的

監査人が、持分法適用会社の財務諸表を検証することで、持分法の前提となるデータの正確性を確かめるための監査手続です（評価の妥当性）。

### ❷ 手続の具体的な内容

持分法適用会社の場合、連結子会社と異なり、必ずしも親会社の支配が及ばないことも多く、会社と同一の会計方針に基づく財務諸表が作成されない可能性があります。そのため、監査人は、持分法適用会社の重要性に応じて、質問状を送付する、あるいは往査するなどして、財務諸表データの正確性を検証します。

## 8 「連結税効果会計の適用」に関する手続

### 1 手続の目的

　監査人が、関連資料の検証、質問などを行うことで、税効果仕訳の計上漏れの有無、税効果仕訳の計算誤りの有無、及び計上する繰延税金資産の妥当性を確かめるための手続です（網羅性、評価の妥当性）。連結の観点からの税効果計算の適切性を検証します（税効果については第2章第19節 **19-2**「税効果会計」参照）。

### 2 手続の具体的な内容

　連結上の税効果は、基本的に個別修正、投資と資本の相殺消去、未実現損益の消去などの連結仕訳検討時に合わせて検討したうえで、連結ベースの税率差異の検証、繰延税金資産・負債の内訳別の分析を行います。監査人は、前期仕訳の確認、担当者への質問、連結パッケージの閲覧、連結ベースでの税率差異検討シートや繰延税金資産・負債別の内訳の検証などにより、税効果仕訳の妥当性について検討を行います。

〈主な留意事項〉

ⅰ）未実現利益の消去

　　すでに課税関係が終了した事象について、過去の税金費用を将来に繰り延べるという特殊性から、税効果の認識は繰延法で処理されるため、以下の点に留意します。

- 個別財務諸表上で当該未実現利益を実現利益として計上した会社（売却元の会社）に適用された法定実効税率を用いて算定する
- 法定実効税率改正後も、税率の変更は反映させない
- すでに売却元での課税関係は完了しているため、回収可能性の検討は不要

ⅱ）子会社投資に係る一時差異

- 子会社の留保利益については、将来配当にかかる課税関係が生じない

可能性が高い場合を除き、繰延税金負債を計上します。特に在外子会社がある場合、現地税制の理解及び連結グループ内の配当方針を確かめることが重要となります

ⅲ）貸倒引当金の税効果

各社の個別財務諸表における貸倒引当金の損金算入の有無などによって、繰延税金資産・繰延税金負債の認識方法が異なります。そのため子会社の貸倒引当金の税務処理状況などを確認する必要があります。

## 9 分析的手続

### 1 手続の目的

監査人が、会社の作成した連結財務諸表の特定の項目を分析することによって、連結財務諸表の妥当性を確かめるための監査手続です（各アサーション）。

### 2 手続の具体的な内容

#### ① 利益剰余金分析

連結仕訳計上による影響は利益剰余金に集約されるため、利益剰余金期首残高に連結仕訳ごとの増減を加減算し、連結貸借対照表の利益剰余金期末残高と一致することを確かめるとともに、当該利益剰余金の増減要因を分析します。

利益剰余金分析イメージ

|  | 期首 | 当期純利益<br>他増加項目 | 配当<br>他減少項目 | 期末 |
|---|---|---|---|---|
| （個別財務諸表） |  |  |  |  |
| 　親会社 | 3,000 | 600 | 400 | 3,200 |
| 　子会社 | 1,000 | 400 | 300 | 1,100 |
| 　個別財務諸表集計 | 4,000 | 1,000 | 700 | 4,300 |
| （連結修正仕訳） |  |  |  |  |
| 　投資と資本の消去 | △800 | △200 | △150 | △850 |
| 　棚卸資産未実現利益消去 | △200 | △50 | — | △250 |
| 　貸倒引当金消去 | 50 | 10 | — | 60 |
| 　持分法の適用 | 150 | 20 | — | 170 |
| 　…… | 100 | 5 | — | 105 |
| 　連結修正仕訳の合計 | △700 | △215 | △150 | △765 |
| 　連結利益剰余金 | 3,300 | 785 | 550 | 3,535 |

### ❷ 連結財務諸表の計上科目の確認

　連結財務諸表の計上科目を以下の視点で確かめることで、連結仕訳の計上漏れの有無を確かめることができます。

- 資本金が親会社の資本金と一致している
- 子会社株式がゼロになっている（非連結子会社がある場合を除く）
- 子会社株式評価損がゼロになっている（同上）
- 関係会社貸付金、関係会社借入金がゼロになっている（同上）

## 10 表示・開示の妥当性に関する手続

### １ 手続の目的

　監査人が、連結財務諸表及び連結財務諸表固有の注記事項について、関連資料や関連調書と照合することによって、連結財務諸表上の表示・開示の妥当性を確かめるための監査手続です。

## 2 手続の具体的な内容

　監査人は、連結財務諸表の各数値について、監査済の連結精算表と照合するなどして、その表示の妥当性を確かめます。また、連結財務諸表固有の注記事項について、前期の注記との整合性のチェック、会社担当者への質問、関連する監査調書との照合などを実施し、適切に注記が行われていることを確かめます。また、連結の範囲の変更などの変更事項がある場合には、その旨及び変更の理由が適切に注記されていることも合わせて確かめます。

〈連結財務諸表固有の注記〉

　連結財務諸表固有の主な注記事項は下記の通りです（連結財務諸表規則13、14）。

- 連結の範囲に関する事項
- 持分法の適用に関する事項
- 連結子会社の事業年度等に関する事項
- 連結財務諸表の作成の基礎となった連結会社の財務諸表の作成に当たって採用した重要な外貨建の資産または負債の本邦通貨への換算の基準
- のれんの償却方法及び償却期間
- 連結キャッシュ・フロー計算書における資金の範囲
- 連結の範囲または持分法適用の範囲を変更した場合の注記

## COLUMN　海外子会社における不正

　企業の海外展開、国際的な企業結合の増加とともに、近年、海外子会社における不正が顕在化するケースが急増しています。そもそも、子会社において不正が発生するリスクは、親会社において不正が発生するリスクよりも、本質的に高いと考えられます。その理由としては、子会社は、別の法人格であり親会社の直接的な支配が及びにくい、所在地が遠隔地である場合には親会社の監視の目が行き届きにくい、異業種や買収後間もない会社においては親会社による実態把握が不足している事がある、といった点があげられます。特に、海外子会社では物理的な距離に加え、言語や文化の問題から心理的距離も大きくなることがあり、その場合、更にリスクが高くなることが想定されます。そのようなリスクに対応し、子会社を適切に管理していくためには、不正が起こる背景を十分に理解した上で、親会社・子会社それぞれにおける内部統制を適切に整備し、運用していく必要があります。また、不正の早期発見の観点からは、内部通報制度の整備や、子会社買収時の深度あるデューデリジェンスの実施なども有効であると考えられます。

　一方、監査人の立場においても、国ごとの法規制や地理的な制約から、海外子会社の監査は、現地の監査人が行うことが多く、その場合、親会社監査人の関与も間接的なものとなります。監査人は、『グループ監査（監査基準委員会報告600）』に従って、子会社等を重要な構成単位、重要でない構成単位に分類し監査手続を決定しますが、その際には、財務上の金額的重要性だけでなく、上述のような質的な影響を十分に考慮することが必要です。また、子会社等との監査人と、実施すべき作業、および、その結果について、十分にコミュニケーションをとり、現地監査人の作業結果を慎重に評価・検討することが求められています。

# 第5章

# 財務諸表監査の全体像

第1節

# 財務諸表監査とは

## 1-1 財務諸表監査の目的

　財務諸表監査の目的は、「経営者の作成した財務諸表が、一般に公正妥当と認められる企業会計の基準に準拠して、企業の財政状態、経営成績及びキャッシュ・フローの状況を全ての重要な点において適正に表示しているかどうかについて、監査人が自ら入手した監査証拠に基づいて判断した結果を意見として表明すること」です（監査基準第一）。

　このように、監査の最終的な目的は「監査人が意見を表明すること」ですが、その目的を達成するためには十分な監査証拠を入手する、すなわち十分な監査手続を実施する必要があります。監査証拠を入手するための監査手続には様々なもの（例：経営者とのディスカッション、内部統制の評価、勘定科目別の監査手続など）がありますが、本書では特に「勘定科目別の監査手続」に焦点をあてています。

## 1-2 財務諸表監査の種類

　財務諸表監査と一口にいっても、金融商品取引法に基づく監査、会社法に基づく監査、私学助成法に基づく学校法人監査、労働組合法に基づく労働組合監査、その他の任意監査など様々な種類があります。しかし、これらはあくまでもよって立つ法律などの違いにすぎず、監査証拠の入手過程としての

監査手続の内容については、一部の特殊な部分を除きほとんど異なるところはありません。

## 1-3　監査証明を行うことができる者

監査証明業務は、公認会計士及び監査法人のみに認められた独占業務です（公認会計士法2①、34の5）。そのため、公認会計士及び監査法人には、監査の品質を担保するために、後述するような様々な要件が求められています。

## 1-4　監査において求められる要件

### 1　監査人に求められる要件

監査人には、単に公認会計士であることのみならず、監査基準などにおいて以下の様々な要件が求められています。

#### 1 公正不偏の態度（精神的独立性）

監査人は、監査を行うにあたって、「常に公正普遍の態度を保持」（監査基準第二2）することが求められます。監査人は独立した第三者として監査意見を表明するものであり、その意見が公正妥当なものとして利害関係者から受け入れられるためには、監査人は常に公正不偏の態度を保持する必要があります。このことは「精神的独立性」ともいわれ、監査制度が社会的に受け入れられることを担保する重要な要件です。

#### 2 独立性の保持（外観的独立性）

一方、たとえ監査人が公正不偏な態度を保持していたとしても、それは監

査人の内面の問題にすぎないことから、仮に独立の立場を損なう利害や独立の立場に疑いを招く外観を有してしまったならば、もはや利害関係者からの信頼を確保することはできません。またそのような利害関係に起因して、監査人の公正不偏の態度そのものが侵されることもありえます。

したがって、監査人は独立の立場を損なう特定の利害関係を有することはもとより、そのような関係を有しているとの疑いを招く外観を呈してはならない旨が監査基準では規定されています（監査基準第二2）。このことは外観的独立性といわれます。

### 3 職業的専門家としての正当な注意

監査人は、職業的専門家としての正当な注意を払い、懐疑心を保持して監査を行わなければなりません（監査基準第二3）。財務諸表監査制度は、企業の財務諸表に重要な虚偽の表示が含まれる可能性があることを前提とした制度です。このような重要な虚偽の表示が財務諸表に含まれていないことを証明するという監査の目的に鑑みれば、監査人は十分な職業的懐疑心を持って監査業務を遂行することが求められるのです。

### 4 専門能力の向上と知識の蓄積

企業の活動が複雑化・大規模化し、それに伴い会計処理の技術的発展・会計基準の複雑化が進行する状況下で適正に財務諸表監査を行うために、監査人には専門能力の向上と企業・会計・監査などに関する最新の知識を十分に有していることが求められています（監査基準第二1）。

## 2 監査の実施にあたって求められる要件

監査人自身に求められる人的要件以外に、監査業務を遂行していくにあたり求められる原則的な要件がいくつかあります。

## 1 監査調書の作成

　監査人は、「監査計画及びこれに基づき実施した監査の内容並びに判断の過程及び結果を記録し、監査調書として保存しなければならない」(監査基準第二5)とされています。

　監査人はまず監査計画を立案し、それに基づいて監査を実施し、様々な監査証拠を入手・評価して最終的な意見形成を行いますが、その過程についてはすべて監査調書という形で記録することが求められます。

　監査調書は、紙や電子媒体などで記録されるもので、監査手続書や分析表、チェックリストなども含みます。被監査会社から入手した資料の抜粋やコピーも監査調書の一部を構成することがあります。

## 2 守秘義務の保持

　監査人は「業務上知り得た事項を正当な理由なく他に漏らし、又は窃用してはならない」(監査基準第二8)とされています。

　財務諸表監査においては、被監査会社の業務上の重要な機密情報や個人情報などに触れる機会が多々あります。

　たとえば、
- 上場会社において、重要な買収案件を検討しており、当該情報を市場に公表する前に監査人として情報を入手し、会計処理の妥当性を検討するケース
- 金融機関の監査において、貸出債権の評価の妥当性を検証するために自己査定の状況を監査する場面で貸出先の未公開の財務情報に触れるケース
- 人件費の監査において、被監査会社の各従業員の給与・賞与・退職金の金額をチェックするケース
- 会社の利益構造など、被監査会社が一般に公表していない情報を監査の参考情報として入手するケース

などが考えられます。

　このような重要な機密情報が漏洩・窃用された場合、会社にとって事業上

著しく不利な状況が生まれることにもつながりかねません。また、上場会社であれば、インサイダー取引を生じさせる可能性もあります。

さらに守秘義務が守られない場合、監査人に対する信頼は失墜し、監査制度そのものを崩壊させることにもなりかねません。

守秘義務が厳格に課せられているからこそ、監査人は被監査会社の重要な機密情報に触れることができるといえます。

### 3 品質管理の方針と手続

監査基準上、監査人は、①監査事務所、②個々の監査業務の2つの側面から、適切に品質管理を行うことが求められます（監査基準第二6、7）。

監査事務所という組織の観点からは、適切な品質管理の仕組みをつくり、それを運用していくことが求められます。また、個々の監査業務という個別的な観点からは、各監査人が監査事務所の方針に従って適切に監査業務を遂行していくことが求められます。

たとえば、独立性の保持では、監査事務所としては適切に独立性に関する基準を定める必要があり、また個々の監査業務の観点からは、監査人は監査事務所が定めた基準に従って独立性を保持しながら、監査業務を遂行する必要があります。

このように、監査のすべての局面において、監査事務所として、また個々の監査業務として適切に品質管理を行いながら監査業務を遂行していくことが要求されています。

### 4 二重責任の原則

二重責任の原則とは、経営者の財務諸表作成責任と、監査人の意見表明責任を区分するという責任分担原則のことです。

仮に、監査人が財務諸表の作成そのものに関与してしまったとすると、監査人は自らが作成したものに対して意見を表明することになり、それは自己監査となります。したがって、監査人は財務諸表の作成そのものに関与する

ことはできません。つまり、経営者は会計処理の選択・重要な会計上の見積り計算・仕訳の起票などを監査人に委ねることはできません。

しかし、一方で監査人は会社の選択した会計方針が妥当か否かを事後的に検証する必要があるため、会社の意思決定の早い段階で状況を把握し、専門家としての見地から会計方針の妥当性などについて十分に協議を行うことは、監査を効率的に進めるという観点からも推奨されます。ただし、その場合でも最終的な意思決定そのものに監査人は関与することはできず、あくまで最終的な会計処理に対する責任は経営者にある点に留意が必要です。

### 5 不正等に対する特段の注意

監査人は、財務諸表の利用者に対する不正な報告あるいは資産の流用の隠ぺいを目的とした重要な虚偽の表示が、財務諸表に含まれる可能性を考慮しなければなりません。また、違法行為が財務諸表に重要な影響を及ぼす可能性があることにも留意しなければなりません（監査基準第二4）。

監査人は、不正によるか誤謬によるかを問わず、全体としての財務諸表に重要な虚偽の表示がないことについて合理的な保証を得る必要があります。財務諸表監査の目的は、不正の摘発自体を意図するものではありませんが、経営者による不正な財務報告（粉飾）、あるいは資産の流用など、不正の多くが財務諸表の重要な虚偽の表示につながる可能性があるため、監査人は不正について特段の注意を払うとともに、不正リスクに着眼した適切な監査手続を確保することが求められます。

また、財務諸表監査は、すべての違法行為を発見することを予定していませんが、会計上の不正及び誤謬による財務諸表の重要な虚偽の表示を看過しないために、職業的懐疑心を保持して監査を実施し、違法行為が存在する可能性について検討しなければなりません。監査人は、違法行為を発見した場合には、不正及び誤謬に係る取扱いに準じて、適切な対応をとることが求められています。

## 1-5 不正リスク対応基準

### 1 不正リスク対応基準とは

　上場企業社における有価証券報告書の虚偽表示など、不正を原因とする財務報告の虚偽報告の頻発を背景として、我が国における監査制度の実効性を高めることを目的に「監査における不正リスク対応基準」が平成25年に制定されました。それ以前の監査基準においては、不正による重要な虚偽の表示を示唆する状況等が発見された場合に行うべき手続が明確に示されていないという指摘があったことから、不正の疑いに対して慎重な監査手続の実施を求めるという趣旨から制定されたものです。

　なお、ここでいう「不正」とは、財務諸表に重要な虚偽の原因となるものに限定されており、重要な虚偽の表示と関係のない不正については、対象外であるとされています。

### 2 適用対象

　不正リスク対応基準は、すべての監査において適用されるのではなく、主として、財務諸表及び監査報告について広範な利用者が存在する金融商品取引法に基づく開示を行っている企業に対する監査において実施されることを念頭に作成されています。ただし、非上場企業等の監査においても、不正な財務報告が発見された場合には、不正リスク対応基準を参考に対応を行うことが考えられます。

### 3 基準の内容

　不正リスク対応基準は、「第一　職業的懐疑心の強調」、「第二　不正リスク

に対応した監査の実施」、「第三 不正リスクに対応した監査事務所の品質管理」から構成されています。また、不正リスク要因の例示、不正による重要な虚偽の表示を示唆する状況の例示が示されており、監査を実施するにあたって考慮する必要がある要因・状況が示されています。

不正リスク対応基準が制定されたことで、それまで実務上行われていたほとんどの実証手続が変わることはありませんが、不正リスクが認識されている勘定科目に関連する手続については、より証拠力の高い監査証拠を入手する、より多くの監査証拠を入手するなど、慎重な対応が求められます。

また、不正による重要な虚偽の表示の疑義があると判断した場合には、監査事務所で定めている品質管理方針に従って追加の監査手続を行うことが要請されます。

# 第2節 財務諸表監査実施の基本的な流れ

## 2-1 財務諸表監査の基本的アプローチ

　監査基準において、監査人は「監査リスクを合理的に低い水準に抑えるために、財務諸表における重要な虚偽表示のリスクを評価し、発見リスクの水準を決定するとともに、監査上の重要性を勘案して監査計画を策定し、これに基づき監査を実施しなければならない」とされています（監査基準第三 一 1）。

　このように、「リスク」という概念に着目し、重要な虚偽の表示が生じる可能性が高い事項について重点的に監査の人員や時間をあてることにより、監査を効果的かつ効率的なものとすることができる監査の実施方法を「リスクアプローチ」といいます。

　リスクアプローチに基づく監査においては、試査を原則として監査が行われます。

### ■原則としての試査

　試査とは、特定の監査手続の実施に際して、母集団からその一部の項目を抽出して、それに対して監査手続を実施することです。一方、試査に対する概念として、精査があります。精査とは、母集団からそのすべての項目を抽出して、それに対して監査手続を実施することです。このほか、試査や精査と異なり項目の抽出を伴わない監査証拠の入手方法として、分析的手続や質問などが挙げられます。

監査人は、これらのうちどの方法を採用するか、また、それらを組み合わせて使うかどうかをリスクの水準や効率性を考慮して決定しますが、あくまで原則的には試査に基づき監査手続を実施することが求められます（監査基準第三 一4）。つまり、被監査会社のすべての取引・会計記録について検証を行うことが当然に求められているのではない、ということです。

監査の手法として試査が採用されている主たる理由は、ビジネスが大規模化した現代においては精査を実施する場合には多大な時間や費用が必要となり、社会的に受け入れられないためであるといわれています。現在の財務諸表監査の目的は、財務諸表が重要な点において適正か否かを表明することであり、重要でないすべての虚偽表示の発見を意図するものではありません。また、統計技術や統計理論の発展により、試査により得られた監査証拠から一定程度の立証結果を確保できるということ、さらに、企業に内部統制が構築されていることも、試査が採用される根拠となっています。財務諸表の作成に関する内部統制が企業内に適切に構築されていれば、会計記録の正確性や網羅性などについては一定程度担保されているといえるからです。このため、監査人は試査を基礎とした監査手続を行うにあたっては企業の内部統制の有効性を十分に評価する必要があります。

## 2-2 リスクアプローチに基づく監査

### 1 リスクとは

監査基準委員会報告書において、各リスクは以下のように定義されています。

| 監査リスク | 監査人が、財務諸表の重要な虚偽表示を看過して誤った意見を形成する可能性（重要な虚偽表示のリスクと発見リスクの2つから構成される） |
|---|---|
| 重要な虚偽表示リスク | 監査が実施されていない状態で、財務諸表に重要な虚偽表示が存在するリスク（固有リスクと統制リスクの2つの要素から構成されるリスク） |
| 固有リスク | 関連する内部統制が存在していないとの仮定のうえで、取引種類、勘定残高、開示等に係るアサーションに、個別にまたは他の虚偽表示と集計すると重要となる虚偽表示が行われる可能性 |
| 統制リスク | 取引種類、勘定残高または開示等に係るアサーションで発生し、個別にまたは他の虚偽表示と集計すると重要となる虚偽表示が、企業の内部統制によって防止または適時に発見・是正されないリスク |
| 発見リスク | 虚偽表示が存在し、その虚偽表示が個別にまたは他の虚偽表示と集計して重要になりうる場合に、監査リスクを許容可能な低い水準に抑えるために監査人が監査手続を実施してもなお発見できないリスク |

出所　監査基準委員会報告書200「財務諸表監査における総括的な目的」

## 1 監査リスク

　監査の目的は、財務諸表が適正であるかどうかについて監査意見を表明することです。その目的を達成するためには、監査人は財務諸表の重要な虚偽の表示を看過してはならず、監査リスクを合理的に低い水準に抑えることが求められます。つまり、監査リスクとは監査の前提として、低い水準に抑えられる「べき」リスクといえます。

## 2 固有リスク

　固有リスクとは、経営環境により影響を受ける種々のリスクや、特定の取引、勘定残高、開示などが本来有しているリスクのことです。たとえば、複

雑な計算と簡単な計算とでは、複雑な計算の方が虚偽の表示が起こりやすいといえます。このように、固有リスクは各勘定科目や取引などに内在している本質的なリスクのことであり、監査人はこのリスクの程度を「評価」する必要があります。

### 3 統制リスク

統制リスクは固有リスクとの関係で考えられます。上記のように、企業内の各取引等には固有リスクがあります。財務諸表が適切に表示されるためには、固有リスクが顕在化することを、内部統制を構築することによって防ぐ必要があります。しかし、内部統制には一定の限界もあることから、仮に内部統制を構築したとしても財務諸表の重要な虚偽の表示を防止または発見・是正できないことがあり得ます。その可能性こそが統制リスクであり、そのリスクの程度を監査人は「評価」する必要があります。

### 4 重要な虚偽表示のリスク

上記のように、固有リスクと統制リスクは企業の側に存在するリスクであり、監査人はこれを「評価」する必要があります。

なお、固有リスクと統制リスクは実際には複合的な状態で存在することが多く、そもそもこの２つのリスクを分けて評価すること自体は必ずしも重要ではありません。重要なことは、このような企業内に存在するリスクの程度を適切に評価することである点に鑑み、「重要な虚偽表示リスク（＝固有リスク×統制リスク）」という複合的な概念を用い、監査人はこの複合的な「重要な虚偽表示リスク」の程度を評価する必要があります。

### 5 発見リスク

通常「リスク」とは、固有リスクや統制リスクのように企業内外に存在していて、それが高いか低いかについて客観的に「評価」されるものを指します。それに対して発見リスクとは監査人がその程度を「設定」するリスクと

されています。

　発見リスクの定義からも分かるように、監査人が手厚く監査手続を実施すれば、結果として発見リスクは「低く」なります。一方、監査人が省力的な監査手続を実施すれば、結果として発見リスクは「高く」なります。監査人の実施する監査手続と発見リスクの程度は密接に関係しています。

　つまり、監査人が発見リスクを「低く設定する」ということは監査人が手厚い監査手続計画を立てる、ということであり、その場合監査人はたとえば期末日を基準日として、より強い心証を得られる監査証拠を入手できる監査手続を採用し、監査対象とする項目の範囲を広げるなどの対応をとることが考えられます。

　一方、監査人が発見リスクを「高く設定する」ということは監査人が省力的な監査手続計画を立てる、ということであり、その場合監査人はたとえば期末日より前の日付を基準日として、より省力化した監査手続を採用し、監査対象とする項目の範囲を狭めるなどの対応をとることが考えられます。

## 2　リスクアプローチの基本的な考え方

　監査人は、監査リスクを合理的に低い水準に抑えるために、財務諸表における重要な虚偽表示のリスクを評価し、発見リスクの水準を決定するとともに、監査上の重要性を勘案して監査計画を策定し、これに基づき監査を実施しなければなりません（監査基準第三　一1）。

　財務諸表監査の目的が監査意見の表明にあることに鑑みれば、その目的を達成するためには、「監査人が、財務諸表の重要な虚偽の表示を看過して誤った意見を形成する可能性」である「監査リスク」を合理的に低い水準に抑えることが必要です。

　ここで、監査リスクは、次頁の図のように3つのリスクの積としての概念となります。

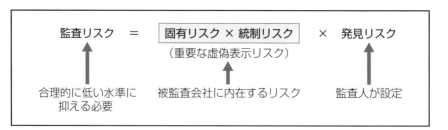

　監査人は、監査リスクを合理的に低い水準に抑える必要がありますが、そのためには、上記の式の右辺（固有リスク×統制リスク×発見リスク）を低くする必要があります。
　さらに、右辺の「重要な虚偽表示リスク（固有リスク×統制リスク）」は被監査会社側に内在するリスクであり、監査人としては「評価」はできますが、その水準そのものを動かすことはできません。
　たとえば監査人として、内部統制の構築・運用に関する助言を与えることにより、内部統制をより有効に機能させて、結果的に統制リスクが下がることは考えられますが、内部統制の構築・運用の責任は経営者にあるため、一義的には監査人側で動かせるリスクではありません。
　よって、監査人は、発見リスクの程度を自ら設定することによって、右辺全体の水準を動かし、結果的に監査リスクを合理的に低い水準に抑えます。

## 3　監査上の重要性について

　上記の監査基準上の基本原則に照らせば、監査計画立案時にはリスクのみだけでなく「監査上の重要性」も勘案することが求められます。
　監査上の重要性を検討する主な局面は以下の2つです。
- 実施する監査手続、実施の時期及び範囲の決定の局面（監査計画策定時）
- 監査手続の実施により入手した監査証拠の評価の局面（監査意見形成時）

監査上の重要性を示すものとして、監査人は一定の金額を定めます。これが「重要性の基準値」です。重要性の基準値とは、「監査計画の策定時に決定した、財務諸表全体において重要であると判断する虚偽表示の金額（監査計画の策定後改訂した金額を含む。）」（監基報320⑧）と定義されます。

重要性の基準値は、通常は前年度の財務諸表数値や当年度の予算に基づく財務諸表数値などを基礎として決定されます。具体的には、売上高・経常利益・税引前当期純利益などの損益計算書上の各段階損益、また総資産・純資産といった貸借対照表項目に与える影響を総合的に勘案し、虚偽表示の質的側面も考慮しつつ、監査人の職業的専門家としての判断によって決定されます。

監査人は、「重要性の基準値」を超える虚偽表示について、「重要である」と判断することになります。

### ■手続実施上の重要性

「重要性の基準値」に対して、「手続実施上の重要性」という概念があります。「手続実施上の重要性」とは、「未訂正の虚偽表示と未発見の虚偽表示の合計が重要性の基準値を上回る可能性を適切な低い程度に抑えるために、監査人が重要性の基準値より低い金額として設定する金額」（監基報320⑧）をいいます。

財務諸表というのは様々な取引や勘定科目などから構成されています。仮に特定の勘定や取引において虚偽表示が発見された場合に、その1つひとつは重要性の基準値を超えていない場合であっても、発見された虚偽表示を合計すると重要性の基準値を超える場合も考えられます。さらに、未発見の虚偽の表示が存在する可能性を考慮する必要があります。監査人は、財務諸表の未修正の虚偽の表示と未発見の虚偽の表示の合計が「重要性の基準値」を上回る可能性を適切な水準に抑えるために、「重要性の基準値」よりも小さい金額を「手続実施上の重要性」として定めます。

## 4 具体的なリスクアプローチに基づく監査の進め方

リスクアプローチに基づく監査では、監査人は〈財務諸表における、①重要な虚偽表示のリスクを評価し、発見リスクの水準を決定するとともに、監査上の重要性を勘案して監査計画を策定し、②これに基づき監査手続を実施〉する必要があります（監査基準第三 一1）。一般的に①はリスク評価手続、②はリスク対応手続とよばれます。

### 1 リスク評価手続

リスク評価手続とは、内部統制を含む、企業及び企業環境を理解し、不正か誤謬かを問わず、財務諸表全体レベルの重要な虚偽表示のリスクと、アサーション・レベル（財務諸表項目レベル、すなわち取引種類、勘定残高、開示等に関連するアサーションごと）の重要な虚偽表示のリスクを識別し評価するために実施する監査手続のことです。

内部統制を含む、企業及び企業環境の理解は、情報の収集、更新及び分析によって得られるものであり、監査の各段階で継続的かつ累積的に行うものです。

具体的には、たとえば以下の手続を実施することが考えられます。

| リスク評価手続の例 |
|---|
| ①経営者やその他の企業構成員への質問 |
| ②分析的手続 |
| ③観察及び記録や文書の閲覧 |
| ④過年度に入手した情報の検討 |
| ⑤監査チーム内の討議 |

このようなリスク評価手続によって、監査人は財務諸表における重要な虚偽表示のリスクを「暫定的」に評価します。
　あくまで「暫定的」であるのは、次のステップとして実施するリスク対応手続及びそこから入手した監査証拠が、リスク評価に影響を及ぼすことも考えられるためです。
　たとえば、ウォークスルー（財務報告目的の業務プロセスにおける取引の開始から財務諸表までの追跡）などの手続により内部統制の整備状況が有効であると判断し、統制リスクが低いとして監査計画を立案したにもかかわらず、内部統制の運用評価手続から得られた監査証拠によって、一部内部統制が有効に機能していないことが判明した場合には、リスク評価を修正するとともに監査計画を適宜に修正する必要が生じます。その意味で、この段階でのリスク評価は「暫定的」といえます。
　監査人は、暫定的なリスク評価の結果に基づき、さらに先述の監査上の重要性も勘案して監査計画を策定します。そして、監査計画に基づいて監査手続を実施します。

### 監査手続上のポイント

〈リスク評価手続の留意点①…重要な虚偽表示のリスク〉
　「財務諸表全体レベル」と「アサーション・レベル」の２つのレベルで重要な虚偽表示のリスクを識別し、評価する必要があります。
　財務諸表全体レベルの重要な虚偽表示のリスクは、財務諸表全体に広く関わりがあり、たとえば、経営者による内部統制の無効化のように、様々なアサーションにおいて重要な虚偽表示のリスクを増大させるものです。
　一方、アサーション・レベルの重要な虚偽表示のリスクを検討することは、十分かつ適切な監査証拠を入手し、必要とされるリスク対応手続の種類、時期及び範囲を決定するために必要となるものです。

〈リスク評価手続の留意点②……企業及び企業環境〉
　監査人が理解すべき企業及び企業環境の例示としては、
- 産業、規制等の外部要因
- 企業の事業活動等
- 企業の会計方針の選択と適用（会計方針の変更理由を含む）
- 企業目的及び戦略並びにそれらに関連して財務諸表の重要な虚偽表示のリスクとなる可能性のある事業上のリスク
- 企業の業績の測定と検討

の５項目が挙げられます（監基報315⑩）。
〈リスク評価手続の留意点③……内部統制の理解〉
　監査人は財務報告に関連する内部統制を理解することが求められますが、その際、内部統制のデザインを評価し、これらが業務に適用されているかどうかについて、企業の担当者への質問やその他の手続を実施して評価します。
　この手続には、統制環境の理解、企業のリスク評価プロセスの理解、財務報告に関連する情報システム（関連する業務プロセスを含む）に関する理解、監査に関連する統制活動の理解、企業が財務報告に係る内部統制の監視に用いている主要な活動に対する理解などが含まれます。
〈リスク評価手続の留意点④……特別な検討を必要とするリスク〉
　特別な検討を必要とするリスクとは、識別し評価した重要な虚偽表示リスクの中で、特別な監査上の検討が必要と監査人が判断したリスクのことです（監基報315③(3)）。
　監査人は、会計上の見積りや収益認識などの判断に関して財務諸表に重要な虚偽の表示をもたらす可能性のある事項、不正の疑いのある取引、特異な取引など、特別な検討を必要とするリスクがあると判断した場合には、そのリスクに対応する監査手続に係る監査計画を策定しなければならないとされています（監査基準第三　二5）。

特別な検討を必要とするリスクは、固有リスクに属するもので、固有リスクの中でも特にリスクの高い項目であるといえます。
〈リスク評価手続の留意点⑤……不正リスクへの対応〉
　リスク評価において評価されるリスクは不正と誤謬の両方のリスクを含みます。なお、不正は特に重要であるため、より慎重な対応が求められます。
　監査人は、職業的専門家としての懐疑心を持って、不正及び誤謬により財務諸表に重要な虚偽表示がもたらされる可能性を評価する必要があります。リスク評価手続の中では、主として経営者や監査役に対する質問や、分析的手続の実施などにより、不正による重要な虚偽表示リスク識別のための情報を入手しなければなりません。

## 2 リスク対応手続

　リスク対応手続とは、監査リスクを許容可能な低い程度に抑えるために、識別し評価したアサーション・レベルの重要な虚偽表示リスクに対応して、立案し実施する監査手続のことです（監基報330③(3)）。
　リスク対応手続は、「❶運用評価手続」と「❷実証手続」で構成されます。本書のメインテーマである「勘定科目別の監査手続」は後者に含まれます。

### ❶ 運用評価手続

　リスク評価手続において、内部統制が有効に運用されていると「暫定的」に評価した場合に、そのリスク評価を裏付けるために運用評価手続を実施します。つまり、運用評価手続の結果も含めてリスク評価は完結し、そのリスクの程度に応じた監査手続の立案・実施が可能になります。
　しかし、企業がいくら内部統制を整備・運用しても、経営者が内部統制を無視するリスク、人為的な誤りの可能性及びシステムの変更の影響を含めて、内部統制には固有の限界があります。
　したがって、監査の目的である財務諸表に対する意見表明の基礎を与える

十分かつ適切な監査証拠を入手するためには、重要な取引、勘定残高、開示などに関する実証手続が必要となるのです。

### ❷ 実証手続

実証手続とは、アサーション・レベルの重要な虚偽表示を看過しないよう立案し実施する監査手続（監基報330③(2)）であり、取引、勘定残高、開示などに関して実施する「詳細テスト」と「分析的実証手続」から構成されます。実証手続の解説は本書の主題とするところであり、詳細な手続については本書の各章を参照してください。

なお、実証手続を実施する際には「アサーション」という概念に着目する必要があります。

アサーションとは、経営者が財務諸表において明示的か否かにかかわらず提示するものをいい、監査人は発生する可能性のある虚偽表示の種類を考慮する際にこれを利用する（監基報315③(1)）ものとされています。

### ■経営者の主張

経営者は、適正な財務諸表を作成する責任を有しています。財務諸表が適正である、といえるためには、作成された財務諸表が一定の要件を満たしている必要があります。

たとえば、次頁の図表のような要件です。

経営者が適正な財務諸表を作成・提示する、ということは、明示的か否かにかかわらず、上記の要件を充足している、と経営者が「主張」していることに他なりません。このことから、財務諸表に含まれる上記のような要件を「アサーション（Assertion：主張）」といいます。

### ■監査手続との対応

これに対し、監査人の責任は財務諸表の適正性について、独立の立場から監査意見を表明することです。

しかし、財務諸表とは様々な経済事象を複合的に反映したものであるため、

財務諸表全体としての適正性を直接的に立証することは困難であり、財務諸表を各構成要素に分解して立証する必要があります。

| 監査対象期間の取引種類と会計事象に係るアサーション | | |
|---|---|---|
| | 発 生 | 記録された取引や会計事象が発生し企業に関係していること |
| | 網羅性 | 記録すべき取引や会計事象がすべて記録されていること |
| | 正確性 | 記録された取引や会計事象に関する金額や他のデータが正確に記録されていること |
| | 期間帰属 | 取引や会計事象が正しい会計期間に記録されていること |
| | 分類の妥当性 | 取引や会計事象が適切な勘定科目に記録されていること |
| 期末の勘定残高に係るアサーション | | |
| | 実在性 | 資産、負債及び純資産が実際に存在すること |
| | 権利と義務 | 企業は資産の権利を保有または支配していること。また、負債は企業の義務であること |
| | 網羅性 | 記録すべき資産、負債及び純資産がすべて記録されていること |
| | 評価と期間配分 | 資産、負債及び純資産が適切な金額で財務諸表に計上され、評価の結果または期間配分調整が適切に記録されていること |
| 表示と開示に係るアサーション | | |
| | 発生及び権利と義務 | 開示されている取引、会計事象及びその他の事項が発生し企業に関係していること |
| | 網羅性 | 財務諸表に開示すべき事項がすべて開示されていること |
| | 分類と明瞭性 | 財務情報が適切に表示され開示が明瞭であること |
| | 正確性と評価 | 財務情報及びその他の情報が適正かつ適切な額で開示されていること |

※ 監基報315より抜粋

つまり、監査人は、財務諸表全体ではなく、財務諸表の基礎となる取引、勘定残高、開示などについて、立証すべき目標である監査要点を個別具体的に設定し、それを1つずつ立証する必要がありますが、この際、監査人は監査要点として、上記の「アサーション」を利用し、「アサーション」に対して監査要点を設定する、という手法を取ります。

監査人は、監査要点の設定にあたっては、アサーションをそのまま監査要点として利用することもあれば、異なる組合せや表現にすることもできます。たとえば、ある局面においては、勘定残高に関するアサーション（たとえば、売掛金の実在性）と取引に関するアサーション（たとえば、売上高の発生）を組み合わせて、ひとつの立証すべき監査要点として設定することがあります。

監査基準においては、監査要点の例示として、実在性、網羅性、権利と義務の帰属、評価の妥当性、期間配分の適切性及び表示の妥当性、を挙げています（監査基準第三 一3）。

このように監査手続を実施する目的は、ある監査要点を立証することといえます。本書の各章では、監査手続とその手続によって立証すべき監査要点との対応関係をできる限り具体的に明示していますが、監査要点の設定は監査人の専門的な判断であり、必ずしも本書で記載している対応関係がすべてというわけではありません。

なお、監査要点という表現は監査基準上で示されている監査人が立証すべき目標のことですが、監査実務では「監査要点」と「アサーション」はほぼ同義のものとして扱われていることから、本書においては表現を「アサーション」に統一しています。

## COLUMN　未来の監査に向けての取組み

　近年、AIやビッグデータなどの監査業務への活用が注目を集めています。

　財務諸表監査は英国における精細監査（いわゆる精査）が発祥であり、その主な目的は不正の発見でもありました。しかし、企業の大規模化に伴い、多大な時間や費用を必要とする精査は現実的でなくなり、監査人は、リスク・アプローチと統計学に基づくサンプリングによる試査を用いて、財務諸表の合理的な保証を得る方法へとその手法を変えてきました。他方、不正の顕在化は後を絶たず、不正の発見を期待する利害関係者との間に期待ギャップが生じているとの指摘も根強くありました。

　昨今のテクノロジーの進歩は、再び、全ての取引データを対象とした精査の復活、ないしは精査的な手法への飛躍の可能性を示唆しています。既に、大手監査法人を中心にその取組みは始まっており、例えば、一企業における全財務データを利用してデータ・アナリティクスを行い、その結果を利用して異常点を抽出したり、非財務データや過去の不正事例との相関関係を分析し、リスクをピンポイントで識別したりといった手続の構築が検討されています。

　一方で、課題もあります。現行の監査基準は、データ・アナリティクスをはじめとした新しい手法に対応しているとは言えず、これら新しい監査手法をいかに現行の監査証拠モデルに組み込んでいくか、といった点について各国の監査基準設定主体等が議論を行っています。

# 第3節

# 内部統制と実証手続

　企業は自らの財務報告の信頼性を確保するために内部統制を適切に構築・運用することが求められており、それにより適正な財務報告が担保されることが期待されています。

　リスクアプローチの考え方の下では、企業の内部統制の有効性の程度が実証手続に大きく影響します。

## 3-1　内部統制監査制度と内部統制の限界

　平成20年に導入された内部統制報告制度の下では、経営者が作成する内部統制報告書は監査人の監査を受けることが求められます。つまり、内部統制報告制度においては、財務報告に係る内部統制は監査意見の表明対象となり、高い信頼性が付与されるものとなったといえます。この内部統制報告書に対する監査人の監査を内部統制監査といいます。

　しかし、内部統制監査が導入され、財務報告に係る内部統制の整備・運用がますます強化されるその一方で、企業不祥事は後を絶ちません。これは、構築された内部統制を逸脱した形での企業不祥事が発生していることが一因です。

　内部統制には、一般的に、①担当者の誤り・不注意・共謀に弱い、②想定外の環境変化・非定型取引には必ずしも対応しない、③得られる便益に比べ費用が極端に上回る場合がある、④経営者が不当な目的のために無視・無効化する可能性がある、という4つの限界があるとされています（企業会計審議会「財務報告に係る内部統制の評価及び監査に関する実施基準」Ⅰ3）。

## 3-2 内部統制監査と財務諸表監査の関係（実証手続の重要性）

　このように、内部統制には一定の限界があることから、企業の財務報告が適正であるとの心証を得るためには、内部統制が適切に整備・運用されていることを評価するだけでは足りず、企業の取引、勘定残高、開示などに対して直接実証手続を実施する必要があります。

　つまり、企業の財務報告の適正性について意見表明を行う財務諸表監査制度においては、内部統制監査における意見表明の結果とは直接関係なく、財務諸表監査目的で十分な監査証拠を入手する必要があるのです。

　このように、財務諸表監査において導入されているリスクアプローチの考え方の下では、内部統制の有効性の程度はあくまでも財務諸表監査の実証手続の種類・実施時期・範囲を決定するための基礎となるものにすぎません。つまり、内部統制の有効性の程度が高ければ、実証手続の種類や実施時期・範囲をある程度狭める可能性はありますが、あくまで財務諸表監査としての意見表明を行うためには、実証手続によって十分な監査証拠を入手することが必要になります。

　この考え方はリスクアプローチ導入時から何ら変わるところではなく、その意味でも財務諸表監査における実証手続そのものの重要性は内部統制監査が導入された今日においても、何らその意義を小さくするものではありません。

## ■ 執筆者紹介

**川脇 哲也**（かわわき・てつや）
パートナー　公認会計士
主に化学メーカーなどの製造業の会計監査や非監査業務、IFRS対応業務等に関与。その他セミナー講師や大学寄付講座講師などを担当。
共著に『会社法決算書の読み方・作り方』（中央経済社）、『学校法人会計実務詳解ハンドブック』（同文舘出版）などがある。

**門田 功**（かどた・いさお）
シニアマネージャー　公認会計士
主にインターネット企業や総合商社の会計監査、IFRS対応業務等に関与。その他東京実務補修所補習委員を担当。
共著に『図解でスッキリ ストック・オプションの会計・税務入門』（中央経済社）、『図解でスッキリ収益認識の会計入門』（中央経済社）、『M&AにおけるPPAの実務』（中央経済社）などがある。

**大森 美由紀**（おおもり・みゆき）
マネージャー　公認会計士
主に化学メーカー、機械メーカーなどの製造業の会計監査、株式公開支援業務、IFRS対応業務等に関与。その他、セミナー講師や大学寄付講座講師などを担当。

**始澤 謙太郎**（しざわ・けんたろう）
マネージャー　公認会計士
主に化学メーカー、不動産業などの会計監査、IFRS対応業務等の非監査業務に関与。その他、大学寄付講座講師などを担当。

**蟹澤 啓輔**（かにさわ・けいすけ）
シニア　公認会計士
主に不動産業、製造業、学校法人等のパブリッククライアントの会計監査や非監査業務に関与。その他書籍、法人ウェブサイト「企業会計ナビ」の企画・執筆に従事している。
共著に『3つの視点で会社がわかる「有報」の読み方（最新版）』（中央経済社）、『図解でスッキリ収益認識の会計入門』（中央経済社）などがある。

## ■法人等紹介

EY | Assurance | Tax | Transactions | Advisory

### EY新日本有限責任監査法人について

EY新日本有限責任監査法人は、EYの日本におけるメンバーファームであり、監査および保証業務を中心に、アドバイザリーサービスなどを提供しています。詳しくは、www.shinnihon.or.jp をご覧ください。

### EYについて

EYは、アシュアランス、税務、トランザクションおよびアドバイザリーなどの分野における世界的なリーダーです。私たちの深い洞察と高品質なサービスは、世界中の資本市場や経済活動に信頼をもたらします。私たちはさまざまなステークホルダーの期待に応えるチームを率いるリーダーを生み出していきます。そうすることで、構成員、クライアント、そして地域社会のために、より良い社会の構築に貢献します。

EYとは、アーンスト・アンド・ヤング・グローバル・リミテッドのグローバルネットワークであり、単体、もしくは複数のメンバーファームを指し、各メンバーファームは法的に独立した組織です。アーンスト・アンド・ヤング・グローバル・リミテッドは、英国の保証有限責任会社であり、顧客サービスは提供していません。詳しくは、ey.com をご覧ください。

---

本書は一般的な参考情報の提供のみを目的に作成されており、会計、税務およびその他の専門的なアドバイスを行うものではありません。新日本有限責任監査法人および他のEYメンバーファームは、皆様が本書を利用したことにより被ったいかなる損害についても、一切の責任を負いません。具体的なアドバイスが必要な場合は、個別に専門家にご相談ください。

---

© 2019 Ernst & Young ShinNihon LLC.
All Rights Reserved.

【三訂】勘定科目別 不正・誤謬を見抜く実証手続と監査実務

2019年4月24日　発行

| 編　者 | EY新日本有限責任監査法人 Ⓒ |
|---|---|
| 発行者 | 小泉　定裕 |
| 発行所 | 株式会社 清文社<br>東京都千代田区内神田1-6-6（MIFビル）<br>〒101-0047　電話03(6273)7946　FAX 03(3518)0299<br>大阪市北区天神橋2丁目北2-6（大和南森町ビル）<br>〒530-0041　電話06(6135)4050　FAX 06(6135)4059<br>URL http://www.skattsei.co.jp/ |

印刷：美研プリンティング㈱

■著作権法により無断複写複製は禁止されています。落丁本・乱丁本はお取り替えします。
■本書の内容に関するお問い合わせは編集部までFAX（03-3518-8864）でお願いします。
■本書の追録情報等は，当社ホームページ（http://www.skattsei.co.jp/）をご覧ください。

ISBN978-4-433-66109-0